PRO ORIENTE

PRO ORIENTE

TOMOS AGAPIS

Dokumentation zum Dialog der Liebe zwischen dem Hl. Stuhl und dem Ökumenischen Patriarchat
1958 – 1976

Deutsche Übersetzung des Dokumentationsbandes über den Austausch von Besuchen, Dokumenten und Botschaften zwischen dem Vatikan und dem Phanar samt einem Anhang über das 10-Jahres-Jubiläum der Aufhebung der Anathemata, das in Rom und im Phanar am 14. Dezember 1975 begangen wurde, sowie über eine Ökumenische Akademie, welche zum selben Anlaß am 24. und 25. Jänner 1976 in Graz stattfand.

Herausgegeben im Auftrag des Stiftungsfonds PRO ORIENTE, Wien

TYROLIA-VERLAG INNSBRUCK – WIEN – MÜNCHEN

Gedruckt mit Unterstützung des Bundesministeriums
für Wissenschaft und Forschung, Wien,
und des Verbandes der Diözesen Deutschlands, Bonn

1978
ISBN 3-7022-1298-1

Satz, Druck und Buchbinderarbeit in der Verlagsanstalt Tyrolia
Gesellschaft m.b.H., Innsbruck

Inhalt

Geron-Metropolit Meliton von Chalkedon, Präsident der Patriarchalkommission für den Dialog mit der römisch-katholischen Kirche
Geleitwort 6

Pro Oriente
Vorwort der deutschen Ausgabe 7

Metropolit Meliton von Chalkedon – Johannes Kardinal Willebrands
Vorwort der Originalausgabe 8

D. Papandreou – P. Duprey – B. Archontonis – C. Dumont
Einleitung der Originalausgabe 9

TOMOS AGAPIS
Dokumente 1 – 284 10

Anhang zum TOMOS AGAPIS 179

Das 10-Jahres-Jubiläum der Aufhebung der Anathemata in Rom und im Phanar (14. Dezember 1976)
Dokumente 285 – 291 193

Die Ökumenische Akademie von Graz (24. und 25. Jänner 1976)
Dokumente 292 – 294 205

Verzeichnis der wichtigsten Ereignisse 208

Chronologisches Verzeichnis der Dokumente 209

Ökumenisches Patriarchat

Mit besonderer Freude begrüßen wir die deutsche Übersetzung des TOMOS AGAPIS, welche durch die maßgebliche Unterstützung deutschsprachiger Hierarchen, Priester und Laien der römisch-katholischen Kirche in Österreich und Deutschland möglich gemacht wurde. Sie stellt einen Beitrag zur Wiederherstellung des göttlichen Liebesbandes zwischen der römisch-katholischen und der orthodoxen Kirche dar. Dieser Geist durchdringt den ganzen Tomos. Die vorliegende Übersetzung findet aber ihre Rechtfertigung nicht nur darin, daß sie diesen Geist zum Ausdruck bringt, sondern vor allem auch in dem, was der hauptsächliche Zweck des Dokumentenbandes war und ist, nämlich die möglichst weite Bekanntmachung seines Inhalts im Pleroma der beiden Kirchen.
Der TOMOS AGAPIS überschreitet – obwohl er sich auf eine konkrete Zeitspanne (1958–1970) bezieht – die Grenzen dieser Zeit. Er ist nicht Vergangenheit. Er hat zwei Dimensionen, das Gestern und das Heute. Der Tomos ist durch die Liebe charakterisiert, die nie statisch und nie Objekt der Überlegung und der Berechnung ist; sie ist dynamisch, ist Leben, wie die Kirche und wie die Theologie Leben ist.
Dieser Tomos ist ein Ausdruck des Lebens in der Kirche und auch umgekehrt ein Ausdruck der Kirche im Leben. Er ist das Bild des Strebens und des edlen Kampfes um die Wahrheit in der Liebe, nach der Aufforderung des Apostels Paulus: „Lasset uns die Wahrheit in der Liebe tun und ganz und gar heranwachsen zu dem, der das Haupt ist, zu Christus“ (Eph 4, 15).
Wir wünschen, daß diese begrüßenswerte Initiative des bedeutenden Stiftungsfonds PRO ORIENTE uns alle in Christus ganz und gar wachsen läßt zur vollen Einheit Seiner Kirche.

Chalkedon, am Sonntag der Kreuzverehrung 1978.

Der Präsident der Patriarchalkommission
für den Dialog mit der römisch-katholischen Kirche

Meliton, Metropolit von Chalkedon

Vorwort der deutschen Ausgabe

Der Wiener Stiftungsfonds PRO ORIENTE legt hiemit die deutsche Ausgabe des TOMOS AGAPIS vor. Das Werk enthält die Dokumentation über Besuche, Dokumente und Botschaften, welche in der Zeit von 1958 bis 1971 zwischen dem Hl. Stuhl von Rom und dem Ökumenischen Thron von Konstantinopel ausgetauscht wurden. Darin kommt der neue ökumenische Geist zum Ausdruck, der zwischen den beiden Kirchen im Dialog der Liebe aufbrach und seinen Höhepunkt am 7. Dezember 1965 in der Löschung des Anathems des Jahres 1054 „aus dem Gedächtnis und aus der Mitte der Kirche“ fand.

Der vorliegende Band umfaßt die deutsche Übersetzung der 1971 in der Tipografia poliglotta vaticana gedruckten und in Rom und Istanbul erschienenen Urausgabe, welche Dokumente im griechischen, lateinischen oder französischen Original mit jeweils französischer oder griechischer Übersetzung enthält und von einer „Gemischten Kommission“ herausgegeben wurde, die aus den damaligen Archimandriten Damaskinos Papandreou und Bartholomaios Archontonis und den Patres Pierre Duprey PA und Christophe Dumont OP bestand.

Ergänzt wurde dieser Dokumentationsband, der inzwischen auch eine englische und eine spanische Ausgabe erlebte, durch die Briefe und Reden zum 10-Jahres-Jubiläum der Aufhebung der Anathemata, das im Dezember 1975 in Rom und im Phanar begangen wurde, sowie durch diesbezügliche Dokumente der Ökumenischen Akademie, die der ökumenische Stiftungsfonds PRO ORIENTE zusammen mit der Theologischen Fakultät der Universität Graz und dem Ökumenischen Arbeitskreis für die Steiermark am 24. und 25. Jänner 1976 im Dom und in der Universität zu Graz zum selben Anlaß veranstaltete.

Der Stiftungsfonds PRO ORIENTE als Herausgeber ist Seiner Eminenz dem Geron-Metropoliten des Ökumenischen Patriarchats Meliton von Chalkedon, Präsident der Patriarchalkommission für den Dialog mit der römisch-katholischen Kirche, in tiefer Dankbarkeit verbunden, daß er die deutsche Ausgabe durch ein Geleitwort auszeichnet. In gleicher Weise ist der Stiftungsfonds dem Generalsekretär der interorthodoxen Vorbereitungskommission für das Heilige und Große Konzil und Direktor des Orthodoxen Zentrums des Ökumenischen Patriarchats im Chambésy, Metropolit Prof. Dr. Damaskinos Papandreou, und P. Pierre Duprey PA, Untersekretär des Sekretariats für die Einheit der Christen in Rom, welche zuerst die Anregung für eine deutsche Ausgabe an uns herantrugen, zu besonderem Dank verpflichtet, ebenso der „Gemischten Kommission für die Herausgabe des TOMOS AGAPIS“ für die Überlassung der Rechte für die deutsche Ausgabe. Unser Dank gilt auch den Übersetzern der Ausgabe, Dr. August Berz, Fribourg, Dr. Gregor Larentzakis, Graz, und Dkfm. Alfred Stirnemann, Wien, und dem Verlag Tyrolia.

Möge es diesem Band vergönnt sein, am Übergang von der Phase des „Dialogs der Liebe“ zum „Theologischen Dialog“ zwischen der römischen Kirche und der Orthodoxie die ökumenische Zusammenarbeit zu vertiefen und die Einheit der Christen zu fördern.

Wien, im Mai 1978 — Stiftungsfonds PRO ORIENTE

Vorwort der Originalausgabe

Im Laufe der letzten Jahre hat der Heilige Geist seiner Kirche erlaubt, einige Ereignisse zu erleben, von denen das Ausmaß ihrer Bedeutung und deren Möglichkeiten noch nicht von allen erkannt wurden. Diese Ereignisse wurden von vielen Kontakten und Beziehungen vorbereitet, begleitet und gefolgt. Zwischen den Kirchen von Rom und Konstantinopel wurden Briefe, Botschaften, Telegramme ausgetauscht. Reden wurden vom Papst und vom Patriarchen und deren Gesandten gehalten.

Diese Texte sind Zeugen eines gemeinsamen Lebens, das allmählich blüht, einer neuen Erfahrung der Einheit und der Koinonia (Gemeinschaft) im Mysterium Christi. Es wurde für richtig gehalten, daß diese Texte, die meist zuwenig oder nicht genug bekannt sind, der Beurteilung des christlichen Volkes vorgelegt werden sollen. Wir mußten es tun, damit sie dadurch mehr bekannt werden und darüber hinaus, damit diese neue Erfahrung, diese gegenseitige Entdeckung mehr und mehr ein Ereignis des ganzen katholischen und orthodoxen gläubigen Volkes wird. Dies ist der Grund für das Entstehen dieses Bandes, in dem die zwischen dem Heiligen Stuhl und dem Ökumenischen Patriarchat im Laufe der letzten zehn Jahre ausgetauschten Texte zusammengefaßt sind.

Dieser Vorschlag, der vom Rangersten des Heiligen Synod des Ökumenischen Patriarchats im Dezember 1968 im Phanar während des Meinungsaustausches mit dem Sekretär des Sekretariats für die Einheit der Christen gemacht wurde, wurde sofort von Patriarch Athenagoras I. und von Papst Paul VI. akzeptiert und ermutigt.

Ihrem gemeinsamen Willen verdankt dieser Band sein Erscheinen.

8. Februar 1971

Metropolit von Chalkedon, Meliton
Johannes Kardinal Willebrands

Einleitung der Originalausgabe

Damit der Zweck dieses Bandes, der ein Beitrag zum Verstehen der Entwicklung der Beziehungen zwischen der Kirche von Rom und dem Ökumenischen Patriarchat ist, erfüllt wird, haben wir es als richtig erachtet, daß eine strenge chronologische Reihenfolge befolgt wird. Dadurch wird die Einführung des subjektiven Elements, das die Anordnung nach den behandelten Themen oder nach dem Charakter der Dokumente immer zur Folge hätte, vermieden. Darüber hinaus würden die Dokumente durch die Anordnung nach Kategorien aus ihrem historischen Rahmen entfernt.
Dagegen gibt die chronologische Reihung in ihrer strengen Objektivität durch die Aneinanderfolge von Texten verschiedener Natur, die verschiedene Themen betreffen, ein treues Bild der konkreten Realität und der Geschichte, in der die großen Momente durch vielfache Höflichkeitsgesten vorbereitet und durch sehr viele einfache Arbeiten entfaltet werden.
Demnach wurde eine bestimmte Zahl von Dokumenten aufgenommen, die entweder die ausgetauschten Besuche zwischen den beiden Kirchen ankündigen oder den Dank dafür zum Ausdruck bringen, oder Beschlüsse ankündigen, die von der einen oder der anderen Kirche gefaßt wurden. Die Häufigkeit dieser Besuche oder Beschlüsse bildet tatsächlich ein wichtiges Element der geschaffenen neuen Beziehungen. Allerdings sind diese Dokumente mit kleineren Lettern gedruckt.
Im Gegensatz dazu wurden zahlreiche Dokumente persönlichen Charakters und ohne unmittelbare ekklesiale Bedeutung nicht aufgenommen. Zum Ausgleich der Nachteile der chronologischen Reihenfolge wurden Indices aufgestellt, die das Auffinden der Ereignisse und der Inhalte erleichtern.
Jedes Dokument ist mit einer Zahl versehen, welche die Benützung dieses Bandes erleichtert. Das Original befindet sich auf der linken Seite, die Übersetzung auf der rechten. In der 1971 herausgegebenen Urausgabe des Tomos Agapis sind die Originaldokumente entweder griechisch oder französisch, seltener lateinisch wiedergegeben. Die Übersetzung auf der rechten Seite ist dementsprechend französsisch oder griechisch wiedergegeben. Die vorliegende deutsche Ausgabe umfaßt nur die deutschen Übersetzungen der Originale.
Zum Schluß betrachtet es die Kommission als ihre schuldige Pflicht, an dieser Stelle dem Herrn Archimandriten Basilius Tsiopanas ihren Dank zum Ausdruck zu bringen, der, außer seiner Mitarbeit als Ersatzmitglied der Kommission zur Vorbereitung dieses Bandes, die zwei Indices erstellte und die Korrektur der Druckfahnen der griechischen Texte dieses Werkes übernahm.
Im Anhang werden die Texte der gemeinsamen Gebetsfeiern angeführt, die anläßlich der großen Begegnungen stattgefunden haben, und ein Dokument, das die Begegnung in Jerusalem vorbereitete.

Die gemischte Kommission der Ausgabe

Der Großarchim. Damaskinos Papandreou
Archim. Bartholomaios Archontonis

P. Pierre Duprey P. A.
P. Christophe Dumont O.P.

TOMOS AGAPIS

Deutsche Übersetzung der Originaltexte von Dokument 1 bis Dokument 284, in der Übersetzung von Dr. August Berz, Dr. Gregor Larentzakis und Dkfm. Alfred Stirnemann

1 7. Oktober 1958

Deklaration des Patriarchen Athenagoras anläßlich der Krankheit Papst Pius' XII. (Original: griechisch).

Seine Heiligkeit, der Ökumenische Patriarch Athenagoras, hat in tiefer Trauer von der Prüfung der Gesundheit Seiner Heiligkeit, des Papstes Pius XII., erfahren.
Seine großen Mitgefühle ausdrückend, wünscht der Patriarch wärmstens die Wiederherstellung der kostbaren Gesundheit des geehrten Leiters der katholischen Kirche.

Presseaussendung vom 7. Oktober 1958

2 10. Oktober 1958

Deklaration des Patriarchen Athenagoras anläßlich des Todes Papst Pius' XII. (Original: griechisch).

Seine Heiligkeit, der Ökumenische Patriarch Athenagoras I., hat in tiefster Trauer vom Tod Seiner Heiligkeit, Papst Pius XII., erfahren. Er beteiligt sich aus ganzem Herzen an der tiefen Trauer der ehrwürdigen Kirche von Rom, und er betet für die Erwählung eines würdigen Nachfolgers des verstorbenen Erzhierarchen.

Presseaussendung vom 10. Oktober 1958

3 30. Oktober 1958

Deklaration des Patriarchen Athenagoras anläßlich der Wahl Papst Johannes' XXIII. (Original: griechisch).

Der Ökumenische Patriarch Athenagoras hat mit großer Freude von der Wahl Seiner Heiligkeit, des neuen Papstes von Rom, Johannes XXIII., erfahren.
Der Patriarch ist darüber informiert, daß der Papst durch seine erste Botschaft an die Welt den Wunsch zur Koordinierung der bereits vorhandenen Bemühungen für den Triumph eines ständigen wahren Friedens geäußert hat.
Die Menschheit, die die Zeit der letzten Dezennien in Angst verbracht hat und den Frieden ersehnt, hat mit großer Erleichterung diese Nachricht aufgenommen.
Der Patriarch von Konstantinopel gratuliert dem Papst anläßlich seiner Wahl, und er wünscht ihm Erfolg, langes Leben und den Beistand Gottes in seiner heiligen Mission.

Presseaussendung vom 30. Oktober 1958

4 Weihnachten 1958

Auszug aus der Weihnachtsbotschaft Papst Johannes' XXIII. über die Einheit und den Frieden (Original: französisch).

Die Gedächtnisfeier der Geburt Jesu vergegenwärtigt jedes Jahr von neuem die Verkündigung derselben Lehre mit dem gleichen Klang: Einheit und Friede. Leider verzeichnet die Menschheitsgeschichte gleich zu Beginn eine blutige Episode: der Bruder wurde vom Bruder erschlagen. Das Gesetz der Liebe, das der Schöpfer dem Menschenherzen eingeprägt hat, wurde verletzt durch die *mala voluntas*, welche die Menschheit alsbald auf die Abwege der Ungerechtigkeiten und der Unordnung brachte. Die Einheit ging in Brüche und es bedurfte des Eingreifens des Gottessohnes, der es aus Gehorsam auf sich nahm, die heiligen, aber bald zerrissenen Bande der Menschheitsfamilie neu zu knüpfen, und er stellte diese (Familie) um den Preis seines Blutes wieder her. Diese Wiederherstellung vollzieht sich immerfort: Jesus gründete eine Kirche, deren Antlitz er den Charakter der Einheit aufprägte, um alle Völker der Menschheit unter ihren unermeßlichen Gezelten zu sammeln, die sich *a mari usque ad mare* erstrecken! Und warum sollte diese Einheit der katholischen Kirche, die unmittelbar durch göttliche Berufung auf die Belange der geistigen Ordnung ausgerichtet ist, nicht auch hingeordnet werden können auf den Zusammenschluß der verschiedenen Rassen und Nationen, die ja ebenfalls entschlossen sind, eine Gemeinschaft zu bilden, die von den Gesetzen der Gerechtigkeit und der Brüderlichkeit bestimmt wird? Hier kehrt das den Gläubigen vertraute Prinzip wieder, daß der echte Dienst für Gott und seine Gerechtigkeit auch dem Wohl der weltlichen Gemeinschaft der Völker und Nationen förderlich ist.

Noch steht sehr lebhaft die Erinnerung vor unserem Geist, wie vor einigen Jahrzehnten im Nahen Osten einige Vertreter der sogenannten Orthodoxen Kirchen daran dachten, in praktischer Zusammenarbeit mit einigen Regierungen eine Vereinigung der zivilisierten Länder anzusteuern, und wie sie mit einer Verständigung unter den mannigfachen christlichen Bekenntnissen mit verschiedenem Ritus und verschiedener Geschichte begannen. Leider ließ das Übergewicht dringlicherer konkreter Interessen und nationalistischer Voreingenommenheiten jene an sich guten und achtenswerten Absichten scheitern. Das beängstigende Problem der gespaltenen Einheit des Erbes Christi ruft noch immer Verwirrung hervor und behindert selbst das Bestreben, über große Schwierigkeiten und Ungewißheiten hinweg nach seiner Lösung zu suchen.

Die Trauer über diese schmerzliche Feststellung hält weder jetzt noch in Zukunft – darauf setzen wir in Gott unser Vertrauen – das Bemühen unseres Herzens auf, der liebevollen Einladung dieser getrennten Brüder zu entsprechen, denn auch sie tragen den Namen Christi auf der Stirn, sie lesen sein heiliges Evangelium und sind nicht unempfänglich für die Anregungen der religiösen Frömmigkeit und der wohltätigen, segnenden Nächstenliebe.

Wir erinnern uns an die zahlreichen Verlautbarungen unserer Vorgänger, von Papst Leo XIII. über den heiligen Pius X., Benedikt XV., Pius XI. bis zu Papst Pius XII., alles würdige und glorreiche Päpste, die vom Stuhle Petri aus die Aufforderung zur Einheit ergehen ließen. Wir erlauben uns, nein, wir haben die Absicht, in aller Demut, aber voll Eifer den Auftrag auszuführen, zu dem uns das Wort und Beispiel Jesu, des göttlichen guten Hirten, antreiben, der uns immer noch auf die reifende Ernte auf den weiten Missionsfeldern hinweist: „Auch diese muß ich herbeiführen . . ., und es wird eine Herde und ein Hirt sein. *Et illas oportet me adducere . . . et fiet unum ovile et unus*

pastor" (Joh 10, 16). Und während der letzten Stunden, unmittelbar vor seiner Hinopferung, seufzte er zu seinem Vater auf: „Vater, daß doch alle eins seien, wie du, Vater, in mir und ich in dir! Daß auch sie in uns eins seien, damit die Welt glaube, daß du mich gesandt hast!" *(Pater, ut unum sint; sicut Tu Pater, in me et ego in Te; ut et ipsi in nobis unum sint, ut credat mundus quia Tu me misisti)* (Joh 17, 21).
Über diesen tiefen, hehren Hinweisen schwebt der Friede, der Weihnachtsfriede, der Friede Christi, das Verlangen der Herzen und der Völker, die Erfüllung jeglicher Gnade des Himmels und der Erde, der Friede, ohne den die Welt im Todeskampfe liegt. Wo er aber geschenkt wird, wie am Tage, da die Engel von Bethlehem ihn verkündeten, erfüllt er Geist und Herz mit Frohlocken.

5 5. Jänner 1959

Botschaft Seiner Heiligkeit, des Ökumenischen Patriarchen Athenagoras I. zum Neujahrstag 1959 als Antwort auf einen Einheitsappell Papst Johannes' XXIII. (Original: griechisch).

Dieser Heilige Apostolische und Ökumenische Thron und wir persönlich, die wir unaufhörlich um die Einheit aller beten, begrüßen freudig jeden aufrichtigen Aufruf zum Frieden, gleich, woher er kommt, um so mehr aber natürlich, wenn er ausgeht von einem Christlichen Mittelpunkt, wie es das Alte Rom ist.
Das traurige Bild der heutigen Menschheit, die auf vielfache Weise unter dem Mangel gegenseitigen Verstehens und friedlichen Zusammenlebens der Völker leidet, erlegt den Leitern der christlichen Kirchen ganz nachdrücklich die Pflicht auf, der gegenwärtigen Welt gemeinsam klarzumachen, daß die technischen und die wissenschaftlichen Errungenschaften zur Entwicklung einer allmenschlichen Kultur nicht genügen, ohne geistige, religiöse und ethische Fundamente – ohne Christus, der Liebe, Frieden und Gerechtigkeit unter den Menschen will.
Dieser Verantwortung voll und ganz bewußt, erklären wir deshalb, daß wir ohne Vorbehalt bereit sind, außer den ununterbrochenen Gebeten und Bitten der orthodoxen Kirche, um den „Frieden der ganzen Welt", auch auf mehr praktischen Gebieten unseren positiven Beitrag einzubringen, sowohl innerhalb der weiteren zwischenkirchlichen Organisationen, an denen wir schon durch volle Mitarbeit teilnehmen, wie auch im Rahmen besonderer Kontakte mit der Älteren Kirche des Westens, damit wir die „Angst unter den Völkern in der Ratlosigkeit . . . angesichts der Furcht und Erwartung dessen, was über den Erdkreis kommen soll", erleichtern und die Hoffnung der Menschen auf glücklichere Chancen für das Morgen sichern und stützen.
Auch betrachten wir es als ganz zeitgemäß, daß in der gegenwärtigen Stunde der Weltgeschichte, die die Menschheit durchläuft, wir, die wir von Gott zum Werk der „Fürsorge und der Betreuung" für die Millionen Gläubigen unserer Kirche berufen sind, uns begegnen in dieser tiefsten, drängenden Not der Völker, damit sie Lösung und Erleichterung in den sie rings umschließenden Problemen finden.
Während wir von solchen Überlegungen und Empfindungen bewegt wurden, erhielten wir mittelbar Kenntnis vom erneuten „Aufruf" seitens Seiner Heiligkeit, des Leiters der Kirche von Rom, den wir brüderlich begrüßen. Wir interpretieren ihn als eine klare Einsicht in die Notwendigkeit der Begegnung und Vereinigung der geistigen Kräfte, die die gottgegründete Kirche Christi repräsentiert, freilich nicht im Zustand der Spaltung und Zwietracht, in dem sie sich, unglücklicherweise, seit Jahrhunderten und bis

heute befindet, sondern unter der idealen und erwünschten Einheit, die der Herr vor Augen gehabt und ihr geschenkt hat; geschenkt auch als einen Beweis dafür, daß die Botschaft des Weihnachtsfestes kein unzugänglicher Gipfel der Selbstvollendung und Tugend ist, sondern eine Kraft zur „Verähnlichung des Sterblichen mit dem Absoluten".

Darum sind wir der Überzeugung, daß jeder Aufruf zur Einigung auch von jenen unerläßlichen und konkreten Taten und Handlungen begleitet werden muß, die die Übereinstimmung der Absichten mit den Werken erweisen und uns und die Glieder unserer Kirchen dem Herrn wirklich näherbringen, wenigstens, was den jetzigen Augenblick betrifft, auf praktischem Gebiet und im Geist der Gleichheit, Gerechtigkeit, geistlichen Freiheit und gegenseitigen Achtung.

In diesen Tagen, da wir die Erscheinung des Erlösers Christus auf der geheiligten Erde des Orients feiern, halten wir unsere Hoffnung und unser Gebet für wohlbegründet, daß, zusammen mit der ganzen Menschheit, die sich im Geiste dem „Fürsten des Friedens und Vater der Zukunft" (Jes 9, 5) zuwendet, der aus dem Morgenland heraufkommt, auch die heilige Kirche von Rom brüderlich hinwendet zum Osten. Dies wünschen und erhoffen wir von Seiner Heiligkeit, dem neuen Papst von Rom, Johannes XXIII., der in unseren Landen persönlich so gut bekannt, geliebt und geachtet ist, als ein weltumfassendes Anliegen und als Morgendämmerung eines wahrhaft neuen Jahres in Christus.

6 6. Dezember 1961

Brief Kardinal Beas, worin er dem Patriarchen Athenagoras für ein Geschenk an den Papst dankt und ihm drei Medaillen schickt, die anläßlich des 80. Geburtstages Johannes' XXIII. geprägt worden waren (Original: französisch).

Rom, 6. Dezember 1961,
am Fest des hl. Nikolaus von Myra

Seiner Heiligkeit Athenagoras I.
Erzbischof von Konstantinopel und Ökumenischer Patriarch

Heiligkeit,

Mit ganz besonderer Freude übersende ich Eurer Heiligkeit im Auftrag Seiner Heiligkeit Papst Johannes XXIII. die Serie der drei Gedenkmedaillen, die anläßlich seines 80. Geburtstages geprägt wurden.

Der Papst war sehr gerührt über die liebevolle Aufmerksamkeit Eurer Heiligkeit, ihm durch den Archimandriten Andreas Scrima ein Andenken an Istanbul zu übersenden. Er hat mich beauftragt, Ihnen zu danken und Ihnen zu versichern, daß diese Medaillen Zeichen der Dankbarkeit des Heiligen Vaters Ihnen gegenüber sind.

Was mich betrifft, so bin ich glücklich, Ihrer verehrten Person diesen Brief senden zu dürfen, verfolge ich doch schon seit langem mit größtem Interesse die Bemühungen Eurer Heiligkeit um die christliche Einheit, wofür die Konferenz von Rhodos ein bemerkenswertes Beispiel war.

Im Hinblick auf das bevorstehende Fest der Geburt unseres großen Gottes und Heilandes Jesus Christus entbiete ich Eurer Heiligkeit meine besten Wünsche, indem ich bete, daß die Gnade unseres Herrn Jesus Christus, die Gemeinschaft des Heiligen Geistes und die Liebe Gottes unseres Vaters mit Ihnen sei.

In dieser Gesinnung bitte ich Eure Heiligkeit, den Ausdruck meiner brüderlichen, ehrfurchtsvollen Liebe im Herrn entgegenzunehmen.

Augustin Kardinal Bea

7 21. Dezember 1961

Dankbrief des Metropoliten Maximos von Sardes an Kardinal Bea (Original: französisch).

Seiner Eminenz Kardinal Augustin Bea
Präsident des Sekretariats für die Einheit der Christen, Vatikan

Eminenz,
Seine Heiligkeit, der Ökumenische Patriarch Athenagoras I. hat mit großer Freude den brüderlichen Brief empfangen, den Eure verehrte Eminenz ihr am 3. dieses Monats gesandt hat, und die Serie der drei Gedenkmedaillen, die Seine Heiligkeit Papst Johannes XXIII. anläßlich seines 80. Geburtstages ihm liebenswürdigerweise übersandt hat.
Mit ganz besonderer Freude erfülle ich den mir von Seiner Heiligkeit, dem Patriarchen, anvertrauten Auftrag, Ihnen seine tiefe Rührung und seinen herzlichen Dank auszudrücken für die brüderlichen Gefühle und die liebenswürdige Geste Seiner Heiligkeit, welche die christliche Einheit liebt und für sie arbeitet. Gott der Herr segne die Bemühungen, welche die Kirchenoberhäupter in der Liebe und im Geiste Christi auf sich nehmen, um das Gebot des Herrn „Alle mögen eins sein!" zu erfüllen.
Ich bin besonders glücklich, Eurer geliebten Eminenz zu bekunden, daß die christlichen Gefühle, die Sie in Ihrem Brief äußern, und Ihr wohlwollendes Urteil über das Werk, das die Panorthodoxe Konferenz von Rhodos durch Gottes Gnade geleistet hat, von Seiner Heiligkeit, in deren Auftrag ich Ihnen den wärmsten Dank ausspreche, gebührend gewürdigt worden sind.
Ich verfolge schon seit langem mit großem Interesse das Werk, das Eure geliebte Eminenz in der wichtigen Funktion, die Sie im Vatikan ausüben, mit soviel Eifer leistet. Ich empfinde eine besondere Freude darüber, daß ich diese Gelegenheit habe, mit Ihnen in Kontakt zu treten, und ich wünsche vom Grund meines Herzens, daß der Herr, der in einer Felsenhöhle geboren und in eine Krippe gelegt wurde, Ihnen seine Kraft gebe und Sie bei der Erfüllung Ihrer hohen Verantwortlichkeiten segne.
Zu den bevorstehenden großen heiligen Festtagen der Christenheit übermittle ich Eurer Eminenz die Segenswünsche Seiner Heiligkeit, des Patriarchen, und bitte Sie herzlich, Seine Heiligkeit, Papst Johannes XXIII., meiner tiefsten Hochachtung zu versichern.

Maximos von Sardes
21. Dezember 1961

8 27. Februar 1962

Dankesbrief Bischof Jan Willebrands' an den Patriarchen Athenagoras nach seinem ersten Besuch im Phanar (Original: französisch). Prot.-Nr. 65/60.

Vatikanstadt, 27. Februar 1962

Seiner Heiligkeit Athenagoras I.
Erzbischof von Konstantinopel und Ökumenischer Patriarch

Eure Heiligkeit,
Augen und Herz noch ganz erfüllt von dem, was ich in Istanbul gesehen und gehört habe, möchte ich Ihnen meinen Dank für den freundlichen Empfang aussprechen, der mir bei Eurer Heiligkeit sowie bei den ehrwürdigen Metropoliten und den Mitgliedern der Patriarchalkurie zuteil geworden ist. Dieser Empfang war von einer Gastfreundschaft begleitet, von der ich schon vom Hörensagen her wußte, daß sie einer der charakteristischen Züge des christlichen Ostens ist. Nun habe ich sie selbst erfahren dürfen; Eure Heiligkeit nehme hiermit meinen ganzen Dank dafür entgegen, umsomehr, als zum liebenswürdigen Empfang und zur Gastfreundschaft noch die köstlichen Geschenke kamen, die mir von Ihrer Seite übergeben wurden.
Doch das ist noch nicht alles. Anläßlich meiner Unterredungen mit Ihrer verehrten Person hatte ich Gelegenheit, Ihnen zu sagen, wie sehr ich gerührt war beim Gedanken, mich in einer Stadt zu befinden, die sich von unserem gemeinsamen christlichen Erbe nicht wegdenken läßt. Zur freudigen Erregung darüber, daß ich bei der „Großen Kirche" auf Besuch war, kam der Erweis der väterlichen Liebe und des Vertrauens, die mir Eure Heiligkeit vom ersten Augenblick an geschenkt hat. Die Gespräche, die ich mit all denen haben durfte, die Sie in Ihrem pastoralen Amt unterstützen, waren stets von größter Redlichkeit und von größtem Freimut geprägt. Auch hierfür will ich Ihnen tiefen Dank aussprechen.
Diese Kontakte und Gespräche, die einen so glücklichen Anfang genommen haben, werden, wie ich hoffe, fortgesetzt werden; und ich hoffe, nach Ostern wieder zu Ihnen kommen zu können.
Seine Eminenz, Kardinal Bea, dem ich über meinen Aufenthalt in allen Einzelheiten Bericht erstattet habe, war darüber sehr beglückt und wird dem Heiligen Vater davon berichten. Auch alle jene, die sich für die Annäherung der Geister und Herzen interessieren und tätig einsetzen, haben mich zu dieser in so vielen Hinsichten so ökumenischen Reise beglückwünscht.
Indem ich Eurer Heiligkeit noch einmal meinen Dank ausspreche, bitte ich Sie, die ehrerbietige Bezeugung meiner tiefen religiösen Hochachtung im Herrn entgegenzunehmen, in der ich die Ehre habe, der untertänigste und ergebenste Diener Eurer Heiligkeit zu sein.

J. G. M. Willebrands
Sekretär

9 28. Februar 1962

Brief Kardinal Beas an den Patriarchen Athenagoras, um ihm für den Bischof Willebrands bereiteten Empfang zu danken (Original: französisch). Prot.-Nr. 65/60.

Vatikanstadt, 28. Februar 1962

Seiner Heiligkeit Athenagoras I.
Erzbischof von Konstantinopel und Ökumenischer Patriarch

Eure Heiligkeit,
Es ist für mich eine angenehme Pflicht, Eurer Heiligkeit für den Empfang zu danken,

den Sie dem lieben, ergebenen Sekretär unseres Einheitssekretariates, Bischof J. M. G. Willebrands, bereitet haben, sowie für das nette Andenken, das Sie durch ihn mir zukommen lassen wollten. Nach dem ausführlichen Bericht, den er mir über seinen Aufenthalt bei Ihnen erstattet hat, habe ich mir Rechenschaft darüber geben können, mit welch väterlicher Güte und mit welcher Freigebigkeit Eure Heiligkeit die „Philoxenie“ geübt haben, die einer der bezeichnendsten Züge der ehrwürdigen Kirchen des Ostens ist.

Über die Gespräche, die Bischof Willebrands mit Ihrer verehrten Person sowie mit ihren Exzellenzen, den Metropoliten des Heiligen Synods, und den Mitgliedern der Kommission für panchristliche Angelegenheiten gehabt hat, ist mir zuverlässig berichtet worden.

Ich sehe darin gern einen Beweis für die konstruktive Arbeit, die wir für das Streben nach Einheit gemeinsam zu verrichten suchen. Der Anfang ist nun gemacht, und ich hoffe, daß weitere Kontakte und weitere Gespräche in der Richtung erfolgen werden, die die Weisheit Eurer Heiligkeit bereits gegeben hat.

Möge die liturgische Zeit der heiligen vierzig Tage, die bald beginnen wird, für unsere Kirchen eine Zeit des Gebetes und der Besinnung sein, die uns behilflich sein möge, auf dem Weg, der zur Einheit führt und den das Auferstehungslicht ganz besonders erhellen wird, besser auszuschreiten!

In dieser Vereinigung des Denkens und des Betens möchte ich Eure Heiligkeit mit dem Ausdruck meiner tiefen Verehrung ein weiteres Mal meiner brüderlichen Liebe im Herrn versichern.

Augustin Kardinal Bea

10 12. April 1962

Antwort des Patriarchen Athenagoras an Kardinal Bea (Original: griechisch). Prot.-Nr. 256.

Eminenz, Herr Augustin Kardinal Bea, sehr geliebter und geschätzter Bruder unserer Wenigkeit in Christus, Gott. Gnade und Friede Gottes sei Eurer Eminenz.

Mit großer Freude haben wir persönlich und in der Sitzung unseres Heiligen Synods, den Brief vom 28. Februar dieses Jahres, Nr. 65/60, Eurer sehr geliebten und geschätzten Eminenz empfangen und mit Genugtuung gelesen, wodurch Sie die Eindrücke zum Ausdruck brachten, die vor kurzem der geliebte Msgr. Herr J. Willebrands von seinem Besuch bei uns und von der Kommunikation mit uns gewonnen hatte.

All das, was Eure geehrte Eminenz bezüglich des im allgemeinen gezeigten Wunsches zur Annäherung der Schwesterkirchen und zur Wiederherstellung der Einheit in der Kirche anführt, kann uns nicht anders, als zutiefst berühren. Wir haben bereits unsere Absicht zum Ausdruck gebracht, daß wir, so weit es uns möglich ist, mit allen Kräften zu dieser Wiederherstellung beitragen werden.

Infolgedessen danken wir Eurer Eminenz sehr für diesen liebenswürdigen, brüderlichen, an uns gerichteten Brief und für Ihre Initiative, wonach durch Msgr. Willebrands die gute Kommunikation stattgefunden hat. Wir wünschen, daß der Erzhirt, Christus unser Gott, die im Geiste der christlichen Liebe und der gegenseitigen Ehre glücklich mit uns begonnenen Kontakte reichlich segnet. Möge Gott Ihnen zahlreiche, gesunde und heilbringende Jahre schenken. Wir verbleiben mit großer Liebe und besonderer Ehrenbezeugung,

Eurer geehrten Eminenz geliebter Bruder in Christus,
Der Patriarch von Konstantinopel Athenagoras

11 12. April 1962

Antwort des Patriarchen Athenagoras an Bischof Willebrands (Original: griechisch). Prot.-Nr. 257.

Monseigneur Herr J. Willebrands, Gnade und Friede sei mit Euer Ehrwürden.
Wir haben den Brief Eurer Ehrwürden vom 27. Februar dieses Jahres, den Sie nach der Rückkehr in die Vatikanstadt an uns gerichtet haben, erhalten und in der Sitzung unseres Heiligen Synods freudig gelesen, wodurch Sie die aus dem Besuch unserer heiligen großen Kirche Christi und dieser historischen Stadt entstandenen frommen Gefühle kundgetan haben.
Wir danken Eurer Ehrwürden für diesen Brief, und wir möchten Ihnen auch durch diesen Brief bekannt machen, daß Ihr Besuch bei uns und der Zweck dieses Besuches für uns der Anlaß von großer Freude war, die uns wiederum erfüllen wird, wenn Sie uns nach den Feiern des heiligen Osterfestes besuchen, wie Sie schreiben. Wir erbitten (für Sie) das Beste von Christus, dessen Auferstehung Euer Ehrwürden mit Gnade, Freude und endloser Barmherzigkeit erfüllen möge,

Mit väterlicher Liebe zu Gott in Wünschen brennend
Der Patriarch von Konstantinopel Athenagoras

12 18. April 1962

Brief Bischof Willebrands' an den Patriarchen Athenagoras über die Kontakte, die in der christlichen Welt aufgenommen wurden, um die Möglichkeit zu prüfen, an das Zweite Vatikanische Konzil Beobachter zu entsenden (Original: französisch). Prot.-Nr. 65/60. Vertraulich

Vatikanstadt, 18. April 1962

Seiner Heiligkeit Athenagoras I.
Erzbischof von Konstantinopel und Ökumenischer Patriarch

Heiligkeit,
In tiefer Dankbarkeit und großer Freude erinnere ich mich an meinen Besuch in der ehrwüdigen Stadt Konstantinopel und insbesondere bei Eurer Heiligkeit. Dieser Besuch bleibt mir nicht einfach eine Erinnerung an die Vergangenheit, sondern steht vor mir als ein wirkliches Erlebnis. Der kostbare Leuchter, den Eure Heiligkeit mir geschenkt hat, erinnert mich an Ihre Großherzigkeit und unser geistliches Gespräch, worin Sie die jetzige Lage der Christenheit und den Ruf des Herrn zur Einheit erwähnten. Ich habe auch nicht die Einladung vergessen, die ich durch die Freundlichkeit seiner Exzellenz, des Metropoliten Chrysostomos von Myra erhalten habe, Ihnen nach Ostern einen neuen Besuch zu machen.
In der Zwischenzeit habe ich weitere christliche Gemeinschaften besucht, namentlich Seine Gnaden, den Erzbischof von Canterbury, Dr. Ramsey, den Vorsitzenden der evangelischen Kirche in Deutschland, Dr. Scharf, und ich habe einer Versammlung der

konfessionellen Organisationen der Welt in Genf beigewohnt, wo ich Gelegenheit hatte, die sich anbietende Möglichkeit darzulegen, zum Zweiten Vatikanischen Konzil Beobachter zu entsenden.
Nach diesen Gesprächen mit diesen verschiedenen christlichen Gemeinschaften wünsche ich sehr, Eure Heiligkeit von neuem zu besuchen und Ihnen einige nähere Einzelheiten über die Beobachter-Delegierten beim Zweiten Vatikanischen Konzil zu bieten. Darf ich Sie bitten, mich wissen zu lassen, zu welchem Zeitpunkt im Monat Mai es Ihnen am leichtesten wäre, mich zu empfangen?
Wir feiern gegenwärtig die Karwoche und bereiten uns auf die Feier der Auferstehung des Herrn vor. Am Gründonnerstag wird Seine Eminenz, Kardinal Bea, vom Heiligen Vater zum Bischof geweiht werden in der Kathedrale von Rom, in der Erlöserbasilika, die für gewöhnlich St. Johannes im Lateran genannt wird. Der Kardinal, der sich gegenwärtig zurückgezogen hat, bat mich, Ihnen seine aufrichtigen Wünsche zu einem glücklichen, lichtvollen Osterfest zu entbieten. Darf ich den Wünschen des Kardinals bescheiden die Zusicherung meines Gebetes und meine hochachtungsvollsten Wünsche für ein gesegnetes, gnadenreiches Osterfest hinzufügen.

Ihr untertäniger Diener in Christus
J. G. M. Willebrands

13 21. April 1962

Telegramm an Kardinal Bea vom Metropoliten von Sardes, Maximos, worin er ihn einlädt, dem Papst die Osterwünsche des Patriarchen zu übermitteln.

Seiner Eminenz Kardinal Augustin Bea, Rom

Anläßlich der strahlenden Auferstehung Christi, das kat' exochèn Fest der Liebe ist, einen ehrenhaften Auftrag erfüllend, bitte ich Eure geliebte Eminenz, Seiner Heiligkeit, dem Papst von Rom, Johannes, den brüderlichen Gruß, die herzlichen Grußworte und die österlichen Wünsche des Ökumenischen Patriarchen Athenagoras übermitteln zu wollen, wie auch Eurer Eminenz.

Metropolit von Sardes, Maximos,
Präsident der Kommission für ökumenische Angelegenheiten

14 5. Mai 1962

Telegramm Kardinal Beas an den Metropoliten Maximos von Sardes, um ihm den Dank und die Wünsche des Papstes Johannes an den Patriarchen Athenagoras zu übermitteln (Original: französisch).

Exzellenz Maximos, Metropolit von Sardes, Phanar

Wollen Sie bitte Seiner Heiligkeit, dem Patriarchen Athenagoras, mitteilen, daß der Heilige Vater sich für die Wünsche, die er gerne erwidert, lebhaft bedankt.
Ich habe die Ehre, meine persönlichen Glückwünsche beizufügen.

Augustin Kardinal Bea

15 18. Juni 1962

Brief Kardinal Beas an den Patriarchen Athenagoras, um ihm für den Bischof Willebrands bereiteten Empfang zu danken (Original: französisch). Prot.-Nr. 65/60.

Vatikanstadt, 18. Juni 1962

Seiner Heiligkeit Athenagoras I.
Erzbischof von Konstantinopel und Ökumenischer Patriarch

Heiligkeit,
Ich habe die angenehme Pflicht, Ihnen im Namen Seiner Heiligkeit Johannes' XXIII. den lebhaften Dank des Heiligen Vaters für das Geschenk auszudrücken, das Sie ihm durch Bischof Willebrands zukommen ließen.
Dies bietet auch mir Gelegenheit, Euer Heiligkeit für den so rührenden Empfang zu danken, den Sie unserem ergebenen Sekretär, Bischof Willebrands anläßlich des Besuches, den er jüngst der Großen Kirche machte, bereitet haben. Ich denke gern daran, daß diese wiederholten Kontakte mit dem Segen des Herrn der Sache der Einheit dienen.
In dieser Gesinnung möchte ich Eurer Heiligkeit mit meiner tiefen Hochachtung von neuem meine brüderliche Liebe in Christus dem Herrn aussprechen.

Augustin Kardinal Bea

16 29. Juni 1962

Antwortschreiben des Patriarchen Athenagoras an Kardinal Bea (Original: griechisch).

Eminenz, Herr Kardinal Augustin Bea, sehr geliebter und geschätzter Bruder unserer Wenigkeit in Christus Gott, Gnade und Friede Gottes sei mit Eurer Eminenz.
Mit großer Freude haben wir den Brief vom 18. des Monats Eurer sehr geliebten und geehrten Eminenz erhalten, wodurch Sie Ihren Dank für unsere freudige Aufnahme seiner Ehrwürden, des geliebten Herrn Msgr. J. Willebrands, zum Ausdruck brachten.
Möge der Herr die Liebe vermehren und alles zum Wohle der Kirche und der Glorie seines Heiligen Namens lenken.
Wir danken Eurer geliebten Eminenz für die Kommunikation, wir umarmen Sie im Herrn und verbleiben mit brüderlicher Liebe und besonderer Ehrenbezeugung,

Eurer geehrten Eminenz geliebter Bruder in Christus
Der Patriarch von Konstantinopel Athenagoras

17 3. Juli 1962

Brief Bischof Willebrands' an den Patriarchen Athenagoras, die Einladungen betreffend, delegierte Beobachter zum Zweiten Vatikanischen Konzil zu senden (Original: französisch). Prot.-Nr. 200/60.

Vatikanstadt, 3. Juli 1962

Seiner Heiligkeit Athenagoras I.
Erzbischof von Konstantinopel und Ökumenischer Patriarch

Heiligkeit,
In Dankbarkeit und Freude denke ich immer noch gern an meinen letzten, leider all zu kurzen Besuch zurück, den ich Eurer Heiligkeit am vergangenen 1. Juni gemacht habe. Wie ich bei dieser Gelegenheit Eurer Heiligkeit erklären konnte, waren wir aus praktischen Gründen verpflichtet, die Einladungen zur Entsendung delegierter Beobachter zum Zweiten Vatikanischen Konzil an die internationalen Organisationen der aus der Reformation hervorgegangenen Kirchen zu richten. Aus den gleichen Gründen haben wir auch an die nichtchalkedonischen Kirchen (mit Ausnahme der armenischen Kirche) Einladungen gesandt.
Wir werden gern die Antwort auf die Informationen empfangen, die ich vorher der Kirche von Konstantinopel zu geben Gelegenheit hatte. Dies wird uns ermöglichen, weitere Schritte zu unternehmen.
In dieser Aussicht spreche ich Ihnen gern von neuem die Gefühle tiefer Verehrung aus, mit denen ich bin

Eurer Heiligkeit untertänigster und ergebenster Diener
J. G. M. Willebrands

18 24. Juli 1962

Brief Kardinal Beas an den Patriarchen Athenagoras, worin er ihn im Namen des Papstes Johannes XXIII. einlädt, delegierte Beobachter zum Zweiten Vatikanischen Konzil zu entsenden (Original: französisch). Prot.-Nr. 200/50.

24. Juli 1962

Seiner Heiligkeit Athenagoras I.
Erzbischof von Konstantinopel und Ökumenischer Patriarch

Eure Heiligkeit,
Im Namen Seiner Heiligkeit, Papst Johannes XXIII., der den nicht in Gemeinschaft mit dem Heiligen Stuhl stehenden Christen soviel Liebe erzeigt hat, hat unser Sekretariat nach den Kontakten, die sein Sekretär Bischof J. G. M. Willebrands mit Eurer Heiligkeit und den Autoritäten des Patriarchats von Konstantinopel, und zuvor durch Seine Exzellenz, Erzbischof Jakobus Testa von Heraklea, und den Hochw.sten Pater Raes aufgenommen hat, die Ehre, Eure Heiligkeit einzuladen, zwei Geistliche oder Theologen, die Ihr Vertrauen besitzen und deren Namen Sie uns vor dem 15. September mitteilen wollen, als Beobachter-Delegierte zum Zweiten Vatikanischen Konzil zu entsenden.
Nachdem uns die Namen gemeldet worden sind, werden wir Ihnen unverzüglich die Zustimmung und die nötigen Informationen senden mit der Bitte, sie an die Betreffenden weiterzuleiten.
Das beiliegende Statut der Beobachter-Delegierten bestimmt deren Rechte und Pflichten. Unser Sekretariat wird dafür sorgen, daß sie alle möglichen Informationen erhalten, die für Sie von Interesse sein können.
Wir hoffen und wir bitten unsern Herrn, daß die Intervention der Beobachter ein wirk-

samer Beitrag zu einer immer größeren Kenntnis und Hochachtung zwischen all denen sei, die den Christennamen tragen und in der Eucharistie geistig vereint sind.
Die Gnade unseres Herrn Jesus Christus, die Liebe Gottes des Vaters und die Gemeinschaft des Heiligen Geistes seien mit Ihnen!
In dieser Gesinnung bitte ich Eure Heiligkeit, den Ausdruck meiner religiösen Hochachtung und meiner brüderlichen Liebe im Herrn entgegenzunehmen.

Augustin Kardinal Bea

19 24. Juli 1962

Brief Kardinal Beas an den Patriarchen Athenagoras zu der vorhergehenden Einladung (Original: französisch). Prot.-Nr. 200/60.

24. Juli 1962

Seiner Heiligkeit Athenagoras I.
Erzbischof von Konstantinopel und Ökumenischer Patriarch

Heiligkeit,
Bei der Übermittlung der Einladung, zum Zweiten Vatikanischen Konzil Beobachter zu entsenden, wollte ich diesen Brief beifügen, um Ihnen das Warum der Sache zu erklären. Die aus der Reformation hervorgegangenen Kirchen und der Ökumenische Kirchenrat sind bereits eingeladen worden, und gewisse Gemeinschaften haben uns bereits die Namen der Beobachter mitgeteilt. Ich verkenne nicht die Schwierigkeiten, denen das Ökumenische Patriarchat in dieser heiklen Angelegenheit gegenübersteht. Darum hat unser Sekretariat nach reiflicher Überlegung gedacht, es sei besser, direkt jeder der autokephalen Kirchen der Orthodoxie eine besondere Einladung zu senden und sich dabei angelegen sein zu lassen, die mit dem Stuhl von Konstantinopel aufgenommenen Kontakte zu erwähnen; dies umso mehr, als einige von ihnen direkt den Kontakt mit uns aufgenommen haben.
Übrigens naht der Zeitpunkt des Konzils heran, und Notwendigkeiten technischer Ordnung zwingen uns, diese Demarche zu unternehmen, die, wie wir wissen, durch die Annäherungsarbeit Eurer Heiligkeit und Ihrer Mitarbeiter vorbereitet worden ist.
Darum wollten wir in gelassenem Vertrauen die offiziellen Einladungen den ehrwürdigen Ostkirchen übersenden, die trotz neun Jahrhunderten der Trennung uns im höchsten Grad wie Brüder sind.
In dieser Gesinnung bitte ich Eure Heiligkeit, den Ausdruck meiner religiösen Hochachtung und meiner tiefen Verehrung in Christus dem Herrn entgegennehmen zu wollen.

Augustin Kardinal Bea

20 30. August 1962

Brief an Bischof J. Willebrands vom Ersten Sekretär des Heiligen Synods, der ihm im Namen des Patriarchen für einen Brief vom 3. Juli dankt (Original: griechisch).

An Msgr. J. Willebrands, Vatikan

Ehrwürden,
Seine Heiligkeit, unser verehrter Vater und Herr, der Ökumenische Patriarch Athenagoras hat mich beauftragt, Eurer Ehrwürden bekannt zu machen, daß er Ihren Brief vom 3. des Monats erhalten und dadurch große Freude erfahren hat. Den Inhalt dieses Briefes machte er den Eminenzen, den Mitgliedern des Heiligen Synods bekannt. Dazu übermittle ich im Auftrag die Wünsche des Patriarchen und seine große Liebe und verbleibe mit Liebe in Christus.

Archimandrit Symeon, der erste Sekretär des Heiligen Synods
Im Patriarchat, den 30. August 1962

21 10. Oktober 1962

Botschaft Kardinal Beas an den Patriarchen Athenagoras als Antwort auf die von Bischof Emilianos Timiadis mündlich überbrachte Mitteilung, daß es unmöglich sei, zum Zweiten Vatikanischen Konzil Beobachter zu entsenden (Original: französisch).

Rom, 10. Oktober 1962

Seiner Heiligkeit Athenagoras I., Ökumenischer Patriarch

Ich war sehr gerührt über die Botschaft, die Eure Heiligkeit durch Seine Exzellenz Bischof Emilianos Timiadis mir mündlich überbringen ließ, und ich spreche Ihnen meinen tiefsten Dank aus. Selbstverständlich bedauern wir aufrichtig, daß die orthodoxen Kirchen nicht durch Beobachter-Delegierte am Konzil offiziell vertreten sein können. Aber wir verstehen die Schwierigkeiten, in denen die orthodoxen Kirchen sich befinden, und wir werden nicht davon ablassen, alles, was in unserer Macht steht, zu tun, um mit ihnen brüderliche Beziehungen fortzusetzen. Obwohl unsere Kirchen noch nicht darauf vorbereitet sind, über die vollständige Vereinigung zu verhandeln, werden dennoch die Kontakte und die brüderliche Zusammenarbeit in den Dingen, die nicht unmittelbar die zwischen ihnen strittigen Fragen betreffen, zweifellos sehr helfen, immer engere Beziehungen zu schaffen. Ich hoffe auch, daß das Konzil selbst wirksam dazu beitragen wird. Außerdem werden wir im Gebet vereint bleiben, um die Verwirklichung der Einheit, die der Herr so sehnsüchtig gewünscht hat, zu erflehen.
Ich möchte Eurer Heiligkeit versichern, daß ich für alles, was ich in dieser Hinsicht tun kann, stets zu Ihrer Verfügung bleibe.
Ich bitte Eure Heiligkeit, die Versicherung meines Gebets für Ihre erhabene Person und Ihre Pastoralarbeit, und meiner Liebe in Christus, unserem Herrn, entgegennehmen zu wollen.

Augustin Kard. Bea

22 10. Oktober 1962

Kommuniqué des Ökumenischen Patriarchats anläßlich des Beginns der Arbeiten des Zweiten Vatikanischen Konzils (Original: griechisch).

Das Ökumenische Patriarchat, hat nach einem diesbezüglichen Vorschlag des Vatikans die Angelegenheit der Mitverfolgung der Arbeiten des heute einberufenen Zweiten Vatikanischen Konzils der römisch-katholischen Kirche durch Beobachter der orthodoxen Kirche geprüft und im Einvernehmen mit den anderen heiligen orthodoxen (autokephalen) Kirchen beschlossen, daß die Entsendung von orthodoxen Beobachtern zum Konzil nicht möglich ist.
Das Ökumenische Patriarchat und mit ihm die orthodoxen autokephalen Kirchen wünschen im wahren Geiste Christi einen guten Fortgang der Arbeiten dieses Konzils, das die gesamte Orthodoxie mit regem Interesse und großer Aufmerksamkeit verfolgen will.
Die orthodoxen (autokephalen) Kirchen hoffen, daß breitere Horizonte des christlichen Geistes und des Verständnisses eröffnet werden, die in naher Zukunft günstige Voraussetzungen zu nützlichen Kontakten, fruchtbaren Dialogen im Geiste Christi und brüderlicher Liebe schaffen werden zur Förderung der allchristlichen Einheit, um die unser Herr Jesus Christus gebetet hat.

Kommuniqué des Ersten Sekretariats

23 8. Dezember 1962

Brief Kardinal Beas an den Patriarchen Athenagoras, um den von ihm entsandten P. Pierre Duprey vorzustellen, der den Auftrag hat, dem Patriarchen Informationen über die erste Session des Zweiten Vatikanischen Konzils zu geben (Original: französisch).

Vatikanstadt, 8. Dezember 1962

Seiner Heiligkeit Athenagoras I.
Erzbischof von Konstantinopel und Ökumenischer Patriarch

Heiligkeit,
Der erfreuliche Anlaß der Abreise von Rom nach dem Nahen Osten des hochw. Paters Pierre Duprey, der während dieser Wochen der ersten Konzilssession uns als Dolmetscher-Theologe für unsere Beobachter gedient hat, gibt mir die Möglichkeit, heute Eurer Heiligkeit diese Botschaft zu senden zur Bezeugung treuer Liebe im Herrn.
Ich muß zunächst Eurer Heiligkeit für die liebevollen Aufmerksamkeiten danken, die Sie mir stets erweisen und insbesondere für die Geschenke, die Sie mir über den Archimandriten Scrima zukommen ließen.
Meinerseits beauftrage ich den hochw. Pater Duprey, Eurer Heiligkeit einen soeben veröffentlichten Band über die Probleme der christlichen Einheit zu überreichen – Probleme, die Eurer Heiligkeit so sehr am Herzen liegen.
Und da die Feiern der Geburt unseres großen Gottes und Heilandes Jesus Christus und die Neujahrsfeste heranrücken, will ich Eurer Heiligkeit all meine Segenswünsche für Ihre verehrte Person und für Ihre pastorale Tätigkeit aussprechen. Möge das Jahr, das sich auftut, die Beziehungen zwischen unsern Kirchen sich in einem Klima gelassenen Vertrauens und engerer Verbindungen weiterentwickeln lassen.
Dies wird der Gegenstand des Gebetes sein, das ich verrichten werde anläßlich der Feier der Geburt des Friedensfürsten, der kommt, um die Welt zu retten.
In dieser Gesinnung bitte ich Eure Heiligkeit, mit meiner religiösen Hochachtung die Versicherung meiner brüderlichen Liebe im Herrn entgegenzunehmen.

Augustin Kardinal Bea

24 30. Mai 1963

Telegramm des Patriarchen Athenagoras an den Papst Johannes XXIII., wodurch er seine Sympathie und seine Wünsche für die Besserung seiner Gesundheit zum Ausdruck bringt (Original: griechisch).

Verbunden mit Eurer geschätzten und geliebten Heiligkeit im Geiste und in der Liebe unseres Herrn, befinden wir uns immer mit unserem Herzen und unseren Gedanken bei Ihnen, in allen großen Momenten Ihrer heiligen Bemühungen um die Herrschaft des Geistes Christi in dieser Welt. Verbunden im Gebet mit Eurer Heiligkeit, unserem geliebten Bruder, beten wir wärmstens zum Herrn um die volle Wiederherstellung Ihrer geschätzten Gesundheit, zum Wohle des ganzen Christentums.

Patriarch Athenagoras

25 1. Juni 1963

Telegramm des Kardinalstaatssekretärs Cicognani an den Patriarchen Athenagoras, um ihm im Namen des Papstes zu danken (Original: französisch).

Seiner Heiligkeit Athenagoras I.
Ökumenischer Patriarch – Phanar

Seine Heiligkeit Johannes XXIII., tiefgerührt über die von Eurer Heiligkeit geäußerten Wünsche und Gebete, beauftragt mich, seinen lebhaften Dank zu übermitteln und die Aufopferung seiner selbst für den Frieden unter den Menschen und die Einheit der Christen anzuvertrauen.

Kardinal Cicognani

26 4. Juni 1963

Erklärung des Patriarchen Athenagoras während der Sitzung des Heiligen Synods anläßlich des Todes des Papstes Johannes XXIII. (Original: griechisch).

Seit der Wahl und der Inthronisation seiner Heiligkeit, des Papstes Johannes XXIII., auf den Thron des Alten Rom haben wir von Anfang an das angenehme Gefühl verspürt, daß in der Zukunft die Beziehungen zwischen dem Ökumenischen Patriarchat und dem Vatikan bedeutungsvolle Entwicklungen erleben würden, die die Annäherung und Zusammenarbeit zwischen Osten und Westen ankündigten, und zwar auf moralischem und sozialem Gebiet, deren Verwirklichung in nicht allzuferner Zukunft stattfinden würde.
Denn in der Person des verstorbenen geschätzten Leiters der römisch-katholischen Schwesterkirche erkannten wir einen inspirierten und fähigen Arbeiter, der der Bedeutung der Situationen gewachsen war und der die in beiden apostolischen Kirchen, der orthodoxen und der römisch-katholischen, vorhandenen Gemeinsamkeiten in der Lehre des Herrn und der apostolischen Tradition wahrnehmen konnte.

Als der inspirierte kirchliche Leiter hat der verstorbene Papst trotz der kurzen Zeit der Ausübung seiner höchsten Pflicht eine neue Richtung in seiner Kirche eingeschlagen, die zum ökumenischen Dialog führt, welcher als Einleitung zum hohenpriesterlichen Gebet des Herrn kirchlich charakterisiert wird.
Weitblickend und bahnbrechend in der Frage der Annäherung der Kirchen Christi, hat er durch die Einberufung des Zweiten Vatikanischen Konzils bewiesen, daß die katholische Kirche mit dem Gefühl der Liebe und des Friedens Christi der orthodoxen apostolischen Kirche und den anderen Kirchen Christi gegenüber durchdrungen ist. In diesem ernsten Augenblick richten wir unser wärmstes Gebet an unseren Herrn und Gott um die ewige Ruhe der Seele des verstorbenen ersten Hierarchen der römisch-katholischen Kirche, dort, wo das Licht des Antlitzes Christi herrscht.

27 5. Juni 1963

Telegramm des Ersten Sekretärs des Heiligen Synods, Archimandrit Symeon, an Kardinal Cicognani, wodurch er das Beileid des Patriarchen und des Synods anläßlich des Todes des Papstes Johannes XXIII. zum Ausdruck bringt (Original: griechisch).

Seiner Eminenz, Herrn Kardinal Cicognani,
Vatikan

Seine Heiligkeit, der Ökumenische Patriarch und der Heilige Synod haben in großer Trauer vom Hinscheiden Seiner Heiligkeit, des Papstes Johannes, des würdigen Vorgesetzten der geschätzten römisch-katholischen Kirche erfahren, und sie haben mich beauftragt, Eurer Eminenz die große Sympathie und das tiefe Beileid derer, die die ewige Ruhe der Seele des verstorbenen ersten Hierarchen wünschen, auszusprechen.

Archimandrit Symeon
Erster Sekretär des Heiligen Synods

28 7. Juni 1963

Telegramm des Kardinals Aloisi Masella, Camerlengo, an den Archimandriten Symeon, Sekretär des Heiligen Synods, um dem Patriarchen und dem Heiligen Synod für deren Mitgefühl und Gebet zu danken (Original: französisch).

Dem hochwürdigsten Archimandriten Symeon
Sekretär des Heiligen Synods
Rum Patrikhanesi – Fener

Wir bitten, dem verehrten Ökumenischen Patriarchen und dem Heiligen Synod unseren lebhaftesten Dank für Ihr Mitgefühl und Ihr Gebet zu übermitteln. Möge das von Johannes XXIII. für den Frieden und die christliche Einheit aufgeopferte Leben die Verwirklichung des Gebetes unseres einzigen Herrn „ut unum sint“ erlangen.

Kardinal Aloisi Masella
Camerlengo

29 25. Juni 1963

Brief Kardinal Beas an den Patriarchen Athenagoras, worin er ihm die Wahl des Papstes Paul VI. mitteilt (Original: französisch). Prot.-Nr. 551/63.

Vatikanstadt, 25. Juni 1963

Seiner Heiligkeit Athenagoras I.
Erzbischof von Konstantinopel und Ökumenischer Patriarch

Heiligkeit,
In der Wahl, die von den nach den Vorschriften der heiligen römischen Kirche zum Konklave versammelten Kardinälen getroffen wurde, ist Kardinal Johannes-Baptist Montini, Metropolitanerzbischof von Mailand, zum Nachfolger Seiner Heiligkeit des Papstes Johannes XXIII. ruhmreichen Andenkens bestimmt worden. Er hat beschlossen, den Namen Paul VI. anzunehmen.
Ich bin glücklich, vom Heiligen Vater beauftragt zu sein, Eurer Heiligkeit, dem Ökumenischen Patriarchen und Erzbischof von Konstantinopel, und durch Sie Ihrer ganzen Kirche von diesem erfreulichen Ereignis in der heiligen römischen Kirche Mitteilung zu machen.
Möge der Heilige Geist die Herzen inspirieren und die Bemühungen all derer, die an der Auferbauung des heiligen Volkes Gottes arbeiten, der Verwirklichung des Gebetes unseres einzigen Herrn „ut unum sint" entgegenlenken!
Nehmen Sie, Heiligkeit, den Ausdruck meiner ehrerbietigen und brüderlichen Gesinnung im Herrn Jesus entgegen.

Augustin Kardinal Bea

30 8. Juli 1963

Brief Kardinal Beas an den Patriarchen Athenagoras, worin er ihm die Einladung des Papstes Paul VI. übermittelt, zur Zweiten Konzilssession Beobachter zu entsenden (Original: französisch). Prot.-Nr. 626/63.

8. Juli 1963

Seiner Heiligkeit Athenagoras I.
Erzbischof von Konstantinopel und Ökumenischer Patriarch

Heiligkeit,
Papst Paul hat beschlossen, daß die zweite Session des Zweiten Vatikanischen Konzils am 29. September eröffnet wird. Als Präsident des Sekretariats für die Einheit der Christen habe ich die Ehre, Sie im Namen des Heiligen Vaters einzuladen, zwei Geistliche oder Theologen Ihres Vertrauens als Beobachter-Delegierte an dieses Konzil zu senden. Jede autokephale orthodoxe Kirche ist ebenfalls eingeladen, zwei Beobachter-Delegierte zu senden.
Wie die erste Konzilssession gezeigt hat, ist die wirkliche Position dieser Beobachter-Delegierten etwas ganz anderes als die bloßer Zuschauer. Sie wohnten allen Generalversammlungen des Konzils bei und konnten außerdem anläßlich von Zusammenkünften mit den Mitgliedern des Sekretariats, Bischöfen und Theologen, die allwöchentlich organisiert wurden, ihre Reakionen und ihre Ansichten über die auf dem Konzil diskutierten Themen zur Kenntnis bringen.

Zudem hatten die Beobachter-Delegierten alle Freiheit, mit den Konzilsvätern Kontakt aufzunehmen, einzeln oder gruppenweise, anläßlich von Begegnungen, die sehr oft von den Konzilsvätern selbst angeregt wurden.
All dies bot Gelegenheit, einen echten brüderlichen Dialog zu beginnen.
Es liegt mir daran, Eurer Heiligkeit zu präzisieren, daß ein Erzbischof, Mitglied unseres Sekretariates, vom Sekretär Bischof Willebrands begleitet, bereit ist, zu Ihnen zu kommen, um Ihnen alle diesbezüglich wünschbaren Erklärungen zu geben und Ihnen die obige Einladung zu bestätigen. Ich wäre Eurer Heiligkeit dankbar, wenn Sie mir sobald als möglich sagen könnten, welches Datum Ihnen für diesen Besuch am besten passen würde, mit Vorliebe in den allerersten Septembertagen.
In seiner ersten öffentlichen Rede vom 22. Juni hat Papst Paul VI. seine Absicht geäußert, „mit all seinen Kräften das große Werk fortzusetzen, das von Papst Johannes XXIII. mit so viel Hoffnungen und unter glücklichen Vorzeichen unternommen und in die Wege geleitet worden ist: die von allen so sehr erwartete Verwirklichung dieses ‚unum sint‘ (Joh 17, 21)“. Durch seine Einladung gibt der Papst seine Hoffnung zu erkennen, daß die Gegenwart von Beobachtern ein wirksamer Beitrag zu einem Anwachsen des Verständnisses und der Achtung zwischen denen sei, die in Christus getauft und in der Eucharistie geistig vereint sind.
In dieser Gesinnung bitte ich Eure Heiligkeit, den Ausdruck meiner Hochachtung und meiner brüderlichen Liebe im Herrn entgegenzunehmen.

Augustin Kardinal Bea

31 22. August 1963

Brief des Patriarchen Athenagoras an Kardinal Bea, worin er informiert wird, daß der Patriarch seinen letzten Brief erhalten hat (Original: griechisch). Prot.-Nr. 617.

Eminenz, Herr Kardinal Augustin Bea, Präsident des Sekretariates für die Einheit der Christen im Vatikan, die Gnade und der Friede Gottes sei mit Eurer Eminenz.
Nachdem wir mit Gottes Gnade glücklich von unserer Reise auf den Berg Athos und in Griechenland zurückkamen, haben wir den Brief vom 8. Juli Eurer sehr geliebten und geehrten Eminenz mit großer Freude erhalten und in einer Sitzung unseres Synods gelesen. Darin teilen Sie uns den tiefen Wunsch unseres sehr geschätzten Bruders in Christus, des neuen Papstes von Rom, Paul VI., mit, daß uns ein römisch-katholischer Erzbischof in Begleitung des ehrwürdigen P. J. Willebrands wegen der Entsendung von Beobachtern zur noch nicht begonnenen zweiten Periode des Zweiten Vatikanische Konzils besuche.
Diesbezüglich teilen wir Eurer geschätzten Eminenz mit, daß dieses Thema schon von unserer Kommission für die allchristlichen Angelegenheiten geprüft wird und daß wir zum Inhalt dieses Briefes später antworten werden. Wir wünschen von ganzem Herzen die Förderung der vom reinen Herzen und im Geiste Christi bestimmten Bemühungen zur Annäherung und Zusammenarbeit der christlichen Konfessionen. Wir erbitten das Beste für Eure Eminenz von Gott, dessen Gnade und Friede mit Ihnen sein möge.

Geliebter Bruder in Christus
Der Patriarch von Konstantinopel Athenagoras
22. August 1963

32 9. September 1963

Brief des Metropoliten von Sardes, Maximos, an Papst Paul VI., worin er die Gratulation des Patriarchen anläßlich seiner Wahl für den Thron von Rom übermittelt (Original: griechisch). Prot.-Nr. 616.

Seiner Heiligkeit Papst Paul VI.
Vatikanstadt

Heiligkeit,
Seine Heiligkeit, der Ökumenische Patriarch Athenagoras, hat nach seiner glücklichen Rückkehr von seinem Besuch der Diözesen der Kirche von Konstantinopel in Griechenland anläßlich des tausendjährigen Jubiläums vom Berg Athos mit großer Freude auch offiziell durch einen Brief seiner Eminenz, des Herrn Kardinals Augustin Bea erfahren, daß Eure geehrte und geliebte Heiligkeit von den im Konklave versammelten Kardinälen nach den diesbezüglichen Gesetzen der heiligen römischen Kirche zum Papst von Rom, mit dem Namen Paul VI., gewählt wurde.
Die Wahl Eurer sehr geschätzten Heiligkeit auf den apostolischen Thron des Alten Rom, als Nachfolger des unvergeßlichen und seligen Papstes Johannes XXIII., der sich so sehr für die Förderung der zwischenkirchlichen Beziehung eingesetzt und sich der Zeiten und der Umstände als würdig erwiesen hat, bildet zweifelsohne den Mittelpunkt und den Ausdruck der heute am Heiligen Stuhl herrschenden Haltung zur Förderung des christlichen Dialogs, der die notwendige Voraussetzung des Weges des Menschen überhaupt und besonders des Christen zum Frieden ist, zum Erfolg und zur Würde, nämlich zu all dem, was sein unverlierbares Recht und seine heilige Mission in der Welt ausmacht.
In hohem Auftrag übermittle ich ehrfürchtig Eurer Heiligkeit die besten Gratulationen und die herzlichen Wünsche seiner Heiligkeit für eine lange und fruchtbare Diakonie Eurer geschätzten Heiligkeit in der heiligen römischen Schwesterkirche, zur Förderung des Geistes der Einheit der christlichen Welt und zur Glorie des Namens unseres Jesus Christus.

So verbleibe ich mit der gebührenden Hochachtung
Der Metropolit von Sardes, Maximos
Präsident der Kommission für allchristliche Angelegenheiten
Im Patriarchat, den 9. September 1963

33 20. September 1963

Erster, handgeschriebener Brief Papst Pauls VI. an den Patriarchen Athenagoras, worin er ihm seinen Willen äußert, alles in seiner Macht Stehende zu tun, um die vollkommene Eintracht unter den Christen wiederherzustellen (Original: französisch).

Vatikanstadt, 20. September 1963

Wir haben soeben mit Freude die Glückwünsche und Gratulationen empfangen, die Sie uns durch Seine Eminenz Metropolit Maximos von Sardes, senden ließen in Beantwortung des Briefes, der gleich nach unserer Wahl in unserem Namen von Seiner Eminenz Kardinal Augustin Bea geschrieben wurde. Wir möchten Ihnen sagen, daß die in diesem Brief geäußerten Gefühle in unserem Herzen tiefen Widerhall gefunden haben. Die uns vom Herrn anvertraute Aufgabe eines Nachfolgers auf diesem Sitz des Apostelfürsten läßt uns besorgt sein um alles, was die Vereinigung der Christen betrifft, und um alles, was dazu beitragen kann, zwischen ihnen wieder vollkommene Eintracht herzustellen.

Vertrauen wir die Vergangenheit dem Erbarmen Gottes an und hören wir auf den Rat des Apostels: „Ich vergesse, was hinter mir liegt, und strecke mich ganz nach dem aus, was vor mir liegt, um es zu ergreifen zu suchen, wie ich von ihm ergriffen worden bin." Wir sind von ihm ergriffen worden durch die Gabe der Frohbotschaft vom Heil, durch die Gabe derselben Taufe, desselben Priestertums, das die gleiche Eucharistie feiert, das einzige Opfer des einzigen Herrn der Kirche.

Möge diese Feier uns geben, daß wir in uns immer mehr „die Gefühle, die in Christus sind", hegen und tief in den Sinn und die Forderungen seines Gebetes zu seinem Vater eindringen: „Sie sollen eins sein, ich in ihnen und du in mir, damit sie vollkommen eins seien." Der Herr öffne unsere Herzen den Eingebungen seines Geistes und führe uns der vollen Verwirklichung seines Willens entgegen!

Die Gnade des Herrn Jesus Christus, die Liebe des Vaters und die Gemeinschaft des Heiligen Geistes seien mit Ihnen!

Paulus P. P. VI.

34 25. Oktober 1963

Brief des Patriarchen Athenagoras an Kardinal Bea, wodurch er ihm für die Zusendung des Briefes des Papstes dankt und seine spätere Antwort ankündigt (Original: griechisch). Prot.-Nr. 774.

Eminenz, Herr Kardinal Augustin Bea, die Gnade und der Friede Gottes sei mit Eurer Eminenz.

Mit großer Freude haben wir den Brief vom 24. des vergangenen Septembers Eurer sehr geliebten Eminenz erhalten, womit Sie uns den Brief Seiner Heiligkeit, unseres geschätzten und geehrten Bruders in Christus, des Papstes Paul VI. übermittelten.

Diesen Brief des Papstes haben wir mit großer Freude und entsprechenden Gefühlen während der Sitzung unseres Heiligen Synods gelesen. Wir danken sehr Eurer Eminenz und teilen Ihnen mit, daß wir unser Antwortschreiben, das sich wegen der inzwischen stattgefundenen Panorthodoxen Konferenz auf Rhodos verspätet hat, später schicken werden.

Wir bitten Sie aufrichtig, Eminenz, uns ein Exemplar Ihrer wichtigen Studie „Die Einheit der Christen" zukommen zu lassen. Wir umarmen Sie mit dem heiligen Kuß und verbleiben mit brüderlicher Liebe und besonderer Ehrenbezeugung.

Eurer Eminenz, geliebter Bruder in Christus
Der Patriarch von Konstantinopel Athenagoras

35 22. November 1963

Der erste Brief des Patriarchen Athenagoras, das Antwortschreiben auf den Brief des Papstes vom 20. September 1963 (Original: griechisch). Prot.-Nr. 774.

Paul, dem seligsten und heiligsten Papst des Alten Rom, Gruß im Herrn.
Mit großer Freude und in Liebe haben wir den Brief Eurer sehr geliebten und geehrten Heiligkeit vom September dieses Jahres erhalten, dieses persönlich und in einer Sitzung unseres Heiligen Synods gelesen, und wir haben dafür unserem gemeinsamen Erlöser Gott gedankt.
Seinerzeit haben wir Eurer Heiligkeit in brüderlicher Neigung Gratulationen und herzliche Grüße anläßlich der Wahl und Inthronisation, durch Gottes Gnade und Wohlgefallen, auf den Thron des berühmten Alten Rom übermitteln lassen. Auch jetzt freuen wir uns besonders über Euren Brief, durch den wir erfahren, daß auch in unseren Zeiten das Gebet Christi, unseres Gottes, des Urhebers und Vollenders des Glaubens, über die Einheit aller, die an Ihn glauben werden, und die Ermahnung des Apostels, das Vergangene zu vergessen, einen tiefen Widerhall finden. Ebenfalls freuen wir uns über Euren vom Herzen kommenden Wunsch nach der vollen Verwirklichung der Einheit gemäß dem heiligen Willen des Herrn.
Wir, die wir auch vom Herrn gelehrt wurden, Vertrautheit miteinander zu haben, wie es den Mitgliedern seines heiligen Leibes, der die Kirche ist, geziemt, wie auch aufgrund der Beziehungen zwischen den Mitgliedern, die einen Herrn und Erlöser haben, dessen Gnade wir bei den Sakramenten teilhaftig werden, meinen, daß wir einander nichts Wertvolleres anbieten können als das Angebot der Gemeinschaft der Liebe, die nach dem Apostel, „alles erträgt, alles glaubt, alles hofft, alles duldet" (1 Kor 13, 7). Diese Gemeinschaft war früher stark durch Bande des Friedens zwischen unseren heiligen Kirchen und wird jetzt wieder erneuert durch die Gnade des Herrn, „zum Lob seiner Glorie" (Eph 1, 12–14).
Als Diener Christi und Verwalter der Mysterien Gottes in den Kirchen der Heiligen (1 Kor 4, 1 und 14, 33) sollen wir von der hohen Warte der Liebe mit reuigem Herzen und mit einfachem Auge wieder zum Willen des Herrn aufblicken, uns selbst, gemeinsam und unser ganzes Leben in seinen Dienst stellen, damit wir Gnade finden und das Reich Gottes auf Erden komme.
Mit dieser Gesinnung und voll Hoffnung danken wir herzlich für diese Kommunikation. Wir wünschen aufs neue, Eure Heiligkeit möge für immer gesund bleiben und ruhmreich auf viele Jahre die heilige Kirche des Alten Rom mit dem Segen und der Gnade unseres Herrn leiten, dem die Herrlichkeit und die Macht mit dem Vater und dem Heiligen Geist gebührt, jetzt und immerdar in alle Ewigkeit. Amen.

Eurer geschätzten und geehrten Heiligkeit
geliebter Bruder in Christus
Der Patriarch von Konstantinopel Athenagoras

36 6. Dezember 1963

Kommuniqué des Ökumenischen Patriarchats nach der Ankündigung der Reise des Papstes ins Heilige Land (Original: griechisch).

Seine Heiligkeit, der Ökumenische Patriarch Athenagoras, hat heute früh, am 6. Dezember, während seiner Pontifikalassistenz (Chorostasie) anläßlich der Feier des Festes der historischen Kirche zum hl. Nikolaus von Tsivali an die zahlreiche Kirchengemeinde mit großer Freude die Nachricht aus dem Vatikan mitgeteilt und mit tiefster Rührung und heiliger Begeisterung den historischen Entschluß Seiner Heiligkeit, des Papstes von Rom, Paul VI., hervorgehoben, im kommenden Jänner

Jerusalem zu besuchen und zu den heiligen Stätten des Christentums zu pilgern. Der Patriarch betonte nach einer Erläuterung der Wichtigkeit dieses von Gott inspirierten Entschlusses des geehrten Leiters der römisch-katholischen Kirche, daß es ein Werk der göttlichen Vorsehung wäre, wenn anläßlich dieser Pilgerfahrt seiner Heiligkeit alle Leiter der heiligen Kirchen des Ostens und des Westens, aller drei Konfessionen, in der heiligen Stadt Sion, einander begegneten, damit sie dort in gemeinsamer Reue des Geistes und des Herzens, mit erlösenden Tränen und mit innigen Gebeten auf dem mit dem Blut Christi getränkten Kalvarienberg und auf dem heiligen und lebensspendenden Grab, von dem die allgemeine Vergebung und das Leben gekommen sind, kniend, einen neuen und gesegneten Weg im Geiste der Einheit einschlagen zur Ehre des Namens unseres Herrn Jesu Christus, zum Wohle der gesamten Menschheit und zur weiteren Wiederherstellung der Einheit aller gemäß seinem Willen.

Kommuniqué des Ersten Sekretariats,
6. Dezember 1963

37 9. Dezember 1963

Brief Kardinal Beas an den Patriarchen Athenagoras, worin er den von ihm entsandten P. Duprey vorstellt, der beauftragt ist, ihm Informationen über die Reise des Heiligen Vaters ins Heilige Land und die zweite Konzilssession zu geben (Original: französisch). Prot.-Nr. 1296/63.

Vatikanstadt, 9. Dezember 1963

Seiner Heiligkeit Athenagoras I.
Erzbischof von Konstantinopel und Ökumenischer Patriarch

Heiligkeit,
Die Ankündigung der Pilgerfahrt des Heiligen Vaters Paul VI. in das Heilige Land hat Sie sicherlich erreicht, aber ich habe im Einvernehmen mit dem Papst gewünscht, daß Eure Heiligkeit spezieller über die Absichten unterrichtet werden, die Papst Paul VI. bei diesem Schritt beseelen.
Zu diesem Zwecke sende ich meinen Mitarbeiter, den hochwst. P. Pierre Duprey, Subsekretär unseres Sekretariates, zu Ihnen, der Ihnen mündlich alle notwendigen Informationen geben wird. Er wird auch umgekehrt, wenn Sie dies wünschen, die Wünsche und Begehren Eurer Heiligkeit hierher bringen können.
Er wird auch diese Gelegenheit nutzen, um Ihnen die Informationen zu geben, die Sie über den Verlauf und die künftigen Erörterungen der zweiten Konzilssession haben möchten.
In dieser Gesinnung vertrauensvoller Zusammenarbeit und gegenseitigen Meinungsaustausches spreche ich Eurer Heiligkeit von neuem meine tiefe religiöse Hochachtung und meine brüderliche Liebe im Herrn aus.

Augustin Kardinal Bea

38 11. Dezember 1963

Kommuniqué des Ökumenischen Patriarchats anläßlich der Reise des Papstes ins Heilige Land (Original: griechisch).

Seine Heiligkeit hat gestern, Dienstag, den 10. Dezember dieses Jahres, den ehrwürdigen Herrn Pierre Duprey, den speziellen Delegierten des Vatikans, empfangen. Nach der Übergabe der Empfehlungsbriefe seiner vorgesetzten Behörden, entsprechend dem Protokoll, informierte er gemäß seines Auftrages über die Pilgerfahrt Seiner Heiligkeit, des Papstes Paul VI., zu den Heiligen Stätten.

Kommuniqué des Ersten Sekretariats,
11. Dezember 1963

39 20. Dezember 1963

Brief Kardinal Beas an den Patriarchen Athenagoras, worin er ihm seine Weihnachts- und Neujahrswünsche entbietet (Original: französisch). Prot.-Nr. 1354/63.

Vatikanstadt, 20. Dezember 1963

Seiner Heiligkeit Athenagoras I.
Erzbischof von Konstantinopel und Ökumenischer Patriarch

Heiligkeit,
Das Herannahen der freudigen Tage, an denen wir die Geburt unseres Gottes und Heilandes Jesus Christus feiern, bietet mir Gelegenheit, Eurer Heiligkeit meine besten Wünsche zum beginnenden Jahr zu entbieten. Möge es fruchtbar sein an allen Gütern, die zur Annäherung und zum gegenseitigen Verständnis der Christen beitragen können, möge es die brüderlichen Kontakte zwischen unseren Kirchen sich entwickeln und intensivieren sehen. Diese Wünsche, ich weiß es, treffen sich mit den Herzenswünschen Eurer Heiligkeit. Ich bitte Gott, Ihnen seine Gnade überreich gewähren zu wollen, damit Sie Ihrer schweren Aufgabe in Gesundheit, Freude und Frieden dienen können.
Es liegt mir auch daran, Eurer Heiligkeit für den Empfang zu danken, der dem hochwst. Pater Duprey bei seinem jüngsten Besuch im Patriarchat zuteil geworden ist. Ich war sehr gerührt über die Freundlichkeiten, die ihm von Eurer Heiligkeit und Ihrer Umgebung erwiesen worden sind.
Ich bitte Sie, Heiligkeit, den Ausdruck meiner tiefen religiösen Hochachtung und meiner brüderlichen Liebe im Herrn entgegennehmen zu wollen.

Augustin Kardinal Bea

40 24. Dezember 1963

Telegramm des Patriarchen Athenagoras an Papst Paul VI., worin er ihm Weihnachtswünsche übermittelt (Original: griechisch).

Seiner Heiligkeit Papst Paul VI.
Vatikan

Unterwegs zur Anbetung des menschgewordenen Wortes Gottes, möchten wir, anläßlich des heiligen und großen Festes, Eurer sehr geliebten und geehrten Heiligkeit mit Freude unseren brüderlichen Gruß mit herzlichen Wünschen für Sie und für Ihre heilige Kirche entbieten.

Patriarch Athenagoras

41 26. Dezember 1963

Brief des Patriarchen Athenagoras an Papst Paul VI., worin er ihm die Entsendung seiner Vertreter, der Metropoliten Meliton von Helioupolis und Theira und Athenagoras von Thyateira nach Rom mitteilt, die dem Papst seine Meinung bezüglich der gewünschten Begegnung in Jerusalem darlegen (Original: griechisch). Prot.-Nr. 1084.

Paul, der seligste und heiligste Papst des Alten Rom, sei gegrüßt im geborenen Herrn.
Mit besonderer Freude möchten wir durch diese Briefe Eurer sehr geliebten und besonders geehrten Heiligkeit ankündigen, daß wir mit unserem Heiligen Synod beschlossen haben, zu Ihnen unsere Vertreter, die geliebten Eminenzen, die Metropoliten Meliton von Helioupolis und Theira und Athenagoras von Thyateira zu entsenden, als Antwort auf die kürzlich an uns durch den Vertreter Eurer Kirche ergangene Information über die gesegnete Pilgerfahrt Eurer Heiligkeit in die heilige Stadt Jerusalem und auf Euren brüderlichen Geist, der Sie zu dieser freundlichen Geste bewogen hat, zur Verwirklichung des Wunsches für diese Begegnung, den wir sofort nach der Ankündigung der Pilgerfahrt Eurer Heiligkeit ausgesprochen haben, und der ein gutes Echo gefunden hat.
Die Eminenzen, unsere Vertreter, überbringen Eurer geehrten Heiligkeit zusammen mit unserem brüderlichen Gruß auch unsere Auffassungen und Wünsche bezüglich dieser Begegnung. Sie sind zugleich bevollmächtigt, zusammen mit Euren Vertretern brüderlich die Einzelheiten der durch Gottes Wohlwollen und von beiden Seiten gewünschten heiligen Begegnung in Christus vorzubereiten.
Mit herzlichen Wünschen und mit guten Hoffnungen empfehlen wir Eurer Liebe die genannten Eminenzen, unsere Vertreter, an. Wir vertrauen den Erfolg ihres kirchlichen Auftrages dem Herrn und dem Wohlwollen Eurer geschätzten Heiligkeit an und verbleiben mit brüderlicher Liebe und besonderer Ehrenbezeugung,

Eurer geschätzten und geehrten Heiligkeit
geliebter Bruder in Christus
Der Patriarch von Konstantinopel Athenagoras
26. Dezember 1963

42 27. Dezember 1963

Telegramm Papst Pauls VI. an den Patriarchen Athenagoras, worin er ihm seine Wünsche zum Weihnachtsfest entbietet (Original: französisch).

Seiner Heiligkeit, dem Ökumenischen Patriarchen Athenagoras
Phanar

Wir sind tief gerührt über die Wünsche, die Sie mit soviel Liebe an uns richten anläßlich dieser Feier des Mysteriums des Ewigen Wortes, das Mensch geworden ist, um die Kinder Gottes zu versöhnen und zu sammeln. Wir danken Ihnen dafür und senden Ihnen unsererseits von ganzem Herzen die inbrünstigsten Wünsche.

Paulus P. P. VI.

43 28. Dezember 1963

Telegramm Kardinal Beas an den Patriarchen Athenagoras, worin er dem Patriarchen seine Wünsche übermittelt (Original: französisch).

Seiner Heiligkeit, dem Ökumenischen Patriarchen
Phanar

Mit tiefer Freude haben wir Seine geliebte Eminenz, den Metropoliten Athenagoras, empfangen. Wir danken Ihnen aus tiefstem Herzen für Ihre Wünsche und erhoffen vom Herrn ein Jahr, das an Früchten der Liebe und der Annäherung reich ist. Mit meinen hochachtungsvollen, brüderlichen Gefühlen

Augustin Kardinal Bea

44 28. Dezember 1963

Ansprache des Metropoliten Athenagoras von Thyateira anläßlich seines Besuches bei Papst Paul VI. (Der Metropolit Meliton von Helioupolis und Theira ist im letzten Moment verhindert, nach Rom zu reisen (Original: griechisch).

Seligster und Heiligster,
im Bewußtsein der Bedeutung dieses historischen Momentes bin ich zutiefst gerührt. Denn nach so vielen Jahrhunderten des Schweigens haben der lateinische Westen und der griechische Osten mit gegenseitigen Gefühlen der Achtung und der Liebe, die vom Evangelium und von den christlichen Herzen geleitet werden, einander zu begegnen. Denn sie haben beschlossen, Gedanken und Verbrüderungsgruß auszutauschen und, wenn es möglich ist, den Dialog über den Frieden der Welt und den Fortschritt der heiligen Kirchen Gottes.
Deshalb ist meine Rührung offenkundig, Heiligkeit. Aber ich muß mich fassen, und ich übermittle zusammen mit diesem patriarchalischen Brief, den ich in Eure Hände übergebe, auch die Liebe in Christus, den Frieden und das Wohlwollen des Leiters der östlichen orthodoxen Kirche, des Ökumenischen Patriarchen Athenagoras und des Heiligen Synods des Ökumenischen Patriarchates.
Es scheint, Seligster, daß Sie nach einer göttlichen Erleuchtung auf den Berg des Herrn emporsteigen. Sie steigen von der einen Seite und der Ökumenische Patriarch Athenagoras von der anderen. Die Christen, die die Bedeutung dieses Aufsteigens erkennen, beten, damit Sie sich auf dem Gipfel treffen, dort, wohin der Herr gegangen ist, beim Kreuz und beim leeren Grab des Herrn. Unter dem Schatten des Kreuzes werden sie gemeinsam die christliche Solidarität erneuern in der Überzeugung, daß der Herr es will, daß wir gegenseitig Liebe haben, und daß wir eins sind wie Er mit dem Vater.
Petrus und Andreas waren Brüder. Jahrhunderte lang haben sie nicht miteinander gesprochen. Siehe, jetzt bringen sie das gegenseitige Verlangen und den gegenseitigen Wunsch nach Gesprächen und Begegnung zum Ausdruck.
Dieser Wunsch ist ein Gebot des gemeinsamen Lehrers und Sehnsucht der Christen. Möge der Herr diese apostolische Begegnung gelingen lassen zum Ruhm der Kirche und Ermutigung der Gläubigen.
Euer unvergeßlicher Vorgänger Johannes XXIII., hat das Zweite Vatikanische Konzil einberufen zur Erneuerung der westlichen Kirche. Vielleicht ist Eure Heiligkeit dazu

bestimmt, als der primus inter pares Bischof der Kirche in Zusammenarbeit mit den anderen Patriarchen und Leitern der Kirchen des Ostens und des Westens, diese Konferenz einzuberufen, in der die Vertreter aller Christen die Mittel und Wege untersuchen zur Verminderung der Sünde, zur Verteidigung der christlichen Koinonia, zum Schutz der Freiheit und des Friedens der Völker, die vom gemeinsamen Feind, dem Atheismus und der Tyrannei, bedroht werden.
Ich bete gemeinsam mit Seiner Heiligkeit, dem Ökumenischen Patriarchen, daß der Heilige Geist Sie führe zur Verwirklichung großer Werke zum Ruhme Christi, und ich übergebe Eurer Heiligkeit den patriarchalischen Brief.
Mögen die Jahre Eurer Heiligkeit zahlreich, gesund und fröhlich sein.

45 30. Dezember 1963

Brief Papst Pauls VI. an den Patriarchen Athenagoras, worin er ihm für die Entsendung des Metropoliten Athenagoras von Thyateira dankt und ihm seine Freude über die bevorstehende Begegnung ausdrückt (Original: französisch).

Vatikanstadt, 30. Dezember 1963

Geliebter Bruder in Christus,
In diesen Tagen, wo wir besonders empfänglich sind für den göttlichen Frieden und die himmlische Freude, die der Welt durch unsern Herrn Jesus Christus geschenkt worden sind, der um unseres Heiles willen in Bethlehem geboren werden wollte, wurden wir lebhaft bewegt durch den Brief, den der eminente Metropolit von Thyateira, Athenagoras, uns von Ihnen übergeben hat.
Die sinnreichen Worte, worin er uns Ihre Gefühle und die Ihres Heiligen Synods zum Ausdruck gebracht hat, haben in unserem Herzen einen tiefen Widerhall gefunden. Wir sagen Gott dem Allmächtigen Dank für diesen neuen Erweis seiner unendlichen Güte, indem wir den Engelsgesang wieder aufgreifen: „Ehre sei Gott in der Höhe!"
Es war für uns eine besondere Freude festzustellen, daß ein gemeinsames Verlangen nach einer Begegnung die Hindernisse weggeräumt hat, die wegen Modalitäts- und Detailfragen hätten entstehen können, denn es ist wirklich wahr, daß da, wo der Geist Gottes und seine Liebe herrscht, es möglich wird, alle Schwierigkeiten zu ebnen. Unsere Pilgerfahrt in das durch das Fleisch gewordene Wort geheiligte Land wird für uns der Anlaß sein, dem Herrn der Kirche von neuem unseren demütigen Dienst anzubieten und zu ihm zu beten für den Weltfrieden und das Reich der Liebe in der Wahrheit. Wir sind glücklich, daß Sie sich entschlossen haben, sich auf so besondere Weise unserem Schritt beizugesellen, und in Erwartung dieser bevorstehenden Begegnung sprechen wir Ihnen wiederum mit großer Freude unsere ganz tiefe und ganz aufrichtige Liebe aus.

Paulus P. P. VI.

46 30. Dezember 1963

Vom Metropoliten Athenagoras von Thyateira und von Erzbischof Angelo Dell'Acqua, Substitut des Staatssekretariats, unterzeichnetes Protokoll über die Begegnung zwischen dem Papst und dem Patriarchen zu Jerusalem (s. Anhang I). (Original: französisch).

47 30. Dezember 1963

Telegramm Papst Pauls VI. an den Patriarchen Athenagoras, worin er ihm seine Freude über die bevorstehende Begegnung ausdrückt (Original: französisch).

Seiner Heiligkeit, dem Patriarchen Athenagoras
Phanar

Mit großer Freude haben wir Ihren Gesandten, den Metropoliten Athenagoras, empfangen und wir erblicken in diesem Besuch einen Beweis Ihrer christlichen Liebe und das Unterpfand einer baldigen Begegnung. Im Herrn richten wir an Sie den Ausdruck unserer ganz tiefen Dankbarkeit.

Paulus P. P. VI.

48 5. Jänner 1964

Ansprache des Patriarchen Athenagoras an Papst Paul VI. in dem auf dem Ölberg befindlichen Sitz der apostolischen Delegation in Jerusalem (Original: griechisch).

Heiligster Bruder in Christus,
Da wir uns durch die Gnade Gottes in diesem Heiligen Land, wo Jesus selbst gegangen ist, befinden, preisen wir in Demut den dreifaltigen Gott, der uns aus dem Westen und Osten zusammengeführt und uns zu gemeinsamer Begegnung in seinem heiligen Namen gerufen hat.
Dieses Ereignis ist wahrhaftig Anlaß zur vollkommenen Freude. Indem wir im voraus diese Freude geteilt haben, kommen wir mit jauchzendem Herzen und bewegt von brüderlichen Gefühlen zu dieser Kommunikation mit Eurer sehr geschätzten Heiligkeit und grüßen Sie voll Freude an diesem heiligen Ort, an dem die Stimme Gottes gehört und als kostbarer Schatz bewahrt wurde, als er das Evangelium der Versöhnung und der Erlösung verkündete; an dem Ort, wo er kurz vor seinem Leiden im Schweiße seiner Todesangst für die Erhaltung in der Wahrheit und in der Liebe all derer gebetet hat, die an ihn glauben werden.
Als Ereignisse von größter Bedeutung und Wichtigkeit in der Geschichte und im Leben der Kirche Christi betrachten wir all das, was jetzt durch die Hilfe und das Wohlwollen Gottes um uns geschieht, und wünschen von ganzem Herzen, daß die in den letzten Jahren von beiden Seiten reichlich zum Ausdruck gebrachten und immer wieder bekundeten guten Absichten, wie auch diese gesegnete Begegnung von Personen und die Umarmung der Seelen, der Anfang eines gegenseitigen Schenkens und einer vollkommeneren Unterwerfung unter den heiligen Willen Gottes und als Erfüllung der großen Erwartung der vergangenen Jahrhunderte und des Anliegens unserer Epoche werde.
Die christliche Welt lebt seit Jahrhunderten in der Nacht der Trennung. Ihre Augen sind es müde, in die Finsternis zu schauen. Möge unsere Begegnung das Morgenrot eines strahlenden und heiligen Tages werden, an dem die kommenden christlichen Generationen vom selben Kelch den kostbaren Leib und das kostbare Blut des Herrn empfangen und in Liebe, in Friede und Einheit den einen Herrn, den Erlöser aller loben und preisen werden.

Heiligster Bruder in Christus!
Siehe, indem wir einander wiedergefunden haben, begegnen wir gemeinsam dem Herrn. Laßt uns diesen geheiligten Weg weiter folgen; jener, der so nahe gekommen ist, wird uns begleiten, wie einst die zwei Jünger auf dem Wege nach Emmaus. Er wird uns den Weg zeigen, dem wir folgen werden, und Er wird uns schneller bewegen auf das ersehnte Ziel hin.
Ihm sei Ehre und Macht und Anbetung in Ewigkeit. Amen!

49 6. Jänner 1964

Ansprache Papst Pauls VI. an den Patriarchen Athenagoras in der Patriarchenresidenz auf dem Ölberg zu Jerusalem (Original: lateinisch).

Mächtig ist unsere Bewegung und tief unsere Freude in dieser wahrhaft historischen Stunde, in der die katholische Kirche und das Patriarchat von Konstantinopel in ihren obersten Hierarchen nach mehreren Jahrhunderten des Schweigens und des Wartens wiederum einander begegnen.
Wir sind von ganz besonderer und tiefer Dankbarkeit gegen Sie erfüllt, da Sie, um uns entgegengehen zu können, bereit waren, Ihren Patriarchatssitz für kurze Zeit zu verlassen.
Aber es geziemt sich, in erster Linie dem allmächtigen Gott, dem Herrn der Kirche, demütig unseren geschuldeten Dank abzustatten.
Bei den Christen besteht von alters her die Auffassung, als „Zentrum der Welt" habe jener Ort zu gelten, wo das glorreiche Kreuz unseres Erlösers aufgerichtet worden ist und wo er selbst, von der Erde erhöht, alles an sich zieht (Joh 12, 32).
Es war deshalb angemessen – und nach dem Ratschluß der göttlichen Vorsehung geschah es denn auch so –, daß wir als fromme Pilger aus Rom und Konstantinopel uns an diesem Ort, in diesem für immer geheiligten und verehrungswürdigen Mittelpunkt der Welt begegnen und unsere Gebete vereinen.
Die heutige Begegnung hatten Sie seit der Zeit unseres unvergeßlichen Vorgängers Johannes' XXIII. ersehnt, den Sie so sehr verehrten und liebten und auf den Sie in einer treffenden Intuition die Worte des Apostels Johannes bezogen: „Es war ein Mann von Gott gesandt, sein Name war Johannes" (Joh 1, 6).
Auch jener Papst hatte das heutige Ereignis herbeigesehnt, wie Sie und wir selbst wissen, aber sein allzu früher Tod hat ihn an der Erfüllung dieses Wunsches verhindert.
Daß die Worte Christi, „daß sie eins sein mögen", immer wieder aus dem Mund des sterbenden Papstes kamen, zeigt jedoch zweifellos, worauf eines seiner Vorhaben gerichtet war, die ihm am meisten am Herzen lagen und für deren Verwirklichung er seinen langen Todeskampf und sein kostbares Leben Gott aufgeopfert hat.
Die Wege, die zur Einheit führen, werden zwar auf beiden Seiten lang sein und können durch viele Schwierigkeiten behindert werden. Aber beide Wege laufen aufeinander zu und treffen sich an den Quellen des Evangeliums. Ist übrigens unsere heutige Begegnung in dem Land, in dem Christus seine Kirche gegründet und für sie sein Blut vergossen hat, nicht ein verheißungsvolles und glückliches Omen? Dieses Ereignis ist auf alle Fälle ein beredtes Zeugnis für den Willen, der mit Gottes Hilfe mehr und mehr Christen, die dieses Namens würdig sind, bewegt, nämlich für den Willen, energisch dahin zu wirken, daß Spaltungen überwunden und im Wege stehende Hindernisse be-

seitigt werden, d. h. für den Willen, den beschrittenen Weg, der zu einmütiger Versöhnung führt, beständig weiterzugehen.
Die Divergenzen in Lehre, Liturgie und Kirchenordnung werden zu gegebener Zeit und am gegebenen Ort zu prüfen sein, und zwar in einem Geist, der die Rechte der Wahrheit getreu wahrt und ohne Verletzung der Liebe die Dinge richtig einschätzt. Was aber jetzt schon erreicht werden kann und muß, ist das Hineinwachsen in jene brüderliche Liebe, die eifrig nach neuen Wegen zum Handeln sucht. In jene Liebe also, die jemanden, durch die Erfahrung in der Vergangenheit belehrt, antreibt, zu verzeihen; in jene Liebe, die ihn anhält, in den anderen eher das Gute als das Schlechte zu sehen, und deretwegen er nichts mehr wünscht, als den Spuren des göttlichen Erlösers zu folgen, damit er von ihm angezogen und verwandelt werde.
Zeichen und Unterpfand dieser Liebe sei der Friedenskuß, den wir durch Gottes Gnade in diesem geheiligten Lande einander schenken dürfen. Zeichen dafür sei auch das Gebet, das wir von Christus Jesus gelernt haben und das wir sogleich gemeinsam beten werden.
Uns fehlen die geeigneten Worte, um auszudrücken, wie sehr uns Ihr Schritt ergriffen hat, und nicht nur uns, denn die römische Kirche und das Ökumenische Konzil werden dieses so bedeutsame Ereignis mit tiefer Freude aufnehmen.
Was aber uns angeht, danken wir dem allmächtigen Gott und bitten ihn um seinen Beistand, damit wir den eingeschlagenen Weg fortzusetzen vermögen und damit er Ihnen und uns, die wir im Glauben und festen Vertrauen diesen Weg beschritten haben, reiche himmlische Gnaden schenke, um das ersehnte Ziel glücklich zu erreichen.
In diesen Gefühlen sagen wir Ihnen nicht ein „Lebewohl", sondern, wenn Sie damit einverstanden sind, ein „Auf Wiedersehen" in der freudigen Hoffnung, daß solche fruchtbare Gespräche auch in Zukunft stattfinden können in nomine Domini.

50 6. Jänner 1964

Gemeinsames Kommuniqué des Papstes und des Patriarchen, das nach ihrer Begegnung veröffentlicht wurde (Original: französisch).

Am Schluß ihrer Begegnung in Jerusalem haben der Heilige Vater Paul VI. und der Ökumenische Patriarch im Einverständnis mit seinem Heiligen Synod die große Bedeutung dieses Ereignisses gemeinsam anerkannt und dem allmächtigen Gott, dem Vater, dem Sohn und dem Heiligen Geist, gedankt, der ihre Schritte ins Heilige Land gelenkt hat, wo unser gemeinsamer Erlöser, Christus unser Herr, gelebt und gelehrt hat, gestorben, auferstanden und in den Himmel aufgefahren ist, von wo er den Heiligen Geist der werdenden Kirche gesandt hat. Diese Begegnung kann nicht anders verstanden werden, denn als eine brüderliche Geste, eingegeben von der Liebe zu Christus, der seinen Jüngern das oberste Gebot hinterließ, einander zu lieben, die Beleidigungen siebzigmal siebenmal zu verzeihen und unter sich eins zu sein.
Die Augen gerichtet auf Christus, mit dem Vater Urbild und Urheber der Einheit und des Friedens, bitten die beiden Pilger Gott, daß diese Begegnung Zeichen und Vorspiel für künftige Dinge sei, zur Ehre Gottes und zur Erleuchtung seines gläubigen Volkes. Nach so vielen Jahrhunderten des Schweigens sind sie jetzt einander begegnet in dem Wunsche, den Willen des Herrn zu verwirklichen und die alte, der Kirche anvertraute Wahrheit des Evangeliums zu verkünden.
Diese gemeinsamen Gefühle werden allen Mitgliedern beider Hierarchien und allen

Gläubigen mitgeteilt, damit sie selbst sie teilen und Gott neue Gebete darbringen, auf daß vor den Augen aller Christen die Wahrheit von der einen Kirche Christi und seinem Evangelium, dem Licht und dem Heil der Welt, immer mehr aufleuchte.

51 6. Jänner 1964

Worte Papst Pauls VI. über seine Begegnung mit dem Patriarchen Athenagoras in seiner Ansprache an das gläubige Volk, das auf dem Petersplatz versammelt war, um den Papst bei seiner Rückkehr zu empfangen (Original: französisch).

„Ihr habt begriffen, daß meine Reise nicht nur ein einmaliges geistliches Faktum war, sondern ein Ereignis, das eine große historische Bedeutung haben kann. Sie ist ein Kettenglied, das sich an eine jahrhundertealte Tradition anschließt, und – wer weiß? – das Vorspiel zu neuen Ereignissen, die groß und schwer an Wohltaten für die Kirche und die Menschheit sein können.
Heute abend begnüge ich mich damit, euch zu sagen, daß ich heute morgen das große Glück hatte, nach langen Jahrhunderten den Ökumenischen Patriarchen von Konstantinopel zu umarmen und mit ihm Worte des Glaubens, der Brüderlichkeit, des Verlangens nach Einheit, der Einmütigkeit zu wechseln und über die Ehre zu sprechen, die Christus zu erweisen ist, und über den Dienst, den das Wohl der gesamten Menschheit erfordert. Wir hoffen, daß diese Anfänge gute Früchte tragen werden, daß die Saat sprossen und heranreifen wird.

52 8. Jänner 1964

Telegramm des Papstes an den Patriarchen Athenagoras über den tiefen Eindruck, den er von seiner Begegnung mit ihm bewahrt (Original: französisch).

Seiner Heiligkeit Athenagoras I.
Ökumenischer Patriarch – Phanar

Von der unvergeßlichen Pilgerfahrt, bei der wir die Freude hatten, Ihnen zu begegnen, nach Rom zurückgekehrt, wollen wir Ihnen von neuem sagen, welch tiefen Eindruck unsere Gespräche in unserer Seele hinterlassen haben, und Sie unserer Wünsche und unserer Gebete versichern, daß Gott sie zum Wohl der ganzen Christenheit Frucht bringen lasse.

Paulus P. P. VI.

53 10. Jänner 1964

Telegramm des Patriarchen Athenagoras an Papst Paul VI., wodurch er seine Freude über ihre jüngst stattgefundene Begegnung zum Ausdruck bringt (Original: griechisch).

Seiner Heiligkeit Papst Paul VI.
Vatikanstadt

Nachdem wir die glänzende Gestalt Eurer geliebten und geehrten Heiligkeit nach unserer Begegnung in Jerusalem in unserem Herzen wie einen kostbaren Schatz eingeschlossen haben, sind wir gestern nacht, am 9. Jänner, in unseren Sitz mit großer religiöser Genugtuung und geistlicher Freude zurückgekehrt. Wir schicken Ihnen und Ihrer heiligen Kirche herzlichen brüderlichen Gruß in der Verbindung der Liebe, und wir wünschen von Herzen, daß die vom Heiligen Grab kommende heilige Stimme immer in unseren Herzen das Gute spreche, uns und die ganze christliche Welt leite und bestärke zur Verwirklichung des Willens seines göttlichen Stifters.

Patriarch Athenagoras

54 15. Jänner 1964

Telegramm des Patriarchen Athenagoras an Papst Paul VI. Als Antwort auf sein Telegramm vom 8. Jänner (Original: griechisch).

Seiner Heiligkeit Papst Paul VI.,
Vatikanstadt

Die brüderliche Mitteilung, wodurch Eure sehr geliebte Heiligkeit uns die glückliche Rückkehr zu Ihrem geachteten Sitz mitteilte, und die gestern bei der ersten Sitzung unseres Heiligen Synods vorgelesen wurde, hat uns alle mit großer Freude erfüllt. Wir danken Ihnen herzlich und wir drücken erneut unsere besten Gefühle in Christus aus. Wir wünschen, daß unser gemeinsames Gebet im Heiligen Land von unserem Herrn erhört werde.

Patriarch Athenagoras

55 16. Jänner 1964

Brief Papst Pauls VI. an den Patriarchen Athenagoras, um ihm für den Besuch des Metropoliten Athenagoras von Thyateira zu danken (Original: französisch).

Vatikanstadt, 16. Januar 1964

Seiner Heiligkeit Athenagoras I.
Ökumenischer Patriarch

Die unvergeßlichen Erinnerungen, die unsere Begegnungen zu Jerusalem in unserer Seele zurückgelassen haben, haben uns seit unserer Rückkehr unablässig begleitet, und wir waren gerade im Begriff, Ihnen zu schreiben, als uns durch die Hände des vortrefflichen Metropoliten von Thyateira ein neues Zeugnis Ihrer feinfühlenden Liebe erreichte.
Wir können Ihnen nicht sagen, wie sehr wir diese rührende Geste zu würdigen wissen, die das trotz der Divergenzen weiterdauernde einzige Opfer Christi und die Teilhabe am gleichen Priestertum und an den gleichen Sakramenten versinnbildet.
Dieses neue Freundschaftsunterpfand, das zu den herrlichen Geschenken, die Sie uns in Jerusalem überreicht haben, hinzukommt, verstärkt noch die Bande, welche die

Vorsehung unter so glücklichen und so außerordentlichen Umständen uns zu knüpfen ermöglicht hat. Gott wolle, daß ein reicher Strom von Gnaden über die ganze Kirche die Frucht dieser Wiederaufnahme des Kontaktes zwischen dem alten Stuhl von Rom und dem ehrwürdigen Patriarchat von Konstantinopel sei! Dies ist unser teuerster Wunsch, dessen Verwirklichung wir dem Vater der Lichter und seinem geliebten Sohn Jesus Christus anvertrauen, in dessen Liebe wir Ihnen wiederum unsere Hochachtung und unsere Liebe aussprechen.

Paulus P. P. VI.

56 10. Februar 1964

Antwortschreiben des Patriarchen Athenagoras an Papst Paul VI. (Original: griechisch). Prot.-Nr. 97.

Paul, dem seligsten und heiligsten Papst des Alten Rom, Gruß im Herrn.
Wir haben die wertvollen Briefe Eurer geschätzten Heiligkeit, vom 16. des vergangenen Jänner erhalten und mit Freude gelesen, wir persönlich und in der Sitzung unseres Heiligen Synods; die Briefe, die Sie an uns nach dem Besuch bei Ihnen in unserem Namen seiner Eminenz des Metropoliten Athenagoras von Thyateira geschickt haben. Diese Briefe haben wir durch den geliebten Internuntius in Ankara, seiner Exzellenz Erzbischof Francesco Lardone, mit dem wir lange über Eure geehrte Heiligkeit gesprochen haben, zu unserer großen seelischen Freude erhalten.
Wir danken Eurer Heiligkeit herzlich für alles, was Sie brüderlich an uns geschrieben hat, wodurch Sie wiederum die von der heiligen Begegnung in Jerusalem entstandene Freude zum Ausdruck gebracht hat, und wodurch Sie diese Begegnung als die Frucht der Gnade Gottes an seiner Kirche charakterisiert und hervorgehoben hat. Die Verwirklichung des begonnenen guten Werkes vertrauen wir auch dem Vater des Lichtes, Gott und seinem geliebten Sohn, unserem Herrn Christus, an. Wir umarmen Eure Heiligkeit mit heiligem Kuß und verbleiben in brüderlicher Liebe und besonderer Ehrenbezeugung,

Eurer geschätzten Heiligkeit geliebter Bruder in Christus
Der Patriarch von Konstantinopel Athenagoras
10. Februar 1964

57 2. März 1964

Telegramm Papst Pauls VI. an den Patriarchen Athenagoras, um ihm die Wiederherstellung seiner Gesundheit zu wünschen (Original: französisch).

Seiner Heiligkeit, dem Patriarchen Athenagoras
Phanar

Über die Nachricht von Ihrer Erkrankung von Kummer erfüllt, bitten wir Gott inständig, Ihnen zu helfen, und wir entbieten liebevolle Wünsche zu Ihrer baldigen Genesung.

Paulus P. P. VI.

58 27. März 1964

Glückwunschtelegramm des Patriarchen Athenagoras an Papst Paul VI. zum Osterfest (Original: griechisch).

Seiner Heiligkeit Papst Paul VI.
Vatikan

Herzlichen brüderlichen Gruß sprechen wir Eurer geschätzten und geehrten Heiligkeit aus anläßlich der strahlenden Auferstehung, die von der Schwesterkirche am kommenden Sonntag gefeiert wird. Wir wünschen, der Erlöser möge ihr, der westlichen Schwesterkirche, reiche Gnade schenken, und unsere Liebe vermehren.
Zum Lobpreis seiner Glorie

Der Patriarch von Konstantinopel Athenagoras

59 30. März 1964

Telegramm Papst Pauls VI. an den Patriarchen Athenagoras, um ihm zu danken und seine guten Wünsche zu übermitteln (Original: französisch).

Seiner Heiligkeit, dem Patriarchen Athenagoras
Phanar

Das Telegramm Eurer Heiligkeit rührt uns tief und läßt in unserer Seele die ganze freudige Erregung unserer unvergeßlichen Begegnung zu Jerusalem wiederaufleben. An diesem heiligen Osterfest bitten wir den Herrn der Kirche inständig, Ihnen die Freude seiner Auferstehung in Fülle zu schenken.

Paulus P. P. VI.

60 10. April 1964

Brief Kardinal Beas an den Patriarchen Athenagoras, um ihm die Ankunft der päpstlichen Mission mit dem Erzbischof Joseph Marie Martin von Rouen an der Spitze zu melden (Original: französisch). Prot.-Nr. 1860/64.

Vatikanstadt, 10. April 1964

Seiner Heiligkeit Athenagoras I.
Erzbischof von Konstantinopel und Ökumenischer Patriarch

Heiligkeit,
Ich habe die Freude, Ihnen anzukündigen, daß Seine Exzellenz Erzbischof Joseph Marie Martin von Rouen, Mitglied des Sekretariats für die Einheit, Bischof Willebrands und der hochwst. P. Duprey sich am 20. April nach Konstantinopel begeben werden, um daselbst mit Eurer Heiligkeit zusammenzutreffen.
Dieser Besuch wurde kürzlich in einer Zusammenkunft mit dem Heiligen Vater beschlossen, um die glücklichen Kontakte fortzusetzen, die zu Jerusalem und anläßlich von Aufenthalten S. E. des Metropoliten Athenagoras von Thyateira zu Rom begonnen wurden. Ich freue mich ganz besonders, daß die Wiederherstellung Ihrer Gesund-

heit Ihnen ermöglicht hat, von neuem alle Verpflichtungen, die Ihr schweres Amt mit sich bringt, zu übernehmen. Ich danke dafür dem Herrn und bitte ihn, Ihnen Kraft und Gesundheit in Fülle zu schenken.
In dieser Gesinnung bitte ich Eure Heiligkeit, den Ausdruck meiner religiösen Hochachtung und meiner brüderlichen Liebe im Herrn entgegenzunehmen.

Augustin Kardinal Bea

61 18. April 1964

Brief Papst Pauls VI. an den Patriarchen Athenagoras, um ihm die von Erzbischof Joseph Marie Martin von Rouen geleitete päpstliche Mission vorzustellen (Original: französisch).

Vatikanstadt, 18. April 1964

Seiner Heiligkeit Athenagoras I.
Erzbischof von Konstantinopel und Ökumenischer Patriarch

In Christus geliebter Bruder,
Dieser Brief wird Ihnen überbracht werden von unserem geliebten Bruder, Seiner Exzellenz Joseph Marie Martin, Erzbischof von Rouen, der in Begleitung unserer Söhne Bischof Willebrands und dem hochwst. Pater Duprey nach Istanbul kommt, um Ihnen zu sagen, wie lebendig in uns die Erinnerung an unsere gesegnete Begegnung zu Jerusalem ist und wie sehr wir das Gefühl haben, daß diese den Beginn einer neuen Periode in den Beziehungen zwischen dem Heiligen Stuhl und dem ehrwürdigen Ökumenischen Patriarchat markiert hat.
Durch diesen Besuch möchten wir den auf dem Ölberg ausgetauschten Friedenskuß erneuern und Ihnen von neuem sagen, wie sehr Ihre Person, Ihr Klerus und alle Ihre Gläubigen unserem Gebet gegenwärtig sind. Wir wären auch glücklich, wenn dieser Besuch Anlaß wäre, die bereits geknüpften Bande noch zu verstärken und zu prüfen, wie sie sich noch enger gestalten ließen.
An diesem Tag, wo Sie darangehen, das glorreiche, lichtvolle Osterfest zu feiern, bitten wir unseren einzigen Herrn, sein Sieg über die Sünde und den Tod möge in Ihnen eine immer lebendigere Hoffnung grundlegen, die in Ihrem Herzen die Freude bestärke, die er uns zu geben kam und die niemand uns rauben kann, denn unsere Hoffnung kann nicht trügen. Der auferstandene Christus, durch dessen Tod wir mit dem Vater versöhnt sind, beseele uns in unseren Anstrengungen, die Einheit all derer wiederherzustellen, die von ihm erlöst sind und an seinen Namen glauben.
In dieser Gesinnung bitten wir den Vater der Lichter, Eurer Heiligkeit, den Mitgliedern Ihres Heiligen Synods, ihrem Klerus und Ihren Gläubigen die Fülle seiner Gnaden zu gewähren, und wir sprechen Ihnen, lieber Bruder, wiederum unsere tiefe Liebe im Herrn aus.

Paulus P. P. VI.

62 19. April 1964

Telegramm des Patriarchen Athenagoras an Papst Paul VI., um ihm für sein Telegramm vom 2. März zu danken (Original: griechisch).

Seiner Heiligkeit Papst Paul VI.,
Vatikanstadt

Nachdem ich nach meiner Krankheit nach Phanar zurückgekehrt bin und meine Dienste aufgenommen habe, habe ich heute während der heiligen Messe in der Patriarchalkirche den Höchsten gepriesen und für die Gesundheit und langes Leben Eurer geschätzten und geehrten Heiligkeit gebetet. Stop. Ich danke von Herzen für das große brüderliche Interesse Eurer geachteten Heiligkeit und ich bin glücklich, daß ich mich so nahe bei Ihr fühle. Ich denke sehr und dauernd an Sie seit dem Tag unserer Begegnung im heiligen Jerusalem und ich wünsche die Verwirklichung des „Auf-Wiedersehens".

Patriarch Athenagoras

63 23. April 1964

Telegramm des Patriarchen Athenagoras an Kardinal Bea, um ihm für die Ankunft der päpstlichen Mission zu danken (Original: französisch).

Seiner Eminenz Kardinal Bea
Vatikan

Die am Montag angekommene Delegation Seiner Heiligkeit ist von uns herzlich aufgenommen worden und brachte uns viel Freude und Trost, so daß wir ihren Weggang bedauern. Sie reist heute ab. Wir drücken unsere Genugtuung aus über dieses neue Zeugnis brüderlicher Liebe von seiten Seiner Heiligkeit.

Patriarch Athenagoras

64 29. April 1964

Brief Kardinal Beas an den Patriarchen Athenagoras, um ihm für den der päpstlichen Mission bereiteten Empfang zu danken (Original: französisch).

Vatikanstadt, 29. April 1964

Seiner Heiligkeit Athenagoras I.
Erzbischof von Konstantinopel und Ökumenischer Patriarch

Heiligkeit,
Gleich nach der Rückkehr seiner Exzellenz des Erzbischofs Martin, des Bischofs Willebrands und des hochwürdigsten Paters Duprey beeile ich mich, Eurer Heiligkeit für den so warmen, herzlichen Empfang, den Sie ihnen bereitet haben, zu danken. Der Meinungsaustausch, den dieser Besuch ermöglicht hat, ist für die Entwicklung der brüderlichen Beziehungen zwischen unseren beiden Kirchen sehr fruchtbar und vielversprechend gewesen.
Ich bin glücklich, diesen Anlaß zu benutzen, um Eurer Heiligkeit meine herzlichsten ehrfurchtsvollen und brüderlichen Wünsche zu übermitteln. Ich bitte den auferstandenen Herrn, Eurer Heiligkeit und Ihrer ganzen Kirche seine Kraft, seine Freude und seinen Segen in Fülle zu gewähren.
Ich bitte Eure Heiligkeit, den Ausdruck meiner brüderlichen Gefühle im Herrn entgegennehmen zu wollen.

Augustin Kardinal Bea

65 19. Mai 1964

Brief des Patriarchen Athenagoras an Papst Paul VI., worin er ihm für die päpstliche Delegation und für seinen durch den Erzbischof von Rouen überbrachten Brief dankt (Original: griechisch). Prot.-Nr. 359.

Paul, dem seligsten und heiligsten Papst des Alten Rom, Gruß im auferstandenen Herrn.
Unter dem Eindruck der heiligen Ergriffenheit durch den jüngsten Besuch des Vertreters Eurer geehrten Heiligkeit, Seiner Exzellenz des Erzbischofs von Rouen, Herrn Joseph Marie Martin, und seiner Begleiter, der ehrwürdigen Väter, der Herren Jan Willebrands und Pierre Duprey, möchten wir mit großer Freude durch diesen unseren brüderlichen Brief Eurer Heiligkeit herzlichen Dank zum Ausdruck bringen für dieses Zeichen Eurer christlichen Zuneigung.
Durch dieses Zeichen wurde ganz klar gezeigt, welche Bedeutung Eure Heiligkeit unserer auf dem Ölberg und in der heiligen Stadt stattgefundenen Begegnung und dem von ihr begonnenen neuen, begnadeten Abschnitt in der Geschichte der Beziehungen der zwei Kirchen beimißt. Zugleich wurde gezeigt, welche große Bereitwilligkeit Eure Heiligkeit zur Bestärkung und Förderung der so zwischen uns begonnenen Heiligen Verbindung des Friedens und der Liebe hat. Mit den Eminenzen Metropoliten, den Mitgliedern unseres Heiligen Synods erhielten wir mit großer Freude auch die guten Wünsche, die Eure geschätzte Heiligkeit wohlwollend durch den von Seiner Exzellenz, dem Erzbischof von Rouen überbrachten und während seines Besuches übergebenen kostbaren Brief an uns gerichtet hat, anläßlich der strahlenden Feier der Auferstehung.
Wir danken dafür herzlich, und wir wünschen von dem durch den Kreuzestod in seine Glorie gekommenen Christus, unserem Gott, daß er Eurer sehr geachteten und den Thron des Alten Rom rühmenden Heiligkeit mit langjähriger Gesundheit beschenke; daß er weiterhin Ihr, der Schwesterkirche und allen ihren Gläubigen den von der Auferstehung kommenden Glanz des göttlichen Lichtes gebe und die Freude der Auferstehung fröhlich genießen lasse.
Möge Er auch unsere Liebe vermehren, so daß wir sie immer als Wegweiser haben, damit wir mit einem Munde und einem Herzen Seinen ehrenhaften und herrlichen Namen lobpreisen und verherrlichen können.
Mit diesem Wunsche umarmen wir Eure geehrte Heiligkeit mit dem heiligen Kuß und verbleiben mit brüderlicher Liebe und besonderer Ehrenbezeugung

Eurer geschätzten Heiligkeit
geliebter Bruder in Christus
Der Patriarch von Konstantinopel Athenagoras
19. Mai 1964

66 20. Juni 1964

Brief Kardinal Beas an den Patriarchen Athenagoras, worin er ihm den Entschluß des Heiligen Vaters mitteilt, das Haupt des heiligen Andreas der Kirche von Patras zurückzugeben (Original: französisch). Prot.-Nr. 2211/64.

Vatikanstadt, 20. Juni 1964

Seiner Heiligkeit Athenagoras I.
Erzbischof von Konstantinopel und Ökumenischer Patriarch

Heiligkeit,
Ich hoffe, daß die Unpäßlichkeit, die Sie kürzlich befallen hat und von der ich während meiner letzten Amerikareise Kunde erhalten habe, keine Folgen hatte und daß Eure Heiligkeit nun wieder wohlauf ist.
Während seines letzten Besuches hatte Seine Exzellenz, Bischof Jan Willebrands, Ihnen vertraulich von der Absicht des Heiligen Vaters gesprochen, der Kirche von Patras die kostbare Reliquie, die sie 1462 Papst Pius II. anvertraut hatte, wieder zurückzugeben. Inzwischen hat sich Seine Exzellenz Bischof Willebrands nach Patras begeben, wo er Kontakt aufgenommen hat mit Seiner Exzellenz, dem Metropoliten Konstantinos, der darauf in einem Brief an den Heiligen Vater offiziell seinen Wunsch geäußert hat, der auch der Wunsch aller seiner Gläubigen ist, daß die kostbare Reliquie in seine Stadt zurückkehre. Ich habe die Freude, Ihnen bekanntzugeben, daß der Heilige Vater beschlossen hat, der Kirche von Patras das kostbare anvertraute Gut, das während fünf Jahrhunderten in Rom eine sichere Zufluchtsstätte gefunden hat, zurückzugeben. Der Heilige Vater wird seinen Entschluß am Abend des 23. Juni öffentlich bekanntgeben. Das Datum der Zeremonie der Zurückgabe ist noch nicht endgültig festgesetzt. Es ist nicht mehr fern, doch muß man die Zeit abwarten, die es braucht, bis ein seines Inhalts würdiges Reliquiar hergestellt ist.
Ich hoffe, daß diese Geste, durch die der Heilige Vater in aller Liebe, in völliger Selbstlosigkeit und totaler Aufrichtigkeit dem Vertrauen der Christen von Patras entspricht, dazu beitragen wird, die neue Atmosphäre, die durch die heilige Begegnung von Jerusalem in den Beziehungen zwischen der katholischen Kirche und den orthodoxen Kirchen geschaffen worden ist, zu vertiefen und auszuweiten.
In dieser Gesinnung bitte ich Eure Heiligkeit, den Ausdruck meiner ehrfurchtsvollen, brüderlichen Liebe in Christus Jesus entgegenzunehmen.

Augustin Kardinal Bea

67 27. Juni 1964

Telegramm des Patriarchen Athenagoras an Papst Paul VI., um ihm für die Übertragung der Reliquie des heiligen Andreas zu danken (Original: französisch).

Seiner Heiligkeit Papst Paul VI.
Vatikan

Während meines Aufenthaltes an der Theologischen Schule von Halki habe ich mit freudiger Erregung die frohe Botschaft vom 23. Juni vom brüderlichen und für Eure geliebte Heiligkeit sehr bezeichnenden Entschluß vernommen, die kostbare Reliquie des heiligen Andreas, des erstberufenen Apostels, der Kirche seines Martyriums zurückzugeben. Die ganze Orthodoxie freut sich. Wir drücken persönlich unseren brüderlichen Dank aus und bitten den Herrn durch die Fürsprache seiner Apostel Petrus und Andreas, unsere die Einheit herbeisehnenden Schwesterkirchen zu segnen.

Patriarch Athenagoras

68 27. Juni 1964

Telegramm des Patriarchen Athenagoras an Bischof Willebrands anläßlich seiner Bischofsweihe (Original: griechisch).

Seiner Exzellenz Msgr. J. Willebrands
Vatikanstadt

In Einkehr und Gebet bin ich Ihnen während Eurer würdigen, von Seiner Heiligkeit dem Papst Paul VI. vollzogenen Bischofsweihe nahe. Ich gratuliere Ihnen herzlich und ich wünsche, daß der gütige Gott Ihrem Werk und Ihrer Mission Seine Gnade reichlich schenke.

Patriarch Athenagoras

69 28. Juni 1964

Telegramm des Patriarchen Athenagoras an Papst Paul VI. anläßlich seines Namensfestes (Original: französisch).

Seiner Heiligkeit Papst Paul VI.
Vatikanstadt

Anläßlich Ihres Namensfestes richten wir an Eure Heiligkeit ein aspasmon agapis. Wir wünschen herzlich, daß der Herr die Jahre Eurer ehrwürdigen Heiligkeit vervielfache, daß er sie stärke und tröste für die in so vieler Hinsicht verantwortungsvolle Leitung der heiligen Kirche Roms zugunsten des heiligen Werks der Einheit der christlichen Kirchen.

Patriarch Athenagoras

70 29. Juni 1964

Telegramm Papst Pauls VI. an den Patriarchen Athenagoras, um ihm für die beiden übersandten Telegramme zu danken (Original: französisch).

Seiner Heiligkeit Athenagoras I.
Ökumenischer Patriarch – Phanar

Doppelt gerührt durch Ihre Freude über die Rückkehr des ehrwürdigen Hauptes des heiligen Andreas und durch so freundliche Wünsche erneuern wir gern mit unserem warmen Dank die Versicherung unserer brüderlichen Gefühle und wir bitten den Herrn inständig, über Sie seinen reichsten Segen auszugießen.

Paulus P. P. VI.

71 3. Juli 1964

Brief Kardinal Beas an den Patriarchen Athenagoras; er sendet ihm die Kopie des Briefes an die Häupter der orthodoxen Kirchen, worin er sie einlädt, an die dritte Session des Vatikanischen Konzils Beobachter zu senden (Original: französisch). Prot.-Nr. 2270/64.

Vatikanstadt, 3. Juli 1964

Seiner Heiligkeit Athenagoras I.
Erzbischof von Konstantinopel und Ökumenischer Patriarch

Heiligkeit,
Die häufigen Kontakte, die wir in diesen letzten Monaten mit Ihrer Kirche hatten, haben es ermöglicht, Eure Heiligkeit über die nächste Konzilsperiode zu informieren. Somit war es nicht nötig, Sie von neuem über den Zeitpunkt der Eröffnung zu unterrichten. Es liegt mir jedoch daran, Eurer Heiligkeit den Wortlaut des Briefes mitzuteilen, den ich an alle Patriarchen der orthodoxen Kirchen gesandt habe, die davon noch nicht offiziell in Kenntnis gesetzt worden waren.
Ich bin glücklich, diese Gelegenheit zu benutzen, um Eurer Heiligkeit von neuem meine tiefe, ehrfurchtsvolle brüderliche Liebe im Herrn auszusprechen.

Augustin Kardinal Bea

3. Juli 1964

Seiner Seligkeit . . .
Seligkeit,
Es liegt mir daran, Eure Seligkeit davon in Kenntnis zu setzen, daß die dritte Periode des Zweiten Vatikanischen Konzils am 14. September 1964 beginnen wird. Sie wird bis zum 20. November dauern.
Wie Eure Seligkeit weiß, war die von Seiner Heiligkeit Papst Paul VI. an das orthodoxe Patriarchat . . . gerichtete Einladung, Beobachter-Delegierte an das Konzil zu senden, eine Einladung, die sämtliche Sitzungen des Zweiten Vatikanischen Konzils betrifft und sich bis zu dem Tag erstreckt, an dem es, wie wir demütig von der Güte Gottes und der Hilfe seines Heiligen Geistes erhoffen, seinen glücklichen Abschluß finden wird. Darum kann ich Eurer Seligkeit versichern, daß Beobachter-Delegierte Ihrer Kirche stets mit großer Bruderliebe empfangen werden, wenn Sie und Ihre Kirche es für möglich erachten, solche zu senden.
Gestatten Sie mir, diese Gelegenheit zu benutzen, um den wohlwollenden Gebeten Eurer Seligkeit die Arbeit der Bischöfe der katholischen Kirche anzuempfehlen, die sich zum Konzil versammelt haben, um nach den Wegen zu suchen, die den Erfordernissen des Dienstes Gottes in unserer heutigen Welt am besten entsprechen, und alles ins Werk zu setzen, was wirksam zur Verstärkung des Glaubens, der Liebe und der brüderlichen Gemeinschaft unter den Menschen und ganz besonders unter all denen beitragen kann, die sich auf den heiligen Namen Jesu Christi berufen.
Wollen Sie, Seligkeit, den Ausdruck meiner ehrfurchtsvollsten und brüderlichsten Liebe in Jesus Christus entgegennehmen.

72 8. September 1964

Telegramm des Patriarchen Athenagoras an Kardinal Bea, worin er ihm den Beschluß des Heiligen Synods mitteilt, drei Beobachter zur dritten Konzilssession zu entsenden (Original: französisch).

Seiner Eminenz Kardinal Augustin Bea
Vatikan

Der Heilige Synod unserer Kirche hat heute beschlossen, drei Beobachter zur dritten

Session des Vatikanischen Konzils zu entsenden. Die Namen werden Ihnen demnächst mitgeteilt.
Indem wir Ihnen dies mit Freude zur Kenntnis geben, äußern wir unsere besten Wünsche zum Gelingen des Konzils und für reiche Gnade des Herrn.

Patriarch Athenagoras

73 10. September 1964

Telegramm des Patriarchen Athenagoras an Kardinal Bea, worin er ihm die Namen von zwei der ernannten Beobachter am Konzil mitteilt (Original: französisch).

Seiner Eminenz Kardinal Augustin Bea
Vatikan

Im Anschluß an Ihre Depesche teilen wir mit, daß der Heilige Synod beschloß, den Archimandriten Panteleimon Rodopoulos, Rektor unserer Theologischen Schule zu Boston, und den Priester Johannes Romanidés, Professor an der gleichen Schule, als Beobachter an die dritte Session des Vatikanischen Konzils zu senden.

Patriarch Athenagoras

74 11. September 1964

Telegramm Kardinal Beas an den Patriarchen Athenagoras, worin er ihm für die Entsendung von Beobachtern dankt (Original: französisch).

Seiner Heiligkeit Patriarch Athenagoras I.
Phanar

Wir haben die Telegramme Eurer Heiligkeit erhalten, worin Sie den Beschluß des Heiligen Synods mitteilen, Beobachter an die dritte Session des Vatikanischen Konzils zu senden. Wir danken von ganzem Herzen für diese brüderliche Geste und die Gebete für das Gelingen des Konzils. Wir werden die Beobachter mit Freude empfangen in der Gewißheit, daß ihre Gegenwart zum Wachstum der brüderlichen Liebe beitragen wird zum Ruhme des Herrn.

Kardinal Bea

75 24. Oktober 1964

Telegramm des Patriarchen Athenagoras an Kardinal Bea, worin er ihm den Namen eines dritten Beobachters mitteilt (Original: französisch).

Seiner Eminenz Kardinal Augustin Bea
Vatikanstadt

Wir setzen Eure geliebte Eminenz freudig davon in Kenntnis, daß durch Synodsbeschluß Archimandrit Maximos Agiorgousis zum dritten Beobachter der Arbeiten der dritten Session des Vatikanischen Konzils ernannt worden ist.

Patriarch Athenagoras

76 29. Oktober 1964

Botschaft Papst Pauls VI. an die Dritte Panorthodoxe Konferenz von Rhodos. Der Text war von Übersetzungen ins Griechische, Arabische und Russische begleitet, die ebenfalls vom Papst unterzeichnet waren (Original: französisch).

Exzellenzen
und sehr liebe Brüder in Christus,

Aus tiefstem Herzen senden wir Ihnen unsern brüderlichen Gruß. Während Ihre Brüder von der römisch-katholischen Kirche zu einem Konzil versammelt, sich nach den Wegen fragen, die einzuschlagen sind, um sich immer treuer an das zu halten, was Gott in dieser an Möglichkeiten so reichen Zeit, die aber gleichzeitig voller Versuchungen und Prüfungen ist, mit seiner Kirche vorhat, schicken Sie sich an, sich ebenfalls mit diesen Problemen zu befassen, um diesem Willen des Herrn gleichfalls immer besser zu entsprechen.

Tief durchdrungen von der Wichtigkeit dieser ehrwürdigen Versammlung rufen wir in inständigem Gebet das Licht des Heiligen Geistes auf Sie herab.

Wollen Sie die Versicherung entgegennehmen, daß wir, zusammen mit dem jetzt versammelten Konzil und der gesamten katholischen Kirche mit ganz besonderem Interesse den Verlauf Ihrer Arbeiten verfolgen werden, indem wir Sie in inbrünstigem Gebet mit jenen verbinden, die gleichzeitig am Grab des Apostels Petrus fortgeführt werden, in vollem Vertrauen darauf, daß die Gnade des Herrn für die einen wie für die andern umso reicher sein wird, je mehr eine gemeinsame Liebe dieses gemeinsame Gebet eingibt und beseelt.

Indem wir uns an die Mahnung des Apostels Paulus erinnern: „Einer trage des andern Last, so werdet ihr das Gesetz Christi erfüllen", wagen wir auf die Wohltat Ihres Gebetes zu zählen, exzellenteste Herren und liebe Brüder in Christus, damit der Herr uns die notwendigen Gnaden gebe für die treue Erfüllung des Dienstes, zu dem uns ein geheimnisvoller Plan seiner Vorsehung berufen hat.

Möge die heiligste Mutter Gottes, unsere gemeinsame Mutter, die wir mit dem gleichen Eifer anrufen und verehren, für uns eintreten, damit wir immer mehr in die Liebe zu ihrem Sohn, unserem Heiland und einzigen Herrn hineinwachsen. Möge die Liebe, die sich am Tisch des Herrn nährt, uns jeden Tag immer mehr „die Einheit des Geistes im Band des Friedens" (vgl. Eph 4, 3) anstreben lassen!

Vatikanstadt, 29. Oktober 1964
Paulus P. P. VI.
Bischof von Rom

77 5. November 1964

Telegramm des Metropoliten Meliton von Helioupolis und Theira, des Präsidenten der Dritten Panorthodoxen Konferenz an Papst Paul VI., um ihm für seine Botschaft zu danken (Original: griechisch).

Seiner Heiligkeit Papst Paul VI.,
Vatikanstadt

Durch die Gunst Gottes zu einer Panorthodoxen Konferenz auf der paulinischen Insel Rhodos versammelt, haben wir mit großer Freude die liebenswürdige Botschaft Eurer geehrten Heiligkeit erhalten.
Aufrichtig schätzen wir die Worte der Liebe und des Friedens in unserem einen und denselben Herrn, die Ihr in Eurer Güte an uns gerichtet habt, in Eurem eigenen Namen, in dem des Zweiten Vatikanischen Konzils und im Namen der gesamten römisch-katholischen Kirche.
Nach einem einstimmigen Beschluß übermitteln wir Eurer Heiligkeit unseren wärmsten Dank. Im selben Geist und in derselben Hoffnung, daß der Herr, der seine Kirche „mit seinem eigenen Blut erkaufte" durch die Fürbitte der hochheiligen Gottesgebärerin Ihnen und uns Trost und Kraft geben wird zum Erleben des Guten der Bruderschaft in Christus, erwidern wir den Gruß der Liebe und des Friedens im Herrn: „Im Gebet ausharrend", und „uns gegenseitig Ehre erweisend", begehen wir den Weg der Ratschlüsse Gottes in der Erwartung der Vollendung des Willens unseres Herrn Jesus Christus für seine Kirche, denn „Er bleibt in Ewigkeit treu".

Der Metropolit Meliton von Helioupolis und Theira,
Präsident der 3. Panorthodoxen Konferenz

78 19. November 1964

Brief Papst Pauls VI. an den Patriarchen Athenagoras, womit er ihm einen Bischofsring, der Papst Johannes XXIII. gehört hatte, übersendet (Original: französisch).

Unserem ehrwürdigen und lieben Bruder in Christus Athenagoras Erzbischof von Konstantinopel und Ökumenischer Patriarch

Wir ergreifen voll Freude sämtliche Gelegenheiten, die die Vorsehung uns bietet, um Ihnen die Gefühle brüderlicher Liebe zu bezeugen, die uns gegen Sie beseelen, vor allem seit unseren unvergeßlichen Begegnungen in Jerusalem zu Beginn dieses Jahres.
Da wir um die liebevolle Anhänglichkeit wissen, die Sie mit unserem Vorgänger heiligen und verehrten Andenkens, Papst Johannes XXIII. verband, haben wir für Sie unter den Gegenständen, die ihm gehört haben, einen kostbaren Bischofsring auslesen wollen, den wir Ihnen zur gleichen Zeit wie diesen Brief übersenden.
Wir wissen, daß dies für Sie ein teures Andenken an diesen unvergeßlichen Papst sein wird, dem zu einem großen Teil die weite ökumenische Bewegung zu danken ist, die heute die katholische Kirche so erfreulich durchzieht. Wir wollen, daß dies gleichzeitig ein Zeugnis für das liebevolle Interesse sei, womit wir all das verfolgen, was Ihre liebe Person und die ehrwürdigen orthodoxen Kirchen betrifft.
In diesen Gefühlen sprechen wir Eurer geliebten Heiligkeit wiederum unsere brüderliche Liebe und unsere Vereinigung in Christus, unserem einzigen Herrn, aus.

Vatikanstadt, 19. November 1964
Paulus P. P. VI.

79 28. November 1964

Telegramm des Patriarchen Athenagoras an Papst Paul VI. anläßlich dessen Reise nach Bombay (Original: französisch).

Seiner Heiligkeit Papst Paul VI.
Vatikanstadt

Anläßlich des Besuches Eurer geliebten und ehrwürdigen Heiligkeit in Bombay wünsche ich Ihnen von ganzem Herzen gute Reise bei guter Gesundheit und eine glückliche Rückkehr in die Ewige Stadt.
Mit viel brüderlicher Liebe.

Patriarch Athenagoras

80 1. Dezember 1964

Danktelegramm Papst Pauls VI. an den Patriarchen Athenagoras (Original: französisch).

Seiner Heiligkeit Athenagoras I.
Ökumenischer Patriarch – Phanar

Tiefgerührt über die Wünsche zu einer guten Reise nach Bombay, die Eure Heiligkeit an uns richten wollte, danken wir Ihnen sehr herzlich. Unvorhergesehene Gründe zwingen uns zu einem technischen Zwischenhalt. Wir bedauern, daß er nicht an einem Ort stattfinden kann, der uns erlauben würde, Eure Heiligkeit zu treffen, der wir wiederum unsere ganze brüderliche Liebe aussprechen.

Paulus P. P. VI.

81 21. Dezember 1964

Telegramm Papst Pauls VI. an den Patriarchen Athenagoras, worin er ihm seine Wünsche für das Weihnachts- und Neujahrsfest entbietet (Original: französisch).

Seiner Heiligkeit Athenagoras I.
Ökumenischer Patriarch – Phanar

Das im Schoß der Jungfrau fleischgewordene Wort gewähre Eurer Heiligkeit Licht und Kraft in Überfülle und gebe uns, daß im kommenden Jahr die Liebe zwischen allen Christen wachse und der allen Menschen guten Willens verheißene Friede sich festige.

Paulus P. P. VI.

82 23. Dezember 1964

Telegramm des Patriarchen Athenagoras an Papst Paul VI., worin er dankt und dessen Wünsche erwidert (Original: griechisch).

Seiner Heiligkeit Papst Paul VI.,
Vatikan

Den Bruderkuß der Liebe und der Ehre entbieten wir Eurer geschätzten und geehrten Heiligkeit anläßlich des kommenden großen Festes der Geburt Christi, des Erlösers, das wir glücklich sind, gemeinsam zu feiern. Der Herr bestärke Eure Heiligkeit und alle zur Förderung des gesegneten Werkes der christlichen Einheit bis zur Einigung aller. Möge der Herr Eurer Heiligkeit und Ihrer Kirche und der ganzen Welt ein glückliches und friedliches neues Jahr schenken.

Der Patriarch von Konstantinopel Athenagoras

83 24. Dezember 1964

Telegramm des Patriarchen Athenagoras an Papst Paul VI., worin er ihm für seinen Brief vom 19. November dankt (Original: französisch).

Seiner Heiligkeit Papst Paul VI.
Vatikan

In herzlichem Dank für Ihren lieben Brief vom 19. November wünsche ich Ihnen gute Weihnachten und ein glückliches neues Jahr.

Patriarch Athenagoras

84 2. Jänner 1965

Telegramm des Patriarchen Athenagoras an Papst Paul VI. anläßlich des ersten Jahrestages der Begegnung zu Jerusalem (Original: französisch).

Seiner Heiligkeit Papst Paul VI.
Vatikan

Im Gedenken an unsere glückliche Begegnung zu Jerusalem, deren ersten Jahrestag wir angesichts der göttlichen Vorsehung demütig feiern, drücken wir Eurer ehrwürdigen, geliebten Heiligkeit unsere Gefühle herzlicher Dankbarkeit und tiefer Freude über dieses historische Ereignis aus und wir bitten inständig den Herrn um die Erfüllung unseres gegenseitigen Wunsches nach einem Wiedersehen. Mit viel brüderlicher Liebe

Patriarch Athenagoras

85 5. Jänner 1965

Telegramm Papst Pauls VI. an den Patriarchen Athenagoras (Original: französisch).

Seiner Heiligkeit Athenagoras
Ökumenischer Patriarch – Phanar

Tief gerührt über die feinsinnige Botschaft Eurer Heiligkeit, die in unserer Seele die sehr reinen Freuden der Begegnung erneuert hat, die wir vor einem Jahr an den vom Herrn geheiligten Stätten erlebten, danken wir Ihnen und beten zu Gott, damit sich im Lauf des neuen Jahres die durch diese erste Begegnung so glücklich inaugurierten Beziehungen entfalten und verstärken. Sehr brüderlich in Christus.

Paulus P. P. VI.

86 25. Jänner 1965

Brief des Patriarchen Athenagoras an Papst Paul VI., worin er die Entsendung einer patriarchalischen Delegation ankündigt mit dem Auftrag, die Beschlüsse der Dritten Panorthodoxen Konferenz auf Rhodos mitzuteilen (Original: griechisch). Prot.-Nr. 80.

Paul, dem seligsten und heiligsten Papst des Alten Rom, Gruß im Herrn.

Mit Freude und mit großer Liebe möchten wir uns wiederum mit Eurer sehr geliebten und geehrten Heiligkeit in Verbindung setzen und Eure Heiligkeit unsrer Herzensgefühle der inneren Ergriffenheit und der Freude zu versichern, die von den in den letzten Jahren immer wieder neuen Zeichen der Barmherzigkeit und der Gnade Gottes erwachsen.

Wahrhaftig mit Freude stellen wir fest, daß nach unserer auf dem geheiligten Ölberg stattgefundenen heiligen Begegnung, die von der christlichen Welt mit Erleichterung und großen Hoffnungen begrüßt wurde, immer mehr und deutlicher der heilige Wunsch und die Bereitschaft für Zusammenarbeit und gemeinsames Vorgehen der verschiedenen Kirchen zur Verwirklichung des heiligen Willens des Herrn bezüglich der Einheit aller, die an Ihn glauben, klarer zum Ausdruck kommt.

Diesen heiligen Wunsch und diese Bereitschaft hat auch unsere heilige orthodoxe östliche Kirche ganz klar zum Ausdruck gebracht, und zwar hat sie in wiederholten Panorthodoxen Konferenzen – vor und nach jener Begegnung – beschlossen und ihren Willen und ihre Bereitschaft bekundet, mit Eurer geschätzten Kirche des Alten Rom brüderliche Beziehungen zu pflegen zur Förderung des Geistes der Einheit in Christus.

Für die Übergabe dieser brüderlichen Empfehlungsbriefe an Eure Heiligkeit haben wir die Eminenzen Metropoliten und unsere geliebten Brüder, Meliton von Heliopolis und Theira und Chrysostomos von Myra beauftragt. Sie werden, nach einem Beschluß von uns und unseres Heiligen Synods dorthin kommen, damit sie Ihrem zuständigen Sekretariat für die Einheit der Christen Informationen über die Beschlüsse der Dritten Panorthodoxen Konferenz unserer autokephalen Kirchen geben gemäß der Anordnung dieser Konferenz. Wir bezweifeln nicht, daß Eure geehrte Heiligkeit diese geliebten Brüder in Christus wohlwollend empfangen und sie dem genannten Sekretariat für den oben angeführten Zweck empfehlen wird. Durch diese Gesandten schicken wir Eurer Heiligkeit unseren herzlichen Gruß im Herrn. Wir umarmen Eure Heiligkeit mit heiligem Kuß und verbleiben in brüderlicher Liebe und besonderer Ehrenbezeugung,

Eurer geschätzten und geehrten Heiligkeit geliebter Bruder in Christus
Der Patriarch von Konstantinopel Athenagoras
25. Jänner 1965

87 16. Februar 1965

Ansprache des Metropoliten Meliton von Helioupolis und Theira an Papst Paul VI. während seines Besuches bei ihm (Original: griechisch).

Heiligkeit,
Im Auftrag Seiner Heiligkeit, unseres Ökumenischen Patriarchen Athenagoras I. und des Heiligen Synods des Patriarchats statten wir diesen Besuch in dieser Ewigen Stadt Rom und beim heiligen Sitz Eurer Heiligkeit ab, damit wir der ehrwürdigen römisch-katholischen Kirche, die Ihr glorreich leitet, den frohen Gruß der Liebe und des Friedens in Christus von unserer heiligen orthodoxen östlichen Kirche überbringen. Und nun erscheinen wir gemäß der kirchlichen Ordnung zunächst vor Eurer Heiligkeit, dem souveränen Bischof des Alten Rom, und übermitteln Ihnen den Bruderkuß im Herrn Ihres Bruders im Osten, des Bischofs von Konstantinopel, des Neuen Rom; und wir haben die Ehre, seine brüderlichen patriarchalischen Briefe Ihnen zu übergeben und zugleich mündlich zu erklären, daß die herzlichsten und brüderlichen Gefühle und die brennenden Gebete Seiner Heiligkeit an den Herrn Eurer seligsten Heiligkeit gelten.
Während wir diesen überaus angenehmen und gesegneten Auftrag erfüllen, denken wir an den großen Augenblick der heiligen Begegnung in Jerusalem zurück, wo nach jahrhundertelanger Trennung, Entfremdung und Isolierung ihre beiden verehrten Häupter in gemeinsamer Teilnahme der Sorge des gemeinsamen Herrn, seiner Kirche und seiner Welt, von Gott angeregt, von Westen und Osten zusammengekommen sind, und durch eine gemeinsame Tat des Gehorsams dem göttlichen Willen gegenüber, der Selbstentäußerung, des guten Willens, aber auch christlicher Tapferkeit, mit ihren eigenen Händen den Weg der Versöhnung eingeschlagen, den Dialog der Liebe eröffnet und vor der Welt den göttlichen Anblick vorgestellt haben, die große Wirklichkeit und den großen Namen der ungeteilten Kirche Christi. Außerdem haben sie in den Herzen der Menschen, „die Jesus sehen wollen" (Joh 12, 21), das heilige Feuer der Sehnsucht nach dieser alten Glückseligkeit der Kirche angezündet.
Nachdem unser orthodoxer Osten die Wiederherstellung der alten Einheit, der Schönheit und des Ruhms der Kirche wünscht, hat er nie aufgehört, um die Vereinigung aller zu beten und zur Förderung des ökumenischen Geistes der Versöhnung mit den anderen Christen zusammenzuarbeiten. In den letzten Jahren hat er sich besonders der römisch-katholischen Schwesterkirche, unter Ihrer Leitung, zugewandt. Bei der ersten Panorthodoxen Konferenz auf Rhodos hat er das Thema der Förderung der Beziehungen im Geiste Christi mit ihr, gemäß ihren Bestrebungen, aufgenommen; anschließend hat er in der zweiten Panorthodoxen Konferenz prinzipiell die Durchführung des Dialogs unter gleichen Bedingungen mit ihr beschlossen; und kürzlich bei der dritten Panorthodoxen Konferenz hat er einmütig den Wunsch zu diesem Dialog bestätigt und darüber hinaus ein Programm zur Förderung dieses heiligen Anliegens festgelegt, nämlich die erfolgreiche Durchführung in Phasen und auf sicherer Basis in die Wege zu leiten. Als erste Phase hat sie die allgemeine Vorbereitung durch die Schaffung günstiger Bedingungen und das Studium der einzelnen Themen des Dialogs von orthodoxer Sicht beschlossen. Zugleich hat sie aber auch den Nutzen, der durch kleinere Kontakte erfolgte, Fortsetzung und Vermehrung der Pflege der Beziehungen mit Eurer ehrwürdigen Kirche zum ersehnten Thema der Brüderlichkeit.
In diesem Geiste und in der Überzeugung, die von Ihnen vielfach bestärkt wurde, daß

auch Eure ehrwürdige Kirche vom selben heiligen Wunsch erfüllt ist, nach einer entsprechenden allgemeinen Vorbereitung auf beiden Seiten zu einer günstigen Zeit einen fruchtbaren theologischen Dialog zu beginnen, haben wir entsprechend dem einmütigen Beschluß der dritten Panorthodoxen Konferenz auf Rhodos die Absicht, im Auftrag Seiner Heiligkeit, des Ökumenischen Patriarchen, der der kirchlichen Ordnung gemäß diesen Beschluß verwirklicht, und nach der Erlaubnis auch Eurer Heiligkeit mit Ihrem zuständigen Sekretariat Kontakte aufzunehmen, um durch dieses Sekretariat Ihrer ehrwürdigen römisch-katholischen Kirche alle Informationen über die Beschlüsse der Parnorthodoxen Konferenz zu geben.
Heiligkeit,
Ich bete zu Gott um den Erfolg dieser Mission, damit sie ein gesegneter Anfang der systematischen Förderung der brüderlichen Beziehungen zwischen unseren zwei Kirchen im Dialog der Liebe wird, um durch ihn in gemeinsamen Bemühungen, und nachdem wir die zusätzlichen Hindernisse beseitigt und den Boden in jeder Hinsicht vorbereitet haben, so schnell wie möglich zum theologischen Dialog zu gelangen; und indem wir uns dem Heiligen Geist anvertrauen, werden wir den Aufgang jenes leuchtenden Tages des Herrn vorbereiten, an dem die von Osten und von Westen, wie einst unsere gemeinsamen Märtyrer, Bekenner und Väter, dasselbe Brot essen und vom selben Kelch trinken und den einen Glauben bekennen „in einem Geiste" und wiederum „zum Ruhm Christi und seiner Einen, Heiligen, Katholischen und Apostolischen Kirche".
Mit diesem Wunsch entbieten wir hochachtungsvoll Eurer geschätzten Heiligkeit unseren bescheidenen Gruß im Herrn und unseren wärmsten Dank für die herzliche Aufnahme.

Mögen Ihre Jahre zahlreich und von Gott gesegnet sein.

88 16. Februar 1965

Ansprache Papst Pauls VI. beim Empfang der Metropoliten Meliton von Helioupolis und Theira und Chrysostomos von Myra (Original: französisch).

Liebe Brüder in Christus,
Das erste Wort, das uns in diesem Moment auf die Lippen kommt, ist der Ausruf des inspirierten Autors: *Haec dies quam fecit Dominus, exultemus et laetemur in ea!* (Ps 117, 24). Ja, fürwahr, diesen Tag hat der Herr gemacht: alles laufe auf Danksagung und Freude hinaus!
Mit Ihnen preisen wir Gott für die Begegnung dieses Tages, denn schon sie allein bildet ein tief beglückendes Ereignis. Und man wird künftig sagen können: Hier haben Jahrhunderte der Geschichte ein Ende genommen, hier hat eine neue Etappe in den Beziehungen zwischen der katholischen Kirche und dem orthodoxen Osten begonnen. Welch feierlicher Moment! Unter dem Blick Gottes, in seiner Gegenwart und in seinem Namen – *in nomine Domini* – empfangen wir Sie und öffnen Ihnen die Arme. Wir grüßen zunächst Ihre würdigen Personen, die, wir wissen es, gute Arbeiter für die große Sache des Ökumenismus sind: Sie, hochwürdigster Metropolit Meliton von Helioupolis und Theira, der Sie mit solcher Meisterschaft zwei Panorthodoxe Konferenzen präsidiert haben; Sie, hochwürdigster Metropolit Chrysostomos von Myra, dessen Bischofssitz an das Andenken an einen im Westen hochverehrten Heiligen erinnert, und der Sie der gewandte Sekretär dreier Panorthodoxer Konferenzen waren.

Über Ihre Person hinaus wollen wir sodann diejenigen grüßen, die Sie repräsentieren, und vor allem unseren tuersten Bruder, Seine Heiligkeit, den Ökumenischen Patriarchen Athenagoras I., dem in Jerusalem zu begegnen für uns die Quelle unvergeßlicher freudiger Erregung war, die solange wir leben unserem Gedächtnis nicht mehr entschwinden wird.

Wir können nicht wissen, was die Zukunft uns bringen wird, und auch nicht die Entwicklungen kennen, die der nun zwischen den beiden Kirchen eröffnete liebende Dialog wird nehmen können. Doch was für einen Verlauf er auch nehmen mag, wir wollen, daß der erste Augenblick dieser gesegneten Begegnung von der Freude, von der Heiterkeit des Friedens Christi, von der ehrfürchtigen, vertrauenden Erwartung auf beiden Seiten geprägt sei.

Wir sind glücklich über die Weisheit und den Realismus der großen Linien des Programms, das Sie eben entworfen haben. Man muß durch zahlreichere und brüderlichere Kontakte nach und nach das wiedergutmachen, was die Zeiten der Isolierung verdorben haben, und auf allen Ebenen des Lebens unserer Kirchen wieder eine Atmosphäre schaffen, die, sobald der Augenblick dafür kommt, einen fruchtbaren theologischen Dialog ermöglichen wird. Wenn Sie Ihrerseits die Hauptthemen studieren, die Gegenstand künftiger brüderlicher Diskussionen sein werden, wissen Sie auch um den Platz, den das Verlangen nach diesem Dialog und die Vorbereitung darauf unter den Bestrebungen des Vatikanischen Konzils und der katholischen Theologie einnimmt. Wir freuen uns über die Kontakte und Gespräche, die Sie mit unserem Einheitssekretariat haben wollen, das nachher uns darüber berichten wird. Wir behalten uns vor, uns zu besinnen und zu beraten, um über die besten Wege zu entscheiden, die unsererseits diese Intensivierung des liebevollen Dialogs und der allmählich wiedergefundenen brüderlichen Gesinnung ermöglichen werden. Gott ist unser Zeuge: Unser einziges Verlangen ist es, Christus treu zu sein.

Seien Sie, liebe Brüder, gepriesen und bedankt, daß Sie gekommen sind, und daß Sie gekommen sind als Überbringer einer so hoffnungsvollen Botschaft.

Bringen Sie Ihrerseits dem, der Sie sendet, unsern ehrfurchtsvollen und warmen Gruß, unsern brüderlichen, liebevollen Friedenswunsch. Und gestatten Sie uns, Sie einzuladen, mit uns im Gebet zum allmächtigen Gott, dem Vater, dem Sohn und dem Heiligen Geist zu verharren und auch miteinander den Schutz der seligen Jungfrau Maria, Gottes Mutter und unsere Mutter, anzurufen. Bitten wir die heiligen Apostel Petrus, Paulus und Andreas und alle Heiligen, uns auf dem Wege des Herrn beizustehen und zu seinem Ruhm und zu unserem Frieden in der Einheit des Glaubens und der Liebe.

89 23. Februar 1965

Brief Kardinal Beas an den Patriarchen Athenagoras, um ihm für die Ankunft der patriarchalischen Mission und die Informationen zu danken, die sie dem Sekretariat für die Einheit der Christen gegeben hat (Original: französisch). Prot.-Nr. 201/65.

Vatikanstadt, 23. Februar 1965

Seiner Heiligkeit Athenagoras I.
Erzbischof von Konstantinopel und Ökumenischer Patriarch
Heiligkeit,
Daß Ihre Eminenzen, die Metropoliten Meliton von Helioupolis und Theira und Chrysostomos von Myra nach Rom gekommen sind, markiert eine neue Etappe in der Festigung der brüderlichen Beziehungen zwischen dem Ökumenischen Patriarchat und der römischen Kirche. Wir müssen mit freudeerfülltem Herzen dem Herrn für dieses Geschenk seiner Güte danken, die der Liebe ermöglicht, sich auszuweiten.
Es liegt mir daran, Eurer Heiligkeit all meinen tiefen Dank auszudrücken für die Ehre, die Sie mir erweisen wollten, indem Sie mir das Großkreuz des Ordens vom heiligen Andreas verliehen.
Ich danke Eurer Heiligkeit auch, daß Sie das Sekretariat für die Einheit der Christen über die Beschlüsse der Dritten Panorthodoxen Konferenz von Rhodos in Kenntnis setzten. Unser Verlangen, die einst zerrissenen Bande wiederherzustellen, muß sich nach den konkreten Entwicklungsmöglichkeiten einer großen Gesamtheit richten, und in dieser Sicht betrachte ich die Beschlüsse, deren Realismus und Weisheit der Heilige Vater gewürdigt hat. Sie werden von uns sorgfältig studiert werden im Bestreben, alles zu tun, was möglich ist, um ein weises Fortschreiten auf diesem Weg sicherzustellen.
Ich persönlich hege die Hoffnung, mich demnächst nach Istanbul zu begeben, und ich wage zu hoffen, daß die Vorschläge, die wir Eurer Heiligkeit machen werden, Ihre Zustimmung finden. Im voraus freue ich mich lebhaft über die Aussicht auf diese bevorstehende erste Begegnung mit Eurer Heiligkeit.
Genehmigen Sie, Heiligkeit, den Ausdruck meiner Gesinnung ehrfurchtsvollster brüderlicher Liebe.

Augustin Kardinal Bea

90 8. März 1965

Brief des Patriarchen Athenagoras an Kardinal Bea, worin er ihm für seinen Brief vom 23. Februar dankt (Original: griechisch). Prot.-Nr. 148.

Eminenz, Herr Kardinal Augustin Bea, geliebter und geehrter Bruder in Christus, die Gnade und der Friede Gottes sei mit Eurer Eminenz.
Mit Freude haben wir den Brief Eurer geliebten und geehrten Eminenz vom 23. Februar erhalten und ihn persönlich und in der Sitzung unseres Synods gelesen; den Brief, den Sie nach Ihren Kontakten mit unserer patriarchalen Delegation, den Eminenzen Metropoliten Meliton von Helioupolis und Theira und Chrysostomos von Myra, an uns geschickt haben, worin Sie Ihre volle Herzensfreude auf Grund des neu eingeschlagenen Weges in den Beziehungen der zwei Kirchen zum Ausdruck brachten.
Wir danken Eurer Eminenz herzlich für diesen Brief, und wir gratulieren Ihnen für Ihren gezeigten Eifer am gottgewollten Werk der Wiederherstellung der christlichen Einheit. Wir teilen Eurer Eminenz mit, daß wir mit Freude Ihre Ankunft hier erwarten; wir umarmen Sie im heiligen Bruderkuß und verbleiben mit brüderlicher Liebe und besonderer Ehrenbezeugung,

Eurer geliebten Eminenz geliebter Bruder in Christus
Der Patriarch von Konstantinopel Athenagoras
8. März 1965

91 11. März 1965

Telegramm des Patriarchen Athenagoras an Papst Paul VI., um ihm für den der patriarchalischen Mission bereiteten Empfang zu danken (Original: französisch).

Seiner Heiligkeit Papst Paul VI.
Vatikanstadt

Nach der Rückkehr unserer Delegierten, der Metropoliten Meliton von Helioupolis und Theira und Chrysostomos von Myra, haben wir uns über alle Einzelheiten ihrer Mission bei Eurer geliebten Heiligkeit und Ihrer ehrwürdigen Kirche unterrichtet und sind tief bewegt über Ihre brüderliche Botschaft der Liebe, des Friedens und der Solidarität in Christus und über den herzlichen Empfang, der ihnen von Eurer Heiligkeit und allen Ihren Würdenträgern gewährt worden ist, und wir beeilen uns, Eurer Heiligkeit unsern wärmsten Dank auszudrücken. Preisen wir, vereint im Gebet und im Erhoffen des Tages, den der Herr bereitet, miteinander seinen Namen für alles, was er uns in seiner Gnade gewährt!

Patriarch Athenagoras

92 31. März 1965

Brief Papst Pauls VI. an den Patriarchen Athenagoras, worin er ihm die Ankunft einer von Kardinal Bea geleiteten päpstlichen Mission ankündigt und die Harmonie betont, die zwischen den Beschlüssen der Dritten Panorthodoxen Konferenz und dem Konzilsdekret Unitatis Redintegratio besteht (Original: französisch).

Geliebter Bruder in Christus,
Das Kommen Ihrer beiden eminenten Delegierten nach Rom und der von diesen überbrachte Brief Eurer Heiligkeit haben die Erinnerung an unsere Begegnung zu Jerusalem wieder aufleben lassen, eine Erinnerung, die wir in unserem tiefsten Herzen bewahren. Heute ist es unser sehr lieber Bruder Kardinal Augustin Bea, der Ihnen unsern Kuß des Friedens und brüderlicher Liebe bringt.
Der Präsident unseres Einheitssekretariats hat uns über die Beschlüsse der Panorthodoxen Konferenz unterrichtet, die ihm von Ihrer edlen Delegation mitgeteilt worden waren. Das dort entworfene Programm scheint uns den Forderungen der konkreten Situationen zu entsprechen, welche die Geschichte uns hinterlassen hat, und somit denen des gemeinsamen Marsches auf die vom Herrn gewollte Einheit hin, die einen von seinem Geist der Liebe wunderbar entfachten Herzenswunsch der Christen unserer Epoche bildet. Wie sich Eure Heiligkeit erinnert, war das Bestreben, zur Wiederherstellung der Einheit zwischen allen Christen beizutragen, eines der Hauptmotive, das unsern Vorgänger verehrten Andenkens bewogen hat, das Zweite Vatikanische Konzil einzuberufen. Wir können Ihnen versichern, daß diese Sorge nicht von uns abläßt und von allen Vätern dieses Konzils geteilt wird, wie sie es bewiesen haben, indem sie feierlich das Dekret über den Ökumenismus approbierten. Dieses wichtige Dokument, das eben mit den Worten „Unitatis Redintegratio“ beginnt, ist ganz und gar vom Willen zum Dialog und der Überzeugung von der Notwendigkeit

beseelt, geeignete Bedingungen und eine günstige Atmosphäre zu seiner fruchtbaren Entwicklung zu schaffen. Ist nicht die leicht feststellbare Harmonie zwischen den Beschlüssen der Konferenz von Rhodos und denen des Vatikanischen Konzils ein neues Zeichen des Waltens des Heiligen Geistes? Ein Zeichen, das uns mit Hoffnung erfüllt, denn wir glauben, daß er dieses Werk, zu dem er antreibt und das er beginnt, auf den ihm eigenen geheimnisvollen Wegen zu Ende zu führen weiß in einer immer anspruchsvolleren und reineren Liebe zu unserem einzigen Meister, Christus, der unser Weg, unsere Wahrheit, unser Leben ist.

Die Verwirklichung dieses gemeinsamen Programms, auf allen Ebenen unserer Kirchen und in allen Bereichen ihrer Tätigkeit mehr und mehr zu brüderlicher Gesinnung und Zusammenarbeit zurückzufinden, wird Gegenstand unserer Bemühungen sein. Weder die Länge des zurückzulegenden Weges noch die vorhergesehenen und unvorhergesehenen Schwierigkeiten, die ihn versperren, werden uns aufhalten können, denn unser Entschluß gründet in der Hoffnung, die nicht trügen kann.

Um auf diesem Weg des liebenden Dialogs, zu dem nun beide Teile entschlossen sind, einen neuen Schritt zu tun, senden wir Ihnen zum Zeichen der Ehrerbietung und als Unterpfand brüderlicher Gesinnung eine erlesene Delegation zu Ihrem ehrwürdigen Sitz.

Diese Begegnung findet statt im Osterlicht, das schon am Horizont aufleuchtet, und sie bietet uns Gelegenheit, Ihnen, sehr geliebter Bruder, unsere herzlichsten Wünsche zu äußern. Der auferstandene Herr, die Grundlage unseres gemeinsamen Glaubens, überflute Sie mit seinem Licht, seiner Kraft, seiner Freude! Mögen alle, die sich auf ihn berufen, immer mehr an seiner Auferstehung und an seinem Leben teilhaben, damit sie eins werden, wie er und der Vater eins sind.

In diesen Gefühlen umarmen wir Sie in einem heiligen Kuß und sprechen wir Ihnen wieder unsere tiefe Liebe aus in dem, der für uns gestorben und auferstanden ist.

Vatikanstadt, 31. März 1965

Paulus P. P. VI.

93 3. April 1965

Ansprache Kardinal Beas anläßlich seines Besuches beim Patriarchen Athenagoras (Original: französisch).

Heiligkeit,

Kurze Zeit nach dem Besuch, den im vergangenen Februar die von Eurer Heiligkeit entsandte, so hervorragende Delegation dem Heiligen Vater gemacht hat, stellt sich heute eine offizielle Delegation des Heiligen Stuhls beim ehrwürdigen Ökumenischen Patriarchat ein. Die von Eurer Heiligkeit entsandte Delegation war gekommen, um offziell die Beschlüsse mitzuteilen, die auf der Dritten Panorthodoxen Konferenz von Rhodos einmütig gefaßt worden waren, und sie hatte zugleich, nach Jahrhunderten des Schweigens und Wartens, wie der Heilige Vater zu Jerusalem sagte (5. 1. 1964), auf dem Weg des liebenden Dialogs mit der Kirche von Rom einen neuen Schritte getan, so daß im feierlichen Augenblick, als er Ihre Delegation empfing, der Heilige Vater die Worte des Psalmisten wiederholen konnte: „Ja, fürwahr, diesen Tag hat der Herr gemacht: laßt uns frohlocken und seiner uns freuen!“ (Ps 117, 24). Unser heutiger Besuch will gleichzeitig eine offizielle Antwort auf den von der Delegation Eurer Heiligkeit gemachten Besuch und die Weiterführung des nun begonnenen

liebenden Dialogs sein, um unsere gegenseitigen Verbindungen noch enger zu knüpfen.
Welche Freude für den Himmel und die Erde! Welche Freude in der Ewigkeit für die selige Seele des Papstes Johannes! Welche Freude für die ganze Kirche Christi im Osten und im Westen! Welche Freude endlich muß all dies, dessen bin ich gewiß, Eurer Heiligkeit bereiten, die während vieler Jahre gesprochen und sich abgemüht, gebetet und gelitten hat, um die herbeigesehnte Stunde rascher anbrechen zu lassen, wo wir uns von neuem die Arme entgegenstrecken und uns auf einen gemeinsamen Marsch machen werden dem so ersehnten Ziel der von Christus gewollten Einheit entgegen. Doch – Eure Heiligkeit möge mir gestatten, dies zu sagen – ist dies auch für uns alle, und ganz besonders für mich, eine große Freude, mit Eurer Heiligkeit Auge in Auge sprechen zu können, Sie in der Liebe Christi umarmen und Ihnen für alles danken zu dürfen, was Sie für die große Sache der Einheit getan haben. Für all das sei Gott unser Vater durch Christus gepriesen im Heiligen Geist, der Liebe ist. Die heilige Mutter Gottes und die heiligen Apostel Petrus und Andreas, sein Bruder, mögen ihre Fürsprache unserer gemeinsamen Danksagung hinzufügen.
Der liebende Dialog, den wir durch unsere Gegenwart weiterführen wollen, beschränkt sich jedoch nicht bloß auf den Austausch von Besuchen und den Friedenskuß. Seine erste, konkreteste und greifbarste Frucht ist unser gemeinsamer Entschluß, daß jeder im Schoß seiner Kirche all das in die Wege leitet, was die Einheit erfordert, und daß wir so eifrig zusammenarbeiten, um die vollständige Einheit zu verwirklichen, die der Herr gewollt und in seinem glühenden Gebet zum Vater am Vorabend seines Leidens und Sterbens erfleht hat. Der Heilige Vater hat sich über diesen Entschluß gefreut, denn dieser trifft sich ganz mit dem, was das Zweite Vatikanische Ökumenische Konzil am Schluß der dritten Session im Dekret über den Ökumenismus proklamiert hat. In diesem feierlichen Dokument ermahnt ja das Konzil „alle katholischen Gläubigen, daß sie, die Zeichen der Zeit erkennend, mit Eifer an dem ökumenischen Werk teilnehmen“ (Nr. 4). Zudem betont das Konzil: „Die Sorge um die Wiederherstellung der Einheit ist Sache der ganzen Kirche sowohl der Gläubigen wie auch der Hirten, und geht einen jeden an, je nach seiner Fähigkeit, sowohl in seinem täglichen christlichen Leben wie auch bei theologischen und historischen Untersuchungen“ (Nr. 5). Es ist gegeben, daß in einem solchen Bestreben die Liebe, diese „höhere Gabe“, die erste Stelle einnimmt, und zwar in all der Fülle, die ihr nach dem heiligen Paulus eignet, diese Liebe, die „langmütig ist, dienstfertig ist . . . , die sich freut an der Wahrheit, die alles entschuldigt, alles glaubt, alles hofft, alles erträgt“ (1 Kor 13, 4–7). Damit sind alle Reichtümer ausgesprochen, die in unsere brüderlichen Beziehungen der liebende Dialog hineinbringen kann und hineinbringt, den wir begonnen haben und den wir, trotz der Unterschiede, die uns noch trennen, von jetzt an fortsetzen können. Der liebende Dialog beginnt bereits die Einheit zu verwirklichen, und gleichzeitig ist er die beste Wegbereitung, um in dem, was uns noch trennt, und insbesondere in Punkten der Glaubenslehre, nach der Einheit zu suchen.
Nachdem es von der allgemeinen Anbahnung gehandelt hat, erklärt das Konzil über die Beziehungen zu den ehrwürdigen Ostkirchen im gleichen Dekret: „Es wird mit Nachdruck empfohlen, daß die Katholiken sich mehr mit diesen geistlichen Reichtümern der orientalischen Väter vertraut machen, die den Menschen in seiner Ganzheit zur Betrachtung der göttlichen Dinge emporführen.“
„Alle sollen um die große Bedeutung wissen, die der Kenntnis, Verehrung, Erhaltung und Pflege des überreichen liturgischen und geistlichen Erbes der Orientalen zukommt, damit die Fülle der christlichen Tradition in Treue gewahrt und die völlige

Wiederversöhnung der orientalischen und der abendländischen Christen herbeigeführt werde" (Nr. 15). Und kurz darauf schließt es in diesem Dekret: „Im Hinblick auf all dies erneuert das Heilige Konzil feierlich, was in der Vergangenheit von Heiligen Konzilien und von römischen Päpsten erklärt wurde, daß es nämlich zur Wiederherstellung oder Erhaltung der Gemeinschaft und Einheit notwendig sei, ‚keine Lasten aufzuerlegen, die über das Notwendige hinausgehen' (Apg 15, 28). Es spricht den dringenden Wunsch aus, daß von nun an alle ihr Bestreben darauf richten, diese Einheit allmählich zu erlangen in den verschiedenen Einrichtungen und Lebensformen der Kirche, besonders durch das Gebet und den brüderlichen Dialog über die Lehre und über die drängenden Notwendigkeiten der Seelsorgsaufgaben in unserer Zeit" (Nr. 18).

Gewiß, vieles ist wieder gutzumachen! Es wird nicht leicht sein, einen Graben von neun Jahrhunderten auszufüllen, und wir machen uns diesbezüglich keine Illusion. Doch der Herr, für den „ein Tag wie tausend Jahre ist, und tausend Jahre wie ein Tag sind" (2 Petr 3, 8), kann auch Wunder wirken, wenn man in einem Glauben, der Berge zu versetzen vermag, darum bittet (vgl. Mt 17, 19; 21, 21; Mk 11, 23). Und wir können hinzufügen, daß er es durch markante Fakten, durch die Ereignisse der letzten Jahre beweist: durch die Begegnung Eurer Heiligkeit mit Papst Paul VI. zu Jerusalem, durch die glorreiche Rückkehr des Hauptes des heiligen Andreas in die Stadt Patras sowie durch die bevorstehende Heimkehr des Hauptes des heiligen Titus nach Kreta und der Reliquien des heiligen Saba nach seinem Kloster bei Jerusalem. Alle diese Tatsachen zeigen uns, daß der Herr bereits Wunder getan hat und bereit ist, noch weitere zu wirken, wenn man sie in Glaube, Demut und Buße von ihm zu erbitten weiß. „Für den, der glaubt, ist alles möglich", scheint Jesus in unserer Epoche den Christen der gesamten Welt zu sagen, dieser Jesus, dessen Erlösungstod und ruhmreiche Auferstehung zu feiern wir uns anschicken. Wir glauben, daß der, der über die Sünde und den Tod triumphiert hat, auch über das Ärgernis der Trennung triumphieren wird und der Urgrund unserer vollkommenen Vereinigung mit ihm und in ihm mit dem Vater sein wird. In diesem Gedanken bin ich glücklich, Eurer Heiligkeit im Namen des Heiligen Vaters schon jetzt herzliche Wünsche zum Osterfest zu entbieten: „Christus ist von den Toten erstanden, alleluia!" Er hat uns seinen Frieden gebracht und hinterlassen und spricht uns zu: „Habt Mut, ich habe die Welt überwunden" (Joh 16, 33).

94 3. April 1965

Antwortansprache des Patriarchen Athenagoras anläßlich des Empfanges Kardinal Beas (Original: griechisch).

Unsere heilige Kirche von Konstantinopel richtet ihren Blick, wie immer, so auch heute, auf die Auferstehung Christi, und in ihrem ewigen Licht und in ihrer makellosen Freude empfängt sie und umarmt sie in der Liebe und im Frieden Christi Eure Eminenz, sehr geehrter Herr Kardinal Augustin, zusammen mit Ihren lieben und hervorragenden Mitarbeitern, die würdigen und von uns geschätzten Vertreter unseres geliebten Bruders in Christus im Westen, des heiligsten und seligsten Paul VI.

Wahrhaftig, Ihr Besuch bei uns ist der Grund gemeinsamer Freude in Christus. Diesen Besuch begrüßen wir als eine neue wichtige Station in der neu begonnenen Geschichte des Christentums des Ostens und des Westens.

Gepriesen sei also der in unserer Mitte weilende Herr, die Quelle alles Guten und die Vollendung der Erwartungen.
Auf Ihn sollen wir in erster Linie unsere Gedanken und unser Herz richten und Ihm gemeinsam danken, der uns jetzt durch diese unsere heilige Begegnung zur Verwirklichung seines heiligen Willens führt, wodurch er wiederum seiner Kirche ein neues Zeichen gegeben hat und uns eine neue heilige Erfahrung der Brüderlichkeit in Ihm.
Im vollen Bewußtsein und in der Wertschätzung dieser Gaben Christi und des Wertes Ihrer Anwesenheit bei uns sagen wir Ihnen gemeinsam mit dem Propheten: „Wie anmutig sind die Füße derer, die den Frieden und das Gute verkündigen" (Jes 52, 7 und Röm 10, 15). In Ihrer Person sehen wir die Boten des Friedens und des Guten sowohl für die Kirche, als auch für die Menschheit.
Deshalb empfangen wir mit dem Herzen voller Ergriffenheit die frohe Botschaft der brüderlichen Antwort, die Sie uns aus dem Westen überbringen. Wir nehmen sie aus Ihren werten Händen in tiefer Liebe und Achtung entgegen, und wir richten unsere Gedanken auf jenen, der sie Ihnen anvertraut hat, auf unseren heiligen Bruder, Papst Paul VI., unseren geliebten Gesprächspartner auf dem Ölberg und den Miterbauer der Einheit der Christen. Voll von heiligen Erinnerungen von jener unserer gesegneten Begegnung entbieten wir ihm den herzlichen brüderlichen Kuß und unseren herzlichen Dank für Ihre Delegation, die zu uns kommt, um unserer orthodoxen Kirche die ganz konkrete und innerhalb der heiligen geschichtlichen Verantwortungen fundierte positive Antwort der ehrwürdigen römisch-katholischen Kirche auf die jüngst durch unsere patriarchalische Delegation erfolgte offizielle Mitteilung über die Beschlüsse der Dritten Panorthodoxen Konferenz darzulegen, wodurch ebenfalls konkret der Wunsch der Orthodoxen zum Ausdruck kam, unverzüglich den Dialog der Liebe durchzuführen und den theologischen Dialog gründlich vorzubereiten.
Seine Heiligkeit könnte durch keine andere geeignetere Person als Eure Eminenz im Namen der ehrwürdigen römisch-katholischen Kirche diese positive Antwort an uns und durch unsere Wenigkeit an die gesamte orthodoxe östliche Kirche geben. Denn wir wissen genau, daß, seitdem Sie vom unvergeßlichen und erleuchteten Prediger und Förderer des christlichen Friedens und der christlichen Einheit, Papst Johannes XXIII., – dessen Gedenken wir zutiefst ehren – zu dieser heiligen Verantwortung der Förderung der Einheit der Christen berufen wurden, der beste und der eifrigste Interpret des Geistes und der ehrlichen Wünsche, sowohl des verstorbenen heiligsten Papstes, als auch unseres heute in Rom ruhmreich regierenden Bruders gewesen sind. Sie sind der treue unermüdliche Förderer des Ideals der Einheit, der Sie zusammen mit den hier anwesenden treuen Mitarbeitern für die Pflege dieses Ideals innerhalb Ihrer Kirche und für dessen Förderung in den Beziehungen mit unserer Kirche und im allgemeinen mit dem ganzen Christentum sehr stark beigetragen haben. Deshalb danken wir Ihnen besonders für Ihre gesegnete Ankunft hier.
Für die genaue Einschätzung der Bedeutung und der heiligen Herrlichkeit dieses Augenblicks, der sowohl den Christen als auch der Welt das gesegnete Zeugnis der vollen Übereinstimmung der orthodoxen und der römisch-katholischen Kirche aufzeigt, mit Ehrfurcht Gottes, und in Wahrheitstreue und Liebe, mit Eifer, mit Klugheit und systematisch nach einem Programm die Einheit wiederherzustellen, müssen wir diesen Augenblick im Vergleich zu dem tiefen Schatten der Vergangenheit und dem hoffnungsvollen Licht in den Perspektiven der Zukunft richtig bewerten.
Warum sollen wir es verschweigen? Wenn wir unseren Blick zurück richten, stellen

wir mit Schrecken „das Gestern", das noch nicht so weit zurückliegt, fest, belastet mit Gegensätzen, Entfremdung, Antagonismen mit dem charakteristischen Merkmal der Spaltung und der Entfernung, die durch das Fehlen der Liebe verursacht und bestärkt wurden.
Aber Dank sei dem Gott, der das Heute geschaffen hat. Heute richten wir unseren Blick auf das erlebte historische Ereignis, und wir entdecken wieder den festen Boden der alten Brüderlichkeit, auf dem wir das Werk der Wiedererbauung betrachten. Heute werden sowohl im Westen als auch in unserem Osten Beschlüsse und Gesten der Liebe und der Erbauung verwirklicht, die vor kurzem als unmöglich galten. Bei dieser Gelegenheit meinen wir, daß es richtig ist, Ihnen zu versichern, daß bei uns jede dieser Ihrer positiven Taten mit großer Freude und Genugtuung begrüßt wird. Mit großer Aufmerksamkeit und mit großem Interesse verfolgen wir die Arbeiten des II. Vatikanischen Konzils und im allgemeinen jede ökumenische Aktivität Ihrer ehrwürdigen Kirche, und wir schätzen alle von ihr gefällten und vollzogenen erbaulichen Beschlüsse und Gesten. Natürlich ingorieren wir weder die Zahl noch die Bedeutung der vor uns stehenden Probleme. Aber in der Wiederherstellung der Liebe, und nachdem wir die Entfremdung beseitigt und die Distanz überbrückt haben, beurteilen wir die Differenzen in einem neuen Licht, und da wir einander näher stehen, suchen wir den besten Weg für die Zukunft, der die Wiedergutmachung der Vergangenheit und die Wiederherstellung der alten Schönheit der einen und ungeteilten Kirche verspricht.
Wie heilig und verantwortungsvoll ist daher das durch das Wohlwollen Gottes uns und Ihnen aufgetragene Werk der Gegenwart, auf das die Christen und die ganze Welt ihren Blick richten, und von uns das gesegnete Zeichen des Niederreißens der Scheidewand der Trennung und der Wiederherstellung der Einheit aller erwarten, zur Herrschaft des Friedens Christi auf Erden!
Daher laßt uns voranschreiten. Beseitigen wir die Hindernisse. „Bereiten wir die Wege des Herrn" (Jes 40, 3). Unterwerfen wir uns ganz seinem heiligen Willen, „wobei ein jeder nicht nur auf das Seine achte, sondern auch auf das des anderen" (Phil 2, 4). Vor allem aber, beten wir in Demut. Nach einer solchen Vorbereitung des Geistes und der Sache selbst, „vergessend, was hinter uns liegt, und strebend nach dem, was vor uns liegt" (Phil 3, 14), in Liebe den Dialog miteinander führend, damit wir die Wahrheit Christi noch strahlender machen und zum gemeinsamen Osterfest schreiten, von dem aus es uns gelingen soll, der ganzen Welt den auferstandenen Herrn zu verkünden.
Ihm gebührt die Ehre in seinen Heiligen in der Ewigkeit.
Amen.
Willkommen, Brüder.

95 4. April 1965

Ansprache des Bischofs Andreas von Klaudioupolis, der im Namen des Rektors Kardinal Bea in der Theologischen Hochschule von Chalki empfangen hat (Original: griechisch).

Diese ehrwürdige und altberühmte Theologische Hochschule empfängt Sie, Eminenz, mit tiefer Ergriffenheit und zugleich mit großer unsagbarer Freude. Sie empfängt Sie als den ersten hohen und offiziellen Besucher der Kirche von Rom, und mit großer

Freude nimmt sie achtungsvoll Ihren Segen entgegen als Botschaft der Kommunikation der zwei Kirchen.
Sie empfängt Sie mit der Vorankündigung des Frühlings, dieser wunderbaren Schönheit der Natur. Sie empfängt Sie aber vielmehr als Vorankündigung des Dialogs, wie ein wohlduftendes kostbares Parfum, in einer weltgeschichtlichen Begegnung, jenseits der Jahrhunderte für die gesamte Einheit der Kirche Christi, die Einheit des Kultus.
Dieser Hügel, die Theologische Hochschule, als geistiges Zentrum, als theologische Institution, als hohes Katheder nicht nur der göttlichen Predigt, sondern auch als Katheder der orthodoxen Theologie richtet sie ihre Gedanken auf eine Zusammenarbeit mit den päpstlichen Universitäten für die christliche Wahrheit in der historischen Lehre, die von der großen Bedeutung des Geschenks an das menschliche Geschlecht beginnt, der göttlichen Offenbarung, von der die Einheit der Kirche und ausschließlich durch sie die Erlösung der Gesamtheit der Menschen garantiert wird.
Unsere Hochschule betrachtet innerhalb dieser Bewegung der Liebe der zwei Kirchen zur Förderung der Beziehungen und Annäherung beim Studium des christlichen Geistes mit großem Interesse diesen Ihren persönlichen Besuch als ein goldenes Bindeglied in der Kette der Beziehungen unserer Kirchen und als Verkündigung einer neuen Brüderlichkeit, unzertrennlich in der Liebe.
Ihr Besuch, Eminenz, ist das wichtigste Ereignis bezüglich der Beziehungen der zwei Kirchen in der Geschichte unserer Hochschule seit ihrer Gründung. Dieser Ihr Besuch ist der Aufgang eines neuen Frühlings der Liebe, die die beiden Zentren unserer Kirchen verbindet, und über den sich die Welt mitfreuen wird. Deshalb singen wir auch aus ganzem Herzen: „Hosanna, hochgelobt, der da kommt im Namen des Herrn".

96 4. April 1965

Ansprache Kardinal Beas in der Theologischen Schule von Chalki (Original: französisch).

4. April 1965

Geliebte Studenten,
Ich bin ganz beglückt, hierhergekommen zu sein, um Sie in Ihrer schönen Theologischen Schule zu grüßen, wo Seine Exzellenz, der hochwürdigste Rektor, und sämtliche Professoren mich so liebevoll aufgenommen haben. Schon seit langem hatte ich von Chalki sprechen gehört, und heute sehe ich mit Freuden, daß das Gute, das man mir darüber gesagt hat, nicht übertrieben war, ganz im Gegenteil. Seine Exzellenz, Ihr Rektor, hat mich eingeladen, einige Worte an Sie zu richten; ich tue es von Herzen gern, um Sie bei Ihrer – nicht immer leichten – doppelten Arbeit der Heranbildung zum geistlichen Leben und des Theologiestudiums zu ermutigen. Ich glaube, ich kann nichts Besseres tun, als Ihnen die tiefen Worte des heiligen Paulus in Erinnerung zu rufen: „Die Liebe Christi drängt uns beim Gedanken: Wenn einer für alle gestorben ist, so dazu, daß die Lebenden nicht mehr für sich leben, sondern für den, der für sie gestorben und auferweckt worden ist" (2 Kor 5, 14). Man könnte schwerlich eine Idee, eine Regel finden, die für den, der heute sein Leben dem Dienst an der Kirche weihen will, sich besser eignen würde; man könnte schwerlich eine Norm finden, die für den Menschen von heute zugkräftiger und überzeugender, für die Welt, in der wir leben, notwendiger wäre, als die, die in dieser Stelle des zweiten Korintherbriefs zum Ausdruck gebracht wird. Der heilige Paulus spricht vom Apostel, dem

sein Glaube an die Sendung und das Opfer Christi für die Menschheit keine Ruhe läßt, der seine Kräfte einsetzt und vervielfacht, auf daß die Menschen, alle Menschen Christus kennen und annehmen, von ihm erfaßt und umgestaltet werden und in ihm das Heil erlangen für Zeit und Ewigkeit.

1. Dieser Glaube an Jesus Christus, den Priester und die Opfergabe für die Menschheit, dieser Glaube an seinen Heiland wird vor allem *das persönliche Leben des Priesters* und des Dieners der Kirche und seine innige Vereinigung mit Christus bestimmen, und sie wird sein Leben dem Vorbild des Lebens, des Opfers, des Werkes Christi nachgestalten. Er weiß ja, daß Christus kraft der Gewalt, die ihm verliehen worden ist, all denen, die der Vater ihm zu eigen gegeben hat, das ewige Leben gibt (Joh 17, 2) und daß dies sich vor allem vermittels und kraft des Opfers Jesu verwirklicht und verwirklichen muß, dem Worte Christi entsprechend: „Und für sie heilige ich mich, damit auch sie in Wahrheit geheiligt sind" (Joh 17, 19). So ist er „nicht gekommen, um bedient zu werden, sondern um zu dienen und sein Leben hinzugeben als Lösegeld für viele" (Mt 20, 28).

Auch im Leben und in der Betätigung im Dienst am Gottesreiche sind es die Heiligkeit und das Opfer, die dem Tun seine Wirksamkeit zum Wohl der Seelen verleihen. Nach einem allgemein geltenden Gesetz kann nur der, der Leben besitzt, es weitergeben, und er gibt es in dem Maße weiter, als er es besitzt; und das mitgeteilte Leben wird umso besser sein, je besser das Leben dessen ist, der es mitteilt. In der übernatürlichen Ordnung des Lebens in Christus besagt das: Der Mensch dient umso mehr und besser als Werkzeug zur Übermittlung dieses Lebens, je enger er mit dessen Quelle vereint ist, mit der heiligen Dreifaltigkeit, mit Christus und mit seiner Kirche, der „Mutter aller Lebendigen". Da diese Vereinigung eine Gabe der Liebe Gottes zu den Menschen, seiner Philanthropie ist, muß der, der an der Übermittlung des übernatürlichen Lebens arbeiten will, selbst im Heiligen Geist, also in der Heiligkeit leben; und er wird umso besser mitwirken können, je heiliger er ist.

2. Noch einen weiteren Gedanken möchte ich vor Ihnen andeuten. Kraft einer besonderen Gnade, die der Herr ihnen gewährt, werden sich heute die Menschen unserer Zeit immer besser bewußt, welch wesentliche, unerläßliche Rolle beim Vollzug des Werkes Christi unter den Menschen der Einheit all derer zukommt, die Christus schon kennen und an ihn glauben. Diese Einheit ist ja der Grund, der die Welt zum Glauben bringen wird, wie Christus selbst es uns sagt in seinem priesterlichen Gebet, wenn er den Vater um die Einheit der Seinen bittet, damit so „die Welt glaube, daß du mich gesandt hast" (Joh 17, 21). Die Einheit ist das Zeichen, an dem die Welt die göttliche Sendung Christi erkennen und anerkennen, an ihn glauben und in ihm das Heil finden soll. Nun aber ist der Quell dieser Einheit wiederum Christus selbst, die Vereinigung mit ihm, gemäß seinen Worten: „Sie sollen in uns eins sein", d. h. sie sollen eins sein kraft ihrer Vereinigung mit dem Vater und dem Sohn. So verweist uns auch diese schwere, dringliche Pflicht, die Einheit zu verwirklichen, ebenfalls wieder auf die Vereinigung mit Christus und auf die Umgestaltung unseres Lebens nach dem Vorbild des Lebens Christi, dem wohlbekannten Wort des heiligen Paulus entsprechend: „. . . Mit Christus bin ich ans Kreuz geheftet, und nicht mehr ich lebe, sondern Christus lebt in mir." Wir müssen also für uns vor allem nach dieser Vereinigung und Umgestaltung in Christus suchen und zu ihr müssen wir auch die Gläubigen führen, die unserem Priesterdienst und unserem Apostolat anvertraut sind.

Das sind ein paar Gedanken zu dem, was ein echtes, erhebendes Programm für ein Christus und seiner Kirche geweihtes Leben sein kann, ein Programm, das stets, doch ganz besonders heute aktuell ist! Was es heute ganz besonders aktuell macht, ist das mächtige Walten des Heiligen Geistes, der die Christen mit einem tiefen Bedauern über die Trennungen, mit Reue, mit Metanoia, mit Heimweh nach der Einheit in Christus beseelt. Diese Einheit wird von den immensen Bedürfnissen der Menschheit von heute gebieterisch gefordert. Einerseits wird diese stets von großen Gefahren für den Frieden und die Eintracht zwischen den Völkern bedroht, andererseits ist sie auf der Suche nach Einheit auf allen Ebenen, bis hin zur Einheit der gesamten Menschheitsfamilie. Diese Einheit kann nur in Christus gefunden und verwirklicht werden, „denn es ist den Menschen kein anderer Name unter dem Himmel gegeben, durch den wir gerettet werden sollen" (Apg 4, 12). Es geht somit um die Hauptanliegen der Menschheit, um das, was Gott mit ihr vorhat, und infolgedessen um die höchste Verherrlichung Gottes in der Menschheit. Wir alle müssen eine ernsthafte, ausdauernde Anstrengung machen, um diese Interessen Gottes und der Menschheit zu fördern. Gebe der Herr, daß Sie sich sowohl durch das Studium als auch durch ein inneres geistliches Leben wirksam auf diese höchst apostolische Arbeit vorbereiten! Das ist es, was ich aus tiefstem Herzen Ihnen wünsche und was ich Ihnen sagen wollte, und ich danke dabei dem Herrn, daß ich mich unter Ihnen befinden darf.

97 10. April 1965

Brief Kardinal Beas an den Patriarchen Athenagoras, um ihm für den ihm bereiteten Empfang zu danken (Original: französisch).

Vatikanstadt, 10. April 1965

Seiner Heiligkeit Athenagoras I.
Erzbischof von Konstantinopel und Ökumenischer Patriarch

Heiligkeit,
Ich will nicht mehr länger säumen, Eurer Heiligkeit meine tiefe Dankbarkeit für die so feinfühlige und so zuvorkommende Liebe zu bekunden, mit der Sie mich umgeben haben. Diese Dankbarkeit teilen auch meine Begleiter, und wenn sie sich auch in erster Linie an Eure Heiligkeit richtet, so erstreckt sie sich doch auch auf alle Ihre Mitarbeiter, die nicht müde wurden, alles zu tun, damit unser Aufenthalt in Istanbul einen möglichst guten Verlauf nehme. Dies ist ihnen aufs beste gelungen, und ich muß Eurer Heiligkeit sagen, daß ich von dieser ersten Begegnung eine Erinnerung bewahre, die von tiefer Freude und Rührung durchtränkt ist, und daß diese Begegnung für mich ein unvergeßliches Erlebnis war.
Ich wäre glücklich, wenn Eure Heiligkeit Ihren eminenten Mitarbeitern meinen wärmsten Dank übermitteln könnte.
Indem ich Eurer Heiligkeit noch einmal meine Wünsche zu einem guten, heiligen Osterfest ausspreche, bitte ich Sie, den Ausdruck meiner ehrfurchtsvollsten und brüderlichsten Liebe im Herrn entgegennehmen zu wollen.

Augustin Kardinal Bea

98 15. April 1965

Telegramm des Patriarchen Athenagoras an Papst Paul VI., worin er ihm seine Wünsche zum Osterfest entbietet (Original: französisch).

Seiner Heiligkeit Papst Paul VI.
Vatikan

Indem wir Eurer ehrwürdigen und geliebten Heiligkeit unseren brüderlichen Gruß im auferweckten Christus entbieten, wünschen wir Ihnen ein langes Leben, auf daß Sie noch lange den Triumph der Auferstehung des Herrn feiern und dem von Eurer Heiligkeit in Ihrer Rede vom Palmsonntag geäußerten Wunsch entsprechend den Weltfrieden erleben können.

Patriarch Athenagoras

99 18. April 1965

Telegramm Papst Pauls VI. an den Patriarchen Athenagoras, um ihm zu danken und seine Wünsche zu entbieten (Original: französisch).

Seiner Heiligkeit Athenagoras I.
Ökumenischer Patriarch – Phanar

Die Osterwünsche Eurer Heiligkeit lassen in uns die lieben Erinnerungen an die historische Begegnung von Jerusalem wiederaufleben, deren erste Früchte wir mit Freude reifen sehen in einer immer brüderlicheren Annäherung. Der auferstandene Christus wolle unsere Bestrebungen segnen und in die Seele Eurer Heiligkeit seinen Frieden und seine Osterfreude ergießen.

Paulus P. P. VI.

100 31. Mai 1965

Brief Kardinal Beas an den Patriarchen Athenagoras, worin er ihn einlädt, zur vierten Konzilssession Beobachter zu entsenden (Original: französisch). Prot.-Nr. 805/65.

Vatikanstadt, 31. Mai 1965

Seiner Heiligkeit Athenagoras I.
Erzbischof von Konstantinopel und Ökumenischer Patriarch

Heiligkeit,
Ich habe die Ehre, Eure Heiligkeit zu informieren, daß die vierte Session des Vatikanischen Konzils am 14. September 1965 beginnen wird. Da Seine Heiligkeit Papst Paul VI. angekündigt hat, daß diese nächste Session die letzte des Konzils sein werde, können wir deren Dauer noch nicht mit Sicherheit angeben. Doch darf höchstwahrscheinlich damit gerechnet werden, daß das Konzil noch vor Weihnachten 1965 abgeschlossen wird.
In Dank gegen Gott erinnern wir uns an die brüderliche Mitarbeit der Beobachter-Delegierten des Ökumenischen Patriarchats während der letzten Konzilssession. Wir hoffen, daß diese Mitarbeit während der vierten Session weitergehen und dazu beitragen wird, für die kommenden Jahre zwischen unseren Kirchen noch engere Beziehungen zu schaffen in der Liebe und Wahrheit Christi.
Ich bitte Eure Heiligkeit, uns die Namen und Anschriften der Beobachter-Delegierten

Ihres Patriarchats zur Kenntnis bringen zu wollen. Wir werden ihnen so genauere Informationen und die Dokumente für die nächste Session senden können, direkt oder auf dem Weg, den Eure Heiligkeit für den geeignetsten hält.
Die Erinnerungen an die Begegnung mit Ihnen, die Gott unser Herr mir gewährt hat, sind noch sehr lebendig. In einem Geist der Freude und Dankbarkeit bitte ich Eure Heiligkeit, den Ausdruck meiner brüderlichen, ehrfurchtsvollen Gefühle in Christus Jesus entgegennehmen zu wollen.

Augustin Kardinal Bea

101 10. Juni 1965

Brief des Patriarchen Athenagoras an Kardinal Bea, worin er ihm für seinen letzten Brief dankt und ihm versichert, daß die Namen der Beobachter später bekanntgegeben werden (Original: griechisch). Prot.-Nr. 394.

Eminenz, Herr Augustin Kardinal Bea, sehr geliebter und geschätzter Bruder in Christus, Gott. Gnade und Friede Gottes sei mit Eurer Eminenz.
Während wir auch auf Grund des Besuches Eurer sehr geliebten und geschätzten Eminenz bei uns voller Glücksgefühle sind, haben wir mit großer Freude Ihren Brief vom 31. des letzten Monats erhalten, den wir persönlich und in der Sitzung unseres Heiligen Synods lasen; darin teilten Sie uns mit, daß die nächste und letzte Periode des II. Vatikanischen Konzils am 14. September beginnen wird. Sie äußerten darin auch den Wunsch, Ihnen die Namen der Beobachter beim Konzil unseres heiligen Ökumenischen Thrones bekannt zu geben.
Wir danken Eurer geschätzten Eminenz sehr für die oben erwähnte Mitteilung, und wir geben Ihnen bekannt, daß die Namen der von uns entsandten Beobachter zu den Arbeiten des Konzils während ihrer vierten Periode Ihnen sehr bald bekanntgegeben werden. Wir umarmen Eure Eminenz im heiligen Bruderkuß und verbleiben mit brüderlicher Liebe und besonderer Ehrenbezeugung,

Eurer Eminenz geliebter Bruder in Christus
Der Patriarch von Konstantinopel Athenagoras
10. Juni 1965

102 13. Juni 1965

Antwortschreiben des Patriarchen Athenagoras an Papst Paul VI. auf seinen Brief vom 31. März, der aus Rom vom Metropoliten Meliton von Helioupolis und Theira mitgebracht wurde (Original: griechisch).

Paul, dem seligsten und heiligsten Papst des Alten Rom
Gruß im Herrn
Wir wollen sehr gerne durch einen speziellen Gesandten stärker unsere innigste Freude und unseren herzlichsten Dank Eurer geliebten und geehrten Heiligkeit zum Ausdruck bringen für Ihre hervorragende Delegation unter Seiner Eminenz, dem Kardinal Augustin Bea, die kürzlich nach dem Besuch unserer partiarchalen Delegation bei Ihnen, zu uns kam. Wir haben uns mit der Antwort an Sie verspätet.
Da nun unsere Delegation unter der Führung Seiner Eminenz, unseres geliebten

Bruders in Christus, dem Metropoliten Meliton von Helioupolis und Theira sich bei Eurer ehrwürdigen Heiligkeit befindet, übersenden wir ihr diese patriarchalen Briefe, und wir haben seine Eminenz beauftragt, Eurer Heiligkeit auch mündlich unseren herzlichen brüderlichen Gruß im Herrn zu übermitteln.

Wahrhaftig, sehr geliebter Bruder in Christus, war der Besuch Ihrer ehrenwerten Delegation der Anlaß großer Freude sowohl für unsere gesamte Kirche hier, als auch für uns persönlich, wodurch wiederum unseren Kirchen eine neue Gelegenheit gegeben wurde zur Kommunikation in der Liebe des Herrn, und eine neue Station in der Entfaltung und Förderung ihrer brüderlichen Beziehungen erreicht wurde.

In großer Liebe und mit entsprechender Ehrenbezeugung haben wir Seine Eminenz, den Kardinal Augustin Bea, Präsident des Einheitssekretariates mit seinen hervorragenden Begleitern empfangen, mit großer Freude haben wir von ihm die kostbaren Briefe Eurer geschätzten Heiligkeit erhalten, und ebenfalls mit großer Freude haben wir angehört, wie er mündlich die Auffassungen seiner ehrwürdigen Kirche darlegte bezüglich der durch die Gnade Gottes entstandenen neuen Perspektiven unmittelbarer Kommunikation und Verbindung unserer Kirchen für eine Zusammenarbeit zur vollkommenen Wiederherstellung der brüderlichen Koinonia, auf Grund der Beschlüsse der Dritten Panorthodoxen Konferenz auf Rhodos und der dritten Periode des II. Vatikanischen Konzils.

Wir haben mit der entsprechenden Aufmerksamkeit die Briefe Eurer Heiligkeit sowohl persönlich als auch in einer Sitzung unseres Heiligen Synods gelesen, und wir haben uns ganz besonders darüber gefreut, weil wir auch durch diese Briefe erfuhren, daß die gottgefällige Sorge des seligsten Vorgängers Eurer Heiligkeit, um die Einheit der Christen, die auch durch die Einberufung des II. Vatikanischen Konzils manifestiert wurde, das innige Anliegen auch Eurer Heiligkeit und der ehrwürdigen Mitglieder dieses Konzils ist.

Von diesen brüderlichen Briefen Eurer Heiligkeit und von dem, was uns Euer hervorragender Vertreter gesagt hat, aber auch im allgemeinen von den bis jetzt in den Beziehungen der zwei Kirchen glücklich vollzogenen kirchlichen Ereignissen und den zwischen den beiden Kirchen ausgetauschten erbaulichen Auffassungen, stellen wir mit großer Freude fest, daß wir durch Gottes Segen an dem glücklichen Punkt der Übereinstimmung angelangt sind hinsichtlich der Methode einer Pflege der Beziehungen durch den Dialog der Liebe Christi, auf unserem weiteren Weg in der Auseinandersetzung der gemeinsamen Probleme beim wichtigen und heiligen Anliegen der Einheit.

Von dieser neuen gottgeschenkten Etappe richten wir unseren Blick mit Zuversicht auf die in den Händen unseres gemeinsamen Herrn liegende Zukunft mit der unerschütterlichen Absicht, dem Wunsch Gottes dienend, gemeinsam mit Eurer Heiligkeit die Voraussetzungen des guten Endes vorzubereiten, die Schwierigkeiten zu überwinden und mit konkreten Beschlüssen und Taten der Liebe und der Erbauung die alte Einheit wiederherzustellen.

Voll von solchen Gefühlen und Absichten danken wir wiederum Eurer geschätzten Heiligkeit sehr für das von Ihr neu erbrachte Zeugnis über die Gemeinsamkeit der gottgefälligen Absichten unserer Kirchen, wie auch für alle Gesten Ihrer brüderlichen Liebe, besonders aber für die freundliche Zusendung des kostbaren Brustkreuzes Ihres unvergeßlichen Vorgängers, Seiner Heiligkeit, des Papstes Johannes XXIII. Dieses Kreuz werden wir als kostbares Kleinod mit derselben tiefen Liebe und Ehrfurcht aufbewahren wie auch das ehrwürdige Gedenken jenes großen Erzhierarchen.

Wir umarmen Sie im heiligen Kuß in Christus, unserem gemeinsamen Herrn, und wir beten innigst zu ihm, daß Er Sie mit Gesundheit und langem Leben in Seinem Frieden und Seiner Freude schütze, und wir verbleiben mit brüderlicher Liebe und besonderer Ehrenbezeugung,

Eurer ehrwürdigen Heiligkeit
geliebter Bruder in Christus
Der Patriarch von Konstantinopel Athenagoras
13. Juni 1965

103 18. Juni 1965

Telegramm des Patriarchen Athenagoras an Papst Paul VI. zum zweiten Jahrestag seiner Wahl auf den Stuhl von Rom (Original: französisch).

Seiner Heiligkeit Papst Paul VI.
Vatikan

Anläßlich des zweiten Jahrestages Ihrer ruhmvollen Erwählung beglückwünschen wir Eure geliebte Heiligkeit herzlich. Der Herr gewähre Eurer ehrwürdigen Heiligkeit Rüstigkeit und Körper- und Geisteskräfte, damit Sie während langer Zeit dem Sitz von Alt-Rom Ehre einbringen und das Gott wohlgefällige Werk der christlichen Einheit fördern.

Patriarch Athenagoras

104 21. Juni 1965

Telegramm Papst Pauls VI. an den Patriarchen Athenagoras, um ihm für seine Wünsche zu danken (Original: französisch).

Seiner Heiligkeit Athenagoras I.
Ökumenischer Patriarch – Phanar

Die Glückwünsche Eurer Heiligkeit zum zweiten Jahrestag unserer Wahl rühren uns tief. Wir danken Ihnen dafür von ganzem Herzen und versichern Ihnen bei dieser Gelegenheit, daß wir mit Gottes Hilfe fortfahren werden, für die große Sache der christlichen Einheit zu beten und zu wirken.

Paulus P. P. VI.

105 23. Juni 1965

Telegramm des Patriarchen Athenagoras an Papst Paul VI. zu seinem Namensfest (Original: französisch).

Seiner Heiligkeit Papst Paul VI.
Vatikan

Anläßlich des heiligen Festes des heiligen Vorläufers Johannes, des himmlischen Patrons Eurer verehrten und geliebten Heiligkeit, sind wir glücklich, wieder mit

Ihnen zu verkehren, indem wir Ihnen unsere warmen Gratulationen und unsere herzlichen Wünsche entbieten, damit Sie ein langes, vom Herrn gesegnetes Leben haben und Ihrer berühmten Botschaft entsprechend in der ganzen Welt den Frieden herrschen sehen. In großer Hochachtung und brüderlicher Liebe.

Patriarch Athenagoras

106 27. Juni 1965

Telegramm Papst Pauls VI. an den Patriarchen Athenagoras, um ihm für seine Wünsche zu danken (Original: französisch).

Seiner Heiligkeit Athenagoras I.
Ökumenischer Patriarch – Phanar

Sehr empfänglich für die feinfühlenden Wünsche Eurer Heiligkeit zum Fest des heiligen Johannes, unseres heiligen Patrons, danken wir Ihnen dafür von ganzem Herzen und sind glücklich, Ihnen wiederum unsere Vereinigung im Gebet für die großen Anliegen der Kirche und den Weltfrieden auszusprechen.

Paulus P. P. VI.

107 9. Juli 1965

Brief Kardinal Beas an den Patriarchen Athenagoras, um dessen Brief vom 10. Juni zu beantworten (Original: französisch). Prot.-Nr. 1093/65.

Vatikanstadt, 9. Juli 1965

Seiner Heiligkeit Athenagoras I.
Erzbischof von Konstantinopel und Ökumenischer Patriarch

Heiligkeit,
Ich habe sehr bedauert, daß eine vorübergehende Unpäßlichkeit mich gehindert hat, Seine Eminenz, den Metropoliten Meliton von Helioupolis und Theira anläßlich seines kürzlichen Besuches in Rom zu treffen. Ich bedaure dies umso mehr, als ich glücklich gewesen wäre, ihm meinen Dank für das Geschenk auszudrücken, das er mir von Eurer Heiligkeit brachte. Diese Photographie, die mich an die allzu kurzen Momente erinnert, die ich mit Eurer Heiligkeit und mit der Hierarchie und dem gläubigen Volk Ihrer Kirche verbrachte, hat mir viel Vergnügen bereitet. Ich möchte Eurer Heiligkeit meinen ganzen Dank dafür zum Ausdruck bringen.
Ich danke Eurer Heiligkeit auch für den Brief, worin Sie mir die Entsendung von Beobachtern des Ökumenischen Patriarchates zur vierten und letzten Session des Vatikanischen Konzils ankündigen und mir mitteilen, daß deren Namen demnächst bekanntgegeben werden. Eure Heiligkeit weiß, daß wir sie in tiefer ehrlicher Bruderliebe empfangen werden, und daß wir alles tun werden, um ihnen zu ermöglichen, den Arbeiten des Konzils möglichst gut zu folgen.
Ich bitte Eure Heiligkeit, den Ausdruck meiner ehrfurchtsvollen, brüderlichen Liebe im Herrn entgegennehmen zu wollen.

Augustin Kardinal Bea

108 10. Juli 1965

Brief Papst Pauls VI. an den Patriarchen Athenagoras, um ihm zu danken für das Kommen des Metropoliten Meliton von Helioupolis und Theira nach Rom und für das Geschenk der Ikone der beiden heiligen Apostel, des Apostelfürsten Petrus und des Erstberufenen Andreas (Original: französisch).

Seiner Heiligkeit Athenagoras I.
Erzbischof von Konstantinopel und Ökumenischer Patriarch

Liebster Bruder in Christus,
Es war für uns eine unverhoffte Freude, den Besuch Seiner Eminenz, des Metropoliten Meliton von Helioupolis und Theira zu empfangen, der uns den Brief Eurer Heiligkeit überreicht hat. Wir danken Ihnen für diese angenehme Überraschung, aber vor allem wollen wir Ihnen sagen, wie sehr die herrliche Ikone der beiden Apostelbrüder, des Apostelfürsten Petrus und des Erstberufenen Andreas, uns gerührt hat, da sie uns in Schönheit den tiefen Sinn unserer heiligen Begegnung, des Bruderkusses zum Ausdruck bringt, den wir zu Jerusalem im Licht Christi und unter seinem Blick miteinander ausgetauscht haben. Diese Ikone ist ein ganzes Programm, darum haben wir sie unserem Sekretariat für die Einheit der Christen in Obhut geben wollen.
Der Brief, den Eure Heiligkeit uns zukommen ließ, drückt dieses Programm in glücklich gewählten Worten aus, und wir möchten Ihnen unseren Dank dafür aussprechen. Der Geist des Herrn bewirke, daß sich unter der Leitung ihrer Hirten alle Christen bemühen, es jeden Tag mehr Wahrheit und Leben werden zu lassen.
In diesen Gefühlen sprechen wir Ihnen wiederum unsere ganz tiefe, brüderliche Liebe in Jesus Christus, unserem einzigen Herrn aus.

Vatikanstadt, 10. Juli 1965
Paulus P. P. VI.

109 26. Juli 1965

Brief des Patriarchen Athenagoras an Kardinal Bea als Antwort auf seinen Brief vom 9. Juli, worin er ihm für den Besuch des Bischofs J. Willebrands, Titularbischof von Mauriana und Sekretär des Einheitssekretariats, dankt (Original: griechisch). Prot.-Nr. 525.

Wir haben mit Freude den Brief Eurer sehr geliebten und geehrten Eminenz vom 9. des laufenden Monats Juli erhalten und ihn persönlich und in der Sitzung unseres Heiligen Synods gelesen. Sie informierten uns darin, daß Sie wegen Krankheit den vor kurzem in Rom angekommenen Metropoliten, Seine Eminenz Meliton von Helioupolis und Theira, nicht treffen konnten, und worin Sie für die Zusendung unserer Photographie an Sie dankten. Wir sprechen Ihnen unser Mitgefühl wegen dieser Krankheit aus, von der wir aus diesem Brief erfahren haben, und wir wünschen baldige Wiederherstellung Ihrer kostbaren Gesundheit zum Wohle der Kirche Christi.
Anläßlich des vor einigen Tagen stattgefundenen Besuches Ihrer früheren Begleiter, Seiner Exzellenz des Bischofs von Mauriana Msgr. Jan Willebrands und des ehrwürdigen P. Pierre Duprey, haben wir mit Genugtuung an die Tage des Besuches und

des Aufenthaltes Eurer sehr geschätzten Eminenz bei uns gedacht, wie auch an die brüderlichen Worte und guten Gedanken, die wir ausgetauscht haben, und an unsere Gebete, die wir gemeinsam an den Herrn gerichtet haben, damit Er uns alle zu der ersehnten Einheit und Zusammenarbeit unserer Kirchen leite zur Ehre seines Namens. Abschließend erbitten wir von Gott das Beste für Eure sehr geliebte Eminenz und verbleiben mit großer Liebe und besonderer Ehrenbezeugung,

Eurer geliebten Eminenz
geliebter Bruder in Christus
Der Patriarch von Konstantinopel Athenagoras
26. Juli 1965

110 19. August 1965

Brief Papst Pauls VI. an den Patriarchen Athenagoras, um ihm für ein Geschenk zu danken (Original: französisch).

Seiner Heiligkeit Athenagoras I.
Erzbischof von Konstantinopel und Ökumenischer Patriarch

Liebster Bruder in Christus,
Es war für uns eine beglückende Überraschung, das Geschenk zu erhalten, das Eure Heiligkeit uns zukommen lassen wollte. Diese Geste drückt einmal mehr feinsinnig die Gefühle der Liebe aus, die uns verbinden. Indem wir Ihnen, lieber ehrwürdiger Bruder, für dieses schöne Geschenk danken, sagen wir deshalb in tiefer Freude dem Herrn Dank dafür, daß er es dieser Liebe ermöglicht, sich zu vertiefen und auszuweiten und so mehr und mehr das Gebet Ihrer heiligen Liturgie zu verwirklichen: „Lieben wir einander, damit wir den Vater, den Sohn und den Heiligen Geist, die wesensgleiche und unteilbare Dreifaltigkeit wie aus einem Herzen zu preisen vermögen."
Wir möchten Eurer Heiligkeit auch für das Interesse danken, das Sie dem Vatikanischen Konzil entgegenbringen, und für die Gebete in dieser Intention, Gebete, die uns am Vorabend der Eröffnung der vierten und letzten Konzilssession eine wertvolle Stütze sind. Der Herr bewirke, daß sie fruchtbar an Beschlüssen sei, die nicht nur der Erneuerung der katholischen Kirche, sondern jener der ganzen christlichen Welt dienen!
Wir sprechen Ihnen, geliebter Bruder, wiederum unsere Gefühle aufrichtigster, tiefster Liebe in Christus Jesus, unserem Herrn und Meister, aus.

Vatikanstadt, 19. August 1965
Paulus P. P. VI.

111 25. August 1965

Brief des Patriarchen Athenagoras an Kardinal Bea, worin er ihm die Namen der Beobachter für die vierte Session des Konzils mitteilt (Original: griechisch). Prot.-Nr. 394.

Eminenz, Herr Kardinal Augustin Bea, sehr geliebter und geehrter Bruder in Christus, Gott, die Gnade und der Friede Gottes sei mit Eurer Eminenz.

Im Anschluß an unsere Briefe vom 10. Juni d. J. Prot. 394, die wir Eurer sehr geliebten und geehrten Eminenz geschickt haben, teilen wir Ihnen mit Freude mit, daß wir nach einem synodalen Beschluß als Beobachter bei den Arbeiten der vierten und letzten Periode des II. Vatikanischen Konzils Seine Exzellenz, den Metropoliten Aimilianos von Kalabrien und den ehrwürdigen Archimandriten Maximos Agiorgoussis bestimmt haben.
Wir wünschen von Herzen den Arbeiten des Konzils bei seiner nächsten Periode Erfolg, wir umarmen Eure Eminenz mit dem heiligen Kuß und verbleiben mit brüderlicher Liebe und besonderer Ehrenbezeugung,

Eurer Eminenz geliebter Bruder in Christus
Der Patriarch von Konstantinopel Athenagoras
25. August 1965

112 26. August 1965

Gratulationsbrief des Patriarchen Athenagoras an Kardinal Bea anläßlich seiner Ernennung zum Mitglied der Akademie von Athen (Original: griechisch). Prot.-Nr. 624.

Eminenz, Herr Kardinal Augustin Bea, sehr geliebter und geehrter Bruder in Christus, Gott, die Gnade und der Friede Gottes sei mit Eurer Eminenz.
Mit ganz besonderer Freude haben wir erfahren, daß Eure sehr geliebte und geehrte Eminenz von der Akademie von Athen zu ihrem Mitglied ernannt wurde.
Es ist nicht anders möglich, als daß diese Auszeichnung an Eure sehr geschätzte Eminenz, die einen so berühmten Namen in der Geisteswelt gewonnen hat, uns persönlich und unseren Heiligen Synod zutiefst berührt, die wir Ihr vielseitiges Werk und Ihre strahlende Persönlichkeit besonders schätzen.
Nach synodalem Beschluß gratulieren wir herzlich Eurer Eminenz zu dieser würdigen Auszeichnung, und wir beten für Eure Gesundheit und Langlebigkeit. Wir umarmen Sie mit dem heiligen Kuß und verbleiben mit brüderlicher Liebe und besonderer Ehrenbezeugung,

Eurer Eminenz geliebter Bruder in Christus
Der Patriarch von Konstantinopel Athenagoras
26. August 1965

113 11. September 1965

Telegramm des Patriarchen Athenagoras an Papst Paul VI. zur Eröffnung der vierten Session des Zweiten Vatikanischen Konzils (Original: französisch).

Seiner Heiligkeit Papst von Rom Paul VI.
Vatikanstadt

Zur Eröffnung der vierten Session des Zweiten Vatikanischen Konzils entbieten wir Eurer geliebten ehrwürdigen Heiligkeit unsere brüderliche Gratulation und unsere Wünsche zu einem glücklichen, grandiosen Abschluß seiner Arbeiten zum Nutzen der ganzen Kirche unseres Herrn Jesus Christus.

Patriarch Athenagoras

114 14. September 1965

Telegramm Papst Pauls VI. an den Patriarchen Athenagoras, um ihm für seine Wünsche zur vierten Konzilssession zu danken (Original: französisch).

Seiner Heiligkeit Athenagoras I.
Erzbischof von Konstantinopel und Ökumenischer Patriarch
Phanar

Die an uns gerichtete Botschaft Eurer Heiligkeit, die bei der Eröffnung der vierten Session des Ökumenischen Konzils vorgelesen werden wird, rührt uns tief. Wir wünschen mit Ihnen, daß die Konzilsarbeiten von Gott gesegnet werden und zu Beschlüssen führen, die für das Wohl der ganzen Kirche Christi fruchtbar sein werden.

Paulus P. P. VI.

115 22. September 1965

Brief Kardinal Beas an den Patriarchen Athenagoras, um dessen Brief vom 26. August zu beantworten (Original: französisch). Prot.-Nr. 1528/65.

Vatikanstadt, 22. September 1965

Seiner Heiligkeit Athenagoras I.
Erzbischof von Konstantinopel und Ökumenischer Patriarch

Heiligkeit,
Da mich die Arbeiten der ersten Tage des Konzils ganz in Anspruch nahmen, war es mir nicht möglich, Eurer Heiligkeit so rasch, wie ich es gewünscht hätte, für die feinsinnigen Gesten zu danken, mit denen Sie mich in letzter Zeit so häufig bedacht haben. Das Glückwunschtelegramm zum Fest des heiligen Augustinus, das Gratulationsschreiben zu meiner Ernennung zum Mitglied der Akademie von Athen, das Geschenk, das Sie mir durch den hochwürdigsten Archimandriten Andreas Scrima überbringen ließen, sind alles Gesten, die mich gerührt und mir gezeigt haben, wie sehr die Liebe Eurer Heiligkeit für mich da ist und mir zuvorkommt. Ich habe kürzlich die Möglichkeit gehabt, dies Seiner Eminenz, dem Metropoliten Chrysostomos von Myra zu sagen, der rasch vorbeigekommen ist.
Ich war sehr empfänglich dafür, daß die Glückwünsche zu der Ehrung, welche die Akademie von Athen mir bereitet hat, mir nicht nur im Namen Eurer Heiligkeit, sondern auch im Namen Ihrer Eminenzen, der Metropoliten des Heiligen Synods, entboten wurden, denen zu begegnen ich anläßlich des Besuchs, den ich letzten April dem Ökumenischen Patriarchat gemacht habe, die Freude hatte. Ich wäre Eurer Heiligkeit zu Dank verbunden, wenn Sie dem Heiligen Synod meinen Dank übermitteln wollten.
Ich bitte Eure Heiligkeit, den Ausdruck meiner Gefühle ehrfurchtsvoller, brüderlicher Liebe in Christus Jesus entgegennehmen zu wollen.

Augustin Kardinal Bea

116 23. September 1965

Brief Kardinal Beas an den Patriarchen Athenagoras, um ihm für die Gegenwart der Beobachter am Konzil zu danken (Original: französisch). Prot.-Nr. 1527/65.

Vatikanstadt, 23. September 1965

Seiner Heiligkeit Athenagoras I.
Erzbischof von Konstantinopel und Ökumenischer Patriarch

Heiligkeit,
Die Kunde, daß Seine Exzellenz Aimilianos, Metropolit von Kalabrien, und der hochwürdigste Archimandrit Maximos Agiorgoussis zu Beobachtern des Ökumenischen Patriarchats an der vierten Session des Zweiten Vatikanischen Konzils ernannt worden sind, ist freudig aufgenommen worden, und ich möchte Eurer Heiligkeit lebhaft dafür danken.
Eure Heiligkeit weiß, wie sehr diese Präsenz von den Konzilsvätern geschätzt wird. Sie ist nicht nur der greifbare Beweis für das Interesse, das Ihre Kirche dem Vatikanischen Konzil entgegenbringt, sondern sie ist auch eine wertvolle Hilfe und Mitarbeit.
Der Beifall der Väter nach der Verlesung des Telegramms, das Eure Heiligkeit anläßlich der Eröffnung der vierten Session an den Heiligen Vater gesandt haben, hat gezeigt, wie sehr diese Gefühle von den Bischöfen, die um das Grab des heiligen Apostels Petrus versammelt sind, geteilt werden.
Nehmen Sie, Heiligkeit, mit meinem ganzen Dank den Ausdruck meiner Gefühle hochachtungsvoller brüderlicher Liebe in Christus Jesus entgegen.

Augustin Kardinal Bea

117 29. September 1965

Telegramm des Patriarchen Athenagoras an Papst Paul VI. anläßlich seiner Reise zu den Vereinten Nationen (Original: französisch).

Seiner Heiligkeit Paul VI.
Durch unsere Gebete und unsere Liebe folgen wir Eurer geliebten ehrwürdigen Heiligkeit auf Ihrer neuen historischen Reise zu den Vereinten Nationen, um dieser Institution und durch sie der gesamten Menschheit die Friedensbotschaft unseres Herrn Jesus Christus und den guten Willen für die Menschen zu überbringen. Wir wünschen von ganzem Herzen, daß Gott der Allmächtige Sie in Ihrer heiligen Sendung von weltweiter Bedeutung bestärke und daß Ihr Aufruf Widerhall finde in den Herzen der Mächtigen dieser Erde, auf daß der Friede und die Liebe Gottes die ganze Welt behüten.

Patriarch Athenagoras

118 2. Oktober 1965

Telegramm Papst Pauls VI. an den Patriarchen Athenagoras, um ihm für seine Wünsche anläßlich seiner letzten Reise zu danken (Original: französisch).

Seiner Heiligkeit Athenagoras I.
Erzbischof von Konstantinopel und Ökumenischer Patriarch – Phanar

Wir danken Eurer Heiligkeit für Ihre schöne Botschaft und reisen zum Sitz der Vereinten Nationen, brüderlich getragen von Ihren Gebeten und Wünschen. Wir werden uns bemühen, für die verängstigte Welt Zeuge der Liebe Gottes und Botschafter des Herrn, des Friedensfürsten zu sein.

Paulus P. P. VI.

119 18. Oktober 1965

Brief Kardinal Beas an den Patriarchen Athenagoras betreffend die Bannsprüche von 1054 (Original: französisch). Prot.-Nr. 1680/65.

Vatikanstadt, 18. Oktober 1965

Seiner Heiligkeit Athenagoras I.
Erzbischof von Konstantinopel und Ökumenischer Patriarch

Heiligkeit,
Der hochwürdige Archimandrit Andreas Scrima, persönlicher Vertreter Eurer Heiligkeit beim Ökumenischen Konzil, hat Ihnen wohl – auf meine Bitte hin – das Wesentliche von dem, was Gegenstand dieses Briefes bildet, bereits mitgeteilt, doch möchte ich diese mündliche Botschaft bestätigen.
Anläßlich Ihres Besuches zu Rom haben Seine Eminenz, der Metropolit Meliton von Helioupolis und Theira und erst kürzlich Seine Eminenz der Metropolit Chrysostomos von Myra den Gedanken geäußert, daß es vielleicht möglich sei, miteinander nun gründlich eine kanonische Frage von neuem zu studieren, die seit neun Jahrhunderten dazu beigetragen hat, die Beziehungen zwischen der römisch-katholischen Kirche und dem Patriarchat von Konstantinopel zu erschweren und zu vergiften.
Unsererseits sind über diese Frage bereits Vorstudien gemacht worden und wir denken, es könnte eine Kommission mit vier von uns ernannten Mitgliedern und ebenso vielen vom Ökumenischen Patriarchat ernannten Mitgliedern gebildet werden. Ich schlage Eurer Heiligkeit vor, eine solche Kommission zu beauftragen, das Projekt zu studieren und eine Formel auszuarbeiten, die gleichzeitig zu Rom und zu Konstantinopel veröffentlicht werden könnte. Diese Kommission könnte, falls Eure Heiligkeit damit einverstanden ist, sich in Istanbul versammeln, damit diese Kontakte schon demnächst, beispielsweise anfangs November, stattfinden können.
Ich bin glücklich, diese Gelegenheit zu benutzen, um Eurer Heiligkeit wiederum meine Gefühle ehrfurchtsvoller, brüderlicher Liebe in Christus Jesus auszusprechen.

Augustin Kardinal Bea

120 12. November 1965

Brief Papst Pauls VI. an den Patriarchen Athenagoras, um ihm für sein Gebet um den Erfolg des Konzils zu danken (Original: französisch).

Seiner Heiligkeit Athenagoras I.
Erzbischof von Konstantinopel und Ökumenischer Patriarch

Ehrwürdiger, liebster Bruder in Christus,
In dem Moment, wo das Konzil zu Ende geht, für das Sie, wie Sie uns so viele Male unterrichten wollten, inständige Gebete zum Himmel aufsteigen ließen, fühlen wir uns gedrängt, Eurer Heiligkeit zu sagen, wie sehr wir Ihnen für diese brüderliche Hilfe dankbar sind. Wie wir es eben gegenüber den Hirten und Gläubigen der katholischen Kirche getan haben, wollen wir auch Eure Heiligkeit bitten, uns diese Gunst weiterhin zu erweisen, damit das Konzil unter dem Segen Gottes zu Ende geht und aß es dadurch, daß die dabei getroffenen Anordnungen mutig und hellsichtig ausgeführt werden, vor allem was das gemeinsame Hinschreiten zur vollen Einheit aller Christen betrifft, überreiche Früchte hervorbringt für den Weltfrieden und das Kommen des Reiches Gottes.
Wir ergreifen auch gern diese Gelegenheit, um Ihnen, ehrwürdiger und liebster Bruder in Christus Jesus, wiederum die ganze Liebe zum Ausdruck zu bringen, die wir Ihnen entgegenbringen und die, da sie uns Ihre Freuden wie Ihre Leiden persönlich mitempfinden läßt, uns geneigt macht, Ihnen die Zusicherung zu geben, daß Sie darauf zählen dürfen, bei uns immer ein offenes Herz zu finden, das Ihnen unter allen Umständen die tiefe Realität seiner brüderlichen Gesinnung zu zeigen begehrt. Möge der Herr, dessen Geist uns leitet, Ihnen in Fülle sein Licht und seine Kraft gewähren und uns in seiner Liebe bewahren.

Vatikanstadt, 12. November 1965
Paulus P. P. VI.

121 16. November 1965

Brief Kardinal Beas an den Patriarchen Athenagoras, worin er ihm die Namen der katholischen Mitglieder der gemischten Kommission mitteilt, die die Frage der Bannsprüche von 1054 studieren soll (Original: französisch). Prot.-Nr. 1751/65.

Vatikanstadt, 16. November 1965

Seiner Heiligkeit Athenagoras I.
Erzbischof von Konstantinopel und Ökumenischer Patriarch

Heiligkeit,
Die Abreise des Archimandriten Andreas Scrima nach Istanbul ermöglicht es mir, ihm eine Antwort auf das kürzliche Telegramm anzuvertrauen, worin sich Eure Heiligkeit mit den in meinem Brief vom 18. Oktober 1965 enthaltenen Vorschlägen einverstanden erklärte.
Ich möchte zunächst Eurer Heiligkeit für die gute Aufnahme dieser Vorschläge danken und Ihnen versichern, daß wir uns sogleich ganz diskret an die Arbeit gemacht haben, um diese Begegnung vorzubereiten. Es scheint mir bei den heutigen Umständen von größter Wichtigkeit, diese Zusammenkunft mit höchster Diskretion zu umgeben, um niemandem Anlaß zu bieten, die ungenauen Gerüchte, die in der Weltpresse bereits zirkulieren und dazu angetan sind, der gemischten Kommission die Erfüllung der ihr anvertrauten heiklen Aufgabe noch schwieriger zu machen, nicht noch aufzublähen.
Die Sonderkommission, die der Heilige Vater ernannt hat, gedenkt am Sonntag, den 21. November, um 19.30 Uhr (Flug OA 266) in Istanbul anzukommen. Diese von

Seiner Exz. Bischof Jan Willebrands angeführte Kommission setzt sich zusammen aus: Msgr. Michele Maccarrone, Präsident des Päpstlichen Komitees für die Geschichtswissenschaften, hochwst. A. Raes S.J., Präfekt der Vatikanischen Bibliothek, hochwst. Don Alphons Stickler, Rektor des Päpstlichen Salesianischen Athenäums, hochwst. C. J. Dumont O. P., Direktor des Zentrums Istina.
Bischof Willebrands wird vom hochwst. P. Pierre Duprey begleitet sein, dessen Gegenwart für die Kommission von Nutzen sein kann.
In der Hoffnung, daß Gott diese Bemühungen segnen wird, die nichts anderes zum Ziel haben als die Übereinstimmung mit seinen geheimnisvollen Plänen und den treuen Gehorsam gegenüber seinem heiligen Willen, bitte ich Eure Heiligkeit, den Ausdruck meiner tiefsten, ehrfurchtsvollsten brüderlichen Liebe im Herrn entgegennehmen zu wollen.

Augustin Kardinal Bea

122 22. November 1965

Ansprache des Metropoliten Meliton von Helioupolis und Theira, des Ko-Präsidenten der gemischten Kommission, am Anfang ihrer Arbeit (Original: griechisch).

Liebe Brüder,
„Willkommen".
Nach unserer Doxologie und Danksagung an unseren gemeinsamen himmlischen Vater in gemeinsamem Gebet erlauben Sie mir, im Namen meiner Mitbrüder unsere große Freude anläßlich Ihrer Ankunft und Ihres Erscheinens hier zum Ausdruck zu bringen.
Persönlich bin ich besonders glücklich, weil ich die Ehre habe, Ihnen den herzlichen Gruß Seiner Heiligkeit, unseres Ökumenischen Patriarchen und des Heiligen Synods zu übermitteln und Ihnen zu versichern, daß die Kirche von Konstantinopel Sie, die hervorragenden und sehr geschätzten Vertreter der ehrwürdigen römisch-katholischen Kirche mit den Gefühlen der tiefsten brüderlichen Ehrenbezeugung und Liebe empfängt. Wir schätzen sehr die Tatsache, daß Sie ganz spontan bereit waren und die Mühe auf sich genommen haben, für diese glückliche und gesegnete Begegnung hierher zu kommen, und wir danken Ihnen herzlich für diese edle und herzliche Geste.
Im Auftrag unserer Kirchen kommen wir zusammen, damit wir gemeinsam das konkrete Thema der Ereignisse von 1054 studieren, die sich zwischen den Sitzen von Rom und von Konstantinopel ereigneten, und die die Liebe zwischen diesen abgekühlt haben. Diese Ereignisse haben zur Trennung unserer Kirchen, der römisch-katholischen und der orthodoxen beigetragen, und wir sollten einen gemeinsamen Modus finden, um das wiederherzustellen, was wiederhergestellt werden kann, mit dem Ziel, ein Hindernis in der weiteren Entfaltung der brüderlichen Beziehungen und des Dialogs unserer Kirchen zu beseitigen.
Obwohl wir als Arbeitsstätte der Untersuchung und des Vorschlages an unsere Kirchen wirken, haben wir einen beschränkten Auftrag, und obwohl die endgültige Genehmigung und Beschlußfassung unseren Kirchen obliegt, ist das uns anvertraute gegenwärtige Werk trotzdem heilig und wichtig, denn dadurch sind wir eingeladen,

den gemeinsamen heiligen Wunsch und die Hoffnung unserer Kirchen zur Erbauung der Liebe zu rechtfertigen.
Diese ehrenhafte Verantwortung, die uns die gute göttliche Vorsehung und Fügung Gottes durch unsere Kirchen vorbehalten hat, ruft uns, ohne daß wir uns von den bei uns vorhandenen zwei Wirklichkeiten entfernen, nämlich der göttlichen und der menschlichen, d. h. einerseits der Tatsache, daß „das Unmögliche bei den Menschen, bei gott möglich ist" (Mt 19, 26), und andererseits im Hinblick auf die Möglichkeiten, die bei dieser Etappe unserer Beziehungen auf Grund der konkreten Situationen unserer Kirchen angeboten werden, zu unserem Werk mit fester Entschlossenheit voranschreiten, damit unser Bestes anbieten, das wir in unserem vom Geiste Gottes überwachten besten Momenten anbieten können. Wir sollen nach dem besten konzilianten und erbaulichen Modus den Willen und den Wunsch unserer Kirchen interpretieren und formulieren, vor allem aber uns und einander in das Mysterium der Liebe und der Verwaltung Gottes anvertrauen.
Unter dieser Voraussetzung und unter den bis heute allgemeinen fundamentalen Gegebenheiten von beiden Seiten werde ich mich bemühen, eine kurze zusammenfassende Übersicht unseres Gegenstandes als ersten bescheidenen Beitrag für unsere Arbeit zu geben.

1. Wo treffen wir uns?
Wir treffen uns auf dem Weg der Wiederherstellung der Liebe zwischen der römisch-katholischen und der orthodoxen Kirche, den Papst Paul VI. und der Ökumenische Patriarch Athenagoras durch ihre heilige Begegnung in Jerusalem eingeschlagen und den weiterhin gegenseitige gute Kommunikation, Manifestationen und Gesten erweitert haben, und zwar a) zwischen der römisch-katholischen Kirche einerseits und unserer orthodoxen Kirche von Konstantinopel und den anderen orthodoxen autokephalen Kirchen andererseits, und b) zwischen der römisch-katholischen Kirche und der gesamten Orthodoxie. Darüber hinaus treffen wir uns innerhalb eines günstigen Klimas des christlichen Ökumenismus und des allgemeinen Anliegens der christlichen und nichtchristlichen Welt für Versöhnung und Friede und des Werkes jedes Verantwortlichen, der dazu etwas beitragen kann.

2. Was wünschen wir?
Wir wünschen, daß durch die besten positiven und wiederherstellenden Taten der Liebe die traurigen Ereignisse der Vergangenheit aufgehoben werden, die damals die Liebe zwischen den zwei Kirchen entzogen, zur Auflösung ihrer Verbindungen beitrugen und im Laufe der Zeit das Symbol ihrer Trennung geworden sind. Damit werden wir das nach der Gegenwartslage unserer Angelegenheiten Wirksamste und Möglichste für die Erleichterung der weiteren Entwicklung der brüderlichen Beziehungen der zwei Kirchen tun.

3. Wer sind die unmittelbar Betroffenen?
Weil die traurigen Ereignisse des Jahres 1054 zwischen den Sitzen von Rom und Konstantinopel stattgefunden haben und von dort verbreitet wurden und die Hauptpersonen, die auch gegenseitig exkommuniziert wurden, diesen zwei Kirchen angehörten, sind erste und unmittelbar Betroffene in der Frage der Wiederherstellung der Angelegenheiten diese zwei Sitze von Rom und Konstantinopel, deren Aufgabe der Zuständigkeit, der Verantwortung, der Gerechtigkeit und der Diakonie die Wiederherstellung jener Taten ist. In diesem Sinne und in der Überzeugung, daß, wie damals die negativen Folgen weiterhin eine Sache des orthodoxen Ostens geworden ist, so auch jetzt die positiven Konsequenzen seine gemeinsame Sache werden wird,

ist sich die Kirche von Konstantinopel in diesem bestimmten Fall ihrer Verantwortung und Diakonie zu den örtlichen orthodoxen Schwesterkirchen bewußt.

4. Von welchen Punkten kirchlicher Voraussetzungen gehen wir aus?
Wir gehen von folgenden Voraussetzungen aus:
a) Daß der Wunsch zur Wiederherstellung gemeinsam in beiden Kirchen, von Rom und Konstantinopel, vorhanden ist.
b) Daß die Wiederherstellung gegenseitig von jeder der beiden Kirchen nach der eigenen Tradition und den eigenen Bräuchen durchgeführt wird.
c) Daß die Erklärung des gemeinsamen Wunsches, Beschlusses und der Durchführung gemeinsam sein wird.

5. Der Charakter der Tat
Die beabsichtigte Wiederherstellung wird eine Tat der Liebe sein, die ein Hindernis in der Bemühung der Förderung brüderlicher Beziehungen zwischen den zwei Kirchen beseitigt und im allgemeinen zur Förderung des Dialogs zwischen der römisch-katholischen und der gesamten orthodoxen Kirche beiträgt mit dem Ziel ihrer ersehnten Einheit mit Gottes Hilfe.
Durch diese Tat wird die volle Communio zwischen der römisch-katholischen und der orthodoxen Kirche nicht wiederhergestellt, nachdem sie keine Veränderung in der heute vorhandenen Position der beiden Kirchen in der dogmatischen Lehre, der kanonischen Ordnung, des göttlichen Kultes und im allgemeinen des religiösen Lebens verursachen wird; sie bedeutet auch nicht die Wiederherstellung des gemeinsamen sakramentalen Lebens.

6. Perspektive und Nützlichkeit der Tat
Zur richtigen Einschätzung der beabsichtigten Tat ist es notwendig, daß sie in ihrer weiteren Perspektive betrachtet wird, auf die beide Kirchen hin gerichtet sind und welche die Verwirklichung des göttlichen Willens ist: „daß sie eins seien". Im Hinblick auf dieses letzte Ziel ist diese Tat ein neuer positiver und wichtiger Schritt, denn statt des Symbols der Feindschaft und der Trennung erhebt sich das Symbol der Liebe und der Annäherung, wird der Anfang der Korrektur auch anderer geschichtlicher Fehler sein, festigt sie das Vertrauen, schafft einen günstigen psychologischen Faktor, bereitet günstige Voraussetzungen zur Untersuchung der Differenzen vor, und vor allem gibt sie so mehr Raum für die Wirkung des Heiligen Geistes. So gesehen wird die Nützlichkeit dieser Tat auf die gesamte römisch-katholische Kirche und die orthodoxe Kirche ausgebreitet.
Darüber hinaus ist sie ein Beitrag zum allgemeinen Anliegen der christlichen Einheit, denn sie wird ein Vorbild der Handlung auch für die anderen christlichen Kirchen sein. Aber noch mehr heilt sie ein Urbedürfnis der gegenwärtigen Welt, denn sie fördert durch Handlungen den universalen Frieden.
Nachdem wir bescheidene Diener für eine solche heilige und große Tat bestimmt sind, läßt uns mit der Durchführung beginnen, indem wir die Worte des Evangeliums hören: „die Liebe vertreibt die Furcht" und „die Liebe erbaut" (1 Joh 4, 18; 1 Kor 8, 2). Auf diese Weise, ohne Furcht, in der Liebe des Herrn, laßt uns durch sie erbauen in Christus, unserem gemeinsamen Herrn, dem die Ehre mit dem Vater und dem Heiligen Geiste in Ewigkeit gebührt.

123 22. November 1965

Ansprache Bischof Jan Willebrands', Ko-Präsident der gemischten Kommission, in Beantwortung der Ansprache des Metropoliten Meliton (Zusammenfassung nach den Aufzeichnungen während der Rede) (Original: französisch).

Die Kirche des Alten Rom hat Kenntnis genommen von den Gefühlen und Wünschen ihrer Schwesterkirche des Neuen Rom, betreffend die tragischen Zwischenfälle von 1054, namentlich die gegenseitigen Exkommunikationen, die damals einen Zustand des Konflikts und der Feindseligkeit zwischen den beiden Kirchen geschaffen haben. Diese Gefühle sind direkt übermittelt worden durch Seine Eminenz den Metropoliten Meliton, als er nach Rom kam, um Papst Paul VI. die Ikone der heiligen Apostеln Petrus und Andreas zu überbringen, die ihm der Patriarch Athenagoras zum Geschenk machte.
Der Heilige Vater war sehr gerührt zu vernehmen, daß Seine Heiligkeit der Patriarch Athenagoras I. wünscht, daß die Fehler der Vergangenheit wiedergutgemacht würden, und indem er diesen Wunsch akzeptierte, machte er ihn sich zu eigen. Um dieser gemeinsamen Intention zu entsprechen, hat der Papst eine Sonderkommission geschaffen, um diese bedauerlichen Geschehnisse in ihren geschichtlichen, kanonischen und theologischen Aspekten sowie ihre Folgen für das Leben der Kirche zu studieren. Ich habe die Ehre, Ihnen die Mitglieder dieser Kommission vorzustellen: Msgr. M. Maccarrone, Präsident des Päpstlichen Komitees für die Geschichtswissenschaften, Rom; den hochw. P. A. Raes S.J., Präfekt der Vatikanischen Bibliothek, Rom; Msgr. Chr. Dumont O. P., Direktor des Studienzentrums Istina, Paris; hochw. P. A. Stickler, Rektor des Päpstlichen Salesianischen Athenäums, Rom; hochw. P. P. Duprey, Subsekretär des Sekretariats für die Einheit der Christen.
Nach vorbereitenden Forschungen und Studien hat die Kommission ein Projekt zu einer gemeinsamen Erklärung ausgearbeitet, das wir Seiner Heiligkeit dem Patriarchen zugesandt haben, auf daß es von der Session dieser gemischten Arbeitsgruppe studiert würde. Dieses Projekt wird frei erörtert und von unserer Gruppe gemeinsam weiter ausgearbeitet werden, und im Fall, daß wir mit der Gnade des Herrn uns über einen gemeinsamen Text einig werden, wird dieser Text den Häuptern unserer Kirchen, Seiner Heiligkeit Paul VI. und Seiner Heiligkeit, dem Patriarchen Athenagoras zur Gutheißung unterbreitet werden.
Obwohl der Kommission volle Freiheit gelassen wird, zu diskutieren und Vorschläge zu machen, gehen die Intentionen Seiner Heiligkeit des Papstes dahin, daß man nicht versuchen sollte, sämtliche noch mysteriösen Einzelheiten der Geschichte zu analysieren und zu entziffern, sondern daß man die Situation heilt, indem man die Erinnerungen an die Vergangenheit läutert, um:

- zu neuen Beziehungen zwischen unseren Kirchen zu gelangen,
- den Dialog tiefer, offener, mehr vom Heiligen Geist inspiriert zu machen,
- die Gemeinschaft zwischen unsern Kirchen brüderlicher, tiefer in Christus verwurzelt, ekklesialer zu machen,
- die Wege des Herrn zu bereiten, der uns zu der Fülle der heiligen Gemeinschaft in ihm führen wird.

Vor meiner Abreise von Rom habe ich die Beobachter der orthodoxen Kirchen über das Faktum und das Ziel unserer Sendung nach Konstantinopel vertraulich unterrichtet: Seine Exzellenz den Metropoliten Aimilianos; den Erzpriester Vitalij Borowoj

vom Patriarchat Moskau; den Erzpriester Milin und Kasić der serbisch-orthodoxen Kirche; dem Archimandriten Joan der bulgarisch-orthodoxen Kirche.
Außerdem habe ich nach der Versammlung der gemischten Arbeitsgruppe zwischen der römisch-katholischen Kirche und dem Ökumenischen Kirchenrat, die am Samstag, den 20. November, zu Ende gegangen ist, vertraulich Dr. Visser't Hooft informiert.
Flehen um den Segen des Herrn. Schluß.

124 23. November 1965

Protokoll der Verhandlungen der gemischten Kommission (Original: französisch).

Istanbul, 23. November 1965

Mitglieder der Kommission:
Von seiten der römisch-katholischen Kirche:
Seine Exz. Bischof J. Willebrands, Präsident;
Mgr. Michele Maccarrone;
hochw. P. Alphons Raes;
hochw. P. Alphons Stickler;
hochw. P. Christophe Dumont.
Von seiten der orthodoxen Kirche von Konstantinopel:
Seine Em. der Metropolit Meliton von Helioupolis, Präsident;
Seine Em. der Metropolit Chrysostomos von Myra;
hochw. P. Gabriel, Chefsekretär des Hl. Synods;
hochw. P. Georgios Anastasiades;
hochw. P. Evangelos, Groß-Erzdiakon.
Als Sekretäre amteten:
hochw. P. Pierre Duprey;
hochw. P. Andreas Scrima;
hochw. P. Paul, Subsekretär des Hl. Synods.
Die katholischen Delegierten, die am 21. November in Istanbul eingetroffen sind, haben sich Seiner Heiligkeit dem Patriarchen Athenagoras vorgestellt.
Die Sitzungen der gemischten Kommission, die im Patriarchenpalast stattfanden, wurden abwechslungsweise von Seiner Exz. Bischof Willebrands und von Seiner Em. Metropolit Meliton von Helioupolis präsidiert.
Am Montag, den 22. November, hat Seine Em. der Metropolit Meliton in der ersten Arbeitsversammlung einige Worte der Begrüßung gesprochen und das Ziel und die Aufgabe der gemischten Kommission präzisiert. Als Antwort darauf hat Seine Exz. Bischof Willebrands im Namen der katholischen Kommission seiner Freude über diese Zusammenkunft und dieses neue Experiment der gemeinsamen Arbeit Ausdruck gegeben und betont, wie sehr der Wunsch Seiner Heiligkeit Papst Pauls VI. sich mit dem trifft, was der Metropolit Meliton über die Kommissionsarbeiten dargelegt hatte.
Die Kommission hat ein Projekt zu einer gemeinsamen Erklärung über die Ereignisse von 1054 zu prüfen begonnen; dieses Projekt hat als Textgrundlage zu einer Diskussion über diese Geschehnisse selbst und ihre Auswirkungen auf die späteren Beziehungen zwischen den beiden Kirchen gedient. Diese Prüfung und diese Dis-

kussion wurden am Nachmittag des gleichen Tages und tags darauf fortgesetzt. Sie haben zu einem einmütigen Einvernehmen über den Charakter dieser Geschehnisse geführt, in welche die Kirchen von Rom und Konstantinopel verwickelt waren, und über die Möglichkeit einer gemeinsamen Erklärung von ihrer Seite, worin diese Vorkommnisse bedauert und aus dem Gedächtnis und der Mitte der Kirche entfernt werden, damit sie für die Wiederannäherung in der Liebe kein Hindernis mehr darstellen können.

Der französische und der griechische Wortlaut dieser Erklärung wurde peinlich genau studiert, damit sie vollkommen miteinander übereinstimmen. Diese Texte, die während der Versammlung am Dienstag, 23. November, endgültig gutgeheißen wurden, um sie den beiden Kirchen zur Genehmigung zu unterbreiten, sind diesem Protokoll beigefügt.

Die orthodoxe Kommission hat darauf ihren Vorschlag unterbreitet, in Übereinstimmung mit dem Text der Erklärung solle innerhalb jeder der beiden Kirchen eine gegenseitige Erklärung abgegeben werden, worin das gemeinsame Verlangen zum Ausdruck gebracht werde, alles Bedauerliche zu bedauern und alles, was von den die beiden Kirchen betreffenden Ereignissen der Vergangenheit sich wiedergutmachen lasse, wiedergutzumachen.

Dieser Vorschlag wurde sorgfältig geprüft und diskutiert. Die katholische Delegation hat diesen Vorschlag positiv aufgenommen und sich bereit gezeigt, ihn an Paul VI. empfehlend weiterzuleiten. Die orthodoxe Delegation hat ein Vorprojekt vorgelegt für das, was vom Ökumenischen Patriarchen getan werden könnte.

Die beiden Delegationen hatten Gelegenheit, ihre Ansichten über das Vorgehen auszutauschen, das für die Abfassung der beiderseitigen Akte und für ihre Promulgation in Verbindung mit der Veröffentlichung der gemeinsamen Erklärung in einer gleichzeitigen Aktion das Geeignetste sein könnte.

Die gemischte Kommission besaß keinerlei Entscheidungsbefugnis, sondern jede Delegation muß der ihr übergeordneten kirchlichen Autorität über das Ergebnis der Diskussionen und des Meinungsaustausches berichten.

125 2. Dezember 1965

Brief des Patriarchen Athenagoras an Papst Paul VI. auf seinen Brief vom 12. November (Original: griechisch). Prot.-Nr. 818.

Paul, dem seligsten und heiligsten Papst des Alten Rom,
Gruß im Herrn.

In Liebe und mit großer Freude haben wir die kostbaren Briefe Eurer sehr geliebten und ehrwürdigen Heiligkeit vom 12. des vergangenen Monats erhalten, diese persönlich und in einer Sitzung unseres Heiligen Synods gelesen, worin Sie Ihre Liebe uns gegenüber und das lebhafte Interesse für unsere Angelegenheiten zum Ausdruck brachte, das Sie tatkräftig bei jeder Gelegenheit nicht aufhört zu zeigen.

Nach synodalem Beschluß bringen wir unseren persönlichen Dank und den Dank unserer heiligen Kirche Eurer ehrwürdigen Heiligkeit zum Ausdruck für diese brüderliche Bereitschaft und Zuneigung, und wir wünschen von ganzem Herzen, daß unser Herr und Erlöser immer mehr und mehr unsere Freude über unsere Brüderlichkeit und unser Wohlwollen vermehre und Eurer unvergeßlichen Heiligkeit seine reichliche Gnade und seinen Segen schenke bei der Arbeit der Durchführung der

Beschlüsse des glücklich zu Ende gehenden II. Vatikanischen Konzils zum Wohle der ehrwürdigen römisch-katholischen Kirche und des gesamten Christentums. Wir umarmen Sie im heiligen Kuß und verbleiben mit brüderlicher Liebe und besonderer Ehrenbezeugung,

Eurer ehrwürdigen Heiligkeit
geliebter Bruder in Christus
Der Patriarch von Konstantinopel Athenagoras
2. Dezember 1965

126 2. Dezember 1965

Brief des Patriarchen Athenagoras an Kardinal Bea zu den Arbeiten der gemischten Kommission (Original: griechisch). Prot.-Nr. 819.

Eminenz, Herr Kardinal Augustin Bea, sehr geliebter Bruder in Christus, Gott, die Gnade und der Friede Gottes sei mit Eurer Eminenz.
Mit großer Freude wurde in der Sitzung unseres Heiligen Synods der vom ehrwürdigen Archimandriten Andreas Scrima überbrachte und an uns übergebene Brief Eurer geliebten und geehrten Eminenz vom 16. vorigen Monats gelesen, wodurch Sie uns darüber informierte, daß Seine Heiligkeit, unser geliebter Bruder in Christus, eine spezielle Kommission unter dem Vorsitz Seiner Exzellenz, des Bischofs Willebrands ernannte, damit wir hier das wichtige Thema untersuchen, das uns in der letzten Zeit beschäftigt, gemeinsam mit einer entsprechenden patriarchalischen Kommission unseres Klerus!
Die Ergebnisse der gemeinsamen Untersuchung sind Eurer geliebten Eminenz durch den Bericht der schon dorthin zurückgekehrten Kommission unter Seiner Exzellenz, Bischof Jan Willebrands bekannt, die wir, als sie hierherkam, mit Liebe, mit großer Freude und Ehrenbezeugung empfangen haben, und deshalb meinen wir, ist es nicht nötig, daß auch wir Sie über diese Ergebnisse informieren.
Wir preisen den ehrenhaften Namen des allgütigen Gottes, der diese unsere Bemühung reichlich segnet zur Verwirklichung des Willens seines geliebten Sohnes im Hinblick auf seine heilige Kirche; wir gratulieren herzlich Eurer geschätzten Eminenz für Ihre weisen Hinweise an die Kommission und für Ihre aufrichtige christliche Haltung. Wir umarmen Sie im heiligen Kuß und verbleiben mit brüderlicher Liebe und besonderer Ehrenbezeugung,

Eurer Eminenz
geliebter Bruder in Christus
Der Patriarch von Konstantinopel Athenagoras
2. Dezember 1965

127 7. Dezember 1965

Gemeinsame Erklärung Papst Pauls VI. und des Patriarchen Athenagoras, worin sie ihren Beschluß mitteilen, die Exkommunikationssentenzen des Jahres 1054 aus dem Gedächtnis und der Mitte der Kirche zu tilgen. Diese gemeinsame Erklärung wurde in der feierlichen Sitzung des Zweiten Vatikanischen Konzils von Bischof Jan Willebrands verlesen. Gleichzeitig wurde sie vom Sekretär des Heiligen Synods in der Kathedrale des Phanar verlesen (Original: französisch).

7. Dezember 1965

1. Von Dank gegen Gott für die in seinem Erbarmen ihnen erwiesene Gunst durchdrungen, einander brüderlich zu begegnen an den heiligen Stätten, wo durch den Tod und die Auferstehung des Herrn Jesus sich das Mysterium unseres Heils vollzogen hat und durch die Ausgießung des Heiligen Geistes die Kirche geboren worden ist, haben Papst Paul VI. und der Patriarch Athenagoras I. den Plan, den jeder für sich damals gefaßt hatte, nicht aus dem Auge verloren, künftig keine der Gesten zu unterlassen, die die Liebe eingibt und die die Entwicklung der so angebahnten brüderlichen Beziehungen zwischen der römisch-katholischen Kirche und der orthodoxen Kirche von Konstantinopel erleichtern könnten. Sie sind überzeugt, so dem Ruf der göttlichen Gnade zu entsprechen, der heute die römisch-katholische Kirche und die orthodoxe Kirche sowie alle Christen dazu bringt, über ihre Zwistigkeiten hinwegzugehen, um von neuem „eins" zu sein, wie der Herr Jesus es für sie von seinem Vater erbeten hat.

2. Unter den Hindernissen, die auf dem Weg der Entwicklung dieser brüderlichen Beziehungen in Vertrauen und Hochachtung liegen, befindet sich die Erinnerung an die schmerzlichen Entscheidungen, Handlungen und Zwischenfälle, die 1054 zu den Exkommunikationssentenzen führten, die von den von Kardinal Humbert angeführten Legaten des Römischen Stuhls gegen den Patriarchen Michael Kerularios und zwei weitere Persönlichkeiten ausgesprochen wurden, worauf die Legaten selbst Gegenstand eines analogen Bannspruchs von seiten des Patriarchen und des Synods von Konstantinopel wurden.

3. Es ist nicht möglich zu tun, als ob diese Vorkommnisse nicht das gewesen sind, was sie in dieser besonders wirren Periode der Geschichte gewesen sind. Doch heute, da man zu einem abgeklärteren und gerechteren Urteil über sie gelangt ist, ist es wichtig, die Übertreibungen wahrzunehmen, von denen sie befleckt wurden und die später zu Folgen geführt haben, die, soweit wir es beurteilen können, über die Absichten und Annahmen ihrer Urheber hinausgingen, deren Zensuren sich auf die angezielten Personen und nicht auf die Kirchen erstreckten und nicht beabsichtigten, die kirchliche Gemeinschaft zwischen den Sitzen von Rom und von Konstantinopel aufzuheben.

4. In der Gewißheit, damit den gemeinsamen Wunsch nach Gerechtigkeit und das einmütige Gefühl der Liebe ihrer Gläubigen zum Ausdruck zu bringen, und eingedenk des Gebotes des Herrn: „Wenn du deine Gabe an den Altar bringst und dich dabei erinnerst, daß dein Bruder etwas gegen dich hat, so laß deine Gabe vor dem Altar stehen und gehe zuvor hin und versöhne dich mit deinem Bruder" (Mt 5, 23–24), erklären deshalb Papst Paul VI. und der Patriarch Athenagoras I. mit seinem Synod in gemeinsamem Einvernehmen:

a) daß sie die beleidigenden Worte, grundlosen Vorwürfe und verwerflichen Handlungen bedauern, die die traurigen Ereignisse dieser Epoche auf beiden Seiten geprägt und begleitet haben;

b) daß sie ebenfalls die Exkommunikationssentenzen, die auf sie gefolgt sind, und deren Erinnerung einer Annäherung in der Liebe bis heute hindernd im Wege steht, bedauern, aus dem Gedächtnis und der Mitte der Kirche tilgen und dem Vergessen anheimfallen lassen;

c) daß sie endlich die ärgerlichen Präzedenzfälle und die weitern Vorkommnisse beklagen, die unter dem Einfluß verschiedener Faktoren, u. a. des gegenseitigen Verständnismangels und Mißtrauens, schließlich zum tatsächlichen Bruch der kirchlichen Gemeinschaft geführt haben.

5. Papst Paul VI. und der Patriarch Athenagoras I. mit seinem Synod sind sich bewußt, daß diese Geste der Gerechtigkeit und der wechselseitigen Vergebung nicht hinreichen kann, um den alten oder neueren Differenzen, die zwischen der römisch-katholischen Kirche und der orthodoxen Kirche bestehen, ein Ende zu setzen, sondern diese werden durch das Wirken des Heiligen Geistes beseitigt werden dank der Läuterung der Herzen, der Reue über die geschichtlichen Unrechtstaten sowie im wirksamen Willen, zu einem gemeinsamen Verständnis und Ausdruck des apostolischen Glaubens und seiner Forderungen zu gelangen.
Indem sie diese Geste vollziehen, hoffen sie, daß diese Gott gefalle, der schnell bereit ist, uns zu verzeihen, wenn wir einander verzeihen, und daß sie von der ganzen christlichen Welt, vor allem aber von der gesamten römisch-katholischen und orthodoxen Kirche gewürdigt werde als Ausdruck eines ehrlichen beidseitigen Willens zur Versöhnung und als Einladung, im Geist des Vertrauens, der gegenseitigen Hochachtung und Liebe den Dialog fortzusetzen, der sie mit der Hilfe Gottes dahin bringen wird, zum größeren Heil der Seelen und zum Anbruch des Reiches Gottes von neuem in der vollen Gemeinschaft des Glaubens, der brüderlichen Eintracht und des sakramentalen Lebens zu leben, wie sie im Lauf des ersten Jahrtausends des Lebens der Kirche zwischen ihnen bestand.

128 7. Dezember 1965

Breve „Ambulate in dilectione" Papst Pauls VI., worin er die Exkommunikationssentenz von 1054 aus dem Gedächtnis der Kirche tilgt. Dieses Breve wurde in der feierlichen Session des Zweiten Vatikanischen Konzils von Kardinal Bea, dem Präsidenten des Sekretariats für die Einheit der Christen, verlesen (Original: lateinisch).

Zu künftigem Gedenken
„Wandelt in der Liebe, wie auch Christus uns geliebt hat": diese mahnenden Worte des Völkerapostels (Eph 5, 2) schweben uns vor, die wir nach dem Namen des Erlösers Christen heißen, und sie bewegen uns, vor allem in dieser Zeit, die besonders heftig dazu antreibt, der Liebe weiteren Raum zu schaffen. Durch Gottes Gnade werden unsere Seelen vom Wunsch entflammt, alles zu unternehmen, damit diejenigen, die zur Einheit berufen sind, weil sie Christus eingegliedert sind, zur Einheit zusammengebracht werden. Da wir, die wir nach der Fügung der göttlichen Vorsehung den Stuhl Petri innehaben, diesen Auftrag des Herrn verstanden haben, haben wir schon mehrmals unseren ganz festen Vorsatz bekundet, alle Gelegenheiten zu ergreifen, die zur Erfüllung dieses Willens des Herrn dienlich und günstig sind. Wir überdenken die traurigen Ereignisse, die nach nicht wenigen Verstimmungen im Jahre 1054 dazu geführt haben, daß zwischen der Kirche von Rom und der von Konstantinopel eine schwere Spannung entstand. Nicht ohne Grund hat der heilige Papst Gregor VII., unser Vorgänger, später geschrieben: „Sosehr ... zuerst die Eintracht von Nutzen gewesen ist, sosehr hat nachher geschadet, daß beiderseits ... die Liebe erkaltete" (Brief an Kaiser Michael von Konstantinopel, Reg. I, 18, Ausg. Caspar, S. 30). Ja, es ist so weit gekommen, daß die päpstlichen Legaten gegen Michael Kerularios, den Patriarchen von Konstantinopel, und zwei andere Männer der Kirche die Exkommunikationssentenz aussprachen, und dieser und sein Synod trafen gegen sie die gleiche Maßnahme. Nachdem sich nun aber die Zeiten und Ge-

sinnungen geändert haben, erfüllt es uns mit großer Freude, daß unser ehrwürdiger Bruder Athenagoras I., der Patriarch von Konstantinopel, und sein Synod mit uns sich in diesem Willen treffen, durch die Liebe, dieses „angenehme und heilsame Band der Geister“ (vgl. hl. Augustinus, Sermo 350, 3; PL 39, 1534) miteinander verbunden zu sein. Im Verlangen, auf dem Weg der Bruderliebe, auf dem wir zur vollkommenen Einheit geführt werden sollen, weiterzuschreiten und die Hindernisse und Hemmnisse zu beseitigen, erklären wir daher vor den zum Zweiten Vatikanischen Konzil versammelten Bischöfen, daß wir die damals ausgesprochenen Worte und verübten Taten, die nicht gebilligt werden können, bedauern. Außerdem wollen wir die damals erlassene Exkommunikationssentenz aus dem Gedächtnis der Kirche tilgen und aus ihrer Mitte beseitigen und wollen, daß das Vergessen sie bedecke und zuschütte. Wir freuen uns, daß uns geschenkt wird, dieses Amt brüderlicher Liebe hier zu Rom am Grab des Apostels Petrus zu vollziehen am gleichen Tag, an dem zu Konstantinopel, Neues Rom genannt, das gleiche geschieht und an dem die Kirche des Westens und des Ostens das Gedächtnis des heiligen Bischofs Ambrosius, ihres gemeinsamen Lehrers, feiern. Der mildreichste Gott, der Urheber des Friedens, lasse diesen gegenseitigen guten Willen zur Wirkung gelangen und gewähre, daß dieses öffentliche Zeugnis christlicher Liebe glücklich zu seiner Ehre und zum Heil der Seelen ausschlage. Gegeben zu Rom, beim heiligen Petrus, unter dem Fischerring, am Fest des heiligen Bischofs, Bekenners und Kirchenlehrers Ambrosius, am 7. Dezember 1965, im dritten Jahr unseres Pontifikats.

Paulus P. P. VI.

129 7. Dezember 1965

Patriarchalischer Tomos, wodurch Patriarch Athenagoras und der Synod des Patriarchats die Anathemata des Jahres 1054 aus dem Gedächtnis und aus der Mitte der Kirche beseitigen. Dieser Tomos wurde vom Ökumenischen Patriarchen Athenagoras in der Patriarchal-Kirche in Phanar gelesen (Original: griechisch).

Athenagoras
durch die Barmherzigkeit Gottes Erzbischof von Konstantinopel, dem Neuen Rom, und Ökumenischer Patriarch.

Im Namen der heiligen und wesensgleichen und lebensspendenden und ungeteilten Dreifaltigkeit.

„Gott ist die Liebe“ (1 Joh 4, 9), und die Liebe ist das gottgeschenkte Merkmal der Jünger Christi und die verbindende Kraft seiner Kirche, das Prinzip des Friedens, der Eintracht und der Ordnung, die in ihr vorhanden sind, als eine immerwährende Offenbarung des Heiligen Geistes.

Um dieses „Band der Vollkommenheit“ (Kol 3, 14) müssen also die von Gott Anvertrauten für die Verwaltung seiner Kirchen sorgen, von diesem immer Gebrauch machen, in größter Aufmerksamkeit, Sorgfalt und Wachsamkeit.

Und wenn es einmal geschieht, daß die Liebe abgekühlt und die Einheit im Herrn zerrissen wird, dann ist es notwendig, sich in aller Eile des Übels anzunehmen und nach seiner Heilung zu suchen.

Weil nun, nach Ratschlüssen, die der Herr kennt, im Jahre 1054 die Kirche furchtbar heimgesucht werden sollte, die allgemeinen gegenseitigen Beziehungen der Kirchen von Rom und Konstantinopel in Gefahr gebracht wurden und die Liebe, die sie verband, in diesem Ausmaß verletzt wurde, daß inmitten der Kirche Gottes das Anathem Platz ergriff, die Legaten von Rom, der Kardinal Humbertus und seine Begleiter, den Patriarchen Michael Kerularios und seine beiden Mitarbeiter anathematisiert haben, und Michael Kerularios und seine Synode das Schreiben der Legaten von Rom, die Verfasser und deren Mitarbeiter ebenfalls anathematisiert haben, bestand für die Kirchen von Rom und Konstantinopel die Pflicht, die Güte und die Menschenfreundlichkeit Gottes nachahmend, wegen dieser Angelegenheit zusammenzutreffen und den Frieden wiederherzustellen.

Da nun in den letzten Zeiten das Wohlwollen Gottes uns gegenüber offenbar wurde und uns den Weg der Versöhnung und des Friedens zeigte, auch durch die gesegnete und fruchtbare gegenseitige Sorge des Alten und unseres Neuen Rom um die Pflege der gegenseitigen brüderlichen Beziehungen, hielten sie es für richtig, weiter zu gehen und das Vergangene wiederherzustellen, und, soweit es ihnen möglich wäre, die zusätzlichen Hindernisse zu beseitigen, die beseitigt werden könnten, zur Förderung, zum Wachstum, zur Erbauung und zur Vollendung der Liebe.

So haben wir nun, unsere Wenigkeit gemeinsam mit Ihren Eminenzen, den ehrwürdigen Metropoliten, unseren geliebten Brüdern in Christus und Mitbischöfen, es als eine dem Herrn willkommene Zeit erachtet, in einer Synode zusammenzukommen und zu beraten, nachdem wir auch von einem ähnlichen Vorhaben und Gedanken des Alten Rom erfahren haben, und wir haben beschlossen, das vom Patriarchen Michael Kerularios von Konstantinopel und seiner Synode ergangene oben erwähnte Anathem aus dem Gedächtnis und aus der Mitte der Kirche zu beseitigen.

Deshalb erklären wir schriftlich, daß dieses im Jahre des Heils 1054, im Monat Juli, der 7. Indiktion, in der Großkanzlei unserer großen Kirche verhängte Anathem ab jetzt aus dem Gedächtnis und aus der Mitte der Kirche als beseitigt gilt und von allen als solches betrachtet wird, durch die Barmherzigkeit des allerbarmenden Gottes, der, durch die Fürbitte unserer von allen selig gepriesenen Herrin, der Gottesgebärerin und immerwährenden Jungfrau Maria, der heiligen und glorreichen Apostel Petrus, des ersten Anführers, und Andreas, des Erstberufenen, und aller Heiligen der Kirche den Frieden schenken möge, indem er sie in alle Ewigkeit behütet.

Zur Beglaubigung dessen und zum immerwährenden Beweis und zum ewigen Zeugnis wurde die vorliegende Patriarchal- und Synodalurkunde geschrieben und unterschrieben in diesem heiligen Register unserer heiligen Kirche, eine gleichlautende Abschrift wurde aber der heiligen Kirche des Alten Rom geschickt zur Kenntnisnahme und zur Aufbewahrung in ihren Archiven.

Im Jahre des Heils 1965, im Monat Dezember (7.) der 4. Indiktion.
Der Patriarch von Konstantinopel Athenagoras erklärt.
Thomas von Chalkedon
Chrysostomos von Neo-Kaisareia
Hieronymos von Rhodopolis
Symeon von Irinoupolis
Dorotheos von den Prinzeninseln
Maximos von Laodikeia
Chrysostomos von Myra
Kyrillos von Chaldia
Meliton von Helioupolis und Theira
Aimilianos von Milet

130 7. Dezember 1965

Ansprache des Metropoliten Meliton von Helioupolis und Theira während seiner Begegnung mit dem Papst nach der Zeremonie in der St.-Peter-Basilika (Original: griechisch).

Heiligkeit,
„Der ist und der war und der kommt" (Offb 1, 4), der Herr der Geschichte, der jenseits von ihr und der ihr Retter ist, der wiederum kommen wird, um sie in sich selbst zusammenzufassen und sie zu vollenden, hat uns gewürdigt, diesen heiligen Augenblick zu erleben.
Ehre und Dank sei ihm mit dem Vater und dem Heiligen Geist.
Zeugen Deines guten Wortes und Deiner Tat der Liebe sind wir, die bescheidenen Gesandten Deines Bruders, des Bischofs von Konstantinopel. Da wir seinen Auftrag und den seines Heiligen Synods erfüllen, teilen wir Dir und dieser Deiner Synode mit, daß gerade in diesem Augenblick auch Dein Bruder, der Patriarch Athenagoras I. aus demselben Geist und aus der panorthodoxen Gesinnung der Liebe und des Friedens heraus, wie sie bei der Dritten Panorthodoxen Konferenz auf Rhodos zum Ausdruck gebracht wurde, vom Thron des gemeinsamen Vaters Johannes Chrysostomos der ungeteilten Kirche während der Feier seiner Liturgie und seiner Anaphora an den gemeinsamen Retter, unseren Herrn Jesus, zu Ehre und Gedenken unseres gemeinsamen heiligen Vaters und Deines Vorgängers in Mailand, des heiligen Ambrosius, das vom Patriarchen Michael Kerularius im Jahre 1054 ausgesprochene Anathem aus dem Gedächtnis und aus der Mitte der Kirche beseitigt.
Und siehe, diese beiden apostolischen Throne des Alten und des Neuen Rom, die, nach den Ratschlüssen, die der Herr kennt, die Vergangenheit gebunden haben, lösen heute die Gegenwart und eröffnen durch eine gemeinsame Erklärung und eine gemeinsame kirchliche Tat die Zukunft, indem sie das von ihnen ergangene Anathem, das Symbol der Spaltung annullieren und statt dessen die Liebe hervorheben, das Symbol ihrer Wiederbegegnung.
Obwohl die Unterschiede in der Lehre, in der harmonischen Ordnung und im heiligen Kultus bestehen bleiben und keine sakramentale Gemeinschaft realisiert wird, wird nichtsdestoweniger heute zwischen den zwei ersten Thronen des Westens und des Ostens, offiziell und kirchlich die fundamentale Voraussetzung der allmählichen Klärung der Differenzen, nämlich die brüderliche Liebe geschaffen.
Heiligkeit,
Bald werden wir Weihnachten feiern, das kat'exochén Fest der göttlichen Liebe und des Friedens ist.
Du, der erste Bischof des Christentums, und der zweite dem Range nach, Dein Bruder, der Bischof von Konstantinopel, Ihr, werdet, nach dem heutigen heiligen Ereignis, das erste Mal nach langen Jahrhunderten mit einem Mund und einem Herzen euch an die Menschen wenden können, die sowohl innerhalb als auch außerhalb der Kirche mit großer Sehnsucht das Wohlwollen und den Frieden erwarten, und diesmal nicht nur durch Wünsche und gute Worte, sondern auch durch die Tat zusammen mit den Engeln und dem König des Friedens ihnen die himmlische Botschaft von Weihnachten predigen:
„Ehre sei Gott in der Höhe und Friede auf Erden den Menschen seiner Gnade."

131 20. Dezember 1965

Brief Papst Pauls VI. an den Patriarchen Athenagoras über die Zeremonie vom 7. Dezember und mit seinen Segenswünschen zu den Weihnachtsfesten (Original: französisch).

Liebster Bruder in Christus,
Die Gefühle, die Eure Heiligkeit uns nach unserem Schritt bei der Versammlung der Organisation der Vereinten Nationen zu New York freundlicherweise äußerten, haben uns tief bewegt, und wir sind glücklich, Ihnen dafür unseren ganz brüderlichen Dank auszusprechen.
Schon als wir uns entschlossen haben, der an uns ergangenen Einladung, an der Gedenkfeier zum zwanzigjährigen Bestehen dieser internationalen Organisation teilzunehmen, Folge zu leisten, hat Eure Heiligkeit mich diskret davon unterrichten wollen, daß Sie uns bei diesem Schritt mit Ihrem Herzen begleiten und daß Ihr Gebet inständig zum Himmel steige, damit alles einen glücklichen Verlauf nehme; diese Versicherung war unserer Hoffnung eine sehr wertvolle Ermutigung.
Inzwischen hat der Herr uns gegeben, einen neuen Schritt zu tun auf diesem Weg der Versöhnung, dessen Ausgangspunkt wir wie Sie gern in den kurzen Augenblicken unsrer Begegnung auf dem Ölberg erblicken. Der Wunsch, den wir in unserem ersten Brief aussprachen, die Vergangenheit in den Händen Gottes zu lassen, um ganz auf die Bereitung einer besseren Zukunft ausgerichtet zu sein, hat in unserer gemeinsamen Erklärung vom 7. Dezember einen tiefen Ausdruck gefunden. Danken wir miteinander dem, von dem „jedes ausgezeichnete Geschenk" kommt (Jak 1, 17), und vertrauen wir ihm am Vorabend der heiligen Weihnachtsfeste diese Zukunft an, indem wir ihn bitten, er möge uns verleihen, sie klug und sicher vorzubereiten und aufzubauen in seinem Licht, das unzertrennbar Wahrheit und Liebe ist.
Dies sind die Wünsche, die wir aus tiefstem Herzen für Sie, ehrwürdiger liebster Bruder, für Ihren Heiligen Synod, Ihren Klerus und Ihre Gläubigen hegen, und im Verlangen, daß die Umstände eines Tages den von Ihnen uns anvertrauten Wunsch, uns von neuem zu begegnen, zu verwirklichen gestatten, bitten wir Sie, die Versicherung unserer vollen Hochachtung und unserer glühenden Liebe im Herrn entgegenzunehmen.

Vatikanstadt, 20. Dezember 1965
Paulus P. P. VI.

132 Weihnachten 1965

Glückwunschbrief des Patriarchen Athenagoras an Papst Paul VI. zu Weihnachten (Original: griechisch). Prot.-Nr. 882.

Paul, dem seligsten und heiligsten Papst des Alten Rom. Gruß im Herrn.
Während unser Herz von überirdischer Freude erfüllt ist, sowohl wegen des übernatürlichen Mysteriums der Menschwerdung unsres Erlösers Jesus Christus als auch wegen der vor kurzem an uns erwiesenen reichlichen göttlichen Gnade, möchten wir mit großer Freude durch diese unsere brüderlichen Briefe bei Eurer sehr geliebten und geehrten ehrwürdigen Heiligkeit einen feierlichen Besuch abstatten. Wir umarmen Sie mit der Freude im geborenen Christus und wir erbitten von Gott, dem Geber der

Güter, für Sie und für Ihre ehrwürdige Kirche das Allerbeste für das kommende Neue Jahr des Herrn.
Wahrhaftig, mit großer Freude erreichen und feiern wir, die Hirten und das fromme christliche Volk, das heilige und große Fest unserer Frömmigkeit, das wir kürzlich durch eine Tat des Friedens bezeichnet haben; wir erhalten durch diese Ereignisse Genugtuung und innere Ruhe, und wir erleben innigst den tiefen Sinn der Gedanken des Apostels, der an die Korinther schrieb: „Das Alte ist vergangen; siehe, etwas Neues ist geworden. Das alles aber kommt von Gott her, der uns mit sich versöhnte durch Jesus Christus, und uns den Dienst der Versöhnung übertrug" (2 Kor 5, 18). Der durch die Krippe und die Grotte zu uns gekommene Erlöser möge bei uns die Liebe und die Taten der Versöhnung vermehren und die glücklich eingeschlagene und begonnene neue Periode in den gegenseitigen Beziehungen der zwei Schwesterkirchen segnen und fördern durch das Licht, das für die Welt aufgegangen ist, wobei er, durch Seine Geburt Seine heilige Kirche und alle Menschen zur Einheit und zum Frieden führe.
Mit diesem Wunsch umarmen wir wiederum Eure Heiligkeit mit dem heiligen Kuß und verbleiben mit brüderlicher Liebe und besonderer Ehrenbezeugung,

Eurer ehrwürdigen Heiligkeit
geliebter Bruder in Christus
Der Patriarch von Konstantinopel Athenagoras
Weihnachten 1965

133 31. März 1966

Brief Papst Pauls VI. an den Patriarchen Athenagoras zum Osterfest (Original: französisch).

Seiner Heiligkeit Athenagoras I.
Erzbischof von Konstantinopel und Ökumenischer Patriarch

Geliebtester Bruder in Christus,
Wir schicken uns an, mit einem Herzen voller Liebe und Dank die glorreiche Auferstehung unseres Herrn Jesus Christus zu feiern, der uns sosehr geliebt hat, daß er einer von uns geworden ist und sein Leben dahingegeben hat, „um die versprengten Kinder Gottes zur Einheit zu versammeln" (Joh 11, 52). Die Betrachtung des unergründlichen Geheimnisses der Liebe des Vaters, „der in Christus die Welt mit sich versöhnt und das Wort der Versöhnung auf unsere Lippen gelegt hat" (2 Kor 5, 19), lädt uns wie von selbst ein, Ihnen, geliebter Bruder, unsere liebende Verbindung zu äußern. Unsere Freude ist dieses Jahr noch größer, denn wir feiern dieses große Fest am gleichen Datum, sodaß wir vor der Welt noch klarer bezeugen, daß unser Glaube an dieses zentrale Geheimnis unserer Religion ein und derselbe ist. Der hl. Paulus sagt uns ja: „Wenn Christus nicht auferweckt worden ist, dann ist unsere Verkündigung nichts und nichts ist auch euer Glaube" (1 Kor 15, 14).
Wir wissen, daß diese Freude von Eurer Heiligkeit geteilt wird, die gleichfalls darnach verlangt, daß sich die Christen über das Datum der Osterfeier einig werden. Studiert nicht Ihre Kirche diese Frage nach dem Osterdatum, die auf dem Programm der panorthodoxen Prosynode steht? Sie wird ebenfalls von den nichtchalkedonischen Ostkirchen studiert und sie ist auch innerhalb des Ökumenischen Kirchenrates aufgeworfen worden.

Wie Eure Heiligkeit vernommen hat, haben die katholischen Bischöfe, zu dem nun zu Ende gegangenen Vatikanischen Konzil versammelt, erklärt, sie hätten nichts dagegen einzuwenden, daß dieses Datum auf einen bestimmten Sonntag angesetzt werde, aber das Konzil hat den Wunsch geäußert, hierin nichts zu unternehmen, außer im Einvernehmen mit den andern christlichen Kirchen.
Wir verkennen nicht, daß die Frage vielschichtig ist, doch wollen wir Ihnen sagen, daß wir gern jeden Vorschlag prüfen würden, der diesbezüglich eine Zusammenarbeit anstrebt. Eine solche Zusammenarbeit im Hinblick auf eine gemeinsame Lösung läge ganz in der Linie des heiligen Konzils von Nikäa, das verlangte, daß alle Christen sich einig werden, um die Auferstehung unseres großen Gottes und Erlösers Jesus Christus am gleichen Datum zu feiern.
Eure Heiligkeit soll auch wissen, mit welch großem Interesse wir die Vorarbeiten zur panorthodoxen Prosynode verfolgen, die so viele Probleme behandeln soll. Auch hierin würden wir sehr wohlwollend jede Form eines Meinungsaustausches prüfen, die Sie für möglich und wünschbar halten.
Wir möchten nämlich, daß die durch die Entsendung von Beobachtern Ihrer Kirche an das Vatikanische Konzil hergestellten Kontakte – für die wir Eurer Heiligkeit noch einmal unseren Dank ausdrücken wollen – mit dem Ende des Konzils nicht nur nicht abreißen, sondern daß sie sich weiterentwickeln in einer stets verstärkten Brüderlichkeit zwischen unseren Kirchen.
Wir möchten auch, bevor wir diesen Brief beschließen, Eurer Heiligkeit danken und Ihnen sagen, wie sehr wir empfänglich waren für Ihre Freundlichkeit, uns erst kürzlich vermittels Seiner Eminenz, des Metropoliten Meliton von Helioupolis und Theira, ein hübsches Geschenk zukommen zu lassen.
Möge der von den Toten auferweckte Christus Eure Heiligkeit, Ihren Klerus und Ihre Gläubigen mit seinem Licht und Seiner Freude erfüllen und uns allen geben, daß wir immer mehr ein Leben leben, das mit Christus in Gott verborgen ist, indem wir in der Hoffnung auf die Offenbarung Christi warten, der unser Leben ist, und mit dem auch wir dereinst offenbar werden voller Herrlichkeit (vgl. Kol 3, 3–4).
In diesen Gefühlen sprechen wir Eurer Heiligkeit wieder unsere tiefe brüderliche Liebe in Christus Jesus unserem einzigen Herrn aus.

Vatikanstadt, 31. März 1966
Paulus P. P. VI.

134 Ostern 1966

Brief des Patriarchen Athenagoras an Papst Paul VI. anläßlich des Osterfestes (Original: griechisch). Prot.-Nr. 300.

Paul dem seligsten und heiligsten Papst des Alten Rom, Gruß im Herrn.
Christus, der am Kreuz gelitten hat und dem Grab übergeben wurde, der Sohn des lebendigen Gottes, hat den Tod getötet, und er ist von den Toten auferstanden. Er hat uns auch mit auferstehen lassen, die wir in der Sünde gestorben waren. Deshalb freuen wir uns und frohlocken, daß das Leben für uns vom Grabe auferstanden ist, und mit aus dem Licht der Auferstehung erleuchteten Gedanken und Herzen feiern und bejubeln wir das Fest der Feste; wir sprechen zueinander das fröhliche: „Christus ist auferstanden" aus und umarmen einander.
Indem wir diesen heiligen Gruß auf unseren Lippen und im Herzen tragen, kommen

wir anläßlich dieses erlesenen und heiligen Tages mit großer Freude zum geistigen Besuch bei Eurer sehr geliebten, geehrten und ehrwürdigsten Heiligkeit, um die gemeinsame Freude zu vergrößern und tiefer zu empfinden und die Wahrheit festzustellen, daß wir Jünger Christi sind, mit gegenseitiger Liebe und bewahrt in der Liebe Christi, der gelitten hat und auferstanden ist.

Möge Christus, der wahre Gott, der durch sein Leiden und seine Auferstehung die Erlösung der Menschen erwirkte und ihnen das ewige Leben schenkte, Eure ehrwürdige Heiligkeit in Gesundheit behüten, damit Sie auf viele Jahre mit seelischer Freude den erlesenen und strahlenden Tag der lebensbringenden Auferstehung feiern. Er schenke seinen Frieden der Kirche, die er durch sein Blut erkaufte, und lade alle zur Einheit im Lichte seiner Auferstehung ein.

Wir umarmen Eure geschätzte Heiligkeit im auferstandenen Christus und verbleiben mit brüderlicher Liebe und besonderer Ehrenbezeugung,

Eurer ehrwürdigsten Heiligkeit
geliebter Bruder in Christus
Der Patriarch von Konstantinopel Athenagoras
Ostern 1966

135 8. April 1966

Telegramm des Patriarchen Athenagoras an Papst Paul VI. als Antwort auf den Brief vom 31. März (Original: französisch).

Seiner Heiligkeit Papst Paul VI.
Vatikan

Vereint im gleichen Christus und miteinander seinen Triumph über den Tod feiernd, umarmen wir Eure geliebte und verehrte Heiligkeit, indem wir Ihnen, Ihrer Hierarchie und Ihrem Volk wünschen: Christos Anesti.

Patriarch Athenagoras

136 23. Juni 1966

Telegramm des Patriarchen Athenagoras an Papst Paul VI. zu seinem Namensfest (Original: französisch).

Seiner Heiligkeit Papst Paul VI.
Vatikan

In tiefer Mitfreude mit Eurer ehrwürdigen geliebten Heiligkeit am Fest Ihres Patrons, des heiligen Vorläufers Johannes vereint, gratuliere ich Ihnen herzlich und wünsche Ihnen eine unerschütterliche Gesundheit, ein langes Leben und alle himmlischen Gunsterweise zum Wohle der Kirche und der gemeinsamen Sache ihrer Einheit.

Patriarch Athenagoras

137 25. Juni 1966

Antworttelegramm des Papstes an den Patriarchen Athenagoras (Original: französisch).

Seiner Heiligkeit Athenagoras I.
Phanar

Die Wünsche Eurer Heiligkeit zum Fest unseres heiligen Patrons rühren uns tief, lassen liebe Erinnerungen wieder aufleben und lassen uns, wie Sie, immer glühender die vollständige Einheit ersehen. Wir bitten Gott, deren Anbruch zu beschleunigen, und entbieten Eurer Heiligkeit unsern bewegten Dank für Ihre brüderliche Geste und die Zusicherung unserer treuen, tiefen Liebe im Herrn.

Paulus P. P. VI.

138 29. Juni 1966

Telegramm des Patriarchen Athenagoras an Papst Paul VI. anläßlich des Festes des heiligen Paulus (Original: französisch).

Seiner Heiligkeit Papst Paul VI.
Vatikan

Mit Eurer lieben, achtbaren Heiligkeit das Fest des großen Völkerapostels Paulus begehend, dessen Namen Sie tragen und dessen Eifer Sie teilen, haben wir heute in unserer Patriarchalkirche den Gottesdienst gehalten und, indem wir unser Denken tief auf Ihre illustre Person richteten, ein Te Deum angestimmt und dabei den guten Gott gebeten, Ihren Willen in Ihrer bewundernswerten Kampagne für den Weltfrieden zu stärken. Lange und stets illustre Jahre, in herzlicher Liebe

Patriarch Athenagoras

139 2. Juli 1966

Antworttelegramm Papst Pauls VI. an den Patriarchen Athenagoras (Original: französisch).

Seiner Heiligkeit Athenagoras I.
Phanar

Das liebevolle Glückwunschtelegramm, das Eure Heiligkeit zu unserem Geburtstag an uns richtet, rührt uns tief und ist uns ein neues kostbares Zeugnis Ihres Wohlwollens uns gegenüber. Wir danken Ihnen dafür und lassen unsererseits Gebete für Ihre liebe Person zu Gott emporsteigen.

Paulus P. P. VI.

140 28. Juli 1966

Telegramm Papst Pauls VI. an den Patriarchen Athenagoras, um ihm für den Empfang seines Bruders zu danken (Original: französisch).

Seiner Heiligkeit Athenagoras I.
Phanar

Der herzliche Empfang, den Eure Heiligkeit unserem Bruder Lodovico bereiten wollten, rührt uns tief und wir möchten Ihnen persönlich unsern lebhaftesten Dank ausdrücken.

Paulus P. P. VI.

141 7. Dezember 1966

Telegramm des Patriarchen Athenagoras an Papst Paul VI. zum ersten Jahrestag der gegenseitigen Aufhebung der Bannsprüche (Original: französisch).

Seiner Heiligkeit Papst Paul VI.
Vatikanstadt

Im apostolischen Priestertum, in der Liebe, im Glauben und im Dienste Christi sowie in der Herzensgemeinschaft mit Eurer ehrwürdigen geliebten Heiligkeit vereint, feiern wir heute mit Ihnen in Dankgebeten den ersten Jahrestag der gegenseitigen Aufhebung der Bannsprüche zwischen unseren beiden Kirchen. Indem wir an diesen heiligen Moment des 7. Dezembers 1965 nach Ablauf eines Jahres erinnern, ermessen wir voll die gesegneten, heilsamen Dimensionen dieses gemeinsamen historischen kirchlichen Ereignisses. Wir blicken mit mehr Hoffnung im Herrn den folgenden Etappen und neuen kirchlichen Akten derselben Ordnung entgegen, wodurch der liebende Dialog sich vollenden und die Einheit der Kirche auferbaut werden wird. In dieser Hoffnung und mit diesen Wünschen grüßen wir Eure Heiligkeit an diesem von Gott geschenkten Jahrestag mit einem heiligen Kuß und wir beten inständig dafür, daß Gott Sie behüte, und für das Wohlergehen der heiligen römisch-katholischen Kirche.

Patriarch Athenagoras

142 7. Dezember 1966

Deklaration des Patriarchen Athenagoras anläßlich des ersten Jahrestages der gegenseitigen Aufhebung der Anathemata (Original: griechisch).

In tiefer Dankbarkeit gegenüber unserem Herrn Jesus Christus, dessen Geschenk der Einheit seiner getrennten Kirche die Aufhebung der Anathemata des Jahres 1054 ist, begrüßen wir den ersten Jahrestag dieses historischen kirchlichen Ereignisses.
Der 7. Dezember 1965 ist ein Licht, das die dunklen Perioden der Vergangenheit der Kirche erhellt und den Weg ihrer Gegenwart und ihrer Zukunft erleuchtet.
Nach dem Verlauf eines Jahres können wir klarer folgende Wahrheit erkennen und einschätzen, daß, obwohl wir wenig vom Herrn erfleht haben, Er seine Kirche mit großen Geschenken bereichert hat. Im nachhinein stellen wir fest, daß der Heilige Geist unsere Gedanken und unsere Schreibfedern bewegt hat, nicht nach dem Ermessen der menschlichen Vorsicht, sondern nach dem Ermessen des Geschenkes Christi, und er hat unsere Schritte weit über unsere Hoffnungen hinausgeführt, auch weiter über die Liebe, zu einer neuen aufbauenden theologischen Perspektive der differenten ekklesiologischen Auffassungen der zwei Kirchen, der römisch-katholischen und der orthodoxen.

Je weiter wir uns aus dem historischen Augenblick der Verwirklichung des gegenseitigen kirchlichen Aktes der Kirchen von Rom und Konstantinopel am 7. Dezember 1965 entfernen, desto mehr entdecken wir seinen Wert als einen beispielhaften Akt eines neuen kirchlich-theologischen Modus der Annäherung des Problems der Einheit der Christen.
Heute, da wir uns in diesem neuen Stadium der Beziehungen der zwei Kirchen befinden, verspüren wir noch mehr unsere Verantwortung, die heilige Sache der Einheit intensiv zu fördern.
Deshalb manifestieren wir die panorthodoxe Gesinnung der Liebe, des Friedens und des Gehorsams unter dem Willen unseres Herrn für die Einheit seiner heiligen Kirche und erklären, daß wir in Demut weiterhin der Wahrheit der ungeteilten Kirche dienen werden, und bereit sind, durch eine Reihe von neuen kirchlichen Taten der Liebe das Werk des 7. Dezembers 1965 fortzusetzen, indem wir der Kraft und der Wirkung des Heiligen Geistes Platz einräumen.
Wenn wir die verschiedenen raschen Entwicklungen der gegenwärtigen Welt betrachten, verstehen wir besser die mystische Bedeutung der Worte: „Dem Reich Gottes wird Gewalt angetan."
In dieser Stunde steht vor uns das große gesamtmenschliche Problem der raschen Veränderung der Welt und die Drohung ihrer Vernichtung. Der zeitgenössische Mensch und die Welt ertragen nicht mehr den Luxus der christlichen Trennung aus Gründen weltlicher Kalkulationen und Zurückhaltungen und der bequemen und endlosen akademischen Diskussionen. Sie haben das Bedürfnis nach einer Antwort. Und diese lautet: Schnelle Erscheinung des einen Christus durch seine eine Kirche.
Zu diesem Problem tragen den größeren Teil der Verantwortung unsere zwei älteren christlichen Kirchen, die römisch-katholische des Westens und die orthodoxe des Ostens, die mutig und mit Taten zur Einheit voranschreiten müssen.
Wir sind glücklich, daß unser Wort kein Monolog ist, sondern Dialog mit einem ehrwürdigen und geliebten Bruder, dem Papst von Rom Paul VI., des Apostels der Einheit und des Friedens.

143 10. Dezember 1966

Antworttelegramm Papst Pauls VI. an den Patriarchen Athenagoras (Original: französisch).

Seiner Heiligkeit Athenagoras I.
Ökumenischer Patriarch – Phanar

Von ganzem Herzen vereinen wir uns mit Eurer Heiligkeit in der Danksagung zum Herrn, der uns vergönnt hat, die Zeremonie der Versöhnung des letzten Jahres zu feiern. Möge er, der ist, der war und der kommen wird, bewirken, daß, nachdem die Vergangenheit durch sein Erbarmen geläutert ist, die Gegenwart und die Zukunft in voller Treue zu seinem Willen aufgebaut werden, uns in einer stets tieferen Gemeinschaft vereint zu sehen. Indem wir Eurer Heiligkeit danken, sprechen wir Ihnen wiederum unsere ganze brüderliche Liebe aus und wir versichern Sie unseres Gebetes für Sie selbst, Ihren Klerus und Ihre Gläubigen.

Paulus P. P. VI.

144 14. Dezember 1966

Brief Bischof Willebrands an den Patriarchen Athenagoras, um ihm für den bei seinem jüngsten Besuch im Phanar bereiteten Empfang zu danken (Original: französisch). Prot.-Nr. 2761/66.

Vatikanstadt, 14. Dezember 1966

Seiner Heiligkeit Athenagoras I.
Erzbischof von Konstantinopel und Ökumenischer Patriarch

Heiligkeit,
Ich will Eurer Heiligkeit unseren ganzen Dank ausdrücken für den so väterlichen Empfang, den Sie mir und Pater Duprey anläßlich unseres kürzlichen Besuches beim Ökumenischen Patriarchat bereiten wollten. Wir waren sehr gerührt über die vielfachen Zeichen väterlicher Liebe, die uns Eure Heiligkeit gegeben hat, und für die brüderliche Zuvorkommenheit, mit der uns die Metropoliten und anderen Würdenträger des Ökumenischen Patriarchats umgeben haben. Ich danke dem Herrn, der uns ein weiteres Mal diese Liebe erfahren ließ, und ich vertraue ihm die Wünsche an, die ich beim Herannahen der heiligen Weihnachtsfeste aus tiefstem Herzen für Eure Heiligkeit, Ihren Synod, Ihren Klerus und Ihre Gläubigen hege, indem ich das fleischgewordene Wort bitte, Sie mit seinem Licht und seiner Kraft zu erfüllen und Ihnen zu verleihen, daß Sie die großen Pläne, die Sie in Ihrem Herzen tragen, verwirklichen können.
Wollen Sie, Heiligkeit, den Ausdruck meiner Gefühle tiefer ehrfurchtsvollster Liebe in Christus Jesus, unserem Herrn entgegennehmen.

J. G. M. Willebrands

145 20. Februar 1967

Telegramm des Patriarchen Athenagoras an Papst Paul VI., worin er ihn zu seinen Bemühungen um den Frieden beglückwünscht (Original: französisch).

Seiner Heiligkeit Papst Paul VI.
Vatikanstadt

Von unserer Theologischen Schule von Chalki zurückgekehrt, wo wir uns eine Zeitlang ausgeruht haben, drücken wir Eurer ehrwürdigen geliebten Heiligkeit in tiefer Bewegung unseren Dank für das Geschenk und unsere herzliche Dankbarkeit für den Ausdruck Ihrer wiederholten Sympathien gegenüber unserer Kirche und Ihrem Bruder aus. Gleichzeitig erneuern wir unsere Glückwünsche für Ihre unermüdlichen Ermahnungen zugunsten des Weltfriedens, die, dessen sind wir sicher, zum Erfolg führen werden.

Patriarch Athenagoras

146 22. Februar 1967

Brief Kardinal Beas an den Patriarchen Athenagoras I., worin er ihm mitteilt, der Papst werde demnächst ein Dekret über die Ehe zwischen Katholiken und Orthodoxen veröffentlichen (Original: französisch). Prot.-Nr. 732/67.

Vatikanstadt, 22. Februar 1967

Seiner Heiligkeit Athenagoras I.
Erzbischof von Konstantinopel und Ökumenischer Patriarch

Heiligkeit,
Eine der kanonischen Regeln, die in der heiligen römisch-katholischen Kirche galten und von denen nur der Heilige Stuhl dispensieren konnte, erklärte die Ehe eines katholischen Gläubigen, die nicht vor einem katholischen Priester gefeiert wurde, für ungültig. Dieses Gesetz hatte ärgerliche Folgen im Fall einer Ehe zwischen einem katholischen und einem orthodoxen Gläubigen. Da diese Fälle immer häufiger vorkamen, hatte das Zweite Vatikanische Konzil entschieden, dieses Gesetz für die katholischen Orientalen, die einen orthodoxen Gläubigen heiraten, zu ändern. In zweijähriger Erfahrung zeigte es sich, daß diese Maßnahme zu schwerwiegenden Schwierigkeiten führen kann, da sie in diesem Punkt zwischen östlichen und westlichen Katholiken eine kanonisch verschiedene Situation schafft, und daß im Westen, wo eine immer größere Zahl von orthodoxen Gläubigen lebt, diese Ehefälle sich häufen.
Darum hat der Heilige Vater im Hinblick darauf, daß Katholiken und Orthodoxe in gleicher Weise die Ehe für ein von Christus, unserm Herrn eingesetztes Sakrament halten, entschieden, daß von nun an, wenn ein katholischer einen orthodoxen Gläubigen heiratet, die Ehe gültig ist, sofern sie vor einem Geistlichen gefeiert wird, ob es sich nun um einen katholischen oder um einen orthodoxen Priester handelt. Selbstverständlich sollen die Betreffenden den andern Rechtsvorschriften und der allgemeinen Regel Genüge leisten, daß ein katholischer Gläubiger normalerweise seine Ehe vor einem katholischen Priester feiern muß, doch macht, wie gesagt, die Nichtbeachtung dieser Regel die Ehe im Fall, daß sie vor einem orthodoxen Priester gefeiert wird, nicht mehr ungültig. Überdies hat der Heilige Vater bestimmt, daß in diesem Fall jeder katholische Bischof seine Gläubigen von dieser allgemeinen Regel entbinden und, falls nach seinem klugen Urteil dies am Platze ist, erlauben kann, daß die Ehe in der orthodoxen Kirche vor dem orthodoxen Priester geschlossen wird. Man hofft übrigens, daß in brüderlichen Kontakten der katholische Pfarrer und der orthodoxe Pfarrer dafür sorgen werden, daß die Ehe in die Register beider Pfarreien eingetragen wird.
Von diesen neuen kanonischen Bestimmungen erhofft sich der Heilige Vater, daß diese Ehefälle, die in der Vergangenheit oft zu Reibereien zwischen Katholiken und Orthodoxen Anlaß gaben, dies inskünftig nicht mehr tun, und daß zwischen katholischen und orthodoxen Bischöfen im gleichen Geist gegenseitigen Verstehens eine Zusammenarbeit zustandekommen kann, sowohl zur konkreten Anwendung dieser Anordnungen als auch um eine befriedigende Lösung in den Punkten zu finden, die auf diesem Gebiet noch Schwierigkeiten bereiten.
Es lag uns daran, Eure Heiligkeit sogleich über den Inhalt und Geist dieses Dekrets zu unterrichten, das am Samstag, dem 25. Februar, veröffentlicht und am kommenden 25. März, am Fest Mariä Verkündigung, in Kraft treten wird.
Ein Exemplar des lateinischen Wortlautes des Dekrets wird diesem Brief beigefügt.
Ich bitte Eure Heiligkeit, den Ausdruck meiner Gefühle ehrfurchtsvoller brüderlicher Liebe in Christus Jesus unserem Herrn entgegennehmen zu wollen.

Augustin Kardinal Bea

147 28. Februar 1967

Brief des Patriarchen Athenagoras an Kardinal Bea, worin er ihm den Besuch des Erzbischofs von Kreta in Rom ankündigt (Original: griechisch). Prot.-Nr. 101.

Eminenz, Herr Kardinal Augustin Bea, sehr geliebter Bruder in Christus, Gott, die Gnade und der Friede Gottes sei mit Eurer Eminenz.
Indem wir viele Gründe der Dankbarkeit sowohl im Namen unseres Heiligen Synods als auch von uns persönlich an Seine Heiligkeit, den Papst von Rom, Paul VI., unseren geliebten und geachteten Bruder haben, und da wir wünschen, außer durch Briefe auch durch Vertreter mit Seiner Heiligkeit in Verbindung zu kommen und ihr unseren Dank zum Ausdruck zu bringen, haben wir Seine Eminenz, den Erzbischof von Kreta, Eugenius, beauftragt, mit Begleitung nach Rom zu kommen und von Seiner Heiligkeit empfangen zu werden, um ihr die Wertschätzung der Kirche von Kreta und seines Volkes für die Rückgabe des heiligen Hauptes des heiligen Apostels Titus auszusprechen.
Dazu bitten wir Eure geliebte Eminenz, daß Sie sich mit Seiner Heiligkeit in Verbindung setze und für die Festsetzung des günstigen Tages und der Zeit dieses Besuches sorge und uns anschließend bekannt mache.
Von Rom aus will Seine Eminenz, der Erzbischof von Kreta, nach Venedig kommen, um seinen Dank auch Seiner Eminenz, dem Kardinal und Patriarchen Giovanni Urbani zum Ausdruck zu bringen.
Wir wiederholen unsere Glückseligkeit, die wir immer nach jeder Kommunikation mit Eurer unvergeßlichen Eminenz empfinden, und wir wünschen, daß wir Sie bei erster Gelegenheit wieder sehen. Wir umarmen Sie mit dem heiligen Kuß und verbleiben mit brüderlicher Liebe und besonderer Ehrenbezeugung.

Eurer Eminenz
geliebter Bruder in Christus
Der Patriarch von Konstantinopel Athenagoras
28. Februar 1967

148 18. März 1967

Brief Papst Pauls VI. an den Patriarchen Athenagoras zum Osterfest und zur Ankündigung der Neunzehnhundert-Jahr-Feier des Martyriums der heiligen Apostel Petrus und Paulus (Original: französisch).

Seiner Heiligkeit Athenagoras I.
Erzbischof von Konstantinopel und Ökumenischer Patriarch

Liebster Bruder in Christus,
Anläßlich dieser neuen Feier des Pascha des Herrn, den inneren Blick gerichtet auf den Vater der Herrlichkeit und „die außerordentliche Größe, die sich an uns, den Gläubigen erweist durch die Macht seiner Kraft, die er an der Person Christi erwiesen hat, indem er ihn von den Toten erweckt hat und im Himmel zu seiner Rechten thronen läßt“ (Eph 1, 19–20), ist unser Herz von Gefühlen der Bewunderung, Anbetung und des Dankes erfüllt. Diese Gefühle wünschen wir mit Eurer Heiligkeit zu teilen, da-

mit die eine gleiche Freude uns beseele in einer gemeinsamen Verbundenheit mit dem auferweckten Christus, der Grundlage unseres Glaubens (1 Kor 15, 17).
Dies zu tun ist für uns dieses Jahr umso angenehmer, als wir uns anschicken, die Neunzehnhundert-Jahr-Feier des Martyriums der beiden großen Glaubenszeugen, des heiligen Petrus und des heiligen Paulus zu feiern. In einem Brief, den wir kürzlich an die Bischöfe und Gläubigen unserer Kirche richteten, kündigten wir an, daß dieses Festjahr am nächsten 29. Juni, am Fest der beiden großen Apostelfürsten zu Rom beginnen wird. Wir sprachen unsere Hoffnung aus, daß diese Gedenkfeier in der ganzen Kirche vor allem in einem großen Akt des Glaubens zum Ausdruck komme, und wir baten sie, sich ihr anzuschließen, sind wir doch überzeugt, daß vielleicht mehr denn je die Welt von heute zuerst des Glaubens bedarf.
Wir möchten Ihnen, geliebter Bruder in Christus, von dieser Hoffnung und diesem Vertrauen Mitteilung machen, wissen wir doch, wie glühend die Verehrung ist, die Ihre Kirche den Heiligen Petrus und Paulus entgegenbringt und wie lebendig sie sich bewußt ist, daß „der Bau, der wir sind, zum Fundament die Apostel und die Propheten hat und zum Eckstein Christus Jesus selbst" (Eph 2, 20).
Wir möchten diesen glücklichen Anlaß auch nutzen, um Ihnen zu sagen, daß die Gräber der beiden Apostel Pilgerstätten sind, die allen Christen offenstehen, und daß wir vor allem während der 100-Jahr-Feier sehr glücklich sein werden, hier unsere Brüder aus dem Osten zu empfangen, die mit Ihren Gläubigen kommen möchten, um daselbst zu beten.
Wir vergessen nicht, daß Eure Heiligkeit am 25. März Ihren Geburtstag feiert, und wir versichern Ihnen, daß wir an diesem Tag Ihrer vor dem Herrn ganz besonders gedenken werden.
In diesen Gefühlen sprechen wir Eurer Heiligkeit wiederum unsere Gefühle ehrfurchtsvoller brüderlicher Liebe im auferweckten Christus, unserem Herrn aus.

Vatikanstadt, 18. März 1967
Paulus P. P. VI.

149 24. März 1967

Telegramm des Patriarchen Athenagoras an Papst Paul VI. zum Osterfest (Original: französisch).

Seiner Heiligkeit Papst Paul VI.
Vatikanstadt

Anläßlich des glorreichen Festes der Auferstehung des Herrn umarmen wir Eure geliebte Heiligkeit in brüderlicher Liebe und wünschen, daß das Licht und die Freude von Ostern sich in Überfülle über Eure achtungswerte Heiligkeit und das Pleroma Ihrer verehrten Kirche ergieße. Der auferweckte Herr lasse unseren Glauben und unsere Einheit weiterschreiten ad gloriam nominis sui.

Patriarch Athenagoras

150 7. April 1967

Brief Kardinal Beas an den Patriarchen Athenagoras betreffend den Besuch des Erzbischofs von Kreta in Rom (Original: französisch). Prot.-Nr. 1282/67.

Vatikanstadt, 7. April 1967

Seiner Heiligkeit Athenagoras I.
Erzbischof von Konstantinopel und Ökumenischer Patriarch

Heiligkeit,
Ich danke Eurer Heiligkeit für den Brief, den Sie am 28. Februar an mich gerichtet haben und der mich am 31. März erreicht hat. Dieser Brief brachte uns die freudige Botschaft, daß demnächst Seine Eminenz, Erzbischof Eugenios von Kreta, ein Vertreter Eurer Heiligkeit, nach Rom kommen wird.
Ich habe die Ankündigung dieses bevorstehenden Besuchs sogleich dem Heiligen Vater mitgeteilt; er hat sich darüber gefreut. Da der Monat April Fastenzeit und der Beginn des Monats mit verschiedenen Besuchen und Versammlungen stark beladen ist, würde die Woche vom 21. bis 28. Mai für den Besuch seiner Eminenz, des Erzbischofs von Kreta, am besten passen, und die Begegnung mit dem Heiligen Vater könnte entweder an einem der drei ersten Tage dieser Woche (Montag, Dienstag oder Mittwoch) oder an den beiden letzten (Freitag oder Samstag) stattfinden.
Im voraus freuen wir uns, diesen geliebten Bruder als unseren Gast zu empfangen, und ich wäre ihm dankbar, wenn er uns zu gewünschter Zeit das Datum und die Stunde seiner Ankunft wissen ließe, damit ich die notwendigen Vorkehrungen treffen kann.
Indem wir Eurer Heiligkeit sowohl für Ihren Brief als auch für den angekündigten Besuch danken, bitten wir Sie, den Ausdruck unserer Gefühle ehrfurchtsvoller tiefer Liebe in Christus unserem Heiland entgegenzunehmen.

Augustin Kardinal Bea

151 11. April 1967

Telegramm des Patriarchen Athenagoras an Papst Paul VI. zur Veröffentlichung des Rundschreibens „Populorum progressio" (Original: französisch).

Seiner Heiligkeit Papst Paul VI.
Vatikanstadt

Die letzte berühmte Enzyklika „Populorum progressio" Eurer Heiligkeit hat hier einen überaus tiefen Eindruck und uns stolz gemacht, durch dieses historische Ereignis zu sehen, daß Eure Heiligkeit alle Menschen einlädt, eine Welt der Brüderlichkeit und der Freundschaft zu bilden zum Glück der Menschheit. Darum sprechen wir voll des Glaubens unserem ehrwürdigen Bruder warme Gratulationen und gute Wünsche für seine kostbare Gesundheit aus.

Patriarch Athenagoras

152 13. April 1967

Antworttelegramm Papst Pauls VI. an den Patriarchen Athenagoras (Original: französisch).

Seiner Heiligkeit Patriarch Athenagoras I.
Phanar

Die Aufnahme, die Eure Heiligkeit unserer jüngsten Enzyklika „Populorum progressio“ bereiten will, rührt uns tief, und wir danken Ihnen für die so herzlichen Worte Ihrer Botschaft. Gott möge unsere Bemühungen für eine brüderlichere Welt Frucht bringen lassen und Eure Heiligkeit mit seinen besten Segnungen überhäufen.

Paulus P. P. VI.

153 29. April 1967

Telegramm des Patriarchen Athenagoras als Antwort auf den Brief Papst Pauls VI. vom 18. März (Original: französisch).

Seine Heiligkeit Papst Paul VI.
Vatikanstadt

Tief beeindruckt vom Brief Eurer geliebten ehrwürdigen Heiligkeit vom 18. März haben wir unseren Dank auf den Vorabend der Auferstehung des Herrn aufgespart, um Ihnen mit unserm Dank das Bedürfnis nach Ihren Gebeten auszusprechen. In einigen Tagen wird Eure Heiligkeit eine vollständige Antwort haben.

Patriarch Athenagoras

154 2. Mai 1967

Brief Kardinal Beas an den Patriarchen Athenagoras, worin er ihm den Besuch P. Dupreys ankündigt, der beauftragt ist, ihm Informationen über die Tätigkeit des Sekretariates zu geben (Original: französisch). Prot.-Nr. 1605/67.

Vatikanstadt, 2. Mai 1967

Seiner Heiligkeit Athenagoras I.
Erzbischof von Konstantinopel und Ökumenischer Patriarch

Heiligkeit,
Der hochwst. Pater Pierre Duprey soll sich demnächst nach Istanbul begeben, um an der Versammlung des Exekutivkomitees des Instituts für theologische Forschungen zu Jerusalem teilzunehmen. Ich wäre glücklich, wenn ihm bei dieser Gelegenheit eine Audienz gewährt werden könnte, worin er Eure Heiligkeit über verschiedene Aspekte der neueren Tätigkeit unseres Sekretariates unterrichten könnte.
Ich bin glücklich, diese Gelegenheit zu nutzen, um Eurer Heiligkeit anläßlich des lichtvollen Festes der Auferstehung unseres Herrn alle meine besten Wünsche zu erneuern und Sie zu bitten, den Ausdruck meiner Gefühle sehr ehrfurchtsvoller und brüderlicher Liebe in Christus Jesus entgegenzunehmen.

Augustin Kardinal Bea

155 15. Mai 1967

Brief des Patriarchen Athenagoras an Papst Paul VI. als Antwort auf dessen Brief vom 18. März (Original: griechisch). Prot.-Nr. 381.

Paul, dem seligsten und heiligsten Papst des Alten Rom, Gruß im Herrn.
Wie wir auch telegraphisch zu gegebener Zeit und mit Freude Eurer sehr geliebten und ehrwürdigen Heiligkeit mitteilten, haben wir mit Freude die kostbaren brüderlichen Briefe Eurer geehrten Heiligkeit vom 18. März d. J. erhalten, sie persönlich und in der ersten Sitzung unseres Heiligen Synods nach Ostern gelesen; darin machte Sie uns anläßlich der diesjährigen Feier des heiligen Osterfestes Ihrer Gefühle der Bewunderung, der Verehrung und der Dankbarkeit dem Vater der Herrlichkeit gegenüber, der den Herrn von den Toten auferweckt und zu seiner Rechten gesetzt hat, teilhaftig und berichtete zugleich von der eingesetzten Vorbereitung für die diesjährige besonders festliche Feier des 1900jährigen Tages des Martyriums der zwei Erzapostel Petrus und Paulus, die in Rom am 29. des kommenden Monats Juni, am Tag des Gedächtnisses der zwei Apostel, beginnen wird.
In Beantwortung Eurer ehrwürdigsten Heiligkeit danken wir wiederum für diese Briefe, und mit Freude teilen wir Ihr mit, daß wir auch pflichtgemäß bei dieser Feier mit unserer heiligen Kirche teilnehmen, die ganz besonders die Kämpfe und das Martyrium der zwei großen Apostel, Märtyrer des Glaubens, verehrt und auszeichnet, und daß wir zu gegebener Zeit eine patriarchalische Delegation schicken werden, um den in Rom stattfindenden Feierlichkeiten beizuwohnen, worüber wir Sie rechtzeitig informieren werden.
Möge unser Gott, durch die Fürbitten der Märtyrer, Erstfürsten seiner heiligen Kirche, die er durch sein Blut erkaufte, beistehen, die Jahre Eurer ehrwürdigen Heiligkeit vermehren und Sie bestärken bei Ihrer erzhierarchischen und weltgeschichtlichen Diakonie.
Wir umarmen Eure Heiligkeit mit heiligem Kuß und verbleiben mit brüderlicher Liebe und besonderer Ehrenbezeugung,

Eurer ehrwürdigsten Heiligkeit
geliebter Bruder in Christus
Der Patriarch von Konstantinopel Athenagoras
15. März 1967

156 23. Mai 1967

Ansprache des Erzbischofs von Kreta, Eugenius, während seiner Begegnung mit Papst Paul VI. (Original: griechisch).

Heiligkeit,
In tiefster Rührung kommen wir vor Eure Heiligkeit gemeinsam mit unserem Bruder, seiner Exzellenz, dem Metropoliten von Hierapytnis und Siteias, Photios Chatzakis, damit wir in hohem Auftrag Ihnen den herzlichen brüderlichen Gruß und den herzlichen Dank unseres Ökumenischen Patriarchen Athenagoras überbringen, und zugleich sind wir verpflichtet, Ihnen mit Ehrfurcht unsere persönliche immerwährende Dankbarkeit zu übermitteln wie auch die des ganzen Klerus und des Volkes der Kirche von Kreta wegen der Rückgabe des kostbaren Hauptes des heiligen Titus, des ersten Bischofs von Kreta, von seiner Eminenz, Kardinal Giovanni Urbani, dem Patriarchen von Venedig nach der Zustimmung Eurer ehrwürdigen Heiligkeit.
Deshalb sind wir, nach Ihnen, sowohl der berühmten Stadt und der ehrwürdigen Kirche von Venedig zutiefst dankbar, die drei Jahrhunderte lang in ihrer patriarchalischen Kirche des heiligen Markus das kostbare Haupt des ersten Bischofs und Schutzpatrons

unserer Insel aufbewahrt und ehrfürchtig geehrt hat, als auch dem würdigen Vorgesetzten dieser Kirche, der in brüderlicher Liebe die durch meine Wenigkeit ausgesprochene Bitte der Kirche von Kreta akzeptiert hat und uns diesen Schatz unserer Liebe und unserer Frömmigkeit, der kostbarer ist als Edelsteine und besser als Gold, zurückgegeben hat. Die Wiederkehr dieses Hauptes vor einem Jahr aus Venedig nach Herakleion, dem heiligen Sitz der Kirche von Kreta, wurde vom ganzen Volk mit seelischer Genugtuung, heiliger Ergriffenheit und gemeinsamem Gebet von Katholiken und Orthodoxen in der heiligen Kirche des heiligen Titus gefeiert.

Aber unsere Herzen, Heiliger Vater, sind von unsagbarer Freude erfüllt auch wegen der freudigen Tatsache, daß die Rückgabe und Rückkehr des kostbaren Hauptes des heiligen Titus an das Erzbistum von Kreta, in dem er als Bischof durch den Völkerapostel Paulus eingesetzt wurde und das er durch seine Lehre, seine Werke und seinen Tod geheiligt hat, nicht nur eine freundliche, besondere Geste der ehrwürdigen Kirche des Alten Rom an die Kirche des Neuen Rom bedeutet, deren Teil und Glied das heilige Erzbistum von Kreta seit Jahrhunderten ist, sondern sie bestätigt die große Bemühung, die von den beiden älteren Kirchen unternommen wird zur Schaffung und Entfaltung des Dialogs der Liebe, für das Vergessen der Vergangenheit, zur Verständigung und Zusammenarbeit bei den gegenwärtigen sozialen Problemen und der Vorbereitung des theologischen Dialogs mit dem objektiven Ziel der Rückkehr, wann der Herr es erlaubt, in die Zeit vor dem Jahre 1054, als die beiden Kirchen mit dem gemeinsamen Kelch des makellosen Leibes und des kostbaren Blutes unseres Erlösers Jesus Christus lebten.

Diese neue Periode des Vorwärtsschreitens in die Welt unserer beiden Schwesterkirchen, die Periode der Liebe, der gleichwertigen Einheit und Koexistenz, wurde vom unvergeßlichen und seligsten Papst Johannes XXIII., aber auch von Eurer Heiligkeit und von Ihrem geliebten Bruder, dem Vorgesetzten der östlichen Kirche, unserem Ökumenischen Patriarchen Athenagoras I., eröffnet und wird weiterhin gefördert durch die evangelischen Worte, die großmütigen Taten und die geschätzten Bemühungen beider, bestärkt in der Gnade Jesu Christi.

Diese reine und geschätzte Diakonie Eurer Heiligkeit und Seiner Heiligkeit akzeptieren wir mit Dankbarkeit und wir, die Hierarchen von Kreta, unser Klerus und das fromme Volk, würdigen sie und bescheiden arbeiten und beten wir mit Ihnen zusammen, daß der Herr Ihre Bemühungen reichlich segne, damit es Ihnen gelinge, daß Sie Ihre guten Wünsche für Seine Kirche und für den Frieden, für die Gerechtigkeit und das Wohl der Menschen verwirklicht sehen, zum Wohle der Welt und zur Ehre Gottes, des Vaters und des Sohnes und des Heiligen Geistes.

Ehrfürchtig danken wir herzlich Eurer ehrwürdigen Heiligkeit auch für diese ehrenhafte Begegnung und den herzlichen Empfang und wir erbitten mit Ehrfurcht Ihre gottgenehmen Wünsche und Segen für die Kirche von Kreta und für uns und wir wünschen, daß Ihre Jahre zahlreich und von Gott gesegnet seien.

Abschließend bitten wir, daß Sie dieses kunstvolle Triptychon byzantinischer Kunst als Geschenk des Erzbistums von Kreta an Eure ehrwürdigste Heiligkeit und als Zeichen unserer tiefsten Achtung, Liebe und Dankbarkeit annehmen.

157 24. Mai 1967

Telegramm des Patriarchen Athenagoras an Papst Paul VI., um ihm für den dem Erzbischof von Kreta bereiteten Empfang zu danken (Original: französisch).

Seiner Heiligkeit Papst Paul VI.
Vatikanstadt

Der väterliche Empfang der Delegation von Kreta durch Eure verehrungswürdige geliebte Heiligkeit hat uns sehr gerührt. Sehr glücklich sprechen wir Ihnen unseren tiefen Dank aus.

Patriarch Athenagoras

158 28. Mai 1967

Antworttelegramm Papst Pauls VI. an den Patriarchen Athenagoras (Original: französisch).

Seiner Heiligkeit Athenagoras I.
Ökumenischer Patriarch – Phanar

Sehr gerührt über die herzliche Botschaft, die Eure Heiligkeit anläßlich des Besuchs des Erzbischofs von Kreta an uns richtet, sind wir glücklich, Ihnen unsere Freude über diesen brüderlichen Kontakt auszusprechen.

Paulus P. P. VI.

159 2. Juni 1967

Brief Kardinal Beas an den Patriarchen Athenagoras anläßlich der Übersendung des Ökumenischen Direktoriums (Original: französisch). Prot.-Nr. 3046/67.

Vatikanstadt, 2. Juni 1967

Seiner Heiligkeit Athenagoras I.
Erzbischof von Konstantinopel und Ökumenischer Patriarch

Heiligkeit,
Um in der katholischen Kirche die Anwendung des Konzilsdekretes über den Ökumenismus zu fördern, hat seine Heiligkeit Papst Paul VI. das vorliegende Direktorium approbiert und mit seiner Autorität bekräftigt, das von den zu Vollversammlungen vereinten Bischöfen und weiteren Mitgliedern unseres Sekretariates ausgearbeitet worden ist. Der Heilige Vater hat angeordnet, daß es veröffentlicht werde und daß diese neuen Weisungen Rechtskraft erhielten, während die alten Normen, die ihnen widersprechen sollten, aufgehoben würden. Diese Weisungen, die dazu bestimmt sind, die katholischen Gläubigen in ihren Kontakten mit ihren christlichen Brüdern zu lenken, sind vom Bemühen um Wahrheit und nach Respektierung der andern, namentlich der ehrwürdigen orthodoxen Kirchen inspiriert, mit denen wir so tief verbunden sind. Sie wollen der heutigen Situation entsprechen und sind gleichzeitig offen für die Entwicklungen, die der Geist uns erleben lassen wird.
Wie Eure Heiligkeit feststellen wird, besteht man in diesem Direktorium wiederholt darauf, daß die neuen Möglichkeiten, die es bietet, im Einvernehmen mit der entsprechenden orthodoxen Autorität angewandt werden.
Wir haben Eurer Heiligkeit dieses erste Direktorium direkt zukommen lassen wollen, um unseren Wunsch zu bezeigen, daß die Zusammenarbeit zwischen unseren Kirchen sich vertiefe und sich auf sämtlichen Ebenen ihres Lebens vertiefe.

Wollen Sie, Heiligkeit, den Ausdruck meiner Gefühle ehrfurchtsvoller und brüderlichster Liebe in Christus Jesus entgegennehmen.

Augustin Kardinal Bea

160 7. Juni 1967

Brief des Patriarchen Athenagoras an Papst Paul VI., worin er ihm mitteilt, daß eine patriarchalische Delegation zu den Feierlichkeiten des 1900. Jahrestages des Martyriums der Apostel Petrus und Paulus in Rom kommen wird (Original: griechisch). Prot.-Nr. 381.

Paul, dem seligsten und heiligsten Papst des Alten Rom, Gruß im Herrn.
Im Anschluß an unseren brüderlichen Brief vom 15. des vergangenen Monats an Eure sehr geliebte und geehrte Heiligkeit teilen wir Ihnen gerne mit, daß bei der Eröffnung der festlichen Feier des 1900. Jahrestages des Martyriums der zwei heiligen höchsten Apostel Petrus und Paulus, die am 29. des kommenden Monats, am Tag ihres Gedächtnisses, stattfindet, die Eminenzen, Metropoliten Chrysostomos von Austria und Chrysostomos von Myra und der ehrwürdige Archimandrit Gennadios Zerbos, unsere heilige Kirche und uns persönlich vertreten werden; sie werden nach Rom kommen, an dem Tag, den sie dem Einheitssekretariat mitteilen werden.
Wir danken wiederum Eurer ehrwürdigen Heiligkeit sehr, wir umarmen Sie im heiligen Kuß und verbleiben mit brüderlicher Liebe und besonderer Ehrenbezeugung,

Eurer ehrwürdigen Heiligkeit
geliebter Bruder in Christus
Der Patriarch von Konstantinopel Athenagoras
7. Juni 1967

161 14. Juni 1967

Dankesbrief des Patriarchen Athenagoras an Kardinal Bea für die Zusendung des Textes des Ökumenischen Direktoriums (Original: griechisch). Prot.-Nr. 589.

Eminenz, Herr Kardinal Augustin Bea, sehr geliebter und geehrter Bruder in Christus, Gott, die Gnade und der Friede Gottes sei mit Eurer Eminenz.
Wir haben den Brief Eurer geehrten Eminenz vom 2. dieses Monats, Prot.-Nr. 3046/67, erhalten und in der Sitzung unseres Heiligen Synods gelesen, womit Sie uns den Text des vom Einheitssekretariat unter Ihrem Vorsitz erstellten Ökumenischen Direktoriums geschickt haben, zur Förderung und Durchführung des Ökumenismusdekretes des Zweiten Vatikanischen Konzils.
Indem wir Eurer Eminenz für den Brief und für die Zusendung des Ökumenischen Direktoriums danken, teilen wir Ihnen mit, daß diese unserer Kommission für Ökumenische Fragen zum Studium übergeben wurden. Wir umarmen Sie im heiligen Kuß und verbleiben mit brüderlicher Liebe und besonderer Ehrenbezeugung,

Eurer Eminenz
geliebter Bruder in Christus
Der Patriarch von Konstantinopel Athenagoras
14. Juni 1967

162 20. Juni 1967

Brief Kardinal Beas an den Patriarchen Athenagoras zur bevorstehenden Romreise der patriarchalischen Mission (Original: französisch). Prot.-Nr. 3270/67.

Vatikanstadt, 20. Juni 1967

Seiner Heiligkeit Athenagoras I.
Erzbischof von Konstantinopel und Ökumenischer Patriarch

Heiligkeit,
Gleich nach Erhalt Ihres Briefes habe ich dem Heiligen Vater den für ihn bestimmten Brief übergeben.
Der Heilige Vater hat uns wissen lassen, daß in diesem Antwortschreiben auf seine Osterbotschaft Eure Heiligkeit ihm ankündigt, daß eine Delegation des Ökumenischen Patriarchates nach Rom kommt, um an den Feierlichkeiten teilzunehmen, welche die Eröffnung des Jahres der 1900-Jahr-Feier des Martyriums der heiligen Apostel Petrus und Paulus auszeichnen. Wir wären sehr glücklich, diese Delegation zu empfangen, und ich beeile mich, Eurer Heiligkeit das Programm dieser Feierlichkeiten vom 28., 29. und 30. Juni zukommen zu lassen. Wir erwarten, daß die Gesandten Eurer Heiligkeit uns die Stunde und das Datum ihrer Ankunft wissen lassen, damit wir die nötigen Vorkehrungen zu ihrem Empfang treffen können.
Ich bitte Eure Heiligkeit, den Ausdruck meiner brüderlichen und tief ehrfürchtigen Liebe in Christus Jesus unserem Herrn entgegennehmen zu wollen.

Augustin Kardinal Bea

163 21. Juni 1967

Glückwunschtelegramm des Patriarchen Athenagoras an Papst Paul VI. zum Jahrestag seiner Thronbesteigung (Original: französisch).

Seiner Heiligkeit Papst Paul VI.
Vatikanstadt

Zum Jahrestag der Inthronisation Eurer ehrwürdigen Heiligkeit schätzen wir uns glücklich, Ihnen herzliche Gratulationen zu entbieten und dauerhafte Gesundheit während langer, glorreicher Jahre zu wünschen.

Patriarch Athenagoras

164 22. Juni 1967

Telegramm Papst Pauls VI. an den Patriarchen Athenagoras, um ihm für die Entsendung einer Delegation zu den Feiern der 1900-Jahr-Feier des Martyriums der heiligen Apostel Petrus und Paulus zu danken (Original: französisch).

Seiner Heiligkeit Athenagoras I.
Ökumenischer Patriarch – Phanar

Wir danken Eurer Heiligkeit aus tiefstem Herzen für die Entsendung einer Delegation an die Eröffnungsfeiern des Jubiläumsjahres des Martyriums der Heiligen Petrus und Paulus und wir versichern Ihnen, daß wir Ihre Vertreter mit Freude und christlicher Liebe empfangen werden. Wir sprechen Ihnen wiederum unsere tiefe Liebe im Herrn aus.

Paulus P. P. VI.

165 23. Juni 1967

Glückwunschtelegramm des Patriarchen Athenagoras an Papst Paul VI. zu dessen Namensfest (Original: französisch).

Seiner Heiligkeit Papst Paul VI.
Vatikanstadt

Ein weiterer beglückender Anlaß für den Bruder Eurer geliebten, tief verehrten Heiligkeit: Ihr Namensfest. Darum gratulieren wir Ihnen mit unserem Heiligen Synod in großer Freude und wünschen Ihnen, daß Sie diesen Tag während langer Jahre feiern können, zum Glück der Kirche.

Patriarch Athenagoras

166 23. Juni 1967

Telegramm Papst Pauls VI. an den Patriarchen Athenagoras, um ihm für seine Glückwünsche zu danken (Original: französisch).

Seiner Heiligkeit Athenagoras I.
Ökumenischer Patriarch – Phanar

Sehr gerührt über die brüderlichen Wünsche Eurer Heiligkeit danken wir Ihnen dafür von ganzem Herzen und sprechen Ihnen wiederum unsere tiefe Gebetsvereinigung in Christus Jesus aus.

Paulus P. P. VI.

167 28. Juni 1967

Telegramm des Patriarchen Athenagoras an Papst Paul VI., worin er sich der Neunzehnhundertjahrfeier des Martyriums der großen und glorreichen gemeinsamen heiligen Apostel Petrus und Paulus anschließt (Original: französisch).

Seiner Heiligkeit Papst Paul VI.
Vatikan

In Gedanken teilnehmend an der Neunzehnhundertjahrfeier des Martyriums der großen und glorreichen gemeinsamen heiligen Apostel Petrus und Paulus und an der Weihe dieses Jahres, das das Wohlwollen des Herrn uns gewährt zur Befestigung in der Tugend des Glaubens, die Millionen von Seelen zum Bekenntnis des Namens und der Gnade des Herrn beseelt, beten wir mit Eurer geliebten Heiligkeit inständig für die heilige Kirche Christi, den Klerus und die Gläubigen und für die Festigung des Friedens auf der Welt. Der Allerhöchste gewähre Eurer ehrwürdigen Heiligkeit und unseren Kirchen durch die Fürsprache der beiden Glaubenshelden den ersehnten Tag unserer Begegnung im gemeinsamen Brotbrechen und im selben Kelch. Indem wir mit Freude Eurer lieben Heiligkeit danken, umarmen wir Sie in Christus.

Patriarch Athenagoras

168 29. Juni 1967

Danktelegramm Papst Pauls VI. an den Patriarchen Athenagoras (Original: französisch).

Seiner Heiligkeit Patriarch Athenagoras I.
Phanar

Die Wünsche Eurer Heiligkeit und Ihres Heiligen Synods sind für uns eine kostbare Bestärkung, und indem wir Ihnen dafür danken, bitten wir den Herrn, Sie mit seiner Gnade zu überhäufen.

Paulus P. P. VI.

169 29. Juni 1967

Brief des Patriarchen Athenagoras an Kardinal Bea, worin er ihm für die Information anläßlich der Feier des neunzehnhundertsten Jahrestages der heiligen Apostel Petrus und Paulus dankt (Original: griechisch). Prot.-Nr. 638.

Eminenz, Herr Kardinal Augustin Bea, geliebter und geschätzter Bruder in Christus, Gott, die Gnade und der Friede Gottes sei mit Eurer Eminenz.
Mit Freude haben wir den Brief Eurer sehr geliebten und geehrten Eminenz vom 20. dieses Monats erhalten, womit Sie uns das Programm der Eröffnungsfeier des neunzehnhundertsten Jahrestages des Martyriums der heiligen höchsten Apostel Petrus und Paulus übersandt haben.
Indem wir Eurer geschätzten Eminenz für die Zusendung dieses Programms sehr danken und zu dieser gemeinsamen Feier der gemeinsamen Märtyrer unseres Glaubens gratulieren mit dem Wunsch, daß wir eines Tages auch zum gemeinsamen Kelch des Herrn gelangen, erbitten wir von Gott, daß Ihre Jahre zahlreich, gesund und erlöst sind und verbleiben mit brüderlicher Liebe und besonderer Ehrenbezeugung,

Eurer Eminenz
geliebter Bruder in Christus
Der Patriarch von Konstantinopel Athenagoras
29. Juni 1967

170 4. Juli 1967

Telegramm Papst Pauls VI. an den Patriarchen Athenagoras, um ihm für die Anwesenheit seiner Delegation an den Neunzehnhundertjahrfeiern der heiligen Apostel Petrus und Paulus zu danken (Original: französisch).

Seiner Heiligkeit Athenagoras I.
Ökumenischer Patriarch
Phanar

Die Beteiligung der von Eurer Heiligkeit entsandten Delegation an den Festen der Neunzehnhundertjahrfeier des Martyriums der beiden Apostelfürsten war eine Freude für unsere ganze Kirche. Möge der im Lauf der Liturgie ausgetauschte Friedenskuß ein Vorzeichen der Konzelebration sein, die eines Tages die Frucht der vollen Einheit sein wird, deren Herstellung in der vollkommenen Treue zum Willen des Herrn wir sosehr herbeisehnen. Wir sprechen Eurer Heiligkeit wiederum unsere tiefe brüderliche Liebe in Christus aus.

Paulus P. P. VI.

171 13. Juli 1967

Botschaft, die Papst Paul VI. dem Patriarchen Athenagoras überbringen ließ, um ihm seine Absicht anzukündigen, ihn im Phanar zu besuchen (Original: französisch).

Paul VI.
hat die Absicht, sich nach Istanbul zu begeben, um dort dem Patriarchen Athenagoras einen brüderlichen offiziellen Besuch zu machen
um dort die Bande des Glaubens, der Liebe, der Freundschaft, die ihn mit ihm verbinden, zu verstärken
zum Andenken an die Begegnung von Jerusalem und in Dankbarkeit dafür, daß der Patriarch wiederholt seine Vertreter nach Rom entsandt hat
um ihn zu bitten, sich geistig mit der Zentenarfeier der heiligen Apostel Petrus und Paulus zu vereinigen.
Paul VI.
möchte auch den Wunsch ausdrücken, daß das Studium für die Wiederherstellung einer vollkommenen Gemeinschaft zwischen der orthodoxen Kirche und der katholischen Kirche, unter der Führung des Heiligen Geistes und in der Absicht, das Gebot Christi der Liebe in der Einheit und Wahrheit zu erfüllen, in Abgeklärtheit unternommen und zur Ehre Gottes und zum Wohl seiner ganzen Kirche weitergeführt werden könne.
Er bittet also den Patriarchen Athenagoras, ihm angeben zu wollen, welches nach seiner Ansicht die besten Wege sind, um ein so schwer zu erreichendes, aber sehr heiliges Ziel redlich zu erreichen.
Dieser Besuch schließt keinerlei Entscheidung in sich, sondern will bloß ein Zeichen der Hochachtung und Liebe sein, die der Bischof von Rom, das Haupt der katholischen Kirche, gegenüber dem großen verehrten Patriarchen hegt.
Er will die gemeinsame Hoffnung auf die christliche Brüderlichkeit zwischen den Kirchen und auf den Frieden in der Welt bestärken.

Der Besuch ist vorgesehen für den Nachmittag des 25. Juli, Fest des heiligen Apostels und Blutzeugen Jakobus; die dazu notwendigen Genehmigungen der Behörden sind erteilt worden.
Falls ein solcher Besuch genehm ist, müßte man mit dessen Ankündigung bis zum Samstag, den 15. Juli 1967, um zwölf Uhr, zuwarten.

Vatikanstadt, 13. Juli 1967
In nomine Domini

172 25. Juli 1967

Ansprache Papst Pauls VI. in der Kathedrale des Phanars anläßlich seines Besuches beim Patriarchen Athenagoras (Original: französisch).

Vor nun etwas mehr als drei Jahren schenkte uns Gott in seiner unendlichen Güte, daß wir uns im Heiligen Land begegneten, wo Christus seine Kirche gegründet und sein Blut für sie vergossen hat. Wir waren beide als Pilger dorthin gekommen, wo das glorreiche Kreuz unseres Erlösers aufgerichtet wurde, von wo er „von der Erde erhöht, alles an sich zieht" (Joh 12, 32).
Heute ist es die gleiche Liebe zu Christus und seiner Kirche, die uns – von neuem als Pilger – in dieses edle Land führt, wo die Nachfolger der Apostel sich einst im Heiligen Geist versammelten, um den Glauben der Kirche zu bezeugen. Wir erinnern hier an die vier großen Ökumenischen Konzilien von Nikäa, Konstantinopel, Ephesus und Chalkedon, die von den Vätern sogar mit den vier Evangelien verglichen wurden. Es waren die ersten Male, da sie einander begegneten, aus der ganzen christlichen Welt von damals herkommend. Beseelt von ein und derselben Bruderliebe haben sie unserem Glauben einen Ausdruck gegeben, dessen Reichtum und Dichte noch heute den Glauben und die liebende Betrachtung aller Christen nähren.
Liegt nicht ein Zeichen für die göttliche Vorsehung darin, daß diese Pilgerreise für uns die erwünschte Gelegenheit ist, das Auf Wiedersehen zu verwirklichen, das wir zu Jerusalem wechselten, nachdem Eure Heiligkeit uns gesagt hatte: „Wir haben einander zu treffen gesucht und dabei miteinander den Herrn gefunden?"
Liegt das Geheimnis unserer Begegnung, des fortschreitenden Einander-Wiederfindens unserer Kirchen nicht in diesem unablässigen Suchen nach Christus, in der Treue zu Christus, die uns in ihm konvergieren läßt? Zu Beginn des Jahres, an dem wir die Neunzehnhundertjahrfeier des erhabensten Glaubenszeugnisses der Apostel Petrus und Paulus feiern, kommen wir wieder zusammen, um von neuem den Kuß der Bruderliebe auszutauschen, und zwar da, wo unsere Väter im Glauben zusammengekommen sind, um wie aus einem Herzen die heilige unteilbare, wesensgleiche Dreifaltigkeit zu bekennen.
Im Licht unserer Liebe zu Christus und unserer Bruderliebe entdecken wir die tiefe Identität unseres Glaubens noch mehr, und die Punkte, worin wir noch auseinandergehen, dürfen uns nicht hindern, diese tiefe Einheit wahrzunehmen. Auch hierin übrigens muß uns die Liebe behilflich sein, wie sie Hilarius und Athanasius zur Zeit, da schwerwiegende Differenzen den Episkopat spalteten, behilflich war, über die Unterschiedlichkeiten des Vokabulars hinweg die Identität des Glaubens wahrzunehmen. Verteidigte nicht der heilige Basilius in seiner Hirtenliebe den wahren Glauben an den Heiligen Geist, indem er es vermied, sich gewisser Worte zu bedienen, die, so zutreffend sie auch sein mochten, doch für einen Teil des christlichen Volkes

zu Ärgernis Anlaß geben konnten? Und war der heilige Cyrill von Alexandrien nicht 433 damit einverstanden, seine so schöne Theologie beiseitezulassen, um mit Johannes von Antiochien Frieden zu schließen, nachdem feststand, daß trotz unterschiedlicher Ausdrucksweisen ihr Glaube der gleiche war?

Ist das nicht ein Gebiet, auf dem der liebende Dialog mit Nutzen vor sich gehen kann, indem er viele Hindernisse wegräumt und Wege zur vollen Glaubensgemeinschaft in der Wahrheit eröffnet? Sich in der Verschiedenheit und Treue einig zu finden, kann nur das Werk des Geistes der Liebe sein. Zwar ist die Einheit im Glauben für die volle Gemeinschaft erfordert, aber die Verschiedenheit der Gepflogenheiten ist nicht ein Hindernis, im Gegenteil. Sagte nicht der heilige Irenäus, „der seinen Namen zu Recht trug, denn er war dem Namen und dem Verhalten nach ein Friedensstifter" (Eusebius, Hist. Eccl., V, 24, 18), die Verschiedenheit der Bräuche „bestätige den Übereinklang des Glaubens" (aaO. 13)? Und der große Lehrer der Kirche Afrikas, Augustinus, erblickte in der Verschiedenheit der Bräuche einen der Gründe für die Schönheit der Kirche Christi (14 Ep. 32).

Die Liebe läßt uns der Tiefe unserer Einheit besser bewußt werden, gleichzeitig aber läßt sie umso schmerzlicher empfinden, daß es heute noch unmöglich ist, diese Einheit zu einer Konzelebration zu entfalten, und sie spornt uns an, alles zu unternehmen, um den Anbruch dieses Tages des Herrn zu beschleunigen. Wir sehen so klarer, daß den Häuptern der Kirchen, ihrer Hierarchie die Pflicht obliegt, die Kirchen auf den Weg zu bringen, der zur vollen Gemeinschaft zurückführt. Sie müssen dies tun, indem sie einander als Hirten des ihnen von Christus anvertrauten Teils der Herde anerkennen und achten, für den Zusammenhang und das Wachstum des Gottesvolkes Sorge tragen und alles vermeiden, was es auseinandersprengen oder Verwirrung in es hineinbringen könnte. So können wir schon jetzt, und zwar gerade durch dieses Bemühen, ein wirksameres Zeugnis für den Namen Christi ablegen, der gewollt hat, daß wir eins seien, damit die Welt glaube.

Die Liebe ist das Lebensmilieu, das zur Entfaltung des Glaubens notwendig ist, und die Gemeinschaft im Glauben ist die Vorbedingung für die volle Manifestation der Liebe, die in der Konzelebration zum Ausdruck kommt.

Möge der Herr, der uns zum zweiten Mal gewährt, den Kuß seiner Liebe auszutauschen, uns erleuchten und unsere Schritte und Bemühungen diesem sosehr herbeigesehnten Tag entgegenleiten. Er gebe uns, daß wir mehr und mehr einzig von der Sorge beseelt sind, das, was er von der Kirche will, treu zu erfüllen; er gewähre uns das lebendige Gespür für das eine Notwendige, dem alles Übrige untergeordnet oder geopfert werden muß. In dieser Hoffnung umarmen wir Sie mit „ungeheuchelter Liebe" (Röm 12, 9) in einem heiligen Kusse (Röm 16, 16).

173 25. Juli 1967

Ansprache des Patriarchen Athenagoras in der Patriarchalkirche im Phanar, in der er Papst Paul VI. empfing (Original: griechisch).

Heiligster und sehr geliebter Bruder in Christus,

Dank sei Gott, dem Schöpfer der Herrlichkeiten, der uns heute gewürdigt hat, gemeinsam mit unserer Hierarchie, dem Klerus und dem Volk, in großer Liebe und höchster Ehrenbezeugung, Eure sehr geliebte und ehrwürdige Heiligkeit zu empfangen, wobei auch unsere heiligen Brüder, die Vorgesetzten der örtlichen heiligen orthodoxen autokephalen Kirchen und die ehrwürdigen Brüder der anderen Kirchen mitbeten: Eure Heiligkeit, die den brüderlichen Kuß aus dem Alten Rom dem Neuen Rom, Ihrer jüngeren Schwester hierher gebracht hat. Willkommen, heiliger Bruder des Petrus, Nachfolger namensgleich und gleichen Charakters dem Paulus, Bote der Liebe, der Einheit und des Friedens.

Es freuen sich mit uns die Apostelbrüder Petrus und Andreas und frohlocken mit uns die Chöre der heiligen Väter von Westen und von Osten, von Norden und von Süden, die im Zeugnis des gemeinsamen Glaubens der ungeteilten Kirche vollendet sind und in der Heiligung ihrer Konzelebration auch alle nachfolgenden Generationen, die diesen Tag zu sehen gewünscht haben.

Wir danken Ihnen für diese große Geste gegenüber unserem geliebten Land und unserer Kirche.

Heiligster Bruder,

Vom Ölberg, wie von der ersten Stufe der Versöhnung, sind wir auch in Frieden den Weg nach Emmaus gegangen, gemeinsam mit dem auferstandenen Herrn, mit neuen Kräften und auf das Brechen des Brotes blickend, sind wir bis jetzt den Weg im Dialog der Liebe gegangen. Unsere Herzen haben gebrannt, aber der Herr hat uns nicht verlassen. Nach seinem wahrheitsgetreuen Wort: „Siehe, ich bin bei euch" (Mt 28, 20) hat er uns von Etappe zu Etappe geführt, und wir sind an den schmerzhaften Punkten unserer gemeinsamen Geschichte angelangt. Er hat uns befohlen, aus unserer Mitte und aus der Mitte der Kirche, aber auch aus dem Gedächtnis den Vorhang der Trennung aufzuheben. Wir haben so gehandelt, nach Maßgabe unserer Schwäche.

Aber unser einziger gemeinsamer Herr, der uns überreichlich alles schenkt, was wir vermögen und was wir denken, hat das Maß seiner Gaben an seine Kirche und an uns gesegnet und vermehrt. Und siehe, wir haben in unserer Mitte, gegen jede menschliche Erwartung, den Bischof von Rom, den Ersten von uns, der Ehre nach, „den Vorgesetzten der Liebe" (Ignatius von Antiochien, Brief an die Römer, Vorwort, PG 5, 801).

Und siehe, beide stehen wir vor unserer gemeinsamen heiligen Verantwortung der Kirche und der Welt gegenüber.

Wohin und wie werden wir weitergehen?

Das Ziel und die zu ihm führenden Wege liegen in den Händen Gottes. Aber nicht ich sage es, der Herr sagt: „daß alle eins seien" (Joh 17, 21).

Im Gehorsam gegen dessen Wort und Willen blicken wir auf die Einheit aller, auf die volle Gemeinschaft der Liebe und des Glaubens in der Konzelebration beim gemeinsamen Kelch Christi und in der gemeinsamen Erwartung und Hoffnung des Wieder-Kommenden, um die Zeiten und die Geschichte zu vollenden und die Lebenden und Toten zu richten.

Wie werden wir aber weitergehen? Nach unserem Dafürhalten, in gesamtkatholischer und gesamtorthodoxer Vorbereitung, mit einem gesamtkatholischen und gesamtorthodoxen Gewissen und Willen, der durch die Erklärung der beiden Hierarchien, des Klerus und der Gläubigen, deren Stimme in unseren Zeiten ein wertvoller Wegweiser und Trost ist, zum Ausdruck kommt.

Wenn wir so fortfahren, meinen wir bescheiden, daß wir dem unvermeidlichen Anliegen der Wirklichkeit der gegenwärtigen Stunde der Geschichte, über die Gott wacht, entsprechen.

Da wir als Diener des Herrn, seiner Kirche und seiner ganzen Welt berufen sind, sollen wir bei der Absicht Gottes mitwirken, der die neunundneunzig Schafe läßt,

damit er das eine rettet, das verlorene (Mt 18, 11), dem wir unsere Sorge und unser Zeugnis schulden.
Aber wir sollen von uns aus beginnen. Wir sollen das größtmögliche Opfer bringen, und beiderseits in voller Selbstlosigkeit all das beseitigen, was in der Vergangenheit nur dem Anschein nach zur Vollendung der Kirche, in Wirklichkeit aber zu ihrer unüberbrückbaren Trennung beigetragen hat.
Erbauen wir den Leib Christi, indem wir das Getrennte miteinander verbinden und die Zerstreuten zusammenführen (Hl. Liturgie des hl. Basilius). Die Getrennten miteinander verbinden mit wechselseitigen kirchlichen Akten, wo es möglich ist, indem wir die Gemeinsamkeiten des Glaubens und der kanonischen Ordnung bestätigen und den theologischen Dialog zum Prinzip der vollen Gemeinschaft in den fundamentalen Punkten des Glaubens und zur frommen und aufbauenden Freiheit, von den gemeinsamen Kirchenvätern inspirierten theologischen Überlegungen und der Vielfalt der örtlichen Bräuche, wie es der Kirche seit Anbeginn genehm war, lenken.
Indem wir dies tun, beabsichtigen wir nicht nur die Einheit unserer zwei Kirchen, sondern unseren größeren Dienst, da wir uns als Vorbild und Diener allen anderen Bruder-Christen zur Verfügung stellen für die volle Verwirklichung des Willens des Herrn, der Einheit aller, damit die Welt glaubt, daß Gott Christus gesandt hat.
Aber darüber hinaus richten wir unseren Blick auch auf alle, die an einen Gott, den Schöpfer des Menschen und des Alls glauben, und in Zusammenarbeit mit ihnen sollen wir allen Menschen dienen, ohne Rassendiskriminierung, ohne Unterscheidung im Glauben und anderen Überzeugungen, zur Erbauung des Guten und des Friedens in der Welt und zur Herrschaft des Reiches Gottes auf Erden.
Erfüllt von solchen Gefühlen und Gedanken, begrüßen wir die Ankunft Eurer Heiligkeit in unserem Osten als den neuen hervorragenden Tag des Herrn in der Geschichte unserer beiden Kirchen von Rom und Konstantinopel, der römisch-katholischen und orthodoxen Welt, des gesamten Christentums und der ganzen Menschheit.
Gesegnet bist Du, Bruder, der Du im Namen des Herrn kommst.

174 25. Juli 1967

Programm der Gebetszeremonie, die in der Patriarchalkathedrale anläßlich des Besuches Papst Pauls VI. bei Patriarch Athenagoras stattfand (siehe Anhang II).

175 25. Juli 1967

Notiz, die Papst Paul VI. dem Patriarchen Athenagoras im Hinblick auf dessen nächsten Besuch bei den orthodoxen Patriarchen übergab (Original: französisch).

Papst Paul VI. bittet den Patriarchen Athenagoras, den orthodoxen Patriarchen anläßlich seines nächsten Besuchs seine Gefühle tiefer Bruderliebe übermitteln zu wollen und sie seiner festen Absicht zu versichern, alles, was in seiner Macht steht, zu tun, um den Tag zu beschleunigen, an dem alle Christen sich in der Liebe und Wahrheit vereint finden werden.

176 25. Juli 1967

Breve „Anno ineunte", das Papst Paul VI. dem Patriarchen Athenagoras übergab, nachdem Bischof Willebrands es in der lateinischen Heilig-Geist-Kathedrale vorgelesen hatte (Original: lateinisch).

Zu Beginn des – wie wir es nannten – „Jahr des Glaubens", das wir zum Gedächtnis des vor neunzehn Jahrhunderten erfolgten Martyriums der heiligen Apostel Petrus und Paulus feiern ließen, haben wir, Paulus, Bischof der römischen Kirche und Haupt der katholischen Kirche, von der Pflicht überzeugt, alles zu tun, was der universalen heiligen Kirche Christi dienlich ist, uns wiederum mit unserem geliebtesten Bruder Athenagoras, dem orthodoxen Erzbischof von Konstantinopel und Ökumenischen Patriarchen, getroffen und sind dabei von unglaublichem Verlangen entbrannt, endlich das verwirklicht zu sehen, was Christus erfleht hat: „Daß alle eins seien; wie auch wir eins sind. Ich in ihnen und du in mir, damit sie vollkommen eins sind und die Welt erkennt, daß du mich gesandt hast" (Joh 17, 22–23). Dieses Verlangen verbindet sich mit unserem festen Willen, alles, was in unserer Macht steht, zu tun, um den Tag herbeizuführen, an dem zwischen der Kirche des Westens und der Kirche des Ostens die vollständige Einheit wiederhergestellt ist, damit alle Christen wieder zur Einheit zusammengebracht werden, aus der heraus die Kirche wirksamer bezeugen kann, daß der Vater seinen Sohn auf die Erde gesandt hat, damit alle Menschen in Christus zu Gotteskindern werden und brüderlich in Einheit und Frieden leben.
Da wir ganz davon überzeugt sind, „daß den Menschen kein anderer Name unter dem Himmel gegeben ist, durch den wir gerettet werden sollen" (vgl. Apg 4, 12), und daß er den Menschen Brüderlichkeit und Frieden zu schenken vermag, hören wir gespannt auf die Botschaft, die der Lieblingsjünger Johannes von Ephesus aus an die Kirchen Asiens gesandt hat: „Was wir gesehen und gehört haben, das verkünden wir euch, damit auch ihr Gemeinschaft mit uns habt und wir mit dem Vater und mit seinem Sohn Jesus Christus in Gemeinschaft sind" (1 Joh 1, 3). Gott hat uns verliehen, daß wir das, was die Apostel gesehen und gehört und uns verkündet haben, im Glauben annehmen. Durch die Taufe „sind wir nämlich eins in Christus Jesus" (Gal 3, 28). Außerdem „verbinden uns kraft der apostolischen Sukzession das Priestertum und die Eucharistie ganz eng miteinander" (vgl. Dekret „Unitatis Redintegratio" Nr. 15). Wir sind in so tiefer geheimnisvoller Gemeinschaft miteinander verbunden, daß wir in der Teilhabe an den Gaben, die Gott seiner Kirche verleiht, durch den Sohn im Heiligen Geist mit dem Vater in Gemeinschaft stehen. Im Sohn wirklich zu Söhnen geworden (vgl. 1 Joh 3, 1–2), sind wir damit auch wahrhaft in geheimnisvoller Weise zu Brüdern der andern Menschen geworden. Und liegt nicht darin, daß in jeder Ortskirche sich dieses Mysterium der göttlichen Liebe ereignet, wohl der Grund dafür, daß die herkömmliche Redeweise aufkam, wonach die Kirchen verschiedener Orte einander als Schwesterkirchen zu bezeichnen pflegten (vgl. Dekr. „Unitatis Redintegratio" Nr. 14)?
Dieses Leben von Schwesterkirchen haben wir jahrhundertelang gelebt und miteinander die Ökumenischen Konzilien gefeiert, die das Glaubensgut gegen jede Veränderung verteidigten. Nun schenkt uns nach langen Meinungsverschiedenheiten und Zwistigkeiten Gott die Gnade, daß unsere Kirchen sich wiederum als Schwesterkirchen erkennen trotz der Schwierigkeiten, die in früherer Zeit zwischen uns entstanden sind. Von Jesus Christus erleuchtet, sehen wir ohne weiteres, wie sehr es notwendig ist, diese Schwierigkeiten zu überwinden, um dahin zu gelangen, daß die

bereits so fruchtbare Gemeinschaft, die beide Teile verbindet, voll und vollkommen wird.
Da wir uns auf beiden Seiten zu den „Grunddogmen des christlichen Glaubens“ bekennen, „die auf Ökumenischen Konzilien definiert worden sind: die Dreifaltigkeit und das Wort Gottes, das aus der Jungfrau Maria Fleisch angenommen hat“ (Dekr. „Unitatis Redintegratio“ Nr. 14), und die wahren Sakramente und das hierarchische Priestertum besitzen, ist es vor allem notwendig, daß wir im Dienst an unserem heiligen Glauben brüderlich daran arbeiten und uns darum sorgen, daß wir die geeigneten weiterführenden Wege ausfindig machen, um im Leben unserer Kirchen die bereits bestehende, wenn auch noch unvollkommene Gemeinschaft zu fördern und in die Tat umzusetzen.
Sodann müssen von beiden Seiten durch gegenseitige Kontakte die Ausbildung des Klerus und das Leben und die Bildung des christlichen Volkes erweitert, vertieft und angepaßt werden. Durch aufrichtige theologische Gespräche, die durch die Bruderliebe ermöglicht werden, obwohl die legitimen Unterschiede in bezug auf die Liturgie, das geistliche Leben, die Disziplin und die Theologie bleiben, sollen wir einander kennen und achten (vgl. Dekr. „Unitatis Redintegratio“ Nr. 14 – 17), bis wir schließlich dazu gelangen, im klaren aufrichtigen Bekenntnis zu jeder Offenbarungswahrheit eines Sinnes zu sein. Damit aber die Gemeinschaft und Einheit wiederhergestellt und bewahrt werde, ist sehr darauf zu achten, daß man „keine weitere Last auferlegt . . . als die notwendigen Dinge“ (vgl. Apg 15, 28; Dekr. „Unitatis Redintegratio“ Nr. 18). So wollen wir, von Hoffnung und Liebe bewegt, gestützt auf anhaltendes Gebet und im Verlangen nach dem einzig Notwendigen (vgl. Lk 10, 42), dem alles andere unterzuordnen ist, unseren Weg nicht nur fortsetzen, sondern noch beschleunigen, in nomine Domini.

Paulus P. P. VI.

177 25. Juli 1967

Wortgottesdienst in der Heilig-Geist-Kathedrale in Gegenwart Papst Pauls VI. und des Patriarchen Athenagoras I. (vgl. Anhang III) (Original: französisch).

178 8. August 1967

Brief Bischof Willebrands’ an den Patriarchen Athenagoras nach dem Besuch Papst Pauls VI. beim Patriarchen (Original: französisch). Prot.-Nr. 3838/67.

Vatikanstadt, 8. August 1967

Seiner Heiligkeit Athenagoras I.
Erzbischof von Konstantinopel und Ökumenischer Patriarch
Rum Patrikhanesi – Fener – Istanbul

Heiligkeit,
Nach meiner Rückkehr nach Rom ist es mir ein Bedürfnis, Eurer Heiligkeit die Gefühle der Freude und der Dankbarkeit auszudrücken, die beim Besuch des Heiligen Vaters zu Konstantinopel mein Herz erfüllt haben. Da die Kürze und Gedrängtheit

des Besuchs nicht Zeit ließ, in Worten zu sagen, was man dachte, konnte man nur die Momente des Herrn erleben. Denn der Herr war mit uns, und wie der Papst in seiner Ansprache in der Audienz vom Mittwoch, dem 2. August, zu Castel Gandolfo gesagt hat, ist der erste, der sich über diese Begegnung gefreut hat, Christus im Himmel gewesen. Vor allem ihm ist zu danken, denn in seinem Erbarmen hat er uns Zeugen seiner Wundertaten in der Kirche werden lassen.

Ich will auch Eurer Heiligkeit meinen Dank ausdrücken für alles, was Sie für die Einheit der Kirche und namentlich für die Wiederversöhnung in der vollkommenen und vollen Einheit unserer beiden Kirchen getan haben, die Seine Heiligkeit der Papst in der Botschaft, die ich zu meiner Freude in der Heilig-Geist-Kirche vorlesen durfte, aufgrund der Gemeinschaft, die im Herrn zwischen uns besteht, Schwesternkirchen nennen wollte. Ist es nicht eben diese Gemeinschaft im Herrn, die wir gefeiert haben und die, in den Häuptern der beiden Kirchen in Erscheinung tretend, das Herz des christlichen Volkes mit Freude und Dank erfüllt hat?

Ich bitte den Herrn, daß wir im Heiligen Geist, der Licht und Kraft ist, miteinander auf dem Weg der Einheit vorwärtsschreiten können dem Tag entgegen, an dem wir teteleioména eis hen sein werden.

Indem ich Ihren Segen erbete, bitte ich Eure Heiligkeit, den Ausdruck meiner Gefühle tiefer religiöser Ergebenheit entgegenzunehmen.

J. G. M. Willebrands

179 14. August 1967

Brief Kardinal Beas an den Patriarchen Athenagoras, worin er ihm den Besuch von Angehörigen des Sekretariats im Phanar ankündigt (Original: französisch). Prot.-Nr. 3855/67.

Vatikanstadt, 14. August 1967

Seiner Heiligkeit Athenagoras I.
Erzbischof von Konstantinopel und Ökumenischer Patriarch

Heiligkeit,

Nach den Ereignissen, die der Herr uns erleben ließ, möchte ich Eurer Heiligkeit meine ganze Freude aussprechen und sagen, wie sehr ich am 25. Juli im Geist bei Ihnen war. Ich danke Gott, der auf wunderbare Weise das Werk weiterführt, das er unter uns begonnen hat und das er auch vollenden wird.

Nach der Versammlung des Zentralkomitees des Ökumenischen Kirchenrates auf Kreta wird sich der hochwürdigste Pater Jérôme Hamer, Subsekretär unseres Sekretariates, nach Istanbul begeben, um Eurer Heiligkeit seine Aufwartung zu machen. Er wird am 28. August (Flug OA 266) ankommen und vom hochwürdigsten Pater Pierre Duprey begleitet werden. Ich hoffe, daß Eure Heiligkeit die beiden in diesen Tagen empfangen kann.

Ich bitte Eure Heiligkeit, den Ausdruck meiner Gefühle ehrfurchtsvoller brüderlicher Liebe in Christus entgegennehmen zu wollen.

Augustin Kardinal Bea

180 23. August 1967

Brief des Patriarchen Athenagoras an Seine Exzellenz Jan Willebrands, worin er ihm für seinen Brief vom 8. August dankt (Original: griechisch). Prot.-Nr. 847.

Exzellenz, Bischof von Mauriana, Herr J. Willebrands, geliebter Bruder in Christus, die Gnade und der Friede Gottes sei mit Eurer Exzellenz.
Wir stehen noch unter dem erinnerungswerten Eindruck vom großen und weltgeschichtlichen Ereignis, dem offiziellen Besuch Seiner Heiligkeit, unseres sehr geliebten und ehrwürdigen Bruders in Christus, des Papstes von Rom, Paul VI., und seiner geschätzten Begleitung bei uns, bei der auch Eure geliebte Exzellenz mit dabei war, als Mitbringer der Botschaft der Liebe Christi und der Lehre des Friedens und der gesegneten Versöhnung in seinem Namen; wir haben uns sehr gefreut, weil wir Ihren Brief vom 8. dieses Monats erhalten haben, worin Sie Ihre Freude über dieses glückliche Ereignis zum Ausdruck brachten.
Diesen Brief haben wir persönlich und in der Sitzung unseres Heiligen Synods gelesen, und nach synodalem Beschluß möchten wir Ihnen für Ihre zum Ausdruck gebrachte Freude und die Hervorhebung dieses großen Ereignisses danken, und wir wünschen, daß es der gesegnete Anfang der Lenkung unser aller Schritte zur endgültigen Einheit werde, zur Ehre des Namens Christi, des Stifters unserer Kirche.
Wir wünschen, daß der Herr uns bald diesen Besuch erwidern läßt, indem wir, wie wir es beschlossen haben, später nach Rom kommen und Eure Exzellenz wiedersehen.
Wir erbitten das Beste für Sie von Gott, durch den auch Ihre Jahre zahlreich, gesund und erlöst sein mögen,

Eurer Exzellenz
geliebter Bruder in Christus
Der Patriarch von Konstantinopel Athenagoras
23. August 1967

181 6. September 1967

Telegramm des Patriarchen Athenagoras an Papst Paul VI., um ihm gute Besserung zu wünschen (Original: französisch).

Seiner Heiligkeit Papst Paul VI.
Vatikanstadt

Da die Gesundheit Eurer unvergeßlichen ehrwürdigen Heiligkeit für die ganze Kirche, die Menschheit und für mich persönlich äußerst kostbar ist, drücke ich Ihnen zu Ihrer letzten Unpäßlichkeit mein ganzes Mitgefühl aus und wünsche Ihnen rasche und vollständige Genesung.

Patriarch Athenagoras

182 13. September 1967

Telegramm Papst Pauls VI. an den Patriarchen Athenagoras, um ihm für sein Mitgefühl zu danken (Original: französisch).

Seiner Heiligkeit Athenagoras I.
Ökumenischer Patriarch – Phanar

Tiefgerührt durch Ihr so feinsinniges Mitgefühl anläßlich unserer jüngsten Unpäßlichkeit möchten wir Ihnen unsere tiefe Dankbarkeit ausdrücken und Sie unseres treuen, liebevollen Gedenkens im Herrn versichern.

Paulus P. P. VI.

183 25. September 1967

Telegramm des Patriarchen Athenagoras an Papst Paul VI. zu dessen siebzigsten Geburtstag (Original: französisch).

Seiner Heiligkeit Papst Paul VI.
Vatikanstadt

Voller Freude über die Kunde von der Besserung der kostbaren Gesundheit Eurer ehrwürdigen geliebten Heiligkeit wünschen wir Ihnen zum siebzigsten Geburtstag herzlich ein langes, von Gott gesegnetes Leben zum größeren Wohl der gesamten Kirche und der ganzen Welt. Mit all unserer Liebe in Jesus Christus

Patriarch Athenagoras

184 27. September 1967

Antworttelegramm Papst Pauls VI. an den Patriarchen Athenagoras (Original: französisch).

Seiner Heiligkeit Athenagoras I.
Ökumenischer Patriarch – Phanar

Lebhaft gerührt über das neue Zeichen der Liebe, das uns Eure Heiligkeit zu unserem Geburtstag zukommen ließ, danken wir Ihnen für Ihre feinsinnige Botschaft und versichern Sie unserer treuen Gebete.

Paulus P. P. VI.

185 29. September 1967

Telegramm des Patriarchen Athenagoras an Papst Paul VI. anläßlich des Beginns der Arbeiten der Bischofssynode (Original: griechisch).

Seiner Heiligkeit Papst Paul VI.,
Vatikanstadt

Indem wir dem Geist und dem Herzen nach Eurer Heiligkeit ganz nahe sind, richten wir mit großer Liebe und Wertschätzung an Sie und Ihre Bischofssynode eine herzliche Botschaft brüderlicher Liebe anläßlich des Beginns Ihrer Arbeiten. Von ganzem Herzen wünschen wir den Arbeiten der Synode vollen Erfolg zum Wohle der heiligen römisch-katholischen Kirche, die wir so sehr lieben, und des ganzen Christentums. Wir behalten uns vor, daß wir persönlich in Rom der Synode unsere Wertschätzung zum Ausdruck bringen und umarmen Eure sehr geliebte Heiligkeit mit dem heiligen Bruderkuß.

Patriarch Athenagoras

186 6. Oktober 1967

Brief des Patriarchen Athenagoras an Papst Paul VI. über seinen beabsichtigten Besuch in Rom (Original: griechisch). Prot.-Nr. 1038.

Heiligster Bruder in Christus,
Eure Heiligkeit weiß, daß wir immer den heiligen Wunsch hatten, nach Rom zu kommen und Sie in Ihrer ehrwürdigen Residenz zu besuchen als ein größeres Zeichen unserer großen brüderlichen Liebe und Ehrenbezeugung Ihnen gegenüber und zur Bestärkung der nach dem reichlichen Segen des Herrn von neuem wiederhergestellten und von Tag zu Tag tiefer werdenden brüderlichen Beziehungen zwischen der heiligen römisch-katholischen und unserer heiligen orthodoxen Kirche.
Aber die Liebe und die Güte Ihres brüderlichen Herzens sind uns zuvorgekommen und wir wurden gewürdigt, Eure ehrwürdigste Heiligkeit schon vor drei Monaten im heiligen Land der Ökumenischen Konzilien der Alten Kirche und in unserem bescheidenen Haus zu empfangen und die Kommunikation mit Ihnen in der Liebe Christi zu genießen.
Aber nicht nur das. Das historische Ereignis Ihres Besuchs bei unserer Kirche von Konstantinopel beschleunigt die Verwirklichung jenes unseres alten Wunsches.
Da nun der Zeitpunkt von Gott gekommen ist, eilen wir mit freudigem Herzen, Eurer seligsten Heiligkeit mitzuteilen, daß wir beabsichtigen, am 26. Oktober, dem Fest des heiligen großen Märtyrers Demetrios des Myrobliten, nach Rom zu kommen, das mit dem Blut der heiligen Apostel und gemeinsamen Märtyrer unseres christlichen Glaubens geadelt ist, und Sie zu besuchen, den würdigen und großen Bischof von Rom, den Papst und Patriarchen der heiligen römisch-katholischen Kirche des Westens.
Wir betrachten diesen Besuch und diese Begegnung mit Eurer sehr geliebten Heiligkeit einerseits als eine neue Gelegenheit zur Festigung der bereits im Namen des Herrn vollendeten Ereignisse zur Rechtfertigung der Liebe und andererseits als Gelegenheit zur Eröffnung eines weiteren Weges des festen Fortfahrens unserer heiligen Kirchen mit der christlichen Einheit und dem Dienst des kostbaren Gutes des Friedens in dieser Welt.
In der Hoffnung, die ehrwürdige Person Eurer Heiligkeit persönlich zu sehen und Sie in Ihrem altehrwürdigen Sitz in Rom zu umarmen, verbleiben wir mit tiefster brüderlicher Liebe im Herrn,

Eurer ehrwürdigen Heiligkeit
geliebter Bruder in Christus
Der Patriarch von Konstantinopel Athenagoras
6. Oktober 1967

187 9. Oktober 1967

Telegramm Papst Pauls VI. an den Patriarchen Athenagoras, um ihm in seinem Namen und im Namen der Synode für sein Glückwunschtelegramm zu danken (Original: französisch).

Seiner Heiligkeit Athenagoras I.
Ökumenischer Patriarch – Phanar

Die Botschaft Eurer Heiligkeit ist von uns selbst und der Bischofssynode mit Freude entgegengenommen worden. Wir danken Eurer Heiligkeit für Ihr Gebet und hoffen, daß der Herr die Arbeiten der Synode zur Vertiefung unsrer Fortschritte in der wiedergefundenen Brüderlichkeit beitragen lasse. In Erwartung der Freude, Eure Heiligkeit zu empfangen, sprechen wir Ihnen wiederum unsere ganze brüderliche Liebe aus.

Paulus P. P. VI.

188 17. Oktober 1967

Telegramm des Papstes an den in Bukarest weilenden Patriarchen Athenagoras als Antwort auf dessen Brief vom 6. Oktober (Original: französisch).

Seiner Heiligkeit Athenagoras I.
Ökumenischer Patriarch
Rumänisches Patriarchat – Bukarest

Wir danken Eurer Heiligkeit von ganzem Herzen für Ihren Brief und die darin zum Ausdruck gebrachten Gefühle. Wir warten mit Freude darauf, Sie zu empfangen und Ihnen inmitten der gegenwärtig versammelten Bischofssynode von neuem unsere Gefühle tiefer brüderlicher Liebe in Christus Jesus zu bekunden.

Paulus P. P. VI.

189 26. Oktober 1967

Ansprache des Patriarchen Athenagoras in der St.-Peter-Basilika in Rom während seines Besuches bei Papst Paul VI. (Original: griechisch).

Heiligster Bruder in Christus,
Wahrhaftig groß ist Gott, der Vater unseres Herrn Jesus Christus, der allein im Heiligen Geist Wunder schafft. Gepriesen sei sein Name jetzt und immer und in Ewigkeit.
„Nach dem Wohlgefallen seines Willens“ (Eph 1, 6) wurden wir an jenem historischen Tag, dem 25. des Monats Juli dieses Jahres, des Heils, gewürdigt, Eure Heiligkeit als Reisegefährten des hl. Paulus zu sehen, als Sie von der alten, der ganzen Christenheit ehrwürdigen Stadt dieses Alten Rom zum Neuen Rom, zu uns kamen und vom Westen in den Osten den Kuß der Liebe und des Friedens brachten, wobei Sie ein wunderbares Zeichen der Bruderliebe gaben.
Zu dieser heiligen Geste bringen wir heute Eurer Heiligkeit zunächst unsere persönliche Anerkennung, Wertschätzung und Danksagung und diejenige unserer Kirche von Konstantinopel, aber auch die allgemeine.
Aber siehe, derselbe Gott der Herrlichkeiten segnet uns wiederum. Was vor langer Zeit in unserem Herzen und in unserer Kirche als ein brennender Wunsch und als eine süße Hoffnung blühte und wuchs, wird heute als eine heilige Wirklichkeit gelebt, die uns wieder in das „Geheimnis seines Willens“ (Eph 1, 9) einführt.

Heiliger Bruder in Christus,
Indem wir einen Dienst der Liebe, der Einheit und des Friedens ausüben und einander vor kurzem als ehrwürdige und verehrte Brüder im Osten umarmt haben, kommen wir

heute in die Ewige Stadt der Römer, den Wohnort der ersthöchsten Apostel Petrus und Paulus und den der christlichen Welt zu Eurer Heiligkeit, als Bruder zum Bruder. Mit diesem Gefühl geben wir Ihnen den Kuß der Liebe und des Friedens des Herrn Jesus und erweisen Ihnen unsere tiefe Ehrenbezeugung.

Wir sind besonders glücklich, weil wir all dies tun, nicht nur einfach für den ehrwürdigen Hierarchen von Rom, dem Träger der apostolischen Gnade und dem Nachfolger von mehreren heiligen und weisen Männern, die den ersten Thron der Ehre und der Rangordnung im System der christlichen Kirchen auf der ganzen Welt ausgezeichnet haben, un deren Heiligkeit und Weisheit und deren Kämpfe für den gemeinsamen Glauben in der ungeteilten Kirche für immer Gut und Schatz der ganzen christlichen Welt sind, sondern für den Papst mit hervorragendem geistigem Ansehen und christlicher Inspiration, der in seiner Bescheidenheit die Höhe erreicht hat. Ihr Verantwortungsgefühl dem Herrn gegenüber und gegenüber der gespaltenen Kirche und den vielfältigen Tragödien dieser Welt führt von Tag zu Tag von der Tat der Liebe zur Tat der Erbauung, zum richtigen Dienst Gottes, der Kirche und des Menschen.

Während wir in diesem heiligen Raum und an der Seite Eurer Heiligkeit in der Nähe des Opferaltars stehen und im Geist und im Herzen zum Weitergehen zur gemeinsamen Eucharistie vorbereitet sind, und indem wir die Fußwaschung (des Herrn an den Aposteln) vollziehen, hören wir in diesem besonderen heiligen Moment das Rauschen des Blutes der Apostel Petrus und Paulus, die Stimme der Katakombenkirche und der Märtyrer des Kolosseums, die Stimme unserer gemeinsamen Väter und Lehrer, die uns dazu einladen, alle Modi und alle Mittel zu erschöpfen zur Vollendung des begonnenen heiligen Werkes für die vollkommene Einigung der gespaltenen Kirche Christi, damit auch der Wille des Herrn erfüllt wird und die Welt die erste Eigenschaft der Kirche nach unserem Glaubensbekenntnis, nämlich, daß sie die „Eine" ist, strahlend sieht.

Die ökumenische Bewegung, das Zweite Vatikanische Konzil, die Panorthodoxen Konferenzen, die Lambeth-Konferenzen und die Weltkongresse der anderen christlichen Kirchen und Konfessionen, die Kontakte mit Eurer Heiligkeit und zwischen anderen christlichen Leitern haben die nackte, schwere Sünde der Trennung der Kirche in einem Ausmaß vor aller Augen gebracht, daß es heute nicht möglich ist, daß eine Ortskirche, ein verantwortlicher christlicher Hirt und Lehrer existiert, die das dringende Bedürfnis der Heilung des Übels nicht anerkennt.

Außerdem hat unser aller Auszug aus der Isolierung und der Autarkie auf der Suche nach einem festen Boden, auf dem die ungeteilte Kirche gegründet wurde, uns die Wahrheit geoffenbart, daß es mehr einende als trennende Elemente gibt.

Diese beiden Tatsachen erfüllen unsere Herzen mit fester Hoffnung, daß das Weitergehen zur Einigung beider Kirchen gesamtkatholisch und gesamtorthodox ist, in gemeinsamer Übereinstimmung aller und mit Verantwortungsgefühl.

In diesem gemeinsamen Vorangehen, das ein Vorangehen zur Wahrheit ist, ein Vorangehen zu dem „was immer, überall, was von allen geglaubt wurde", werden wir eingeladen, den Dialog der Liebe fortzusetzen und zu intensivieren, sodaß wir ihn zu einem vortheologischen Ereignis machen. Aber den tatsächlichen theologischen Dialog sollen wir nach gemeinsamer Übereinstimmung aller einerseits zur Interpretation des bereits gemeinsam kirchlich gelebten, und andererseits zur Untersuchung im Geiste der Liebe und der Erbauung und zur Formulierung der Wahrheit im Geiste des Dienstes hinlenken.

So hoffen wir, daß wir zur genauen Feststellung und Unterscheidung jener Kapitel des Glaubens kommen, die wir unbedingt gemeinsam bekennen müssen, von jenen anderen Elementen des Lebens der Kirche, die, weil sie nicht den Glauben berühren, nach

der Tradition jeder der beiden Kirchen als eigene Bräuche und Kennzeichen frei sein können und von der anderen Kirche respektiert werden müssen.
Natürlich können wir nicht die Länge dieses Weges feststellen, der eine Sache des Glaubens und die letzte Folge vieler Gebete, heiliger Geduld, fleißiger Arbeit, vor allem aber eine Sache der Liebe ist. Denn nur in der Liebe werden wir imstande sein, alle negativen Elemente aus dem Erbe der Vergangenheit zu bereinigen, die zusätzlichen Hindernisse zu beseitigen, das gegenseitige brüderliche Vertrauen vollkommen wiederherzustellen, in gegenseitiger Achtung eine neue Mentalität zu schaffen, die der Annäherung, und fest und sicher unsere Einheit in Jesus Christus, der das Haupt der Kirche ist, zu erbauen.
Heiliger Bruder,
Möge diese unsere Begegnung dem Herrn wohlgefällig und der neue Ausgangspunkt unserer Kirchen zu ihm und zueinander sein.
Mit diesem brennenden Wunsch begrüßen wir Eure Heiligkeit und diese um Sie versammelte ehrwürdige Synode, die gesamte Hierarchie, die auf der ganzen Welt ist, den frommen Klerus, die monastischen Orden und das ganze von uns geschätzte Volk der heiligen römisch-katholischen Kirche.
„Der Gott der Hoffnung aber erfülle uns mit aller Freude und mit allem Frieden im Glauben, auf daß wir überreich sind an Hoffnung in der Kraft des Heiligen Geistes" (Röm 15, 13). Amen.

190 26. Oktober 1967

Ansprache Papst Pauls VI. in der St.-Peter-Basilika zu Rom beim Empfang des Patriarchen Athenagoras (Original: lateinisch).

Geliebtester Bruder in Christus,
Wir alle haben soeben einmütig (vgl. Apg 1, 14) dem höchsten Gott dankgesagt für die Wunder, die er seiner Kirche zuliebe in der letzten Zeit vollbracht hat. Müssen wir es nicht seiner allmächtigen Güte zuschreiben, daß wir in unglaublicher Freude hier vereint sind, um uns wiederum den Friedens- und Versöhnungskuß zu geben inmitten der Brüder im Bischofsamt, über dem Grab des Apostelfürsten, der den Ruhm dieser römischen Kirche ausmacht, deren fromme Scharen uns nun umringen, um unsere geistige Freude und unser Beten mitzuerleben?
Ehe wir unsere Herzen sprechen ließen, mußten wir offen bekennen, daß „jede ganz gute Gabe und jedes vollkommene Geschenk von oben kommt, vom Vater der Lichter" (vgl. Jak 1, 17). Gleichzeitig mußten wir durch dieses Gotteslob unseren Geist dem Licht des Heiligen Geistes öffnen; nur er allein vermag uns zum Verständnis seiner geheimnisvollen Gedanken zu führen.
Was Sie, geliebter ehrwürdiger Bruder, schon lange unverhohlen wünschten: einen Besuch bei unsrer römischen Kirche machen zu können, hat uns Gott heute tatsächlich geschenkt. Wir dürfen Sie heute bei uns erblicken, Sie, den Repräsentanten der Kirchen von „Pontus, Galatien, Kappadozien und Bithynien", an die „Petrus, der Apostel Christi" (1 Petr 1, 1), einst den Brief sandte, der uns das Leben der Urkirche, ihren Glauben und ihr Hoffen so herrlich schildert. Im gleichen, an Lehren und Mahnungen so reichen Brief „grüßt" auch „die römische Kirche jene Kirchen" (vgl. 1 Petr 5, 13); er bildet also gewissermaßen das erste Zeugnis für die Beziehungen, die sich in den folgenden Jahrhunderten so glücklich entwickelten, obwohl es, wie man zugeben muß,

auch nicht an Reibereien und Mißverständnissen fehlte. Selbst nach der unglückseligen Epoche der Trennung hörten, besonders im 13. und 15. Jahrhundert, die Bemühungen nicht auf, die Spaltung zu beheben. Leider hatten diese Bestrebungen keinen dauerhaften Erfolg. Waren sie aber je so sehr wie heute frei von jedem politischen Element, von jeder anderen Absicht, einzig vom Wunsch getragen, das, was Christus von seiner Kirche will, zu verwirklichen? Denn wir sind nun auf beiden Seiten einzig von dem Bestreben beseelt, unsere Seelen im Gehorsam gegenüber der Wahrheit zu läutern, um uns aufrichtig als Brüder zu lieben, einander aus reinem Herzen ohne Fehl zu lieben (vgl. 1 Petr 1, 22). Sind die Rechtschaffenheit unserer Absichten, die Echtheit unserer Entscheidung nicht Zeichen für das Wirken des Geistes, das viel vermag, um die Menschen zu erneuern und ihnen ein höheres Verständnis einzugeben, was wir mit Bewunderung sowohl in der Kirche wie bei den einzelnen Christgläubigen erleben? Wir wiederholen und erwägen dies gern während dieses Glaubensjahres, zu dessen Beginn wir mit Ihnen in Ihrem edlen Land zusammenkommen wollten. Als wir Smyrna und Ephesus besuchten, hörten wir in unserem Herzen die Botschaft wiederertönen, die der Geist durch Johannes an die Kirchen Kleinasiens richtete: „Wer Ohren hat zu hören, der höre, was der Geist den Kirchen sagt" (Offb 2, 7. 11. 17. 20; 3. 6. 13. 22). Der Geist, der uns Christus erkennen läßt (vgl. 1 Kor 12, 3), der uns geschenkt wird, damit wir das der Kirche anvertraute kostbare Gut bewahren (vgl. 2 Tim 1, 14), der uns die Dinge Gottes (vgl. 1 Kor 2, 11) und jegliche Wahrheit erkennen läßt (vgl. Joh 16, 13), da er Leben ist (vgl. Gal 5, 25) und innere Umwandlung bewirkt (vgl. Röm 8, 9. 13), dieser Geist spornt uns heute aufs stärkste an, eins zu sein, damit die Welt glaubt (vgl. Joh 17, 21). Daß sich diese Forderung des Heiligen Geistes kundtut, sehen wir besonders an der Erneuerung, die er überall in der Kirche hervorruft. Diese Erneuerung, dieser Wille, eifriger und gefügiger die Treue zu waren, ist ja die erste Voraussetzung, um der Einheit näherzukommen („Unitatis Redintegratio", Nr. 6). Was die katholische Kirche betrifft, so war das Zweite Vatikanische Konzil gewissermaßen eine Station auf diesem Wege. Seine Beschlüsse werden auf allen Stufen des kirchlichen Lebens mit Klugheit und Festigkeit in die Tat umgesetzt. Den Beweis dafür bildet die Synode der hier anwesenden Bischöfe, die in unserer Zeit mit ihren weltumspannenden Problemen darauf bedacht ist, mit neuen Methoden die Zusammenarbeit zwischen den verschiedenen Ortskirchen und der Kirche von Rom, die der Liebesgemeinschaft vorsteht (vgl. Hl. Ignatius ad Rom., tit.), wirkungsvoller zu gestalten. Sodann haben wir die Revision der Kirchengesetze in die Hand genommen und, ohne den Abschluß dieser Arbeit abzuwarten, durch die Promulgation neuer Normen einige Hindernisse beseitigt, die im täglichen Leben der Kirche dem Fortschreiten der schrittweise hergestellten Brüderlichkeit zwischen der orthodoxen Kirche und der katholischen Kirche im Wege stehen könnten.

Wir wissen, daß das gleiche Erneuerungsbestreben in der orthodoxen Kirche aufgebrochen ist, und betrachten seinen Fortschritt aufmerksam und voller Liebe. Auch Sie verspüren die eben erwähnte Notwendigkeit, daß die Kirchen der verschiedenen Orte enger zusammenarbeiten. Die erste Panorthodoxe Konferenz von Rhodos, die zum großen Teil dem beharrlichen Bemühen Eurer Heiligkeit zu verdanken ist, hat ja eine bedeutsame Strecke auf diesem Weg zurückgelegt. Insbesondere ist zu bemerken, daß ihre Traktandenliste, obwohl sie aus freiem Ermessen und zur Hauptsache vor der des Zweiten Vatikanischen Konzils aufgestellt wurde, dieser sehr ähnlich war. Ist dies nicht ein weiteres Zeichen für das Walten des Heiligen Geistes, der unsere Kirchen dazu bewegt, sich eifrig vorzubereiten, damit es zu einer Wiederherstellung ihrer vollen Gemeinschaft kommen kann?

Dieses Bemühen muß auf beiden Seiten fortgesetzt und so weit als möglich gesteigert werden in einer Verbindung der Anstrengungen, deren Formen gemeinsam ausfindig zu machen sind. Nicht so sehr in Diskussionen über die Vergangenheit als vielmehr durch fruchtbare Zusammenarbeit werden wir das, was uns heute noch trennt, überwinden können im Wunsch, das auszuführen, was der Geist heute von der Kirche verlangt. Wenn wir das Streben nach Erneuerung für ein Zeichen des Heiligen Geistes halten, der uns anspornt, die volle Gemeinschaft zwischen uns zu verwirklichen, und uns dazu zusammenführt, weist uns da nicht auch die heutige, aus vielfachen Gründen vom Unglauben angesteckte Welt aufs heftigste auf die Notwendigkeit hin, die Einheit zwischen uns wiederherzustellen? Wenn doch die Einheit der Jünger als leuchtendes Zeichen hingestellt worden ist, um die Menschen zum Glauben zu bewegen, ist dann nicht auch der Unglaube so vieler unserer Zeitgenossen gewissermaßen ein Mittel, durch das der Geist zu den Kirchen spricht und sie antreibt, sich mit neuem Eifer der Notwendigkeit bewußt zu werden, dieses Gebot Christi zu befolgen, der gestorben ist, „um die Kinder Gottes, die zersprengt waren, in Einheit zu versammeln" (Joh 11, 52)? Verlangt der Geist von den Kirchen nicht in erster Linie dieses gemeinsame, eine und doch verschiedene, feste und überzeugende Zeugnis für den Glauben, der in Demut von jedem Zweifel frei ist, in Liebe hervorbricht und Hoffnung verbreitet?

Aus diesem Grund haben wir das Jahr, an dem die Neunzehnhundert-Jahr-Feier des Martyrertodes der heiligen Petrus und Paulus, dieser höchsten Bekundung ihres Glaubens, ihrer Liebe (vgl. Joh 15, 13) und ihrer Hoffnung begangen wird, zum Jahr des Glaubens, der Erneuerung und Vertiefung des Glauens erklärt. Denn was wäre das für eine Erneuerung, wenn sie uns nicht zu freudigerem Bekenntnis des Glaubens, zu größerer Glut der Liebe, zu festerer Gewißheit der Hoffnung führen würde? Was wäre das für eine Erneuerung, die unseren Glauben nicht antreiben würde zu der engen geheimnisvollen Gemeinschaft, die zwischen uns bewirkt wird durch den gleichen Gehorsam, worin wir dem Evangelium Christi folgen, durch die gleichen Sakramente, vor allem durch die gleiche Taufe und das gleiche Priestertum, durch die Feier derselben Eucharistie, des einen Opfers Christi, durch das gleiche Bischofsamt, das uns von den Aposteln weitergegeben wurde, um das Volk Gottes zu leiten, zum Herrn zu führen und ihm Gottes Wort zu verkünden (vgl. „Unitatis Redintegratio", Nr. 15–17)? All das sind Wege, die der Heilige Geist benutzt, damit wir aus ganzer Seele die Vollendung dieser zwar schon reichen, aber noch nicht vollständigen Gemeinschaft anstreben, kraft der wir im Geheimnis der Kirche miteinander verbunden sind.

Zu dieser eingangs erwähnten Tätigkeit des Heiligen Geistes, mit seinem Wirken, das in den einzelnen Christgläubigen wahrgenommen wird, mit den Früchten der Heiligkeit und Hochherzigkeit, das es zeitigt, fügen wir eine weitere Voraussetzung für die Pflege einer engeren Verbundenheit zwischen uns hinzu: „die innere Umgestaltung" („Unitatis Redintegratio", Nr. 7), durch die ein jeder von uns täglich in seinem Leben immer gefügiger auf das hört und das befolgt, was der Geist von uns verlangt. Ohne dieses stets zu erneuernde Bemühen um die Treue gegenüber dem Heiligen Geist, durch den wir in das Bild des Sohnes umgestaltet werden (vgl. 2 Kor 3, 18), gibt es keine wahre, beständige Brüderlichkeit. Denn wenn wir im Sohne wirklich zu Kindern Gottes geworden sind (1 Joh 3, 1–2), sind wir auch auf wahre, geheimnisvolle Weise füreinander Brüder. „Denn je enger die Gemeinschaft ist, die uns mit dem Vater, dem Wort und dem Geist verbindet, um so tiefer und leichter können wir die gegenseitige Brüderlichkeit verstärken" („Unitatis Redintegratio", Nr. 7). Überdies wird durch dieses Streben nach Heiligkeit das ganze gemeinsame Erbe wirksam, das wir eben erwähnt haben und von dem das Zweite Vatikanische Konzil ausführlicher gesprochen

hat (vgl. „Unitatis Redintegratio“, Nr. 13–18). Diese Hilfsmittel erleichtern es uns, durch das Band der Brüderlichkeit vereint zu bleiben, da wir aus dem Glauben wissen, daß uns, die wir Christus nachfolgen, um ihn irgendwie zu erfassen (Phil 3, 12), „eine ganze Wolke von Zeugen umschwebt“ (vgl. Hebr 12, 1), zu denen in erster Linie alle die Blutzeugen unseres gemeinsamen Glaubens zu zählen sind. In dem Brief, mit dem Sie uns Ihren Besuch angekündigt haben, haben Sie selbst in Ihrer Freundlichkeit darauf hingewiesen, daß sie die herrlichste Zierde der römischen Kirche seien. Alle diese Heiligen des Himmels von Ost und West sind hier bei uns, freuen sich und bitten den, der dieses wunderbare Werk begonnen hat, es auch zu Ende zu führen. Alle diese heiligen Himmelsbewohner, die unter unzähligen Schwierigkeiten, Schmerzen und Versuchungen sich an den Unsichtbaren hielten, als ob sie ihn sähen (vgl. Hebr 11, 27), lehren uns durch ihr Beispiel, wie wir den Weg gehen sollen: indem wir uns dem entgegenstrecken, was vor uns liegt (Phil 3, 13), und fest auf „Jesus, den Urheber und Vollender unseres Glaubens blicken“ (Hebr 12, 2).
Wird nicht all dies vor allem dadurch in Erinnerung gerufen und geheimnisvoll angedeutet, daß Sie in den Tagen hierhergekommen sind, wo die Westkirche sich anschickt, das Fest aller Heiligen zu feiern, der „großen Schar, die niemand zählen kann, aus allen Völkern und Stämmen und Nationen und Sprachen“ (vgl. Offb 7, 9)? Die Augen des Glaubens fest auf dieses riesige Volk der Erwählten gerichtet, das sich um Christus schart, der von den Toten auferstanden ist und in Herrlichkeit zur Rechten des Vaters thront, verbunden in brüderlicher Liebe, die durch nichts getrübt werden darf, von dem einen Wunsche getrieben, dem zu gehorchen, was der Geist von den Kirchen verlangt, von der Hoffnung aufgerichtet, die stärker ist als alle Hindernisse, wollen wir weiterschreiten „im Namen des Herrn“.

Vatikanstadt, 26. Oktober 1967
Paulus P. P. VI.

191 26. Oktober 1967

Wortgottesdienst in der St.-Peter-Basilika anläßlich des Besuches des Patriarchen bei Papst Paul VI. (vgl. Anhang IV) (Original: französisch).

192 26. Oktober 1967

Ansprache Kardinal Beas in Gegenwart der Mitglieder der Bischofssynode und der Persönlichkeiten der römischen Kurie beim Empfang des Patriarchen Athenagoras (Orignal: französisch).

Heiligkeit,
Jetzt sind es die Bischofssynode, die eminenten Mitglieder der römischen Kurie, die Rektoren der Universitäten und Institute dieser Stadt, die die Ehre haben, Eure Heiligkeit zu empfangen. In ihrem Namen sage ich Eurer Heiligkeit von ganzem Herzen: Seien Sie willkommen in dieser Kirche von Rom, die Sie schon seit langem zu besuchen wünschten.
Dieser Empfang scheint mir eine symbolische Bedeutung zu haben: Haben Sie, Heiligkeit, nicht diejenigen vor sich, die zu Rom und in der ganzen katholischen Welt am engsten engagiert sind in die Verwirklichung der Beschlüsse des Vatikanischen

Konzils, das heißt in das *Aggiornamento* der Kirche? Nun aber ist, wie der Heilige Vater es eben an diesem Morgen wieder gesagt hat, diese Erneuerung die Grundbedingung für das Weiterschreiten auf unserem Weg zur Einheit.
Diese Prälaten sind hier versammelt, um Eure Heiligkeit zu empfangen, die einer der entschiedendsten Vorkämpfer dieser Erneuerung in der orthodoxen Kirche ist.
Angesichts dessen, was in diesen letzten Jahren vom Heiligen Geist gewirkt worden ist, um die Getauften einander näherzubringen, sind wir mit dem heiligen Paulus auszurufen gezwungen: „O Tiefe des Reichtums, der Weisheit und der Erkenntnis Gottes! Wie unergründlich sind seine Urteile, wie unerforschlich seine Wege!" (Röm 11, 33). Möge der Herr der einen wie der andern Kirche die Überfülle seines Geistes des Rates und der Stärke geben, um sie in diesem Bemühen zu lenken und ihnen zu ermöglichen, alle Hindernisse zu überwinden!
Indem wir Eurer Heiligkeit dafür danken, daß Sie an diesem Abend unter uns weilen, sagen wir alle Ihnen aus tiefstem Herzen wiederum: *Ad multos annos! Eis polla ta eti!*

193 26. Oktober 1967

Ansprache des Patriarchen Athenagoras an die Kardinäle und die Mitglieder der Bischofssynode (Original: griechisch).

Wir danken Eurer sehr geliebten Eminenz von ganzem Herzen für die von Ihnen im Namen dieser ehrwürdigen Versammlung ausgesprochene Begrüßung und die zum Ausdruck gebrachten ehrlichen Gefühle, die wir sehr schätzen.
Wir danken einem jeden von Ihnen, Eminenzen, Hierarchen und ehrwürdige Kleriker des heiligen römischen Sitzes für Ihr Erscheinen hier, wodurch uns die von uns so ersehnte Gelegenheit geboten wird, Ihnen zu begegnen, Sie kennenzulernen und Ihnen unsere Liebe und Ehrenbezeugung zum Ausdruck zu bringen.
Wir begrüßen einen jeden von Ihnen mit brüderlichen Gefühlen. In Ihrer Person entbieten wir unseren Gruß an die gesamte in der ganzen Welt existierende ehrwürdige römisch-katholische Hierarchie. Indem wir uns in Ihrer Mitte befinden, haben wir ein starkes Gefühl der Brüderlichkeit. Dies aber nicht zufällig und als momentanen Gefühlsausdruck, sondern in Wahrheit im Heiligen Geiste. Sie und wir, die Bischöfe sowohl der heiligen römisch-katholischen Kirche als auch unserer heiligen orthodoxen Kirche, sind Träger des Heiligen Geistes, und wir halten die apostolische Sukzession wie eine unschätzbare Perle in der Muschelschale, die uns allen weitergegeben wurde durch die Handauflegung.
Nachdem wir Träger eines solchen unschätzbaren Gutes sind, werden wir eingeladen, in apostolischer Verantwortung so zu arbeiten, damit die Apostolizität der heiligen Kirche Christi allen in der Welt in Heiligkeit und Einheit ausstrahle und so ihr Zeugnis in der ganzen Welt wirksamer werde. So wird auch die Verkündigung in der ganzen Schöpfung verwirklicht, und die Verkündigung der ganzen Schöpfung, die Gnade und das Reich Gottes werden zu allen kommen.
Deshalb befinden wir uns hier, damit wir mit dem von uns sehr geliebten und geehrten, heiligsten Erzhirten der heiligen römisch-katholischen Kirche und mit Ihnen allen das bei uns vorhandene gemeinsame heilige Anliegen bezeugen, daß wir in diese Richtung mit Liebe und Geduld weitergehen, um von beiden Seiten die Fehler der Vergangenheit und all das, was zu unserer Trennung beigetragen hat, zu korrigieren und den Weg des Herrn gerade zu machen.

Wir blicken auf jenen großen und heiligen Moment, in dem die Bischöfe aus dem Westen und dem Osten am selben Opferaltar in gemeinsamer Eucharistie den Kelch des Herrn erheben werden. Vielleicht wird diese Stunde sich verzögern. Aber die Stunde der Liebe ist gegenwärtig.
Lasset uns einander lieben, Brüder, damit wir einmütig bekennen.

194 28. Oktober 1967

Ansprache Papst Pauls VI. zum Abschluß des Besuches des Patriarchen Athenagoras (Original: französisch).

Liebster Bruder in Christus,
Wie soll ich Ihnen die Gefühle aussprechen, die unser Herz in dem Augenblick erfüllen, da der brüderliche Besuch zu Ende geht, der es Eurer Heiligkeit ermöglicht hat, in diesem Jubiläumsjahr ihres Martyriums das Grab der heiligen Apostel Petrus und Paulus zu besuchen?
Wir wollen zunächst Ihnen danken für diesen Schritt, und auch den Metropoliten, die Sie begleitet haben, sowie den andern Personen, die mit Ihnen gekommen sind. Wir freuen uns tief über diese neue Begegnung, die in ein und demselben Gebet zum Herrn die Bande der Bruderliebe zwischen uns noch enger geknüpft hat.
Aus unserem ganzen Herzen sagen wir dem Herrn Dank, der uns diese Stunden der Fülle erleben ließ in gemeinsamem Gebet mit unseren Brüdern im Bischofsamt und dem christlichen Volk sowie in intimem Gespräch unter vier Augen, das unsere Gedanken und unsere Herzen einander nähergebracht hat.
Wir werden nun mit größerer Zuversicht auf den Wegen gehen, auf die uns das Evangelium führt, um vor der Welt, die auf unser Zeugnis wartet, freudig unseren Glauben an Christus zu bezeugen.
Und wir bitten den allmächtigen Vater, Ihre und unsere Schritte zu lenken, auf daß in Vertrauen zum Geist der Wahrheit und Liebe die römische Kirche und die orthodoxen Kirchen einer vollen Gemeinschaft entgegenschreiten.

195 28. Oktober 1967

Gemeinsame Erklärung Papst Pauls VI. und des Patriarchen Athenagoras zum Abschluß des Besuches des Patriarchen in Rom (Original: französisch).

Papst Paul VI. und der Ökumenische Patriarch Athenagoras I. danken im Heiligen Geist Gott als dem Urheber und Vollender jedes guten Werkes, daß er ihnen ermöglicht hat, sich erneut zu begegnen, und zwar in der heiligen Stadt Rom, um gemeinsam mit den Bischöfen der Synode der römisch-katholischen Kirche und dem gläubigen Volk dieser Stadt zu beten, einander mit dem Friedenskuß zu grüßen und im Geist der Liebe und brüderlichen Freimuts miteinander zu sprechen.
Sie erkennen durchaus an, daß zur Einheit aller Christen noch ein weiter Weg zurückzulegen ist, und daß zwischen der römisch-katholischen und der orthodoxen Kirche noch Punkte zu klären und Hindernisse zu überwinden sind, bevor man zur Einheit im Glaubensbekenntnis gelangt, die zur Wiederherstellung der vollen Gemeinschaft notwendig ist. Sie freuen sich aber darüber, daß ihre Begegnung dazu bei-

tragen konnte, daß ihre Kirchen sich noch mehr als Schwesterkirchen wiedererkennen. In ihren Gebeten, öffentlichen Erklärungen und privaten Gesprächen haben der Papst und der Patriarch ihre Überzeugung betonen wollen, daß ein wesentlicher Beitrag zur Wiederherstellung der vollen Gemeinschaft zwischen der römisch-katholischen und der orthodoxen Kirche in der Erneuerung der Kirche und der Christen zu sehen ist, in der Treue zu den Traditionen der Väter und zu den Eingebungen des Heiligen Geistes, der immer mit der Kirche ist.

Sie erkennen an, daß der wahre Dialog der Liebe, der die Grundlage aller Beziehungen zwischen ihnen und ihren Kirchen sein muß, notwendigerweise von einer totalen Treue zum einen Herrn Jesus Christus in gegenseitiger Achtung der ihnen eigenen Traditionen wurzeln muß. Jedes Element, das die Bande der Liebe, der Gemeinschaft und der Zusammenarbeit stärken kann, ist Anlaß zu geistiger Freude und muß gefördert werden. Was dieser Liebe, Gemeinschaft und Zusammenarbeit schaden kann, muß mit der Gnade Gottes und mit der schöpferischen Kraft des Heiligen Geistes aus dem Weg geräumt werden.

Papst Paul VI. und der Ökumenische Patriarch Athenagoras I. sind überzeugt, daß der Dialog der Liebe zwischen ihren Kirchen Früchte der selbstlosen Zusammenarbeit bringen muß, auf der Ebene eines gemeinsamen Handelns im pastoralen, sozialen und intellektuellen Bereich, in gegenseitiger Respektierung der Treue zur eigenen Kirche auf der einen wie auf der anderen Seite. Sie wünschen, daß es zu regelmäßigen und tiefgehenden Kontakten zwischen katholischen und orthodoxen Priestern kommt, zum Wohl ihrer Gläubigen. Die römisch-katholische Kirche und das Ökumenische Patriarchat sind bereit, konkrete Wege zu studieren, um die pastoralen Probleme zu lösen, insbesondere hinsichtlich der Ehen zwischen Katholiken und Orthodoxen. Sie wünschen eine bessere Zusammenarbeit in den Werken der Liebe, in der Hilfe für die Flüchtlinge und für jene, die leiden, sowie in der Förderung der Gerechtigkeit und des Friedens in der Welt.

Damit fruchtbare Kontakte zwischen der römisch-katholischen Kirche und der orthodoxen Kirche in die Wege geleitet werden können, geben der Papst und der Patriarch ihren Segen und ihre pastorale Unterstützung jeglichem Bemühen um Zusammenarbeit von katholischen und orthodoxen Professoren auf dem Gebiet des Geschichtsstudiums, des Studiums der Traditionen der Kirchen, der Patristik, der Liturgie und einer Darlegung des Evangeliums, die der authentischen Botschaft des Herrn entspricht und zugleich den Bedürfnissen und den Hoffnungen der heutigen Welt entgegenkommt. Der Geist, der diese Anstrengungen beseelen muß, ist ein Geist der Loyalität gegenüber der Wahrheit und des gegenseitigen Verständnisses in dem echten Wunsch, den Groll der Vergangenheit sowie jede Art von geistiger oder intellektueller Vorherrschaft zu vermeiden.

Paul VI. und Athenagoras I. erinnern die Autoritäten der Nationen und alle Völker der Welt daran, daß die Menschen in ihrem Herzen nach Frieden und Gerechtigkeit dürsten. Im Namen des Herrn flehen sie sie an, alles zu versuchen, um diesen Frieden und diese Gerechtigkeit in allen Ländern der Welt zu fördern.

196 30. Oktober 1967

Telegramm des Patriarchen Athenagoras an Papst Paul VI., um ihm für die liebevolle Aufnahme und die brüderliche Aufmerksamkeit zu danken, die ihm zu Rom zuteil geworden sind (Original: französisch).

Seiner Heiligkeit, dem Papst von Rom, Paulus VI.
Vatikan

Noch in tiefster heiliger Bewegung, die uns während der ganzen Zeit unseres Besuchs bei Eurer Heiligkeit beherrschte, die uns sehr teuer ist und die wir als eine Gabe und Gnade ansehen, die Gott seiner Kirche und uns selbst schenkt, beeilen wir uns, Eurer Heiligkeit noch einmal unseren herzlichen Dank für den liebevollen Empfang und die brüderliche Aufmerksamkeit zu danken, deren wir selbst und unser achtenswertes Gefolge uns von Ihrer Seite und von seiten ihrer ehrwürdigen Hierarchie erfreuen durften. Unser Herr begleite uns stets auf dem Weg des Friedens und der Einheit! Schreiten wir festen Fußes voran, indem wir in uns die Liebe wachsen lassen, und Er segne unsere Bemühungen. Er gewähre Eurer Heiligkeit viele Jahre bei guter Gesundheit.

Patriarch Athenagoras

197 30. Oktober 1967

Antworttelegramm Papst Pauls VI. an den Patriarchen Athenagoras (Original: französisch).

Seiner Heiligkeit Athenagoras I.
Ökumenischer Patriarch
Bürgenstock (Schweiz)

Aus unserem tiefsten Herzen äußern wir Eurer Heiligkeit unseren Dank für die sehr herzlichen Grüße, die Sie uns senden wollten. Das gläubige Volk von Rom, die römisch-katholische Hierarchie und wir selbst ganz besonders bleiben unter dem Einfluß der tiefen Gemütsbewegungen, die wir während des Besuchs, den Eure Heiligkeit meiner Person und der heiligen Kirche Roms gemacht hat, verspürt haben. Indem wir den Ausdruck unserer totalen Hingabe an den Herrn und an den Dienst an seiner Kirche erneuern, bitten wir ihn, über uns alle seinen Geist des Friedens, der geistlichen Freude und der brüderlichen Vereinigung ergießen zu wollen. Er segne ganz besonders Eure Heiligkeit, liebster Bruder, sowie die Hierarchie, den Klerus und alle Gläubigen Ihrer heiligen Kirche.

Paulus P. P. VI.

198 20. November 1967

Telegramm des Patriarchen Athenagoras an Papst Paul VI., um ihm die Wiederherstellung seiner Gesundheit zu wünschen (Original: französisch).

Seiner Heiligkeit Paul VI.
Vatikanstadt

Ich verfolge jeden Tag in intensiver geistlicher Sammlung die Fortschritte, die die kostbare Gesundheit Eurer geliebten Heiligkeit macht, und habe am heutigen Sonntag in der Patriarchalkirche voller Freude ein Te Deum gesungen, um Gott für die glückliche und rasche Genesung Eurer ehrwürdigen Heiligkeit zu danken. Ich umarme Sie in großer Liebe in Jesus Christus.

Patriarch Athenagoras

199 24. November 1967

Telegramm Papst Pauls VI. an den Patriarchen Athenagoras, um ihm für sein Mitgefühl zu danken (Original: französisch).

Seiner Heiligkeit Athenagoras I.
Ökumenischer Patriarch – Phanar

Lebhaft gerührt über diesen neuen Erweis der brüderlichen Liebe Eurer Heiligkeit danken wir Ihnen von ganzem Herzen für Ihr Gebet und sprechen Ihnen wiederum unsere große Herzensvereinigung in der Liebe Christi aus.

Paulus P. P. VI.

200 7. Dezember 1967

Telegramm des Patriarchen Athenagoras an Papst Paul VI. zum Jahrestag der Aufhebung der Bannsprüche (Original: französisch).

Seiner Heiligkeit Papst Paul VI.
Vatikanstadt

Nachdem wir am heutigen Jahrestag der Aufhebung der Bannsprüche dem Herrn für diesen großen Segen gedankt haben, beglückwünschen wir und noch mehr danken wir Eurer geliebten Heiligkeit, indem wir zum Gott des Friedens beten. Wir hoffen, eines Tages die ersehnte Vereinigung im gleichen Kelch zur Ehre Christi zu erleben.

Patriarch Athenagoras

201 9. Dezember 1967

Antworttelegramm Papst Pauls VI. an den Patriarchen Athenagoras (Original: französisch).

Seiner Heiligkeit Athenagoras I.
Ökumenischer Patriarch – Phanar

Tief gerührt durch die von Eurer Heiligkeit geäußerten Gefühle danken wir mit Ihnen dem Herrn für sein großes Erbarmen und erwarten von seiner Gnade, daß er uns allen Licht und Kraft gibt, um auf dem Weg, auf den uns der Heilige Geist gebracht hat, weiterzuschreiten und dazu zu gelangen, daß wir miteinander an seinem kostbaren Erlöserblut kommunizieren.

Paulus P. P. VI.

202 9. Dezember 1967

Brief Kardinal Beas an den Patriarchen Athenagoras, worin er die Veröffentlichung einer Botschaft Papst Pauls VI. ankündigt, in der dieser den 1. Jänner zum Tag des Friedens bestimmt (Original: französisch). Prot.-Nr. 5303/67.

Vatikanstadt, 9. Dezember 1967

Seiner Heiligkeit Athenagoras I.
Erzbischof von Konstantinopel und Ökumenischer Patriarch

Heiligkeit,
Am kommenden 15. Dezember wird eine Botschaft Seiner Heiligkeit Papst Pauls VI. veröffentlicht werden, worin dieser bittet, daß der 1. Jänner dem Frieden geweiht werde. Der Heilige Vater hat gewollt, daß diese Botschaft, die er den Staatschefs und allen Brüdern im Bischofsamt sendet, Eurer Heiligkeit schon vor diesem Datum zugestellt werde, damit Sie direkt und persönlich informiert seien.
Der Heilige Vater hofft, daß Eure Heiligkeit sich diesem Aufruf anschließen und seinem Klerus und seinen Gläubigen nahelegen wird, am Neujahrstag in dieser Intention zu beten, sowie jede andere Betätigung, die Sie für geeignet halten, den Friedensgedanken und das Verlangen nach Frieden zu fördern.
Wollen Sie, Heiligkeit, den Ausdruck meiner brüderlichen, ehrerbietigen Gefühle in Jesus Christus entgegennehmen.

Augustin Kardinal Bea

203 Weihnachten 1967

Glückwunschbrief des Patriarchen Athenagoras an Papst Paul VI. (Original: griechisch). Prot.-Nr. 1130.

Paul, dem seligsten und heiligsten Papst des Alten Rom, Gruß im Herrn.
Vatikan.

Indem wir unser Herz voll von heiligen Erinnerungen mit dem vor zwei Monaten stattgefundenen Besuch und der gesegneten Begegnung mit Eurer sehr geliebten Heiligkeit in der Ewigen Stadt haben, hören wir heute in tiefer Rührung den von den himmlischen Engeln gesungenen süßen Hymnus des Friedens anläßlich der leiblichen Erscheinung unseres Herrn und Erlösers Christi in der Welt, des Friedens, dessen hoher Vorkämpfer Eure sehr geliebte Heiligkeit ist.
Nachdem wir geistig mit Ehrerbietung bis Bethlehem gekommen sind und dort das neugeborene Kind, den vor der Ewigkeit existierenden Gott, angebetet haben, kommen wir jetzt mit großer Freude durch diese unsere brüderlichen Briefe, Eurer ehrwürdigen Heiligkeit zu gratulieren und mit Ihr und Ihrer heiligsten Kirche dieses heilige und große Fest der göttlichen Menschenfreundlichkeit und Herablassung, des Friedens und der Hoffnung mitzufeiern.
Möge der in der Grotte geborene und in der Krippe gelegene Christus, unser Gott, Eurer ehrwürdigen Heiligkeit die Möglichkeit geben, seine Menschwerdung auf viele Jahre zu begehen, mit seelischer Freude zu feiern und das kommende neue Jahr seiner Güte Eurer Heiligkeit, allen, die seine Erscheinung lieben, und der ganzen Welt ge-

sundheitsbringend, fröhlich, friedlich, für die christliche Einheit und für die vollkommene kirchliche Gemeinschaft erbauend schenken.
Mit diesem Wunsch umarmen wir Eure geliebte Heiligkeit, küssen wir Sie im geborenen Christus und verbleiben mit brüderlicher Liebe und besonderer Ehrenbezeugung,

Eurer sehr ehrwürdigen Heiligkeit
geliebter Bruder in Christus
Der Patriarch von Konstantinopel Athenagoras
Weihnachten 1967

204 28. Dezember 1967

Dankesbrief des Patriarchen Athenagoras an Kardinal Bea für seinen Brief vom 9. Dezember (Original: griechisch). Prot.-Nr. 1163.

Eminenz, Herr Kardinal Augustin Bea, sehr geliebter und geehrter Bruder in Christus, Gott, die Gnade und der Friede Gottes sei mit Eurer Eminenz.
Mit großer Freude haben wir den Brief Eurer sehr geliebten und geehrten Eminenz vom 9. dieses Monats und die mit diesem Brief gesandte Abschrift der Botschaft Seiner Heiligkeit, des Papstes Paul VI., erhalten, die am 15. dieses Monats veröffentlicht werden sollte, und durch die Seine Heiligkeit fordert, daß der Tag des 1. Jänner dem Frieden gewidmet werden soll.
Wir danken sehr für die Zusendung der Botschaft vor ihrer Veröffentlichung, und wir teilen Eurer Eminenz mit, daß auch bei uns eine diesbezügliche Botschaft für den Frieden herausgegeben wird. Wir umarmen Sie im geborenen Christus und verbleiben mit brüderlicher Liebe und besonderer Ehrenbezeugung,

Eurer Eminenz
geliebter Bruder in Christus
Der Patriarch von Konstantinopel Athenagoras
28. Dezember 1967

205 30. Dezember 1967

Telegramm des Patriarchen Athenagoras an Papst Paul VI. zum Tag des Friedens (Original: französisch).

Seiner Heiligkeit, dem Papst von Rom, Paul VI.
Vatikan

Da wir die bange Sorge Eurer sehr lieben ehrwürdigen Heiligkeit für die Festigung eines echten Friedens in der Welt ganz teilen und uns seiner vortrefflichen Initiative brüderlich anschließen, werden wir den ersten Tag des neuen Jahres dem Frieden weihen und uns an diesem Tag mit Ihnen im Gebet und im Ermahnen, den Frieden triumphieren zu lassen, vereinen. Zu diesem Zweck haben wir eine Botschaft verfaßt. Möge der Gott des Friedens unsere Gebete erhören, die Welt auf unsere Worte hören und der Friede Christi die Güte Eurer geliebten Heiligkeit belohnen.

Patriarch Athenagoras

206 1. Jänner 1968

Brief des Patriarchen Athenagoras an Papst Paul VI. anläßlich des Tages des Friedens (Original: griechisch). Prot.-Nr. 1176.

Paul, dem seligsten und heiligsten Papst des Alten Rom, Gruß im Herrn.
Vatikan
Mit großer Freude haben wir die an uns geschickte hervorragende Botschaft Eurer ehrwürdigsten und geliebten Heiligkeit erhalten, worin Sie die Idee zum Ausdruck brachten, den ersten Tag des neuen Jahres, den 1. Jänner 1968, dem Frieden zu widmen.
Indem wir einerseits die vorhandene Notwendigkeit, daß diesem bedeutsamen Anliegen des universalen Friedens mit jeder Methode gedient werden soll und andererseits die ängstliche Sorge Eurer seligsten Heiligkeit um ihn sehr schätzen, und indem wir auch die Zusammenarbeit der christlichen Kirchen diesbezüglich als erforderlich für einen, soweit es möglich ist, größeren Erfolg der heiligen Bemühungen für den Frieden betrachten, haben wir nach einer synodalen Beratung sofort den brüderlichen Vorschlag Eurer Heiligkeit akzeptiert.
Nachdem wir dies Eurer geliebten und geehrten Heiligkeit schon telegraphisch angekündigt haben, kommen wir nun, Ihnen durch diese Briefe mitzuteilen, daß heute, am ersten Tag des neuen Jahres, sowohl in unserer Patriarchalkirche während unserer Pontifikalassistenz (Chorostasie) mit den Eminenzen, den geliebten Mitgliedern unseres Heiligen Synods, als auch in den heiligen Kirchen unseres Erzbistums und den anderen Diözesen, während die jeweiligen Hirten zelebrierten, während der hl. Messe die diesbezügliche herausgegebene Botschaft gelesen und Gebete um den Frieden in der ganzen Welt gesprochen wurden.
Da wir jede Gelegenheit zum Mitbeten als einen Anlaß von besonderer Freude, geistiger Kommunikation und Zusammenarbeit mit Eurer Heiligkeit zum Wohle der Kirche Christi und der Welt betrachten, haben wir das große Glück erlebt, daß wir zum Beginn des neuen Jahres vor dem allgütigen Gott mit derselben Auffassung hinsichtlich des Friedens für alle Menschen gestanden sind.
Wir danken Eurer ehrwürdigen Heiligkeit sehr, daß Sie uns diesen Vorschlag teilhaftig gemacht haben, der ein neues Zeugnis für die Tatsache ist, daß Sie keine Gelegenheit versäumt und keine Mühe scheuen, um sich selbst dem Dienst dieses höchsten Gutes, des Friedens der Welt zur Verfügung zu stellen. Mit Freude schicken wir Ihnen beiliegend eine Abschrift unserer Botschaft, und wir wünschen, daß der Herr unser Gott, die Gebete von uns allen erhöre, daß die Welt das Ideal des Friedens beherzige und sie dieses zur Wirklichkeit auf Erden mache. Abschließend umarmen wir Sie im geborenen Herrn und verbleiben mit brüderlicher Liebe und besonderer Ehrenbezeugung,

Eurer ehrwürdigsten Heiligkeit
geliebter Bruder in Christus
Der Patriarch von Konstantinopel Athenagoras
1. Jänner 1968

207 5. Jänner 1968

Telegramm Papst Pauls VI. an den Patriarchen Athenagoras, um ihm für seine Beteiligung am Friedenstag zu danken (Original: französisch).

Seiner Heiligkeit Athenagoras I.
Ökumenischer Patriarch – Phanar

Von ganzem Herzen danken wir Eurer Heiligkeit für Ihren wertvollen Beitrag zur Förderung des Gebets für den Frieden und wir wissen diese brüderliche Mitarbeit sehr zu schätzen. Das Gebet seiner in Liebe vereinten Söhne vermag bei ihrem Vater viel.
Sehr tiefe Liebe in Christus

Paulus P. P. VI.

208 12. Jänner 1968

Brief Papst Pauls VI. an den Patriarchen Athenagoras, um ihm für seinen Glückwunschbrief zum Weihnachtsfest zu danken (Original: französisch).

Liebster Bruder in Christus,
Das Weihnachtsfest führt uns jedes Jahr zu einer intensiveren Betrachtung des Mysteriums der unendlichen Liebe unseres Gottes und Vaters, der die Welt so sehr geliebt hat, daß er seinen Sohn in die Welt gesandt hat, damit die Welt durch ihn gerettet werde. Die Freude und Danksagung, die angesichts dieser unendlichen Herablassung unseres Vaters unser Herz erfüllen, veranlassen uns wie von selbst, unsere Empfindungen mit unseren Brüdern auszutauschen und ganz besonders mit Eurer Heiligkeit, deren jüngst erfolgter Besuch in unserer Seele unvergeßliche Erinnerungen hinterlassen hat.
Mit Eurer Heiligkeit in einer gemeinsamen Anbetung des fleischgewordenen Wortes vereint, vertrauen wir dem Herrn unsere Wünsche, unsere Projekte, unsere Entschlossenheit an, soviel von uns abhängt zu tun, damit das begonnene Jahr neue Fortschritte auf unserem Weg zur Wiederherstellung der vollen Gemeinschaft und zur vollständigen Manifestation unserer Einheit in Christus bringe. Wir wissen, daß Sie, liebster Bruder, diesen Wunsch teilen, und sie haben uns dies im Brief, den Sie uns schicken wollten und für den wir Ihnen danken, in ausdrucksvollen Worten von neuem gesagt. Der Herr, der diese Einheit will und in unsere Herzen den Willen gelegt hat, die Hindernisse, die sich ihrer vollen Verwirklichung noch entgegenstellen, zu überwinden, kann nicht umhin, unsere Anstrengungen zu segnen und sie fruchtbar werden zu lassen.
Von diesen Gefühlen beseelt und in dieser Hoffnung sprechen wir Eurer Heiligkeit wiederum unsere ehrfurchtsvolle, tiefe Bruderliebe im Herrn aus.
Vatikanstadt, 12. Januar 1968

Paulus P. P. VI.

209 16. Jänner 1968

Telegramm des Patriarchen Athenagoras an Papst Paul VI. anläßlich des Erdbebens in Sizilien (Original: französisch).

Seiner Heiligkeit Papst Paul VI.
Vatikan

Tief betrübt über die Erdbebenkatastrophe in Sizilien drücken wir gemäß einem

Synodsbeschluß Eurer geliebten, verehrten Heiligkeit unser unendliches Mitgefühl aus und wünschen den Geprüften Trost von oben und Hilfe für den Wiederaufbau.

Patriarch Athenagoras

210 21. Jänner 1968

Antworttelegramm Papst Pauls VI. an den Patriarchen Athenagoras (Original: französisch).

Seiner Heiligkeit Athenagoras I.
Ökumenischer Patriarch – Phanar

Wir danken Eurer Heiligkeit und Ihrem Synod herzlich für das lebhafte Mitgefühl, das Sie anläßlich der harten Katastrophe, die Sizilien getroffen hat, geäußert haben. Wir sprechen Ihnen wiederum unsere ganze brüderliche Liebe aus.

Paulus P. P. VI.

211 23. Jänner 1968

Brief des Patriarchen Athenagoras an Papst Paul VI. über seinen vor kurzem stattgefundenen Besuch beim Papst (Original: griechisch). Prot.-Nr. 51.

Paul, dem seligsten und heiligsten Papst des Alten Rom, Gruß im Herrn.
Vatikan

Nach unserer durch die Gnade Gottes glücklichen Rückkehr in unsere Residenz, überdenken wir in Einkehr und Gebet das gottgeschenkte Ereignis unserer Fahrt nach Rom und den dort im ältesten Sitz der Bischöfe von Rom stattgefundenen Besuch bei Eurer sehr geliebten und geehrten Heiligkeit, und mit dankbarem Herzen Gott gegenüber erheben wir uns zur Betrachtung des Geheimnisses seiner allweisen und allgütigen Vorsehung.
Wahrhaftig, wir betrachten diese unsere neue Begegnung, das gemeinsame Zeugnis für die Liebe und den Frieden in der Kirche und der Welt als eine Herablassung Gottes zu uns und als Verwirklichung und Dienst seines heiligen Willens. Gottes Werk ist die Erbauung der Liebe zwischen den Brüdern und die Erbauung der Einheit der Kirche; wir aber sind Mitarbeiter Gottes.
Da wir eines solchen Geschenkes gewürdigt wurden, mit Gott zusammenzuwirken, im neuen Gebot der Liebe den neuen Weg unserer Kirchen zueinander und zur Einheit aufzuarbeiten, lobpreisen wir zu Recht den Schöpfer der Herrlichkeiten immer wieder.
Aber was können wir persönlich sagen über die Güte Gottes für uns, daß er uns in der ehrwürdigen Kirche von Rom einen älteren Bruder und einen heiligen und gütigen Mitbischof geschenkt hat, Eure geliebte und ehrwürdige Heiligkeit, den Vorkämpfer der Liebe, des Friedens und der christlichen Einheit!
Seit dem Beginn der neuen Kirchengeschichte, im Kapitel über die Gemeinschaft zwischen unseren Kirchen, hat Eure seligste Heiligkeit nicht aufgehört, dem hl. Paulus folgend, in Gebet und Liebe, in der heiligen Bescheidenheit und in der Tapferkeit der Werke sich selbst für die Zusammenfügung der Getrennten zu stellen, und Sie haben

keinen Augenblick gesäumt, uns von Ihrem Übermaß des Geistes und des Herzens reichliche Beweise Ihrer heiligen Brüderlichkeit zu schenken.
Als aber vom Herrn der Augenblick unserer Umarmung in Rom gekommen war und Eure Heiligkeit von der ganzen Herrlichkeit der reinen evangelischen Brüderlichkeit erfüllt war und alles andere gegenüber Gott, der Kirche und der Welt übertroffen hat, gaben Sie uns, unseren Zeiten und der Ewigkeit das große Zeichen der Liebe. Deswegen ist unser Herz von unsagbarem Dank erfüllt.
Wir bringen jene tatsächlich heiligen Momente des Besuchs bei Ihnen in Erinnerung, die Umarmung beim Eingang der Kirche des hl. Petrus, die gemeinsame Darbietung unserer Frömmigkeit gegenüber den Heiligen innerhalb dieser Kirche, den gemeinsamen Weg zum Opferaltar und dort das gemeinsame Gebet der Reue, der Versöhnung und der Hoffnung auf den gemeinsamen Kelch des Herrn, aber auch die guten Worte und die vor allen ausgesprochene Erklärung des Wunsches und des Willens, den Leib Christi zu erbauen. Darüber hinaus erinnern wir uns an die Pilgerfahrt zu den kostbaren Heiligtümern von Rom, die durch das Blut der Apostel und Märtyrer Petrus und Paulus und der anderen Generationen, die durch die Jahrhunderte in Frömmigkeit lebten, geschmückt sind, und zwar inmitten der Liebe der ehrwürdigen Brüder, Hierarchen, Kardinäle und Bischöfe, des heiligen Klerus, der Mönche und des frommen römischen Volkes; darüber hinaus erinnern wir uns an die unter vier Augen durchgeführten Gespräche, unser Beisammensein mit der ehrwürdigen Hierarchie im Herrn und alle Bezeugungen von Liebe und Ehre gegenüber unserer bescheidenen Person und unserer geschätzten Begleitung von seiten Eurer Heiligkeit, Ihrer heiligsten Kirche und des frommen Kirchenvolkes. All das war von Ihnen im Geiste Christi und in der einmaligen Atmosphäre der ehrlichen Gastfreundschaft vollkommen, die vom Anfang bis zum Ende unseres Aufenthaltes bei Ihnen uns das wahre Gefühl gegeben hat, daß wir uns tatsächlich im Haus des Bruders befinden.
Nicht als Erinnerung, sondern als ein immer lebendiges Erlebnis haben wir aus Rom alles, was sich dort ereignet hat, mitgenommen, und wir haben es als ein unschätzbares Element christlichen Reichtums im Bewußtsein, im Leben und in der Geschichte unserer östlichen Kirche hinterlegt. Indem wir jetzt daraus schöpfen, besuchen wir Eure Heiligkeit geistig und bringen Ihr und Ihrer heiligen Kirche den kirchlichen, tiefen Dank von uns persönlich und von unseren geschätzten Begleitern.
Möge der Bräutigam der Kirche, der uns zu der großen und heiligen Stunde, die wir erlebt haben, nach Rom geführt hat, unsere Schritte lenken zur Verwirklichung seines heiligen Wunsches.
Abschließend umarmen wir Eure geliebte Heiligkeit im Herrn und verbleiben mit brüderlicher Liebe und besonderer Ehrenbezeugung,

Eurer ehrwürdigsten Heiligkeit
geliebter Bruder in Christus
Der Patriarch von Konstantinopel Athenagoras
23. Jänner 1968

212 13. März 1968

Brief Papst Pauls VI. an den Patriarchen Athenagoras; er benutzte den Besuch des Metropoliten Meliton von Chalkedon, um auf den vorhergehenden Brief des Patriarchen zu antworten (Original: französisch).

Seiner Heiligkeit Athenagoras I.
Erzbischof von Konstantinopel und Ökumenischer Patriarch

Heiligkeit, geliebter Bruder im Herrn,
In dieser Zeit des Jahres, da der Herr uns einlädt, tiefer über die großen Etappen des Heils nachzusinnen und sie in größerer Liebe und Treue im Leben nachzuvollziehen, empfinden wir eine wahre geistliche Freude, wenn wir unsere Gedanken auf die Begegnungen zurücklenken, die uns Gott in seiner Güte mit Eurer Heiligkeit an Ihrem Sitz von Konstantinopel und hier in der heiligen Stadt von Alt-Rom erleben ließ. Der Brief, den Eure Heiligkeit am 23. Januar an uns richten wollte, regt uns an, dem Herrn der Kirche zu danken, der uns ermöglicht, schlichte Werkzeuge seines Heilswerkes in der Welt zu sein, in die er von seinem Vater gesandt worden ist (vgl. Joh 17, 18).
Es gereicht uns zum großen Trost, feststellen zu dürfen, wie Hirten und Gläubige unserer Kirchen aus den Ereignissen der letzten Monate neue Anregung geschöpft haben, in den Dialog der Liebe einzutreten, der uns dahinbringen soll, in der Liebe Christi und im Dienst am Nächsten die volle Gemeinschaft wiederzufinden. Und vor allem ist es das christliche Volk, das unter der Führung seiner Hirten heiß darnach verlangt, den Tag anbrechen zu sehen, an dem der Herr die Gnade gewähren wird, miteinander die heilige Eucharistie zu feiern, durch die diese Gemeinschaft voll zum Ausdruck gebracht und allen geschenkt wird.
Unser Herz ist so voller Hoffnung. Gott, der dieses Werk begonnen hat, wird es zu Ende führen (vgl. Phil 1, 6). Im Vertrauen zu dem, der versprochen hat, immer bei uns zu sein (vgl. Mt 28, 20), und auf seinen Geist, der kraft des Evangeliums immerfort die Jugend der Kirche schafft und erneuert, indem er sie zur vollen Gemeinschaft mit ihrem Bräutigam führt, drücken wir Ihnen, lieber Bruder in Christus, unsern festen Willen aus, unsere gemeinsamen Anstrengungen mit Ihnen und mit allen ehrwürdigen Häuptern der orthodoxen Kirchen fortzusetzen und zu vertiefen, damit sich in uns und durch uns die geheimnisvollen Pläne Gottes für die Welt verwirklichen, die sein Werk ist und die er in ewiger Liebe liebt.
Wir benutzen den Besuch Ihres lieben Mitarbeiters, Seiner Eminenz des Metropoliten Meliton von Chalkedon, um Eurer Heiligkeit wiederum die Gefühle auszusprechen, die aus unserem tiefsten Herzen kommen. In Erinnerung an den Friedenskuß, den der Herr uns mehrere Male austauschen ließ, drücken wir Eurer Heiligkeit von neuem unsere liebende, brüderliche Hochachtung in Christus Jesus aus.

Vatikanstadt, 13. März 1968
Paulus P. P. VI.

213 19. März 1968

Telegramm des Patriarchen Athenagoras an Papst Paul VI., um ihm für den Besuch des Kardinals Maximilian von Fürstenberg im Phanar zu danken (Original: französisch).

Seiner Heiligkeit Papst Paul VI.
Vatikan

Voller Dankbarkeit gegenüber Eurer ehrwürdigen geliebten Heiligkeit entbieten wir Ihnen unseren herzlichen Dank für die neue Beglückung durch den Besuch Seiner

Eminenz des Erzbischofs Maximilian von Fürstenberg. Eure Heiligkeit erfreut unser Leben beständig durch Ihre Gedanken, Delegierten, Briefe, Telegramme, Geschenke und Liebeserweise. Wir beten stets um Ihre kostbare Gesundheit und um ein weiteres Wiedersehen.

Patriarch Athenagoras

214 25. März 1968

Glückwunschtelegramm Papst Pauls VI. zum Geburtstag des Patriarchen Athenagoras (Original: französisch).

Seiner Heiligkeit Athenagoras I.
Ökumenischer Patriarch – Phanar

An diesem Fest der Verkündigung, das auch der Geburtstag Eurer Heiligkeit ist, vertrauen wir Sie von neuem dem Schutz der heiligsten Jungfrau an und sprechen Ihnen mit unseren besten Wünschen wiederum unsere brüderliche Liebe im Herrn aus.

Paulus P. P. VI.

215 8. April 1968

Brief Papst Pauls VI. an den Patriarchen Athenagoras zum Osterfest (Original: französisch).

Seiner Heiligkeit Athenagoras I.
Erzbischof von Konstantinopel und Ökumenischer Patriarch

Heiligkeit,
„Gepriesen sei der Gott und Vater unseres Herrn Jesus Christus: in seinem großen Erbarmen hat er uns neu gezeugt durch die Auferstehung Jesu Christi von den Toten" (1 Petr 1, 3). Das Herz von Gefühlen der Dankbarkeit und Freude erfüllt, senden wir Eurer Heiligkeit unsere brüderlichen Grüße im Herrn und unsere besten Wünsche zum Fest der Auferstehung unseres großen Gottes und Heilandes Jesus Christus. An diesem Tag lassen alle Menschen, besonders aber die auf den Tod und die Auferstehung Christi Getauften, mit Recht heiße Danksagungen zum Vater des Lichtes emporsteigen, der in Christus alle Wesen mit sich versöhnt und uns durch dessen am Kreuz vergossenes Blut den Frieden geschenkt hat (vgl. Kol 1, 20). Durch den Tod und die Auferstehung Christi haben wir Zugang zum Vater und sind so Mitbürger der Heiligen; wir sind das Haus Gottes, aufgebaut auf dem Fundament der Apostel und Propheten, und Christus selbst ist der Eckstein (vgl. Eph 2, 18–20). Indem der auferweckte Christus uns in den Frieden mit Gott versetzt, bringt er den Frieden auch zwischen uns (vgl. Joh 20, 31); in ihm zu Söhnen geworden, werden wir einander wirklich Brüder.
Ist diese jährliche Feier des Todes und der Auferstehung unseres Herrn nicht die große Quelle unserer Hoffnung für eine Welt, die seiner sosehr bedarf, und unserer Hoffnung für uns selbst, die wir uns durch den Geist unseres Denkens zu erneuern und den neuen Menschen anzuziehen bemühen, der nach Gott geschaffen ist in Ge-

rechtigkeit und wahrer Heiligkeit (vgl. Eph 4, 23–24)? Diese Hoffnung ist unsere Stärke, sie stützt uns in unserer Anstrengung in seinem Dienst und im Dienst seiner Kirche. Sie ist auch das Unterpfand unseres Sieges über die Kräfte, die darnach trachten, uns zu schwächen und zu spalten, die Ausstrahlung der Kirche auf die Welt zu trüben und so das Wachstum des Gottesreiches zu verzögern.

Diese Hoffnung, die aus unserem lebendigen Glauben an die Auferstehung Christi hervorbricht, muß uns drängen, unsere Anstrengung zu verstärken, um in der Kirche die ganz auf die Entfaltung des Glaubens, der Hoffnung und der Liebe in allem und jedem ausgerichtete Erneuerung zu fördern und zu vertiefen; sie muß uns antreiben, den Willen, aufmerksamer und gefügiger dem treu zu sein, was der Geist heute von der Kirche verlangt (vgl. Offb 2, 7. 11. 17. 29; 3, 6. 13. 22), zu läutern und zu verlebendigen, um uns aktiv darauf vorzubereiten, die Wiederherstellung unserer vollen Gemeinschaft zu ermöglichen, dieser Einheit, die voll das Zeugnis zu geben vermag, das die Welt zum Glauben auffordern soll.

Möge die Feier des heiligen Pascha Eurer Heiligkeit, Ihrem ganzen Klerus und den Gläubigen Ihrer Kirche die Fülle der Freude des Herrn bringen. Er, der unsere Hoffnung ist, bewirke, daß wir in ihm füreinander noch inniger zu Brüdern werden in dem Moment, wo wir mit Eurer Heiligkeit den Friedenskuß austauschen und Ihnen wiederum unsere ganz brüderliche Liebe aussprechen.

Vatikanstadt, 8. April 1968

Paulus P. P. VI.

216 Ostern 1968

Brief des Patriarchen Athenagoras an Papst Paul VI. anläßlich des Osterfestes (Original: griechisch). Prot.-Nr. 367.

Paul, dem seligsten und heiligsten Papst des Alten Rom, Gruß im Herrn.

Dankeshymnen singen wir wiederum dem barmherzigen Gott-Vater anläßlich des Jahrestages des Gedenkens der heiligen Leiden und der Auferstehung unseres Herrn, und wir lobpreisen und verherrlichen den glorreich aus dem Grab Auferstandenen mit Siegesliedern, und mit großer Freude der Seele und des Geistes jubeln wir das ewige Pascha: „Denn siehe, durch das Kreuz kam die Freude auf die ganze Welt."

Umleuchtet vom reinen Licht der Auferstehung, erleben wir heute die große Wahrheit, daß der durch seinen Kreuzestod in seine Herrlichkeit gekommene Herr in uns, die wir in seinem Namen getauft sind, alle Tage bis zur Vollendung der Zeiten bleibt, wie er wahrhaftig versprochen hat, und daß er seine heilige Kirche und ihre edlen Mitglieder zur Auferstehung und zur Glorie ruft.

Und wie er nicht nur der Herr des Lebens und des Todes ist, sondern auch der Erste der Verstorbenen und in der Auferstehung und der Herrlichkeit eins mit dem Vater geworden ist, so wünscht er auch, daß diejenigen, die er durch sein Kreuz und seine Auferstehung zum Vater gezogen hat, für immer Söhne der Auferstehung und der Glorie seien.

Die Auferstehung, zu der er uns ruft, ist in unseren Herzen die Entstehung und Weckung der heiligen Gefühle des Glaubens an ihn, der Liebe untereinander, des Geistes unserer Erneuerung und durch uns die Erneuerung der Kirche und der Welt. Indem wir dies tun, verkünden wir seinen Tod und bekennen seine Auferstehung.

Die Glorie, zu der uns der in Herrlichkeit auferstandene Herr bestimmt, ist die

Glorie, mit der seine Kirche von Anfang an bis jetzt und von jetzt bis zur Vollendung der Zeiten bekleidet werden muß, indem sie ihre Einheit, Eintracht und ihren Frieden immer bewahrt und der Welt verkündet. Wenn die Kirche dies lebt und den eigenen Kindern lehrt, bildet sie in sich die Glorie des Herrn ab und präsentiert sie nach außen.

Indem wir unbeirrt auf den auferstandenen Herrn unseren Blick richten, hoffen wir, daß wir in nicht allzulanger Zeit die erneuerte heilige Kirche haben, und ihre Einheit in der Glorie des Herrn genießen werden.

In dieser Hoffnung, zu deren Verwirklichung wir immer bereitwillig mit unserem bescheidenen Beitrag und unserem Dienst mitwirken, begrüßen wir mit großer Freude Eure ehrwürdigste und geliebte Heiligkeit auch durch diesen brüderlichen festlichen Brief anläßlich des wiederum gekommenen heiligen und großen Festes, und wir wünschen Ihnen und Ihrer ehrwürdigen Kirche, dem Klerus und dem ganzen Kirchenvolk den reichlichen Segen und die reichliche Gnade des auferstandenen Erlösers Christi. Wir umarmen Eure Heiligkeit im auferstandenen Herrn und verbleiben mit brüderlicher Liebe und besonderer Ehrenbezeugung,

Eurer ehrwürdigsten Heiligkeit
geliebter Bruder in Christus
Der Patriarch von Konstantinopel Athenagoras
Ostern 1968

217 13. April 1968

Telegramm des Patriarchen Athenagoras an Papst Paul VI., um ihm für seinen Brief vom 8. April zu danken (Original: französisch).

Seiner Heiligkeit, dem Papst von Rom, Paul VI.
Vatikan

Zu diesem großen Tag wünschen wir Eurer geliebten ehrwürdigen Heiligkeit die ganze Freude, die Beglückung durch den Triumph der Auferstehung unseres Herrn. In viel Liebe

Patriarch Athenagoras

218 30. Mai 1968

Brief Kardinal Beas an den Patriarchen Athenagoras über das Osterdatum (Original: französisch). Prot.-Nr. 2251/68.

Vatikanstadt, 30. Mai 1968

Seiner Heiligkeit Athenagoras I.
Erzbischof von Konstantinopel und Ökumenischer Patriarch

Heiligkeit,

Im Osterbrief von 1966 sprach der Heilige Vater zu Ihnen über den vom Zweiten Vatikanischen Konzil ausgedrückten Wunsch nach einer Vereinheitlichung des Osterdatums. Wir sind uns der Schwierigkeiten, die dieses Problem aufwirft, sehr bewußt. Ich dachte, es sei für Eure Heiligkeit und Ihre Kirche ein nützlicher Beitrag zum Studium dieses Problems, die wissenschaftliche Arbeit des Professors Peri zu erhalten,

die eben erschienen ist und die wir Ihnen in diesen Tagen mit besonderer Post zustellen.
In diesem Geist nochmals unseren Wunsch ausdrückend, in brüderlicher Zusammenarbeit dahin zu gelangen, daß wir das Fest der Auferstehung des Herrn gemeinsam feiern, bitte ich Eure Heiligkeit, den Ausdruck meiner ehrfurchtsvollen, brüderlichen Gefühle im auferstandenen Herrn entgegennehmen zu wollen.

Augustin Kardinal Bea
Präsident des Sekretariats für die Einheit der Christen
Präsident der Kommission für das Osterdatum

219 12. Juni 1968

Brief des Patriarchen Athenagoras an Kardinal Bea zum Thema des Osterdatums (Original: griechisch). Prot.-Nr. 587.

Eminenz, Herr Kardinal Augustin Bea, sehr geliebter und geschätzter Bruder in Christus, Gott, die Gnade und der Friede Gottes seien mit Eurer Eminenz.
Mit großer Freude haben wir den Brief Eurer sehr geliebten Eminenz vom 30. des vegangenen Monats Mai erhalten, und mit der entsprechenden Aufmerksamkeit haben wir ihn persönlich und in der Sitzung unseres Heiligen Synods gelesen, worin Sie das angeführt haben, was uns früher Seine Heiligkeit, Papst Paul VI., in seinem Osterbrief geschrieben hat, worin er den Wunsch einer Vereinheitlichung des Datums der Osterfeier zum Ausdruck brachte. Eure Eminenz wiederholte den oben erwähnten Wunsch, daß durch eine Zusammenarbeit zwischen den christlichen Kirchen am selben Tag die Feier dieses großen christlichen Festes möglich gemacht werde.
Indem wir Eurer geliebten Eminenz nach Synods-Beschluß für diesen Ihren Brief und für den darin enthaltenen Vorschlag danken, teilen wir mit, daß unsere zuständige Kommission bei uns dieses Thema bereits studiert.
Wir erbitten von Christus für Sie das Beste, seine Gnade und seine unendliche Barmherzigkeit,

Eurer Eminenz
geliebter Bruder in Christus
Der Patriarch von Konstantinopel Athenagoras
12. Juni 1968

220 23. Juni 1968

Glückwunschtelegramm des Patriarchen Athenagoras an Papst Paul VI. zum Jahrestag seiner Thronbesteigung (Original: französisch).

Seiner Heiligkeit Papst Paul VI.
Vatikan

Wir haben den historischen Jahrestag der Wahl und der Inthronisation Eurer geliebten, tief verehrten Heiligkeit gefeiert und wünschen Ihnen von ganzem Herzen solide Gesundheit, lange Jahre zum Wohl der Kirche und zur Ehre ihres Gründers Jesus Christus.

Patriarch Athenagoras

221 24. Juni 1968

Telegramm des Patriarchen Athenagoras an Papst Paul VI. zum Namensfest (Original: französisch).

Seiner Heiligkeit Papst Paul VI.
Vatikan

Ein weiterer Anlaß, Gott für Eure ehrwürdige geliebte Heiligkeit zu danken: Ihr Namensfest. Stolz und beglückt über Ihre glorreiche päpstliche Herrschaft, wünschen wir Ihnen alle himmlischen Gunsterweise. In großer Liebe und Hochachtung

Patriarch Athenagoras

222 30. Juni 1968

Telegramm Papst Pauls VI. an den Patriarchen Athenagoras, um ihm für seine Segenswünsche zu danken (Original: französisch).

Seiner Heiligkeit Athenagoras I.
Ökumenischer Patriarch – Phanar

Sehr gerührt durch die wiederholten Beweise herzlicher Symphathie, die Eure Heiligkeit in diesen Tagen zum Jahrestag unserer Erwählung auf den Stuhl Petri und zu unserem Namensfest uns hat zeigen wollen, sprechen wir Eurer Heiligkeit, in Gebet und Hoffnung mit Ihnen vereint, wieder unsere erneuerten Gefühle brüderlicher Liebe im Herrn aus.

Paulus P. P. VI.

223 25. Juli 1968

Telegramm Papst Pauls VI. an den Patriarchen Athenagoras zum Jahrestag seines Besuches im Phanar (Original: französisch).

Seiner Heiligkeit Athenagoras I.
Ökumenischer Patriarch – Phanar

Zur Wiederkehr des Tages, an dem wir die große Freude hatten, Eurer Heiligkeit zu begegnen und die Türkei zu besuchen, möchten wir in Erinnerung an diese unvergeßliche Stunde unsere herzlichsten Wünsche an Sie richten und mit Ihnen den heiligen Kuß austauschen als Ausdruck der Liebe, die uns vereint, als Unterpfand der Einheit, die wir erhoffen, und als Sinnbild des Friedens, den der Herr seiner Kirche gewähren möge.

Paulus P. P. VI.

224 25. Juli 1968

Telegramm des Patriarchen Athenagoras an Papst Paul VI. zum Jahrestag seines Besuches im Phanar (Original: französisch).

Seiner Heiligkeit, dem Papst von Rom Paul VI.
Vatikan

An diesem Tag, dem 25. Juli, der durch die Geistesgröße, den Herzensreichtum und die beispielhafte Initiative Eurer von Gott gesegneten lieben und ehrwürdigen Heiligkeit geschaffen wurde, grüßen wir ihn bei seiner ersten Wiederkehr und feiern ihn als eine neue Ära der Kirche, nach einem Te Deum, das wir in unserer Kathedrale gesungen haben, wo wir auf immer Ihren Segen bewahren. Mit unserem Heiligen Synod und unseren Gläubigen drücken wir somit Eurer Heiligkeit unsern tiefen Dank und unsere Erkenntlichkeit für dieses historische Ereignis aus, indem wir Ihnen lange Jahre bei voller Gesundheit zum Nutzen der Kirche und Menschheit und noch einmal ein Wiedersehen in Rom wünschen. In großer Liebe und Hochschätzung

Patriarch Athenagoras

225 9. August 1968

Telegramm des Patriarchen Athenagoras an Papst Paul VI., im ihm seine Genugtuung über die Veröffentlichung des Rundschreibens „Humanae Vitae“ auszudrücken (Original: französisch).

Seiner Heiligkeit, dem Papst von Rom Paul VI.
Vatikan

In tiefer Bewegung haben wir mit den Mitgliedern des Heiligen Synods an dessen letzter Sitzung das Telegramm Eurer geliebten ehrwürdigen Heiligkeit zum Jahrestag des großen historischen Ereignisses Ihres Besuchs und Segens vom 25. Juli 1967 gelesen. Wir danken Ihnen, sehr geschätzter Bruder, von ganzem Herzen für das Telegramm und erst recht für den Besuch, indem wir Ihnen versichern, daß wir Ihnen ganz nahe sind, vor allem in diesen letzten Tagen, an denen Sie gut daran getan haben, das Rundschreiben „Humanae Vitae“ zu veröffentlichen. Wir sind mit Ihnen in allem einverstanden und wünschen Ihnen jegliche Hilfe Gottes, um Ihre Sendung in der Welt fortzusetzen.
In großer Bruderliebe

Patriarch Athenagoras

226 21. August 1968

Danktelegramm Papst Pauls VI. an den Patriarchen Athenagoras (Original: französisch).

Seiner Heiligkeit Athenagoras I.
Ökumenischer Patriarch – Phanar

Wir waren sehr empfänglich für das Einverständnis, das uns Eure Heiligkeit in bezug auf das Rundschreiben „Humanae Vitae“ ausdrücken wollten. Aus ganzem Herzen danken wir Ihnen dafür, daß Sie in der Verteidigung dieser Lehre uns zur Seite stehen, und sprechen Ihnen wiederum unsere ganze tiefe Liebe aus.

Paulus P. P. VI.

227 21. August 1968

Telegramm des Patriarchen Athenagoras an Papst Paul VI. anläßlich dessen Reise nach Bogota (Original: französisch).

Seiner Heiligkeit Papst Paul VI.
Vatikan

Alle unsere Wünsche und Gebete begleiten Eure ehrwürdige geliebte Heiligkeit auf Ihrer Pilgerreise nach Bogota. Gott behüte und ermutige Sie auf dieser neuen großen Mission.
In großer Bruderliebe

Patriarch Athenagoras

228 24. August 1968

Telegramm Papst Pauls VI. an den Patriarchen Athenagoras, um ihm für sein Telegramm zu danken (Original: französisch).

Seiner Heiligkeit Athenagoras I.
Ökumenischer Patriarch – Phanar

Tief gerührt über die inbrünstige Botschaft, die uns der Gebetsgemeinschaft Eurer Heiligkeit während unserer Reise versichert, danken wir Ihnen und sprechen Ihnen wiederum unsere treue, beständige Liebe in unserem Herrn aus.

Paulus P. P. VI.

229 24. September 1968

Glückwunschtelegramm des Patriarchen Athenagoras zum Geburtstag Papst Pauls VI. (Original: französisch).

Seiner Heiligkeit, dem Papst von Rom Paul VI.
Vatikan

Der Geburtstag Eurer geliebten ehrwürdigen Heiligkeit gibt uns glücklichen Anlaß, von neuem mit Ihnen in Verbindung zu treten und Ihnen zu gratulieren im Wunsch, Gott möge Ihnen lange Jahre unerschütterlicher Gesundheit und die Kraft geben, die großen Probleme unserer Zeit anzupacken. In großer Liebe.

Patriarch Athenagoras

230 3. Oktober 1968

Telegramm Papst Pauls VI. an den Patriarchen Athenagoras, um ihm für seine Segenswünsche zu danken (Original: französisch).

Seiner Heiligkeit Athenagoras I.
Ökumenischer Patriarch – Phanar

Lebhaft gerührt über das neue Zeichen der Liebe, das Eure Heiligkeit uns zum Geburtstag zukommen ließen, danken wir Ihnen für Ihre feinsinnige Botschaft und versichern Sie unserer treuen Gebete.

Paulus P. P. VI.

231 25. Oktober 1968

Telegramm des Patriarchen Athenagoras an Papst Paul VI. zum Jahrestag seines Besuches in Rom (Original: französisch).

Seiner Heiligkeit Papst Paul VI.
Vatikan

Indem wir in erneutem Dank gegenüber Eurer geliebten ehrwürdigen Heiligkeit zu unserem gemeinsamen Herrn beten, erinnern wir uns des großen Tages unseres Besuchs bei Ihnen vor genau einem Jahr an Ihrem ehrwürdigen Sitz von Rom sowie an das gemeinsame Gebet in der heiligen Basilika von St. Peter, an den Liebeskuß in Jesus Christus und die ganze überschwengliche Güte und Noblesse Ihres reichen Herzens. Unser Geist wendet sich in großer Liebe zu Ihnen, zur hochgeachteten Hierarchie der römisch-katholischen Kirche, zum Klerus und zum frommen Volk der Ewigen Stadt zurück. In warmem Dank für den mehr als brüderlichen Empfang, der uns und unserem Gefolge zuteil wurde, bittet unser Herz den Herrn inständig um das Walten seines Willens und die Morgenröte seines ruhmvollen Tages, an dem wir seinen Namen in einer gemeinsamen Liturgie und in sakramentaler Konzelebration feiern werden.

Patriarch Athenagoras

232 27. Oktober 1968

Telegramm Papst Pauls VI. an den Patriarchen Athenagoras zum Jahrestag seines Besuches in Rom (Original: französisch).

Seiner Heiligkeit Athenagoras I.
Ökumenischer Patriarch – Phanar

In diesen Jahrestagen des unvergeßlichen Besuches, den Eure Heiligkeit uns machte, ist unser Herz Ihnen nahe im Gebet, um Gott zu danken, daß er seiner Kirche diese Freude geschenkt hat, und ihn zu bitten, unsere Schritte zu lenken und zu festigen auf dem Marsch zur vollen Einheit in ihm.
Mit unserer ganzen brüderlichen Liebe in Jesus Christus

Paulus P. P. VI.

233 16. November 1968

Telegramm des Patriarchen Athenagoras an Papst Paul VI., um ihm zum Tod des Kardinals Bea sein Beileid zu entbieten (Original: französisch).

Seiner Heiligkeit Papst Paul VI.
Vatikan

Wir haben mit tiefem Bedauern die Kunde vom Tod des Kardinals Augustin Bea, unseres geliebten Bruders, vernommen, dieses inspirierten Arbeiters an der christlichen Einheit, für die er sich soviel Mühe gemacht hat. Wir nehmen von ganzem Herzen am Schmerz der Kirche Roms über diesen großen Verlust teil und bitten den Herrn, den Meister über Leben und Tod, seiner Seele die ewige Belohnung unter den Heiligen zu gewähren.

Patriarch Athenagoras

234 16. November 1968

Antworttelegramm Papst Pauls VI. auf das Beileidstelegramm des Patriarchen Athenagoras (Original: französisch).

Seiner Heiligkeit Athenagoras I.
Ökumenischer Patriarch – Phanar

Wir danken Ihnen, daß Sie unseren Schmerz über den Tod des lieben Kardinals Bea teilen, und beten mit Ihnen zu Gott um die Seelenruhe dieses großen Dieners an der Sache der christlichen Einheit und um die glückliche Weiterführung des Werkes, dem er sich mit soviel Eifer hingegeben hat.

Paulus P. P. VI.

235 26. November 1968

Brief Bischof Willebrands' an den Patriarchen Athenagoras, um ihm seinen Besuch im Phanar anzukündigen (Original: französisch). Prot.-Nr. 5369/68.

Vatikanstadt, 26. November 1968

Seiner Heiligkeit Athenagoras I.
Erzbischof von Konstantinopel und Ökumenischer Patriarch

Heiligkeit,
Zunächst möchte ich Eurer Heiligkeit meinen lebhaftesten Dank ausdrücken für den Brief, den Sie zum ersten Jahrestag Ihres Besuches in Rom an mich richten wollten. Dieser Brief hat mich erreicht zu einer Zeit, da der liebe Kardinal Bea schon leidend war, aber da wir hofften, er werde diese Krise rasch überstehen, wollte ich, daß seine Antwort Eure Heiligkeit vor der meinigen erreiche. Der Herr hat anders darüber entschieden, und Eure Heiligkeit weiß, daß, wenn ich erst heute dazukomme, Ihnen zu sagen, mit welcher Intensität ich an diesem Jahrestag die tiefe geistliche Freude, die uns Ihr Besuch letztes Jahr verschafft hat, wiedererlebt habe, dies nicht hindert, daß ich in Danksagung und Erkenntlichkeit tief mit Ihnen vereint bin.
Um Eure Heiligkeit und Ihren Heiligen Synod über die Aktivität zu informieren, die unser Sekretariat seit dieser Begegnung entfaltet hat, und Ihnen einige Anregungen zu unterbreiten, die während seiner Vollversammlung, die vom 4. bis 14. dieses Monats November stattgefunden hat, formuliert worden sind, hat unser Heiliger

Vater Papst Paul VI. gewünscht, daß ich mich, von hochwürdigsten Pater Pierre Duprey begleitet, zu Eurer Heiligkeit begebe. Ich dachte, daß wir, wenn diese Daten Eurer Heiligkeit passen, Sonntag, den 8., gegen Abend (18.15 Uhr, mit der Fluggesellschaft BEA) in Istanbul eintreffen und Mittwoch, den 11., am Vormittag (mit der Alitalia um 9.50 Uhr) nach Rom zurückreisen könnten. Wir werden auch zum Auftrag haben, alle Anregungen in bezug auf das entgegenzunehmen, was Eure Heiligkeit von uns getan wünscht, um die Weiterführung des Fortschritts auf dem Weg der Einheit zu sichern, auf dem durch die drei heiligen, strahlenden Begegnungen Eurer Heiligkeit mit Papst Paul VI. vorgezeichneten Weg. In der freudigen Erwartung, demnächst mit Eurer Heiligkeit zusammenzutreffen, bitte ich Sie, den Ausdruck meiner Gefühle ehrerbietigster Liebe in Christus Jesus unserm Herrn entgegennehmen zu wollen.

J. G. M. Willebrands
Bischof von Mauriana

236 6. Dezember 1968

Telegramm des Patriarchen Athenagoras an Papst Paul VI. zum Jahrestag der Aufhebung der Bannsprüche (Original: französisch).

Seiner Heiligkeit Papst Paul VI.
Vatikanstadt

Anläßlich des historischen Jahrestages des 7. Dezember 1965 tief bewegt, verherrlichen wir Gott, der unserer gemeinsamen Kirche diese Gnade gewährt hat, und wir sind Eurer achtenswerten, geliebten Heiligkeit dankbar und wünschen Ihnen, sich darüber freuen zu können in der Teilnahme am gleichen heiligen Kelch.

Patriarch Athenagoras

237 10. Dezember 1968

Antworttelegramm Papst Pauls VI. an den Patriarchen Athenagoras (Original: französisch).

Seiner Heiligkeit Athenagoras I.

Wir danken Eurer Heiligkeit für Ihre liebenswürdige Botschaft und versichern Ihnen, daß wir mit Ihnen in Danksagung des historischen Jahrestages des 7. Dezember 1965 gedacht haben, und sprechen Ihnen von ganzem Herzen wiederum unsere Wünsche, unsere Gebete und unsere Liebe im Herrn aus.

Paulus P. P. VI.

238 14. Dezember 1968

Brief Bischof Willebrands' an den Patriarchen Athenagoras, um ihm für den im Phanar erhaltenen Empfang zu danken (Original: französisch). Prot.-Nr. 5769/68.

Vatikanstadt, 14. Dezember 1968

Seiner Heiligkeit Athenagoras I.
Erzbischof von Konstantinopel und Ökumenischer Patriarch

Heiligkeit,
Nach Rom zurückgekehrt, möchte ich in meinem persönlichen Namen und im Namen des Paters Duprey Eurer Heiligkeit unsern lebhaftesten Dank aussprechen für den liebevollen, zuvorkommenden Empfang, den Sie uns bei unserem kürzlichen Besuch beim Ökumenischen Patriarchat zuteilwerden lassen wollten. Ich wäre Eurer Heiligkeit zu Dank verbunden, wenn Sie Ihren Eminenzen den Metropoliten den Ausdruck unserer Erkenntlichkeit für die freimütigen, brüderlichen, fruchtbaren Gespräche übermitteln wollten, die wir mit ihnen haben durften.
Eure Heiligkeit gestatte uns, Ihnen noch ganz besonders für das kostbare Geschenk zu danken, das Sie uns überreichen wollten, und das ein neues Zeichen Ihrer Güte uns gegenüber ist.
Beim Herannahen des Weihnachtsfestes bitte ich Eure Heiligkeit, meine aufrichtigsten Wünsche und die Versicherung meines Gebets für Ihre Anliegen entgegenzunehmen. Möge der, der Gott von Anbeginn war und für uns ein kleines Kind geworden ist, Ihnen ein langes Leben und das ganze kommende Jahr hindurch die Fülle seines Segens und seiner Kraft geben.

J. G. M. Willebrands
Sekretär

239 16. Dezember 1968

Brief Bischof Willebrands' an den Patriarchen Athenagoras, um ihm für sein Beileid zum Tod des Kardinals Bea zu danken (Original: französisch). Prot.-Nr. 5800/68.

Vatikanstadt, 16. Dezember 1968

Seiner Heiligkeit Athenagoras I.
Erzbischof von Konstantinopel und Ökumenischer Patriarch

Heiligkeit,
Wir sind sehr empfänglich gewesen für die von Eurer Heiligkeit geäußerten Gefühle der Hochachtung und Liebe für den Kardinal Bea und wir sind Ihnen ganz besonders dankbar für Ihre Gebete für unsern verstorbenen Präsidenten.
Ich gestatte mir, diesem Brief ein Bildandenken an den Kardinal beizulegen für Eure Heiligkeit, die Mitglieder des Heiligen Synods und diejenigen, die im Patriarchat ihn persönlich gekannt haben.
Ich bitte Eure Heiligkeit, den Ausdruck meiner ehrerbietigen Gefühle entgegennehmen zu wollen.

J. G. M. Willebrands
Sekretär

240 23. Dezember 1968

Glückwunschtelegramm des Patriarchen Athenagoras an Papst Paul VI. anläßlich des Weihnachtsfestes (Original: griechisch).

Seiner Heiligkeit Papst Paul VI.,
Vatikanstadt

Indem wir den aus der Krippe und Grotte gekommenen Erlöser mit dem Herzen voll von überweltlicher Freude lobpreisen und die Liebe zueinander fühlen, vereinigen wir uns in großer Freude mit Eurer geliebten und ehrwürdigsten Heiligkeit bei dem heiligen und großen Fest zum inständigen Beten für den Frieden der Welt und die Einheit aller. Möge der geborene Erlöser Eurer ehrwürdigen Heiligkeit die Möglichkeit geben, seine welterlösende Geburt noch viele Jahre zu feiern und möge das kommende neue Jahr Eurer Heiligkeit, der Kirche und der ganzen Welt seine Güte und die Fülle himmlischer Gaben schenken.

Patriarch Athenagoras

241 24. Dezember 1968

Telegramm Papst Pauls VI. an den Patriarchen Athenagoras, um ihm seine Wünsche zum Weihnachtsfest zu entbieten (Original: französisch).

Seiner Heiligkeit Athenagoras I.
Ökumenischer Patriarch – Phanar

In tiefer Bewegung haben wir die Wünsche Eurer geliebten Heiligkeit für das heilige, lichtvolle Fest der Geburt unseres einzigen Herrn und Heilandes empfangen. Möge er unsere gemeinsamen Gebete für den Frieden in der Welt und die Vereinigung aller erhören. In Liebe zu Christus und mit dem Wunsch, daß der Herr Eure Heiligkeit, den Heiligen Synod, Ihren Klerus und alle Ihre Gläubigen überreich segne.

Paulus P. P. VI.

242 Weihnachten 1968

Glückwunschtelegramm des Patriarchen Athenagoras an Papst Paul VI. zum Weihnachtsfest (Original: griechisch). Prot.-Nr. 1198.

Paul, dem seligsten und heiligsten Papst des Alten Rom, Gruß im Herrn.
Indem wir uns wiederum nach Bethlehem begeben zur Betrachtung des übernatürlichen Geheimnisses der göttlichen Menschwerdung und zur Anbetung – des Gottmenschen – Erlösers, unseres Herrn, betrachten wir wieder das gottmenschliche Mysterium der Kirche, und während dieser heiligen Betrachtung hören wir deutlicher den göttlichen Willen und sehen in unserer Situation die Notwendigkeit ein, daß in der Einheit die Herrlichkeit des Leibes Christi vollendet werde.
In dieser Geisteshaltung beeilen wir uns wiederum, geistig Eurer seligsten und ehrwürdigsten Heiligkeit in der heiligen Gemeinschaft des Friedens und der Liebe zu begegnen und mit Ihnen für die Kirche und die Welt zum Herrn des Alls zu beten.
Nachdem wir Eurer sehr geliebten Heiligkeit den festlichen brüderlichen Kuß gegeben haben, überblicken wir den mit Ihnen bis jetzt zurückgelegten Weg zum heiligen Ziel der Einheit der Kirchen, und wir lobpreisen den hochgepriesenen Namen unseres gemeinsamen Herrn, denn er hat uns gewürdigt, seinem heiligen Willen zu dienen, das früher vorhandene Getrennte im großen und ganzen zu verbinden, die Liebe in unsere

Mitte einzuführen und unser gemeinsames Erlebnis zu ermöglichen, das unsere gemeinsamen Vorfahren und Väter im Glauben gelebt haben, nämlich die geistige, sichere und feste Gemeinschaft im Herrn.

Wir hätten gewünscht, diese Gemeinschaft in der Konzelebration in der heiligen Eucharistie zu vollenden, damit der Herr verherrlicht werde, die Kirche leuchte und die Welt glaube; aber nach den unerforschlichen Ratschlüssen Gottes ist uns dies bis jetzt noch nicht gegeben, es wird jedoch gegeben werden.

Wir sind von diesem Glauben erfüllt und freuen uns in dieser Hoffnung. Wir danken dem Herrn, daß wir kürzlich neue Kontakte hatten durch die Entsendung unserer geliebten Eminenz, des Metropoliten von Chalkedon, Meliton, zu Ihnen und durch die Entsendung unsrer geliebten Exzellenz, des Bischofs von Mauriana, Jan Willebrands, und des ehrwürdigen P. Pierre Duprey von Ihnen aus, und wir sind überzeugt, daß diese Kontakte und die bei diesen Kontakten durchgeführten Gespräche für weiteres Wachsen unserer Brüderlichkeit sehr erbaulich sein werden.

Und während wir vor dem kommenden neuen Jahr stehen und überlegen, wie kurz die Zeit in unseren Tagen geworden ist, im Gegensatz zu der raschen Entwicklung von allem in unserer Umgebung, und wie sie kostbarer denn je geworden ist, an und für sich und in bezug auf die Entfaltung der Werte der Ewigkeit, versichern wir Eurer ehrwürdigen Heiligkeit, daß wir Ihnen im Geiste beistehen, in jedem Augenblick bei allen Ihren guten Ratschlüssen, indem wir einmal mit Ihnen mitleiden, ein anderes Mal uns mitfreuen, und in der Liebe Christi gehen wir mit Ihnen eng verbunden zum heiligen Ziel, zur Herrschaft des Reiches Gottes auf Erden. Eure ehrwürdige Heiligkeit wird auch während dieses neuen Jahres in der Person unserer Wenigkeit einen Bruder haben, der Mitstreiter und bereit ist, mit Ihnen neue Wege einzuschlagen, die zur vollen Verwirklichung des Willens des Herrn führen.

Zum Zeugnis unserer innigsten Neigung teilen wir Eurer Heiligkeit mit, daß wir jetzt, da wir uns vorbereiten, die Geburt unseres Herrn Jesus Christus zu feiern, im Gebet ausharren und Einkehr halten, damit wir würdig zum Opferaltar herantreten können, auf dem wir das makellose Lamm opfern werden, wir uns Eurer Heiligkeit mehr denn je nahe fühlen in der heiligen Gemeinschaft der Liebe Christi.

In dieser Gemeinschaft, und während wir mit dem Chor unserer verehrten Eminenzen Metropoliten zelebrieren, werden wir aus den Diptychen unseres Herzens Ihres werten Namens, heiligster Bruder, Bischof des Alten Rom, gedenken, vor der heiligen Opfergabe des kostbaren Leibes und des kostbaren Blutes des Erlösers in der hl. Messe unseres heiligsten Vorgängers und unseres gemeinsamen Kirchenvaters, Johannes Chrysostomos.

Und wir werden am heiligen Tag von Weihnachten vor dem heiligen Opferaltar sagen, und wir sagen Ihnen: Gott, der Herr, gedenke Ihres Bischofsamtes jetzt und immerdar und in alle Ewigkeit.

Abschließend umarmen wir Eure sehr geliebte Heiligkeit mit dem heiligen Kuß in Christus unserem Herrn, der von der heiligen Jungfrau in Bethlehem geboren wurde, und verbleiben mit brüderlicher Liebe und besonderer Ehrenbezeugung,

Eurer ehrwürdigsten Heiligkeit
geliebter Bruder in Christus
Der Patriarch von Konstantinopel Athenagoras
Weihnachten 1968

243 7. Jänner 1969

Brief Papst Pauls VI. an den Patriarchen Athenagoras, um ihm für seine Wünsche zu danken (Original: französisch).

Seiner Heiligkeit Athenagoras I.
Ökumenischer Patriarch – Phanar

Wir haben mit Freude und innerer Bewegung die Wünsche empfangen, die Eure geliebte Heiligkeit in Ihrer Güte zum heiligen, lichtvollen Fest der Geburt unseres Herrn und Heilandes an uns richten wollte.
Möge er unsere gemeinsamen Gebete für den Frieden in der Welt und die Vereinigung aller erhören! Wir sprechen Ihnen wiederum unsere Liebe in Christus aus mit dem Wunsch, daß der Herr im Lauf des neuen Jahres Eure geliebte Heiligkeit, den Heiligen Synod, Ihren Klerus und alle Ihre Gläubigen überreich segne.

Vatikanstadt, 7. Jänner 1969
Paulus P. P. VI.

244 10. Jänner 1969

Brief Papst Pauls VI. an den Patriarchen Athenagoras über die Entfaltung der Beziehungen zwischen den Kirchen von Rom und Konstantinopel (Original: französisch).

Seiner Heiligkeit Athenagoras I.
Erzbischof von Konstantinopel und Ökumenischer Patriarch

Geliebter Bruder in Christus,
Eben zu der Zeit, als wir das Fest der Geburt dem Fleische nach „unseres großen Gottes und Heilandes Christus Jesus" (Tit 2, 13) feierten, hat der Brief Eurer Heiligkeit die Freude, die unser Herz erfüllte, noch vermehrt. Dieser von Liebe zum Herrn und von Bruderliebe ganz überströmende Brief hat sich so sehr mit unseren eigenen Gedanken, unserer lebendigsten Hoffnung getroffen, daß wir Ihnen wie einem geliebten Bruder aus tiefstem Herzen unseren Dank aussprechen. Dank für die feinfühlige Liebe und das ständige inbrünstige Gebet, die uns so wertvoll sind. Dank für den so von Ehrerbietung und Liebe erfüllten Gruß Ihrer Weihnachtsbotschaft. Dank für das Gedenken bei der Feier der heiligen Liturgie, worin wir so innig und wunderbar in Christus vereint sind. Es liegt uns daran, Ihnen zu sagen, wie sehr auch wir wünschen, mit Eurer Heiligkeit diese göttliche Liturgie zu konzelebrieren. Wir bitten den Herrn inständig, seiner Kirche dieses strahlende Geschenk zu gewähren.
Ist es übrigens nicht ein Schmerz, der dem uns vom Herrn anvertrauten Hirtenamt innewohnt, daß wir manchmal verpflichtet sind, die Verwirklichung unserer Wünsche aufzuschieben wegen der Sorge, die wir all denen schulden, die uns anvertraut sind, und weil wir alle Äußerungen des Willens des Herrn in Ehren halten müssen? Wir möchten Ihnen wiederholen, daß wir sehr darnach verlangen, gemeinsam mit Eurer Heiligkeit ausfindig zu machen, welche Wege uns diesem großen Tag entgegenführen könnten, dem Tag der Konzelebration unsrer Kirchen in der voll wiedergefundenen Gemeinschaft.
Die konkreten Vorschläge, die wir kürzlich durch unsere Abgesandten in diesem Sinn

gemacht haben, werden gegenwärtig von Ihrem heiligen Synod studiert. Seien Sie versichert, daß wir, einzig vom Verlangen bewegt, gemäß den konkreten Möglichkeiten, die uns verwickelte, von einer Jahrhunderte langen Geschichte geprägte Umstände lassen, in der Verwirklichung des Willens des Herrn weiterzuschreiten, ganz bereit sind, die Änderungen, die von Eurer Heiligkeit vorgeschlagen, oder die Anregungen, die von Ihnen gemacht werden könnten, zu prüfen, um sicherer und somit rascher dem Ziel entgegenzuschreiten, dem wir mit all unserer Hoffnung zustreben.
In diesem Bemühen ist eine stets tiefere Gemeinschaft in der Liebe Christi nicht nur eine mächtige gegenseitige Bestärkung, sondern auch und vor allem die innere Disposition, die uns für die erhoffte Gabe aufschließt und sie durch unser ganzes Leben von Gott erfleht.
In diesen Gefühlen erneuern wir zu Beginn dieses Jahres unsere herzlichsten Wünsche für Sie. Mögen diese unsere Wünsche immer mehr die aller Bischöfe, aller Priester, aller Gläubigen der Kirchen werden; möge überall mehr und mehr das Zeugnis der echten Liebe gegeben werden, die das Zeichen war und immer ist, an dem man die Jünger dessen erkennt, der uns so sehr geliebt hat.
Indem wir Eure Heiligkeit unseres treuen Gedenkens am Altar des Herrn versichern, sprechen wir Ihnen wiederum unsere ganze brüderliche und ehrerbietige Liebe in Christus Jesus unserem Herrn aus.

Vatikanstadt, 10. Jänner 1969
Paulus P. P. VI.

245 19. Jänner 1969

Brief Bischof Willebrands' über die Gespräche, die er bei seinem letzten Besuch im Phanar hatte (Original: französisch). Prot.-Nr. 292/68.

Vatikanstadt, 19. Jänner 1969

Seiner Heiligkeit Athenagoras I.
Erzbischof von Konstantinopel und Ökumenischer Patriarch

Heiligkeit,
Ich habe das Vergnügen, Eurer Heiligkeit mitzuteilen, daß der Heilige Vater ganz einverstanden ist mit der Anregung, die von der synodalen Kommission gemacht worden ist, mit der wir uns in Istanbul unterhalten haben: die Veröffentlichung der verschiedenen Reden und Briefe, die in diesen letzten Jahren zwischen der Kirche von Rom und den orthodoxen Kirchen ausgetauscht wurden, in die Wege zu leiten. Um diesen Plan zu verwirklichen, wie er anläßlich des Meinungsaustausches vom Monat Dezember in Istanbul entworfen worden ist, sind Pater Pierre Duprey und Pater Christophe Dumont unsererseits zu Mitgliedern der aus vier Personen bestehenden gemischten Kommission ernannt worden, die zur Verwirklichung dieser Arbeit ins Auge gefaßt worden ist. Wir wären glücklich zu wissen, welches die beiden Mitglieder sind, die von Eurer Heiligkeit ernannt werden. Man könnte sich dann beiderseits an die Arbeit machen, den Plan für diese Veröffentlichung zusammenstellen und mit der Materialsammlung beginnen. Die Kommission sollte sich wohl ohne langen Verzug versammeln, um sich über die Konzeption der Arbeit und die Art und Weise des Vorgehens einig zu werden. Die erste Versammlung könnte, falls dies Eurer Heiligkeit zusagt, in Istanbul stattfinden, und die für die Kommission ernannten Mitglieder könnten sich über die Daten

dieser Zusammenkunft einigen. Es läßt sich denken, daß, nachdem die Arbeit genügend fortgeschritten und das Material gesammelt und geordnet ist, eine zweite Zusammenkunft der Kommission notwendig wird, um die praktischen Modalitäten der Verwirklichung zu regeln. Diese zweite Zusammenkunft könnte vielleicht in Rom stattfinden.
Für die weiteren Vorschläge, die wir der synodalen Kommission gemacht haben, warten wir die Antwort Eurer Heiligkeit ab. Der Heilige Vater sagte mir heute morgen, daß er in der Linie des Wunsches, den Eure Heiligkeit in Ihrem Brief neulich äußerten – ein Wunsch, der auch der des Heiligen Vaters ist, wie er es in seiner Antwort an Eure Heiligkeit klar gesagt hat –, ganz damit einverstanden ist, daß eine Arbeitsgruppe die theologischen Gründe studiert, die es verhindern oder erlauben, die tiefe, wenn auch noch unvollständige Gemeinschaft, die gegenwärtig zwischen den Schwesterkirchen besteht, auf der Ebene des Kultes und der Teilnahme an den Sakramenten in Taten überzuführen. Er ist auch ganz damit einverstanden, daß die gleiche oder eine andere Arbeitsgruppe die Hindernisse studiert, die die erste Untersuchung eventuell zutage gefördert und präzisiert, um die Mittel zu deren Überwindung ausfindig zu machen. Dabei ist es klar, daß der Heilige Vater, wie er es kürzlich Eurer Heiligkeit geschrieben hat, bereit ist, jede Abänderung, Anregung oder andere Verfahrensweise, die von Eurer Heiligkeit vorgeschlagen werden und die Ihnen der in der vierten Panorthodoxen Konferenz bestimmten Linie eher zu entsprechen scheint, mit größtem Wohlwollen zu prüfen. Wichtig ist, daß man miteinander die wirksamste Weise herausfindet, um dem so ersehnten Tag näherzukommen, an dem unsere Eucharistiefeier sich zur Konzelebration ausweiten kann.
In der lebhaften Hoffnung, daß der Herr uns geben wird, nächstens neue wichtige Schritte auf diesem Wege zu machen, bitte ich Eure Heiligkeit, den Ausdruck meiner Gefühle ehrerbietiger Liebe in Christus dem Heiland entgegennehmen zu wollen.

J. G. M. Willebrands
Sekretär

246 24. Jänner 1969

Telegramm Papst Pauls VI. an den Patriarchen Athenagoras zum zwanzigsten Jahrestag seiner Inthronisation (Original: französisch).

Seiner Heiligkeit Athenagoras I.
Ökumenischer Patriarch – Phanar

Zum zwanzigsten Jahrestag der Inthronisation Eurer Heiligkeit möchten wir uns der Danksagung für das, was der Herr durch sie tun wollte, anschließen und Ihnen unsere besten Wünsche entbieten. Ad multos annos, mit unserer ganzen tiefen, brüderlichen Liebe in Christus Jesus

Paulus P. P. VI.

247 13. Februar 1969

Dankesbrief des Patriarchen Athenagoras an Bischof Willebrands für das am 16. Dezember geschickte Andenken an Kardinal Bea (Original: griechisch). Prot.-Nr. 77.

Exzellenz, Herr Bischof von Mauriana Jan Willebrands, die Gnade und der Friede Gottes sei mit Eurer Exzellenz.
Mit großer Freude haben wir den Brief Eurer sehr geliebten Exzellenz vom 16. Dezember vorigen Jahres erhalten und in der Sitzung unseres Heiligen Synods gelesen, womit Sie ein Erinnerungsfoto zum seligen Gedenken des Kardinals Augustin Bea geschickt haben, der unermüdlich für die Förderung des heiligen Anliegens der Einheit der Christen gearbeitet hat und der bei uns deshalb ganz besonders verehrt wird.
Indem wir Eurer Exzellenz für diese Kommunikation sehr danken, umarmen wir Sie mit heiligem Kuß und verbleiben mit brüderlicher Liebe und besonderer Ehrenbezeugung.

Eurer Exzellenz
geliebter Bruder in Christus
Der Patriarch von Konstantinopel Athenagoras
13. Februar 1969

248 1. April 1969

Brief Papst Pauls VI. an den Patriarchen Athenagoras zum Osterfest (Original: französisch).

Seiner Heiligkeit Athenagoras I.
Erzbischof von Konstantinopel und Ökumenischer Patriarch

Geliebter Bruder in Christus,
Gott läßt uns in seiner Güte ein weiteres Mal das glorreiche Fest der Auferstehung unseres Herrn und Heilandes feiern und so das zentrale Ereignis seines göttlichen Planes, die Welt zu erlösen und zu heiligen (vgl. Apg 2, 23–34), kommemorieren. Danksagung und Freude erfülle unser Herz; darum möchten wir, von unserer brüderlichen Liebe getrieben, diese Gefühle mit Eurer Heiligkeit teilen und Ihnen unsere auf das Gebet gestützte Hoffnung aussprechen, daß „dieser Tag, den der Herr gemacht hat", für Sie, für die Hierarchie, den Klerus und das Volk Ihrer Kirche ein Tag geistlichen Trostes und inniger Freude werde.
Indem wir die in der Auferstehung Christi zutage tretende Macht Gottes (vgl. Eph 1, 19–21) betrachten, erinnern wir uns, daß es dieser Christus ist, den wir alle verkünden; er ist es, der durch den Heiligen Geist „das Volk des Neuen Bundes, das die Kirche ist, zur Einheit des Glaubens, der Hoffnung und der Liebe berufen und versammelt hat" („Unitatis Redintegratio" Nr. 2), und sein Werk muß weitergehen bis zur Vollendung bei seiner Wiederkunft. Wenn während zwei Jahrtausenden dieser Geist zu den Kirchen gesprochen hat, tut er es heute weiterhin. Die Treue zu unserem auferweckten Herrn und Heiland verlangt, daß wir fest bestrebt bleiben, all das aufrechtzuerhalten und zu vertiefen, was der Geist in der Vergangenheit der Kirche gesagt hat, um sie zu lenken und zu beseelen; doch dieselbe Treue erheischt von uns auch, daß wir beständig gespannt sind, seine Stimme heute zu vernehmen, wie wir es morgen sein müssen.
Dieses Hinhorchen auf den Heiligen Geist wird uns, die wir durch so innige Bande des Glaubens und des sakramentalen Lebens bereits geeint sind, ermöglichen, die Bedeutung und die Forderungen dieser Einheit, die wir bereits besitzen, noch zu vertiefen und sie mehr zur Geltung zu bringen. Diese Einheit drücken wir schon in der gemeinsamen Feier der Geheimnisse unserer Erlösung aus; möge es Gott gefallen, daß wir es

bald auch dadurch tun können, daß wir die glorreiche Auferstehung des Herrn am gleichen Tag feiern.
Von ganzem Herzen bitten wir den auferweckten Herrn, über Eure Heiligkeit und Ihre Kirche seiner Ostergnade in Überfülle zu ergießen, und wir sprechen Ihnen unsere ganze brüderliche Liebe in dem aus, der das Alpha und das Omega, der Anfang und das Ende (vgl. Offb 21, 6) all unseren Bemühens ist.

Vatikanstadt, 1. April 1969
Paulus P. P. VI.

249 4. April 1969

Telegramm des Patriarchen Athenagoras an Papst Paul VI. zum Osterfest (Original: französisch).

Seiner Heiligkeit, dem Papst von Rom, Paul VI.
Vatikanstadt

Jesus ist auferweckt! Da wir in diesen Tagen das Wunder der Auferstehung unseres Herrn Jesus Christus erleben, umarmen wir brüderlich Eure geliebte ehrwürdige Heiligkeit und wünschen Ihnen die ganze Osterfreude und ein glorreiches, wirkungsvolles Leben in Ihrem historischen Apostolat.

Patriarch Athenagoras

250 22. April 1969

Telegramm des Patriarchen Athenagoras an Kardinal Willebrands, um ihn zu seiner Ernennung zu beglückwünschen (Original: französisch).

Seiner Eminenz Kardinal Jan Willebrands
Vatikan

Die Ernennung Eurer geliebten Eminenz zum Präsidenten des Sekretariates für die Einheit der Christen bringt uns die Fülle der Freude. Herzliche Gratulation und beste Wünsche in der Gewißheit, daß Sie das Begonnene zur glorreichen Vollendung bringen werden. In großer Liebe.

Patriarch Athenagoras

251 26. April 1969

Telegramm Kardinal Willebrands' an den Patriarchen Athenagoras, um ihm für seine Glückwünsche zu danken (Original: französisch).

Seiner Heiligkeit Athenagoras I.
Phanar

Ich äußere Eurer Heiligkeit meinen ganzen Dank für Ihre herzlichen Wünsche und teile Ihre Hoffnung, daß der Herr das begonnene Werk vollenden wird. Ehrerbietigen lieben Gruß.

Jan Kardinal Willebrands

252 6. Mai 1969

Telegramm des Patriarchen Athenagoras an Papst Paul VI. zur Ernennung von 35 neuen Kardinälen (Original: französisch).

Seiner Heiligkeit Papst Paul VI.
Vatikan

Voll Freude, die der Kirche durch die Ernennung von 35 neuen Kardinälen und des Kardinals Willebrands zum Präsidenten des Sekretariates für die Einheit der Christen geschenkt wird, danken wir Eurer ehrwürdigen geliebten Heiligkeit für den der Kirche gegebenen neuen Glanz, Aufschwung und Glücksstrahl und wünschen Ihnen, sie von Tag zu Tag zu bereichern.

Patriarch Athenagoras

253 12. Mai 1969

Danktelegramm Papst Pauls VI. an den Patriarchen Athenagoras (Original: französisch).

Seiner Heiligkeit Athenagoras I.
Ökumenischer Patriarch – Phanar

Aus ganzem Herzen danken wir Eurer Heiligkeit und sagen Gott Dank dafür, daß wir in Ihnen bei jedem Anlaß einen feinfühligen, in der Liebe Christi so nahestehenden Bruder finden.

Paulus P. P. VI.

254 12. Juni 1969

Telegramm des Patriarchen Athenagoras an Papst Paul VI. zu dessen Reise nach Genf (Original: französisch).

Seiner Heiligkeit Papst Paul VI.
Vatikan

Die christliche Welt ist sehr bereichert worden durch die tief bedeutsame Reise Eurer verehrten und geliebten Heiligkeit nach Genf. Einerseits durch Ihr Zeugnis für die christliche Wertschätzung der Mühen und Beschwerden der Arbeit aller Menschen guten Willens (2 Kor 11–27) und anderseits durch Ihren Besuch beim Ökumenischen Kirchenrat haben sie den großen christlichen Sachverhalt betont, daß es neben jeder anderen menschlichen Arbeit die geistige Arbeit gibt, die den Frieden, das Verständnis, die Wechselseitigkeit der Gefühle und die christliche Einheit anstrebt. Im Geist und Gebet mit Ihnen vereint, haben wir Sie begleitet und Ihre Reden gewürdigt. Indem wir Eurer verehrten Heiligkeit gratulieren, wiederholen wir unsere Hoffnung und Gewißheit, daß der große Tag des Herrn kommen wird, an dem wir alle, Hirten und Gläubige, uns vereint finden werden im gleichen Leib und Blut Christi.

Patriarch Athenagoras

255 21. Juni 1969

Danktelegramm Papst Pauls VI. an den Patriarchen Athenagoras (Original: französisch).

Seiner Heiligkeit Athenagoras I.
Phanar

Die Unterstützung durch Eure Heiligkeit und Ihr Gebet sind uns eine Bestärkung und wertvolle Ermutigung, darum danken wir Ihnen von ganzem Herzen für Ihr Telegramm anläßlich unseres kürzlichen Besuchs in Genf und sprechen Ihnen wiederum unsere brüderliche Liebe und unsere Vereinigung in der Hoffnung aus, bald den Tag zu erleben, wo wir mit dem gleichen Blut Christi in demselben Kelch kommunizieren können.

Paulus P. P. VI.

256 20. Juni 1969

Glückwunschtelegramm des Patriarchen Athenagoras an Papst Paul VI. zum Jahrestag seiner Erwählung auf den Sitz von Rom (Original: französisch).

Seiner Heiligkeit Papst Paul VI.
Vatikan

Zum großen Ereignis der Inthronisation Eurer geliebten ehrwürdigen Heiligkeit gratulieren wir Ihnen herzlich und bitten unseren Herrn, Ihnen lange Jahre bei voller Gesundheit zum Wohl der ganzen Kirche zu gewähren.

Patriarch Athenagoras

257 24. Juni 1969

Telegramm des Patriarchen Athenagoras an Papst Paul VI. zu dessen Namensfest (Original: französisch).

Seiner Heiligkeit Papst Paul VI.
Vatikan

An Namensfest Eurer Heiligkeit gratulieren wir Ihnen von ganzem Herzen und wünschen Ihnen alle himmlischen Wohltaten.

Patriarch Athenagoras

258 8. Juli 1969

Telegramm Papst Pauls VI. an den Patriarchen Athenagoras, um ihm für seine Glückwünsche zu danken (Original: französisch).

Seiner Heiligkeit Athenagoras I.
Ökumenischer Patriarch – Phanar

Wir danken Eurer Heiligkeit lebhaft für die Wünsche, die Sie zu unserem Fest und zum Jahrestag unserer Erwählung auf den Sitz von Rom an uns gerichtet haben, und indem wir Ihnen unsere tiefe Dankbarkeit für die kostbare Hilfe Ihres Gebetes ausdrücken, sprechen wir Ihnen wiederum unsere brüderliche Liebe in Christus aus.

Paulus P. P. VI.

259 8. Juli 1969

Brief des Patriarchen Athenagoras an Kardinal Willebrands, Präsident des Einheitssekretariats, über die Ernennung einer gemischten Kommission für die Ausgabe der zwischen den Kirchen von Rom und Konstantinopel ausgetauschten Texte (Original: griechisch). Prot.-Nr. 244.

Eminenz, Herr Kardinal Jan Willebrands, Präsident des Sekretariats für die Einheit der Christen im Vatikan, sehr geliebter Bruder in Christus, die Gnade und der Friede Gottes sei mit Eurer Eminenz.

Im Anschluß an das, was unser Vertreter und geliebter Bruder in Christus, der Metropolit von Chalkedon Eminenz Meliton, während seines letzten Besuchs in Rom Eurer sehr geliebten Eminenz mündlich mitgeteilt hat bezüglich des hier zu gegebener Zeit diskutierten Themas der Bildung einer gemischten Kommission für die Ausgabe in einem offiziellen Band der zwischen unseren beiden Kirchen ausgetauschten Texte der Korrespondenz, Reden, Ansprachen und Botschaften, die in dieser letzten Periode der Wiederherstellung unserer Beziehungen und Kontakte dienten, kommen wir auch, durch diesen Brief Eure sehr geliebte Eminenz zu informieren, daß von seiten unserer orthodoxen Kirche, nach synodalem Beschluß, der ehrwürdige Archimandrit Damaskinos Papandreou, Direktor des orthodoxen Zentrums in Chambésy bei Genf, und der ehrwürdige Diakon Bartholomaios Archondonis vom Personal der heiligen Theologischen Hochschule in Chalki als Mitglieder dieser Kommission ernannt wurden.

Indem wir dies Eurer geliebten Eminenz zur Information mitteilen und Ihnen die Kraft Gottes wünschen, erbitten wir für Sie seine Gnade und unendliche Barmherzigkeit und verbleiben mit brüderlicher Liebe und besonderer Ehrenbezeugung,

Eurer Eminenz
geliebter Bruder in Christus
Der Patriarch von Konstantinopel Athenagoras
8. Juli 1969

260 12. Juli 1969

Brief Kardinal Willebrands' an den Patriarchen Athenagoras, worin er ihm das neue römische liturgische Kalendarium mit einem Kommentar sendet (Original: französisch). Prot.-Nr. 3010/69.

Vatikanstadt, 12. Juli 1969

Seiner Heiligkeit Athenagoras I.
Erzbischof von Konstantinopel und Ökumenischer Patriarch

Heiligkeit,
Die vom Zweiten Vatikanischen Konzil beschlossene Liturgiereform geht ihrem Abschluß entgegen. Am vergangenen 21. März ist das umgearbeitete „Römische Kalendarium" veröffentlicht worden. Ich dachte, es sei Eurer Heiligkeit angenehm, ein Exemplar davon zu besitzen. Ich habe einen Kommentar dazu verfassen lassen, der den Geist und die großen Linien dieser Reform hervorhebt, und ich füge ein Exemplar davon diesem Briefe bei. Sobald Übersetzungen dieses Bandes in die modernen Sprachen vorliegen, werde ich Eurer Heiligkeit ebenfalls ein Exemplar davon zukommen lassen.
Ich bin glücklich über diese Gelegenheit, Eure Heiligkeit zu bitten, den Ausdruck meiner ehrerbietigen brüderlichen Gefühle in Christus Jesus entgegenzunehmen.

Jan Kardinal Willebrands

261 19. Juli 1969

Brief Kardinal Willebrands' an den Patriarchen Athenagoras, um dessen Brief vom 8. Juli zu beantworten (Original: französisch). Prot.-Nr. 3102/69.

Vatikanstadt, 19. Juli 1969

Seiner Heiligkeit Athenagoras I.
Erzbischof von Konstantinopel und Ökumenischer Patriarch

Heiligkeit,
Ich danke Eurer Heiligkeit lebhaft für den Brief, worin Sie mir mitteilen, daß der Archimandrit Damaskinos Papandreou und der Diakon Bartholomaios Archondonis zu Mitgliedern der Kommission ernannt worden sind, die die Ausgabe der zwischen dem Ökumenischen Patriarchat und der Kirche von Rom gewechselten Texte vorbereiten soll. Ich hoffe, daß diese Kommission ihre Arbeit wirksam ausführen und zu einem glücklichen Ergebnis kommen kann. Unsererseits ist bereits ein erstes Inventar der Texte erstellt worden, und die Arbeit wird gleich nach Ferienende weitergeführt werden.
Wollen Sie, Heiligkeit, den Ausdruck meiner Gefühle ehrerbietiger Liebe im Herrn entgegennehmen.

Jan Kard. Willebrands

262 23. Juli 1969

Antwortbrief des Patriarchen Athenagoras an Kardinal Willebrands auf dessen Brief vom 12. Juli (Original: griechisch). Prot.-Nr. 601.

Eminenz, Herr Kardinal Jan Willebrands, Präsident des Sekretariats für die Einheit der Christen im Vatikan; sehr geliebter Bruder in Christus, die Gnade und der Friede Gottes sei mit Eurer Eminenz.
Mit großer Freude haben wir den Brief Eurer sehr geliebten und geehrten Eminenz

vom 12. dieses Monats Juli erhalten und ihn persönlich und in der Sitzung unseres Heiligen Synods gelesen, womit Sie uns beiliegend eine Abschrift des römischen „Kalendariums" geschickt haben, welches auf Grund der im II. Vatikanischen Konzil beschlossenen liturgischen Erneuerung in der römisch-katholischen Kirche neugestaltet und veröffentlicht wurde. Sie teilten mit, daß Sie uns ein Exemplar des Bandes mit Übersetzungen in modernen Sprachen zu schicken beabsichtigen.
In der Beantwortung Ihres Briefes danken wir Eurer geschätzten Eminenz, nach synodalem Beschluß, für die oben erwähnte Sendung, und indem wir das Beste für Sie von Gott erbitten, verbleiben wir mit brüderlicher Liebe und großer Ehrenbezeugung,

Eurer Eminenz
geliebter Bruder in Christus
Der Patriarch von Konstantinopel Athenagoras
23. Juli 1969

263 29. Juli 1969

Telegramm des Patriarchen Athenagoras an Papst Paul VI. anläßlich dessen Afrikareise (Original: griechisch).

Seiner Heiligkeit Papst Paul VI.,
Vatikanstadt

Unsere brüderlichen Gedanken und unser Herz begleiten im Gebet Eure sehr geliebte und ehrwürdige Heiligkeit bei Ihrer Pilgerfahrt der Liebe und der Hoffnung nach Afrika. Wir wünschen von ganzem Herzen, daß Ihre Anwesenheit in Afrika der Besuch des gemeinsamen, auferstandenen Herrn sei und die größte Gelegenheit der Ausbreitung des Friedens und der Liebe für alle unsere afrikanischen Brüder. Möge Gott mit Eurer Heiligkeit sein.

Patriarch Athenagoras

264 12. August 1969

Danktelegramm Papst Pauls VI. an den Patriarchen Athenagoras (Original: französisch).

Seiner Heiligkeit Athenagoras I.
Ökumenischer Patriarch – Phanar

Tief gerührt über das neue Zeugnis brüderlicher Liebe und Sorge, das Eure ehrwürdige Heiligkeit uns anläßlich unserer apostolischen Pilgerfahrt nach Afrika hat übermitteln wollen, drücken wir Ihnen in Gemeinschaft des Denkens und Betens unseren Dank aus.

Paulus P. P. VI.

265 26. September 1969

Telegramm des Patriarchen Athenagoras an Papst Paul VI. zu dessen Geburtstag (Original: französisch).

Seiner Heiligkeit Papst Paul VI.
Vatikan

Alle Tage bringen mich Eurer geliebten Heiligkeit nahe, aber der Jahrestag Ihrer Geburt gibt mir einen besonderen Anlaß, Ihnen lange Jahre zu wünschen zum Glück der christlichen Kirchen und zu einem gemeinsamen Marsch auf dem Wege von Emmaus zu einer neuen Begegnung Jesu Christi in seinem heiligen Kelch.

Patriarch Athenagoras

266 1. Oktober 1969

Danktelegramm Papst Paul VI. an den Patriarchen Athenagoras (Original: französisch).

Seiner Heiligkeit Athenagoras I.
Phanar

Wir waren sehr empfänglich für die feinsinnigen Wünsche, die Eure Heiligkeit zu meinem Geburtstag äußerten, und indem wir Ihnen unseren lebhaften Dank ausdrücken, sprechen wir Ihnen wiederum unsere brüderliche Liebe aus.

Paulus P. P. VI.

267 13. Oktober 1969

Telegramm des Patriarchen Athenagoras an Papst Paul VI. anläßlich der Eröffnung der Arbeiten der außerordentlichen Bischofssynode (Original: griechisch).

Seiner Heiligkeit Papst Paul VI.
Vatikanstadt

Indem wir im Geiste und im Herzen Eurer ehrwürdigen Heiligkeit immer nahe sind, haben wir gestern, am Sonntag, während der heiligen Messe in der heiligen Patriarchalkirche anläßlich der Einberufung der heiligen Bischofssynode ganz besonders Ihrer und Ihrer heiligen römisch-katholischen Kirche im Gebete gedacht.
Wir senden Eurer geliebten Heiligkeit und durch Sie den ehrwürdigen Mitgliedern der Synode unseren herzlichen Gruß und den unserer Kirche, und wir beten zum Heiligen Geist, dem Parakleten, er möge Eure Heiligkeit in dieser großen und heiligen Verantwortung stärken und das Werk der Synode unter Ihrer erleuchteten Leitung gelingen lassen, zum Wohle der geliebten römisch-katholischen Schwesterkirche.

Patriarch Athenagoras

268 15. Oktober 1969

Brief Kardinal Willebrands' an den Patriarchen Athenagoras, um ihm seine Absicht zu äußern, zum Fest des heiligen Andreas den Phanar zu besuchen (Original: französisch). Prot.-Nr. 5620/69.

Vatikanstadt, 15. Oktober 1969

Seiner Heiligkeit Athenagoras I.
Erzbischof von Konstantinopel und Ökumenischer Patriarch

Heiligkeit,
Seidem der Heilige Vater mich berufen hat, das Präsidium des Sekretariates für die Einheit der Christen zu übernehmen, wünschte ich, Eurer Heiligkeit und dem Ökumenischen Patriarchat einen Besuch machen zu können. Es schien mir, das Fest des heiligen Andreas könnte sich zur Verwirklichung dieses Wunsches eignen.
Darum dachte ich, falls diese Daten Eurer Heiligkeit passen, am Nachmittag des Samstags, 29. November, in Istanbul einzutreffen, um am Mittwoch, den 3. Dezember, gegen Ende des Vormittags wieder abzureisen. Bevor ich die Verwirklichung dieses Planes vorzubereiten beginne, der, wie ich hoffe, es ermöglichen wird, den jetzigen Stand der Beziehungen zwischen unseren beiden Kirchen zu bestimmen und unserem gemeinsamen Bemühen einen neuen Impuls zu geben, möchte ich ihn Eurer Heiligkeit unterbreiten, um zu wissen, ob diese Daten Ihnen genehm sind.
Sie liegen unmittelbar nach der Vollversammlung unseres Sekretariates und würden mir u. a. ermöglichen, Eure Heiligkeit über sie zu unterrichten.
In der freudigen Hoffnung auf diese neue Begegnung bitte ich Eure Heiligkeit, den Ausdruck meiner Gefühle ehrerbietiger Liebe in Christus Jesus entgegenzunehmen.

Jan Kardinal Willebrands

269 17. Oktober 1969

Telegramm Papst Pauls VI. an den Patriarchen Athenagoras, um ihm in seinem persönlichen Namen und im Namen der Synode für seine Wünsche zu danken (Original: französisch).

Seiner Heiligkeit Athenagoras I.
Phanar

Wir persönlich und alle Mitglieder der Synode sind sehr angesprochen durch die von Eurer Heiligkeit und der ehrwürdigen Kirche, deren Hirte Sie sind, geäußerten Gefühle. Wir danken Ihnen dafür lebhaft und bitten den Geist des Herrn, daß diese Synode eine neue Etappe zur Zurückversetzung der beiden Schwesterkirchen in ihre volle Gemeinschaft sei. In unserem Namen und im Namen der Synodenmitglieder drücken wir Eurer Heiligkeit, Ihrem Klerus und Ihren Gläubigen unsere tiefe Liebe in Christus dem Herrn aus.

Paulus P. P. VI.

270 25. Oktober 1969

Telegramm des Patriarchen Athenagoras an Papst Paul VI. zum Jahrestag seines Besuches in Rom (Original: französisch).

Seiner Heiligkeit, dem Papst von Rom, Paul VI.
Vatikanstadt

Zwei Jahre sind verflossen seit unserer glücklichen Begegnung in der heiligen Basilika des Apostels Petrus in der Ewigen Stadt. Indem wir in Gedanken auf diese verflossene Zeit zurückblicken, preisen wir in Dankbarkeit den heiligsten Namen des Herrn, der unsere gemeinsame heilige Absicht und (unser gemeinsames) Bemühen gesegnet und belohnt hat. Die heilige Sache der Einheit der Christenheit entwickelt sich fortwährend. Die Herzen erwärmen sich wieder, die Geister erhellen sich und das Bewußtsein läutert sich, um den großen heiligen Tag in Empfang zu nehmen, an dem die damals begonnene, aber noch nicht vollendete gemeinsame heilige Mystagogie vollzogen wird. Zu diesem glücklichen Jahrestag grüßen wir Eure ehrwürdige, hochgeachtete Heiligkeit brüderlich, danken Ihnen aus tiefstem Herzen für alle Ihre Freundlichkeit uns und unserem ehrwürdigen Gefolge gegenüber während der Tage unseres unvergeßlichen Aufenthaltes im Vatikan und wünschen, es möge bald der heilige Tag kommen, an dem wir miteinander vor dem Altar vereint an der Darbringung der Eucharistie für die Christen der ganzen Welt und für die, die uns im Glauben und in der Hoffnung vorausgegangen sind, teilnehmen werden.

Patriarch Athenagoras

271 31. Oktober 1969

Brief P. Jérôme Hamers, Sekretär des Sekretariats für die Einheit der Christen, an den Patriarchen Athenagoras über den bevorstehenden Besuch Kardinal Willebrands' im Phanar (Original: französisch). Prot.-Nr. 5869/69.

Vatikanstadt, 31. Oktober 1969

Seiner Heiligkeit Athenagoras I.
Erzbischof von Konstantinopel und Ökumenischer Patriarch

Heiligkeit,
Gleich nach Empfang des Telegramms Eurer Heiligkeit sind wir darangegangen, den nächsten Besuch vorzubereiten, den Kardinal Willebrands anläßlich der Feier des Festes des heiligen Andreas Eurer Heiligkeit machen wird. Ich werde Seine Eminenz sowie den Pater Duprey, Subsekretär, und den Pater Fortino von unserem Sekretariat begleiten.
Wir werden am Samstag, dem 29. November, mit dem Flug Nr. 114 der Panamerican um 16.25 Uhr eintreffen und Mittwoch, dem 3. Dezember, mit dem Flug 119 der Panamerican um 12 Uhr abreisen. Pater Duprey wird erst am 4. Dezember um 17 Uhr nach Athen verreisen, denn er muß am Vormittag des 4. zu Istanbul an der Versammlung der Kommission für die Veröffentlichung der zwischen dem Ökumenischen Patriarchat und dem Heiligen Stuhl gewechselten Texte teilnehmen.
Ich wäre Eurer Heiligkeit zu Dank verbunden, wenn Sie im Programm einen Besuch beim Gouverneur von Istanbul und einen Besuch beim armenischen Patriarchen vorsehen könnten. Unsererseits werden wir an den Apostolischen Nuntius schreiben, um ihn zu bitten, am Sonntag nachmittag die Zelebration der Liturgie in der katholischen Kathedrale und anschließend eine Begegnung mit den Obern der verschiedenen katholischen Gemeinschaften vorzusehen. Während unseres Aufenthaltes sollte auch ein Moment für einen Besuch bei Bischof Tscholakian vorgesehen werden, weswegen wir ebenfalls an den Apostolischen Nuntius geschrieben haben.
Indem ich mit Freude der Begegnung mit Eurer Heiligkeit entgegensehe, bitte ich Sie,

den Ausdruck meiner Gefühle sehr ehrerbietiger Liebe im Herrn entgegennehmen zu wollen.

Fr. Jérôme Hamer OP
Sekretär

272 2. November 1969

Telegramm Papst Pauls VI. an den Patriarchen Athenagoras zum Jahrestag des Besuches des Patriarchen in Rom (Original: französisch).

Seiner Heiligkeit Athenagoras I.
Phanar

Indem ich im Geist die gesegneten Tage wiedererlebe, an denen wir die Freude hatten, in unserem Haus einen geliebten Bruder zu empfangen, danken wir dem Herrn für das, was er uns miteinander tun ließ für die Wiederherstellung der so sehr ersehnten Einheit unter den Christen, und wir vereinen uns mit dem Gebet Eurer Heiligkeit. Wir erhoffen vom Heiligen Geist Licht und Kraft, um dieses Bemühen zu verstärken und möglichst rasch den Tag herbeizuführen, an dem die Konzelebration die Wiederherstellung der vollen Einheit zwischen der katholischen und der orthodoxen Kirche besiegeln und manifestieren wird. Seien Sie unserer tiefen Bruderliebe im Herrn versichert.

Paulus P. P. VI.

273 21. November 1969

Brief Papst Pauls VI. an den Patriarchen Athenagoras zum Fest des heiligen Andreas und zum Besuch Kardinal Willebrands' im Phanar (Original: französisch).

Seiner Heiligkeit Athenagoras I.
Erzbischof von Konstantinopel und Ökumenischer Patriarch

Geliebter Bruder in Christus,
Wir möchten die Gelegenheit des Besuches unseres geliebten Bruders, des Kardinals Jan Willebrands, beim Ökumenischen Patriarchat benutzen, um ihm diese Botschaft anzuvertrauen, die Ihnen von neuem unsere Hochachtung und unsere lebhafte brüderliche Liebe aussprechen soll. Dieser Besuch entspricht unserem Wunsch, daß sich die Kontakte zwischen unseren Kirchen vertiefen, und dafür zu sorgen, daß mit Eurer Heiligkeit periodisch all das besprochen wird, was unser Weiterschreiten zur Wiederherstellung der vollen Gemeinschaft fördern kann.
Wir sind glücklich, daß er am Fest des heiligen Andreas, des Patrons Ihrer Kirche, stattfindet, und wir können nicht umhin, bei diesem Anlaß an die schöne Ikone zu erinnern, die Sie uns nach unserer Begegnung von Jerusalem geschenkt haben und die die beiden Brüder Petrus und Andreas einander umarmend darstellt. Das ist ein ganzes Programm für uns selbst und unsere Kirchen, die mehr und mehr eines Herzens und eines Geistes miteinander ihrem Herrn dienen und seinen Willen heute erfüllen sollen.

Möge Andreas, der erstberufene Apostel, diesen Besuch zu einem Anlaß machen, diesen gemeinsamen Willen zu vertiefen, indem wir einander informieren und die nächsten Ziele bestimmen, die unseren Bestrebungen zu setzen sind.
Im voraus danken wir Eurer Heiligkeit für den Empfang, den Sie unseren Abgesandten bereiten werden, und wir versichern Ihnen, daß wir tief mit Ihnen vereint bleiben in der Liebe Christi.

Vatikanstadt, 21. November 1969
Paulus P. P. VI.

274 30. November 1969

Ansprache des Patriarchen Athenagoras, als er Kardinal Willebrands am Ende der hl. Messe in der hl. Patriarchalkirche empfing (Original: griechisch).

Das Ereignis, daß heute mitten in der feiernden Kirche der heilige und berühmte Apostel Andreas, der Erstberufene, am Tag seines heiligen Gedenkens den Bruderkuß von seinem eigenen Bruder Petrus, dem Chorführer der Apostel bekommt, ist dem Herrn wohlgefällig und es gebührt ihm Lobpreisung.
Deshalb begrüßen und schätzen wir mit großer Freude Ihre Anwesenheit in unserer Mitte, Eminenz und sehr geliebter Herr Kardinal, und Ihrer edlen Begleiter, denn Sie bringen vom Engel der Kirche Roms und Nachfolger des Apostels Petrus dieser heiligen Kirche von Konstantinopel und unserer Wenigkeit, durch die unendliche Gnade Gottes Nachfolger des Andreas, den Bruderkuß der Liebe und der Hoffnung Christi.
Wir betrachten diesen Ihren Besuch als ein neues Zeichen und als Bestätigung der Brüderlichkeit unsrer beiden Kirchen, des durch die Gnade Gottes erreichten wunderbaren Fortschritts in ihrer Kommunikation und ihrer festen Entscheidung, weiterhin fortzuschreiten, und indem sie sich in der Liebe Christi vollenden und durch sie alle noch vorhandenen Hindernisse aufheben werden, werden sie das Mysterium der Einheit der Kirche auf Erden im gemeinsamen Bekenntnis und Zeugnis der Wahrheit und des Glaubens vollenden.
Aus dieser letzten Perspektive bewerten wir diese neue durch Sie stattgefundene Kommunikation des Alten Rom mit dem Neuen Rom als kostbaren Beitrag in der Erbauung der Einheit, als eine heilige Gelegenheit zum Gewinn neuer göttlicher Gaben von der unerschöpflichen Barmherzigkeit Gottes für die Kirche. Und wir glauben unerschütterlich daran, denn wir verfolgen nichts anderes als die Erfüllung des heiligen Willens unseres Herrn, denn aus ihm hat die Gnade Gottes bereits ihr reichliches Erbarmen über uns ergossen.
In diesem günstigen Moment, in tiefer Rührung und in Dankbarkeit Gott gegenüber blicken wir zurück auf die jüngste Vergangenheit und betrachten alle geschehenen Wunder: unsere drei heiligen Begegnungen mit dem heiligsten Papst von Rom, Paul VI., in Jerusalem, in Rom und hier, in diesem heiligen Raum, in dem die Erinnerung der heiligen Gestalt unseres ehrwürdigen Bruders, als er gemeinsam mit uns betete, lebendig bleibt und bleiben wird; die gegenseitige Aufhebung der Anathemata und alle anderen vielfältigen wechselseitig ausgetauschten Taten der Liebe, der guten Gedanken und Absichten. Besonders gedenken wir heute des Besuchs des unvergeßlichen Kardinals Augustin Bea bei uns, des geehrten Vorgängers Eurer Eminenz im Präsidium des Sekretariats für die Einheit der Christen, dessen Glaube und christlicher

Mut zur Förderung der Beziehungen der beiden Kirchen bis zu diesem besonders glücklichen Punkt am meisten beigetragen haben.
Aber diese gesegnete jüngste Vergangenheit überträgt uns außer der Hoffnung und der Zuversicht für die Zukunft auch das Maß unserer Verantwortung für die feste Fortsetzung des aufgenommenen heiligen Werkes des stufenweisen Voranschreitens zur endgültigen Einheit mit allem Eifer und großer Sorgfalt.
Wir freuen uns sehr darüber, in unseren beiden Kirchen die von Tag zu Tag wachsende Sorge um die Einheit feststellen zu können. In der Verfolgung dieses Fortschritts hegen wir große Erwartungen für den heiligen Eifer und die Weisheit des heiligsten Papstes Paul VI., dessen ehrliche Absicht und gute brüderliche Geste wir zutiefst schätzen. Als Ausdruck dieser Absicht betrachten wir auch die Übertragung des wichtigen Mandats des Präsidenten des Sekretariats für die Einheit der Christen an Eure Eminenz, in dessen Person wir den würdigen Nachfolger des unvergeßlichen Kardinals Augustin Bea und den eifrigen und weisen Fortsetzer seines wertvollen ökumenischen Werkes sehen. Wir wünschen, Ihre Präsidentschaft kennzeichne in Zusammenarbeit mit Ihren würdigen Mitarbeitern eine neue Epoche des Fortschritts, und zwar nicht nur, was die Einheit unserer beiden Kirchen, sondern auch aller Christen betrifft.
Gepriesen sei Gott, weil wir im Westen und Osten die große Stunde der Rückkehr in die alte Einheit bereits erleben. Auch ruft niemand mehr von uns den anderen zu sich, sondern wie Petrus und Andreas schreiten wir selbst und gemeinsam zu Jesus, dem einzigen, dem gemeinsamen Herrn, dem Schöpfer der Einheit, voran. Und wir wollen mit Jesus gemeinsam und miteinander den ganzen Tag, den endlosen Tag der Eschata vereinigt bleiben.
In diesem heiligen Willen, und in der Hoffnung und dem Wunsch erwidern wir mit der ganzen Kirche den Kuß der Liebe, der Brüderlichkeit und des Friedens dem heiligsten Papst von Rom, unserem sehr geliebten und ehrwürdigen Paul VI., und wir begrüßen Sie herzlich, Eminenz, Herr Kardinal und geliebte Väter.

Willkommen, unsere geliebten Freunde

275 30. November 1969

Ansprache Kardinal Willebrands' in Beantwortung der Rede des Patriarchen Athenagoras (Original: französisch).

Heiligkeit,
Lassen Sie mich damit beginnen, daß ich die Freude zum Ausdruck bringe, die ich in diesem Augenblick empfinde. Ganz spontan kommen mir die Worte des Propheten und Königs David auf die Lippen: „Seht, wie gut und lieblich es ist, wenn Brüder traut zusammenwohnen!" (Ps 133). Der Prophet besang in diesem Psalm das brüderliche Leben, das die Priester und Leviten erlebten, die im Tempel und in der heiligen Stadt Jerusalem zum Dienste Gottes versammelt waren. Und diese vom Psalmisten besungene Freude, diese Freude im Herrn ist es, die wir jedesmal erleben, wenn wir selbst oder Bischöfe unsrer Kirche sich hier im Haus Eurer Heiligkeit befinden. Und diese gleiche Freude im Herrn ist es auch, die, wie ich glaube, die Bischöfe dieses heiligen Sitzes erleben, wenn sie uns in Rom besuchen kommen.
Diese Freude empfinde ich heute stärker als bei anderen Anlässen, weil es uns vergönnt ist, mit Ihnen das Fest des heiligen Patrons dieser Kirche, des großen erstberufenen

Apostels, des heiligen Andreas, zu feiern. Sind die brüderlichen Bande, die Petrus und Andreas miteinander vereinten, diese beiden Apostel, die miteinander dem Herrn nachgefolgt sind, für ihn und wie er an einem Kreuz gestorben sind, nicht reich an Sinnbildern und Lehren? Das Kreuz des heiligen Petrus und das Kreuz des heiligen Andreas erhalten ihren ganzen Ruhm vom Kreuz des Herrn. Die Brüderlichkeit im gemeinsamen Dienst am Herrn vereint uns im Schmerz wie in der Freude, und heute finden wir uns in der Freude wieder.

Da ich diesem ehrwürdigen Patriarchat zum ersten Mal als Präsident des Sekretariates für die Einheit der Christen einen Besuch abstatte, möchte ich die Erinnerung an meinen leider verstorbenen Vorgänger Kardinal Augustin Bea heraufbeschwören. Als Papst Johannes XXIII. der Welt sein großes Vorhaben ankündigte, ein universales Konzil der katholischen Kirche einzuberufen, berief er den Priester Augustin Bea im lebhaften Verlangen, wiederum brüderliche Kontakte mit den anderen Kirchen herzustellen und sich auf einen Weg zu begeben, der dadurch, daß er die zwischen ihnen bereits bestehende Gemeinschaft als eine lebendige Realität in Erscheinung treten ließ, ermöglichen sollte, der Wiederherstellung der Einheit entgegenzuschreiten, und er bat ihn, ihm behilflich zu sein, dieses heilige Vorhaben zu verwirklichen. Augustin Bea war ein Mann, den ein langes Priesterleben in Gebet und Studium im Dienst am Gottesreich gereift hatte. Er hat diese Aufgabe als eine neue Berufung auf sich genommen und sich vor, während und nach dem Konzil vollständig dieser Sendung hingegeben. Er hat stets dieser Aufgabe zu dienen gesucht, für die er sich verantwortlich fühlte. Am Konzil hat er oft das Wort ergriffen, um die Väter auf die ökumenische Tragweite der Beschlüsse aufmerksam zu machen, die zu fassen sie vorhatten, und auf die Folgen, die sie auf die Zukunft der Beziehungen zwischen den christlichen Kirchen haben würden. Er hat nicht nur dazu beigetragen, Kontakte wiederherzustellen, sondern hat, indem er sich in der Weisheit des Herrn und in der Liebe des Geistes betätigte, dazu beigetragen, zwischen all denen, die der Gottesfamilie angehören, wiederum brüderliche Bande zu knüpfen.

Wie groß war seine Freude an dem Tag, da er sich als Kardinal der römischen Kirche nach Istanbul begab, um daselbst offiziell den Ökumenischen Patriarchen zu treffen, um von ihm als ein geliebter Bruder in seinem Haus, an seinem Tisch empfangen zu werden, um mit ihm nach den geeignetsten Mitteln zu suchen, um die Gemeinschaft zwischen den beiden Kirchen zu vertiefen und zu erweitern, um mit ihm in seiner Kathedrale zu beten und darin der göttlichen Liturgie beizuwohnen!

Welche Freude war es für Kardinal Bea, dem Konzil sämtlicher katholischer Bischöfe das Breve „Ambulate in dilectione“ vorzulesen, das zusammen mit dem Tomos des Patriarchen die alten Bannsprüche aus dem Gedächtnis und der Mitte der Kirche tilgte und sie dem Vergessen überantwortete. Welche Freude war es für ihn, in Gegenwart Seiner Heiligkeit Papst Paul VI. vor dem Altare des Herrn in der St.-Peter-Basilika zu Rom mit Eurer Heiligkeit einen Bruderkuß zu wechseln.

Da ich von Anfang an unter seiner Leitung am Einheitssekretariat gearbeitet habe, fühle ich mehr als andere, wie schwierig es ist, ihm nachzufolgen und das von ihm Begonnene weiterzuführen. Weil ich mich aber auf das priesterliche Gebet Christi, des ewigen Hohenpriesters gestützt habe, der unablässig bei seinem Vater für uns eintritt und uns seinen Geist sendet, habe ich in Glaube und Hoffnung das Amt angenommen, zu dem Seine Heiligkeit Papst Paul VI. meine schlichte Person berufen hat, indem er mir ein Vertrauen bezeugte, für das ich ihm tief dankbar bin. Ich weiß mich auch unterstützt durch das Gebet aller Christen, zumal durch das dieser heiligen Kirche des Neuen Rom, durch das ihres ehrwürdigen Patriarchen, ihrer Metropoliten, ihrer

Bischöfe, Priester, Diakone und ihres Volkes, die alle mit dem Herrn um die Einheit all der Seinen beten und daran arbeiten, daß die Erfüllung seines letzten Wunsches nicht von seiten der Menschen verhindert wird.

Gerührt erinnere ich mich an meinen ersten Besuch bei Eurer Heiligkeit und dieser ehrwürdigen Kirche und an den Moment, da ich zum ersten Mal den Bosporus, das Goldene Horn, die Ufer erblickte, die Kaiser Konstantin gewählt hat, um daselbst eine Stadt, das neue Rom zu erbauen, das eine solche geistige Ausstrahlung haben und soviel für den Dienst am Evangelium des Herrn tun sollte. Ich hatte damals eine lebhafte Ahnung von all dem, was die Geschichte an geistigen Reichtümern, an Weisheit und Tradition an diesen einzigartigen Stätten angehäuft hatte. Seitdem haben sich der Meinungsaustausch, die gegenseitigen Besuche, die aufeinander abgestimmten Aktionen vervielfacht, die uns unter der in Glauben erflehten und in Demut befolgten Leitung des Heiligen Geistes dazu gebracht haben, uns als Schwesterkirchen anzuerkennen und dies feierlich zu proklamieren. Ist dadurch nicht der Sinn für das Mysterium der Kirche, für ihre Einheit und ihre Katholizität in uns vertieft worden? Ist das Wort Christi: „Wo zwei oder drei in meinem Namen versammelt sind, da bin ich mitten unter ihnen" nicht unter uns wieder zum Leben erweckt worden? Hat nicht, als wir auf diesem Weg voranschritten, in jedem von uns das Herz gebrannt wie das der Emmausjünger, als sie mit dem Herrn des Weges gingen und ihn am Brotbrechen erkannten? Wir hoffen, daß das Licht des Herrn und die Kraft seines Geistes uns die Morgenröte des Tages erblicken lassen werden, an dem wir, wie die Emmausjünger, an seinem Tisch zum Brotbrechen vereint sind.

Sind der Besuch, den Seine Heiligkeit Papst Paul VI. Eurer Heiligkeit und Ihrer Kirche gemacht hat, wie der, den Eure Heiligkeit dem Heiligen Vater und der Kirche von Rom gemacht hat, nicht Ausdruck der wiedergefundenen und angesichts der ganzen Kirche Gottes und seines Volkes bekannten Brüderlichkeit und die Anfänge der Einheit in einer vollkommenen Gemeinschaft im gleichen Herrn, im gleichen Glauben und in einer einzigen Eucharistiefeier? Diese Besuche waren auch der Anlaß, feierlich gewisse Grundsätze zu bekräftigen, die für die Zukunft von grundlegender Wichtigkeit sind: den der legitimen Verschiedenheit in der Einheit, die von der alten Kirche gelebt und vom heiligen Irenäus, vom heiligen Basilius, vom heiligen Augustin, vom heiligen Cyrill bezeugt wurde und die den Weg zur Wiederherstellung der Einheit unter den Schwesterkirchen weist. Der Heilige Vater und Eure Heiligkeit haben in einer gemeinsamen Erklärung klar und entschieden ihren Willen bestätigt, daß ihre Kirchen eine „selbstlose Zusammenarbeit" beginnen müßten „auf der Ebene eines gemeinsamen Handelns im pastoralen, sozialen und intellektuellen Bereich, in gegenseitiger Respektierung der Treue zur eigenen Kirche auf der einen wie auf der anderen Seite".

Dies sind sehr seltene, wenn nicht einzig dastehende Akte in der Kirchengeschichte, die tief und klar das Einheitsverlangen der Häupter der beiden Kirchen zum Ausdruck gebracht haben, deren Kathedralen beide dem gleichen Herrn geweiht sind, der in der einen als Manifestation der göttlichen Weisheit und in der andern als Erlöser verehrt wird. Liegt nicht im Titel dieser beiden Kathedralen ein weiterer Ausdruck für diese Einheit in der Verschiedenheit, die unsere Kirchen gelebt haben und zu der sie zurückfinden müssen?

Das Verlangen nach der Einheit drängt uns, nach allen Mitteln und allen Wegen zu suchen, die uns zu ihr führen können. Die Einheit, nach der wir suchen, ist die, die im Apostelkollegium herrschte. Es handelt sich dabei nicht um eine absorbierende Gleichförmigkeit, sondern um die Einheit eines Leibes, dessen Schönheit in der gegenseitigen Ergänzung seiner Glieder besteht. Es geht nicht darum, die Stimme des andern zu

unterdrücken, sondern wir sollen in einer harmonischen Vielstimmigkeit die Großtaten Gottes besingen, „auf daß wir wie aus einem Herzen und einem Mund den Gott und Vater unseres Herrn Jesus Christus verherrlichen“ (Röm 15, 6). Wir glauben, daß in diesem Apostelkollegium Petrus das erste Haupt gewesen ist, und zwar nicht nur in Jerusalem, sondern daß er dieses Amt in Rom weitergeführt und seinen Nachfolgern übermittelt hat. Dieser Autoritätsdienst für die Einheit muß im Licht des Evangeliums und der authentischen apostolischen Überlieferung von neuem studiert werden in einem Dialog der Wahrheit und Liebe zwischen unseren Kirchen sowie zwischen allen Kirchen und kirchlichen Gemeinschaften der Christenheit. Christus selbst, der der Eckstein (Eph 2, 20), der Hirte und Hüter unserer Seelen (1 Petr 2, 25) war, ist und immer sein wird, wird uns behilflich sein, nach und nach die Mißverständnisse, die diesbezüglich noch zwischen unseren Kirchen bestehen, zu klären.
Um diesen Tag rascher anbrechen zu lassen, müssen wir geduldig und beharrlich uns zusammentun, um die Mittel zu finden und einzusetzen, die es ermöglichen werden, unseren gesamten Kirchen bis in die kleinsten Pfarreien hinein die von ihren Häuptern gemachte Wiederentdeckung mitzuteilen und daraus in sämtlichen Aspekten und auf sämtlichen Ebenen ihres Lebens und ihrer Beziehungen die Folgerungen zu ziehen. Eines der Hauptziele meines Besuchs in Istanbul ist eben dies, Eure Heiligkeit und Ihre Kirche über das zu informieren, was in der letzten Zeit in der katholischen Kirche getan wurde, namentlich über die Synode, die sich zu Rom versammelt hat, und über die Vollversammlung des Sekretariats für die Einheit der Christen. Durch den Austausch dieser Informationen und derjenigen, die wir von Eurer Heiligkeit zu erhalten erhoffen, können wir wahrscheinlich besser sehen, was man tun kann, um weiterhin in Klugheit und Wagemut der Einheit entgegenzuschreiten, die der Herr für uns will.
Zum Schluß soll ich der Kirche des Neuen Rom die Grüße in Christus der Kirche des Alten Rom und Eurer Heiligkeit den Bruderkuß Seiner Heiligkeit, Papst Paul VI., überbringen.

276 1. Dezember 1969

Telegramm des Patriarchen Athenagoras an Papst Paul VI., um diesem für das Kommen des Kardinals Willebrands zu danken (Original: französisch).

Seiner Heiligkeit, dem Papst von Rom, Paul VI.
Vatikanstadt

In großer Freude haben wir Seine Eminenz Kardinal Jan Willebrands und seine Mitarbeiter während des Festes des heiligen Andreas in unserer Kathedrale empfangen. Am Ende der Messe wurde der Brief Eurer geliebten Heiligkeit vorgelesen, die Chöre haben ihr Polychronion gesungen, worauf die Gläubigen in Begeisterung und Ehrfurcht Eurer ehrwürdigen Heiligkeit applaudiert haben. In großer Dankbarkeit und Liebe.

Patriarch Athenagoras

277 7. Dezember 1969

Telegramm des Patriarchen Athenagoras an Papst Paul VI. anläßlich des Jahrestages der Aufhebung der Anathemata (Original: griechisch).

Seiner Heiligkeit Papst Paul VI.
Vatikanstadt

Je mehr wir uns von der historischen Woche des Dezember 1965 entfernen, in der die unendliche Barmherzigkeit Gottes Eurer geliebten Heiligkeit und uns erlaubt hat, das zwischen dem Osten und dem Westen vorhandene Anathem aufzuheben, dem Willen des Herrn zu dienen und eine erste positive Antwort auf die angstvolle Sehnsucht der getrennten Christen zu geben, desto mehr fühlen wir uns einander näher.
Anläßlich dieses heiligen Jahrestages umarmen wir heute Eure ehrwürdige Heiligkeit mit dem heiligen Kuß. Und jetzt werden wir gerufen, vorwärts zu schreiten. Es ist die Stunde des christlichen Mutes. Da wir nun einander lieben, sollen wir unseren gemeinsamen alten Glauben bekennen, gemeinsam zur Herrlichkeit des gemeinsamen heiligen Opferaltars voranschreiten, damit wir den Willen des Herrn erfüllen, damit die Kirche erstrahle, die Welt glaube und über alle der Friede Gottes komme.

Patriarch Athenagoras

278 11. Dezember 1969

Brief Kardinal Willebrands' an den Patriarchen Athenagoras, um ihm für den im Phanar bereiteten Empfang zu danken (Original: französisch). Prot.-Nr. 6462/69.

Vatikanstadt, 11. Dezember 1969

Seiner Heiligkeit Athenagoras I.
Erzbischof von Konstantinopel und Ökumenischer Patriarch

Heiligkeit,
Nach Rom zurückgekehrt, möchte ich Eurer Heiligkeit in meinem persönlichen Namen und in dem meiner Mitarbeiter unseren ganzen tiefen Dank für den Empfang aussprechen, den Sie uns zuteil werden ließen. Wir waren tief glücklich darüber, mit Eurer Heiligkeit das Fest des hl. Andreas feiern zu dürfen, und über die fruchtbaren Kontakte mit Metropoliten des Heiligen Synods sowie mit andern Mitarbeitern Eurer Heiligkeit.
Dieser Besuch hat uns ermöglicht, so viele reiche, glückliche Erinnerungen wieder aufleben zu lassen, aber auch besser zu sehen, wie wir auf dem Weg weiter voranschreiten können, auf den sich Eure Heiligkeit und Papst Paul VI. entschieden eingelassen haben. Ich war vor allem empfänglich und danke Ihnen warm für die unzähligen Aufmerksamkeiten und Zuvorkommenheiten, mit denen wir während dieser Tage umgeben worden sind.
Beim Herannahen des Weihnachtsfestes möchte ich Eurer Heiligkeit meine besten Wünsche entbieten und Ihnen versichern, daß ich zu Gottes Wort, das für uns ein kleines Kind geworden ist, ganz besonders für die Anliegen Eurer Heiligkeit und um die Verwirklichung Ihres großen Vorhabens beten werde.
Genehmigen Sie, Heiligkeit, den Ausdruck meiner Gefühle ehrerbietiger Liebe in Christus unserem Herrn.

Jan Kardinal Willebrands

279 22. Dezember 1969

Telegramm Papst Pauls VI. an den Patriarchen Athenagoras zum Jahrestag der Aufhebung der Bannsprüche (Original: französisch).

Seiner Heiligkeit Athenagoras I.
Ökumenischer Patriarch – Phanar

Da ich die Gefühle der Danksagung teile, die Eure Heiligkeit gegenüber dem Herrn, der uns die schlimmen Erinnerungen an die Vergangenheit austilgen ließ, zum Ausdruck gebracht hat, sind auch wir entschlossen, in klugem Wagemut weiterzugehen und alles, was in unserer Macht steht, zu tun, auf daß der Tag kommt, an dem wir miteinander zum Altare des Herrn hinaufsteigen können. Beim Anbruch des Festes der Geburt unseres Herrn entbieten wir Ihnen, geliebter Bruder, unsere besten Wünsche und sprechen Ihnen wiederum unsere lebhafte Liebe aus.

Paulus P. P. VI.

280 24. Dezember 1969

Telegramm des Patriarchen Athenagoras an Papst Paul VI., um diesem seine Weihnachtswünsche zu entbieten (Original: französisch).

Seiner Heiligkeit Papst Paul VI.
Vatikan

Anläßlich der Geburt unseres Herrn umarmen wir in ihm Eure geliebte Heiligkeit, das Herz von Gebeten und brüderlichsten Wünschen erfüllt, und verbleiben Ihr ergebener Bruder.

Patriarch Athenagoras

281 Weihnachten 1969

Glückwunschtelegramm des Patriarchen Athenagoras an Papst Paul VI. zu Weihnachten (Original: griechisch). Prot.-Nr. 1048.

Paul, dem seligsten und heiligsten Papst des Alten Rom, Gruß im Herrn.
Die große Freude, die die Engel den Hirten ankündigen, von welcher der Himmel den Magiern erzählte, die der Geist der Prophezeihung vielfältig proklamiert, tragen wir in der Seele und im Herzen, und wir beugen unsere Knie und beten im kleinen Kind, das in Windeln gewickelt ist, unseren großen und ewigen Gott mit Ehrfurcht an.
An diesem Tag des Wohlwollens und der Hoffnung, an dem wir die Erlösung der Welt feiern, und vereinigt mit Eurer ehrwürdigen und geliebten Heiligkeit zum innigen Gebet für den Frieden der Welt und für die Vereinigung aller, beten wir zu dem durch die Krippe und die Grotte zu uns gekommenen Erlöser, er möge geben, daß das durch seine Geburt erschienene Licht in der Welt die Finsternis, die über den Menschen schwebt, überwältige, strahlend leuchte und alle zum Weg des Friedens und der Gerechtigkeit führe, denn der Friede und die Gerechtigkeit erhöhen die Nationen und machen die Völker glücklich.

Indem wir Eure seligste Heiligkeit anläßlich dieses heiligen und großen Festes der Geburt Christi begrüßen, erbitten wir vom Geber der Güter, Gott, für Eure Heiligkeit, die ehrwürdige Hierarchie und Ihr ganzes frommes Kirchenvolk das Beste für das kommende neue Jahr der Güte des Herrn. Wir umarmen und küssen Eure Heiligkeit in Christus und verbleiben mit brüderlicher Liebe und besonderer Ehrenbezeugung,

Eurer ehrwürdigen Heiligkeit
geliebter Bruder in Christus
Der Patriarch von Konstantinopel Athenagoras
Weihnachten 1969

282 13. Jänner 1970

Brief Papst Pauls VI. an den Patriarchen Athenagoras, um ihm für seine Wünsche zu danken (Original: französisch).

Seiner Heiligkeit Athenagoras I.
Erzbischof von Konstantinopel und Ökumenischer Patriarch

Liebster Bruder in Christus,
Die herzlichen Wünsche, die Eure Heiligkeit in Brief und Telegramm an uns gerichtet hat, sind für uns eine Quelle großer Freude gewesen.
Das Herz voll Vertrauen, wenden wir uns dem begonnenen Jahre zu, noch ganz durchdrungen von den freudigen Worten und der Friedensbotschaft, die das Fest der Geburt unseres Herrn uns gebracht hat.
Wir vereinen uns inbrünstig mit den Gebeten Eurer Heiligkeit: mögen die Gerechtigkeit und die Hochachtung die Menschen zu einer größeren materiellen und inneren Würde erheben. Möge der Heilige Geist uns auf dem Weg der Versöhnung leiten, damit die Vereinigung unserer Kirchen zu einem stets helleren Zeichen der Hoffnung und des Trostes innerhalb der gesamten Menschheit werde. Unterstützt durch Ihre brüderliche, herzliche Liebe steigen unser Gebet und unser Flehen mit denen Eurer Heiligkeit zum Vater der Lichter empor, von dem jene vollkommene Gabe kommt.
Indem wir Eurer Heiligkeit wiederum unsere herzlichsten Wünsche aussprechen, bitten wir Sie, den Ausdruck unserer Gefühle brüderlicher, ehrerbietiger Liebe in Christus dem Herrn entgegenzunehmen.

Vatikanstadt, 13. Jänner 1970
Paulus P. P. VI.

283 8. Februar 1971

Brief Papst Pauls VI. an den Patriarchen Athenagoras über die Entwicklung der Beziehungen zwischen den beiden Kirchen (Original: französisch).

Seiner Heiligkeit Athenagoras I.
Erzbischof von Konstantinopel und Ökumenischer Patriarch

Liebster Bruder in Christus,
Der Besuch, den Metropolit Meliton von Chalkedon in Ihrem Namen uns macht, versetzt uns in lebhafte Freude, für die wir Eurer Heiligkeit danken möchten. Dieser

Besuch bietet uns auch Gelegenheit, ihm eine brüderliche Botschaft anzuvertrauen, durch die wir Ihnen von neuem sagen möchten, wie sehr wir dem Herrn für das danken, was er uns in diesen letzten Jahren verwirklichen ließ, um zwischen unseren Kirchen wieder immer engere Bande zu knüpfen.
Wir danken dem Herrn auch dafür, daß er seiner Kirche in der Person Eurer Heiligkeit einen der großmütigsten Förderer der heiligen Sache der Einheit geschenkt hat. Dem gläubigen Volk, das während der Einheitswoche in der St.-Peters-Basilika versammelt war, riefen wir in Erinnerung, daß zwischen unserer Kirche und den ehrwürdigen orthodoxen Kirchen bereits eine fast totale, wenn auch noch nicht vollkommene Gemeinschaft besteht aufgrund unserer gemeinsamen Teilhabe am Mysterium Christi und seiner Kirche.
Der Geist ließ uns in diesen letzten Jahren dieser Tatsache wiederum lebhaft bewußt werden und Akte setzen, welche die Forderungen dieser Gemeinschaft in das Leben unserer Kirchen und in ihre Beziehungen hineinbringen. Gleichzeitig legt der Geist in unsere Herzen einen festen Willen, alles, was möglich ist, zu tun, um den so ersehnten Tag herbeizuführen, an dem wir zum Abschluß einer Konzelebration miteinander am gleichen Kelch des Herrn kommunizieren dürfen.
In dieser Hoffnung müssen wir uns jetzt schon bemühen, zwischen dem Klerus und den Gläubigen auf katholischer und orthodoxer Seite überall eine wirklich brüderliche Haltung wiederherzustellen. Die aus der Vergangenheit ererbten Situationen und die damals zwischen uns aufgerichteten Schranken seien kein Hindernis, das diesen letzten Schritt zur vollen Gemeinschaft verzögert. Sind wir nicht die Jünger dessen, der beständig alles neu macht?
In diesen Gefühlen und im Wunsch nach einer stets engeren Zusammenarbeit, um miteinander die geeignetsten Wege ausfindig zu machen, um rasch zu diesem Ziel zu gelangen, sprechen wir Ihnen, liebster Bruder, wiederum unsere Gefühle tiefer Liebe in Christus aus.

Vatikanstadt, 8. Februar 1971
Paulus P. P. VI.

284 21. März 1971

Antwort des Patriarchen Athenagoras auf den Brief Papst Pauls VI. (Original: griechisch). Prot.-Nr. 260.

Paul, dem seligsten und heiligsten Papst des Alten Rom, Gruß im Herrn.
Mit tiefer Freude, Wertschätzung und großer Aufmerksamkeit haben wir die durch die Hände Seiner Eminenz, unseres geliebten Bruders in Christus, des Metropoliten Meliton von Chalkedon, entsandten Briefe Eurer sehr geliebten und geehrten Heiligkeit vom 8. Februar erhalten und sie persönlich und in der Sitzung unseres Heiligen Synods gelesen.
Wir haben den Logos Gottes, der mit aller Weisheit und Güte das Leben seiner heiligen Kirche verwaltet, gepriesen für diese neue heilige Gelegenheit brüderlicher Gemeinschaft mit ihm, und wir kommen, durch diese Freundschaftsschrift Eurer Heiligkeit zu danken. In Eurer Heiligkeit hat die streitende Kirche den hervorragenden Künder und Gestalter des Friedens, der Liebe und der Einheit der Christen und des nach dem Bild Gottes geschaffenen Menschengeschlechtes.
Indem wir zur brüderlichen Antwort kommen, beeilen wir uns, Ihnen, dem älteren

Bruder zu versichern, daß wir dem heiligen Willen des Herrn gehorchen, der will, daß seine Kirche eine ist, in der ganzen Welt sichtbar, damit die ganze Welt zu ihr hineinkommt, und uns der Leitung des Heiligen Geistes ohne Abweichung und konsequent unterwerfen zur festen Fortsetzung und Vollendung des mit Ihnen, nach einem gemeinsamen heiligen Wunsch, begonnenen und gewachsenen heiligen Werkes und um die eine, heilige, katholische und apostolische Kirche in der Welt sichtbar zu machen und zu zeigen.

Wir vereinen mit Ihnen unseren Dank gegenüber dem Herrn für seine großen Gaben an uns, damit uns die schwere Sünde der Trennung bewußt wird im Namen des kostbaren Blutes, das alles vereint, und das für das Leben und die Erlösung der Welt ausgegossen wurde, aber auch damit wir aufwachen und uns zur Rückkehr vom Westen und Osten in die selige alte Einheit der Apostel und der Väter bewegen.

Wahrhaftig,

wenn auch die Kirchen des Ostens und Westens sich voneinander entfremdet haben, haben sie sich tatsächlich nicht von der Gemeinschaft des Mysteriums des Gottmenschen Jesus und seiner gottmenschlichen Kirche entfremdet. Wir haben uns von der gegenseitigen Liebe entfremdet, und es wurde von uns das selige Gut des Bekenntnisses des Glaubens Christi in Eintracht weggenommen, und es wurde von uns der Segen des gemeinsamen Emporsteigens zu dem einen Opferaltar, den der Herr kurz vor seinem Leiden gegründet hat, und der vollkommenen, einmütigen und einträchtigen Kommunion vom selben eucharistischen kostbaren Leib und Blut genommen, obwohl wir nicht aufgehört haben, die gegenseitige Gültigkeit des apostolischen Priestertums und die Gültigkeit der heiligen Eucharistie anzuerkennen.

Aber siehe, in unseren Tagen wurde die angstvolle Sehnsucht der Gläubigen des Ostens und des Westens vermehrt, um einmütig und in Liebe die Gemeinschaft der Wahrheit des Glaubens und seines Bekenntnisses zu haben, die im gemeinsamen heiligen Kelch gefeiert und vollendet wird, und so ist die Gnade überreichlich zu uns gekommen.

Durch diese Gnade erleuchtet, sehen wir heute ein, daß die heiligste Angelegenheit der sichtbaren Einheit der Kirche und der vollkommenen Gemeinschaft der Gläubigen in ihr kein Werk ist, das von den menschlichen Überlegungen und Wünschen abhängt, denn die menschlichen Gedanken sind unsicher, sondern daß sie eine Erfahrung im Leben in Christus ist, das in seinem Leib, in der Kirche ist. Wie wir im Leben in negativer Weise auf die Trennung zugegangen sind, auf dieselbe Art und Weise werden wir gerufen, im Leben positiv zur vollkommenen Einheit voranzuschreiten, in der Konzelebration und der Kommunion des kostbaren Blutes Christi aus dem gemeinsamen heiligen Kelch.

Wir stimmen mit Eurer seligsten Heiligkeit überein, daß es notwendig ist, die Gemeinsamkeit des kirchlichen Lebens des Ostens und des Westens zu intensivieren, um damit wahre und intensive Brüderlichkeit auf der Ebene des Klerus und des Volkes der römisch-katholischen und der orthodoxen Kirche zu fördern.

Wir schreiben Ihnen aus dem Osten kurz vor dem Leiden des Herrn. Der Tisch ist im Coenaculum bereit, und unser Herr will mit uns das Paschamahl essen. Werden wir es ablehnen?

Tatsächlich existieren noch die aus geschichtlichen und anderen Faktoren ererbten Hindernisse, und der Feind des Reiches Gottes bewacht sie. Aber haben wir nicht dem geglaubt, der gesagt hat, daß das für Menschen Unmögliche bei Gott möglich ist und dem Glaubenden alles möglich ist?

Im Glauben, in der Hoffnung und in der Geduld sollen wir den Aposteln folgen, von denen wir die Gnade, die Brüderlichkeit und die Gemeinschaft haben.
Indem wir all das in Liebe, in Ehrenbezeugung und in tiefer brüderlicher Gesinnung beantworten, umarmen wir Eure ehrwürdige und geliebte Heiligkeit mit heiligem Kuß,

Eurer ehrwürdigsten Heiligkeit
geliebter Bruder in Christus
Der Patriarch von Konstantinopel Athenagoras
21. März 1971

Anhang zum Tomos Agapis

A. Protokoll über die Treffen von Papst und Patriarch in Jerusalem

Empfangsprotokoll

1. Der Patriarch wird mit einer Eskorte von Erzbischöfen und andern Klerikern im Auto bei der Delegation eintreffen.
Kardinäle und Erzbischof dell'Acqua werden ihn am Gitter der Delegation empfangen. Der Heilige Vater wird ihn am Hauseingang empfangen.

2. Derjenige, der auf Besuch kommt, wird eine kurze Ansprache halten.
Die Texte der Ansprachen werden vorher ausgetauscht, aber geheimgehalten und erst nach den beiden Besuchen veröffentlicht. Der Ökumenische Patriarch wird altgriechisch sprechen und der Papst anläßlich der Begegnung mit dem Patriarchen von Konstantinopel lateinisch.

3. Der Patriarch wird zu Beginn des Besuchs, den er abstatten und empfangen wird, mit dem Heiligen Vater alleingelassen. Daraufhin wird man die Mitglieder des Gefolges des Papstes und des Patriarchen eintreten lassen, nicht aber Personen, die nicht zum Gefolge gehören.

4. Anläßlich des Besuches des Patriarchen beim Papst wird Kapitel 17 des Johannesevangeliums zum Teil auf lateinisch, zum Teil auf griechisch gelesen.

5. Für den Besuch des Papstes beim Patriarchen hält man sich an das gleiche Zeremoniell, nur wird bei diesem Anlaß das Gebet des Herrn auf lateinisch und auf griechisch gelesen.

Metropolit Athenagoras

A. Dell'Acqua
Subst.
30. Dezember 1963

Begegnungen zwischen dem Papst und den Patriarchen zu Jerusalem

Am 4. Jänner:

Zu Amman: Der Heilige Vater wird im Flugzeug am Flughafen von Amman eintreffen. Die Vertreter des Patriarchen von Jerusalem, zwei Erzbischöfe, werden ihn am Flughafen empfangen. Sie werden unmittelbar nach dem König und den katholischen Patriarchen plaziert sein. Wenn sie mit dem päpstlichen Ehrengeleite nach Jerusalem zu kommen wünschen, wird ihr Auto unmittelbar auf die der katholischen Patriarchen folgen.

Zu Jerusalem: Am Damaskustor wird eine weitere, aus Erzbischöfen, Bischöfen und weiteren Klerikern bestehende Delegation des Patriarchates warten, unmittelbar hinter den katholischen Patriarchen.
Nach der heiligen Messe am Heiligen Grab wird sich der Heilige Vater nach Bab Al Qalil begeben und dabei am griechisch-orthodoxen Patriarchat vorbeifahren. Der Patriarch Benediktos hat seine Absicht geäußert, sich am Tor aufzuhalten und den Heiligen Vater willkommen zu heißen.
Um 19 Uhr wird der Heilige Vater den griechisch-orthodoxen Patriarchen von Jerusalem, Benediktos, in der Apostolischen Delegation auf Besuch empfangen.
Um 20 Uhr wird der Heilige Vater dem Patriarchen von Jerusalem, Benediktos, im Patriarchat (Ölberg) einen Besuch abstatten.

Am 5. Jänner:
Nach der Rückkehr von Nazaret wird der Heilige Vater um 20.30 Uhr den Besuch des Patriarchen von Konstantinopel, Athenagoras I., empfangen.

Am 6. Jänner:
Nach der Rückkehr von Bethlehem wird der Heilige Vater dem Ökumenischen Patriarchen Athenagoras I. in der Patriarchenresidenz am Ölberg einen Besuch abstatten.

Metropolit Athenagoras

A. Dell'Acqua
Subst.
30. Dezember 1963

B. Die Liturgie im Phanar

Ordnung des Gottesdienstes in der heiligen Patriarchal-Kirche

Anläßlich des Besuchs Seiner Heiligkeit, Papst Paul VI., beim Ökumenischen Patriarchat (Original: griechisch).

Beim Einzug Seiner Heiligkeit, des Papstes, und Seiner Heiligkeit, des Patriarchen, in die heilige Patriarchalkirche beginnt der Chor zu singen:

1. Siehe, was ist so gut, oder was ist so erfreulich, wie das gemeinsame Wohnen der Brüder; denn diesem hat der Herr das ewige Leben versprochen (Psalm 132, 1).
2. Herr, unser Herr, wie wunderbar ist Dein Name auf der ganzen Erde (Psalm 8, 9).
3. Die Anforderungen des Herrn, die das Herz erheitern, sind richtig; das Gebot des Herrn, das die Anliegen erleuchtet, ist strahlend (Psalm 28, 1).
4. Der Herr wird seinem Volk Kraft geben. Der Herr wird sein Volk in Frieden segnen (Psaml 28, 10).
5. Erhöhe Dich, o Herr, in Deiner Kraft, wir werden Deine Herrschaft rühmen und besingen (Psalm 20, 14).
6. Siehe, was ist so gut, und so erfreulich, wie das gemeinsame Wohnen der Brüder; denn diesem hat der Herr das ewige Leben versprochen (Psalm 132, 1).

Der 1. Diakon: Sprich den Segen, Gebieter.
Der Priester: Gepriesen sei unser Gott allzeit, jetzt und immerdar und von Ewigkeit zu Ewigkeit.
Der Chor: Amen. Und folgende Lieder (Troparien):

1. Gepriesen bist Du, Christus unser Gott, der Du einfache Fischer zu Allweisen erhoben hast, indem Du ihnen den Heiligen Geist gesandt und durch sie die ganze Welt gewonnen hast. Lobpreis gebührt Dir, Menschenfreundlicher.
2. Die Erstfürsten der Apostel und Lehrer der ganzen Welt bitten den Herrn aller, der Welt den Frieden zu schenken und unseren Seelen die große Barmherzigkeit.
3. Nie vergeblicher Schutz der Christen, unwandelbare Mittlerin beim Schöpfer, mißachte nicht die Rufe der Gebete der Sünder, sondern komm als die Gute uns zuvor, um uns zu helfen, die wir gläubig zu Dir rufen; eile auf unser Gebet hin und lauf auf unser Flehen hin, denn Du Gottesgebärerin schützest immer die, die Dich ehren.

Aus der Doxologie 4 Verse.

1. Ehre Dir, der Du das Licht aufscheinen läßt. Ehre Gott in der Höhe und auf der Erde Friede, den Menschen Wohlgefallen.
2. Erhöre unser Gebet, der Du zur Rechten des Vaters sitzt, und erbarme Dich unser.
3. Gepriesen bist Du, Gott unserer Väter, und gelobt und verherrlicht sei Dein Name in Ewigkeit. Amen.
4. Erweitere Deine Barmherzigkeit denen gegenüber, die Dich kennen. Heiliger Gott, heiliger Starker, heiliger Unsterblicher, erbarme Dich unser.

Der 1. Diakon:	Erbarme Dich unser, Gott, nach Deiner Barmherzigkeit, wir bitten Dich, erhöre uns und erbarme Dich.
Der Chor:	Kyrie eleison (Herr erbarme Dich) (dreimal). (Das gleiche auch nach den folgenden Fürbitten.)
Der 2. Diakon:	Wir bitten noch für den Heiligsten Papst von Rom und den Erzbischof, unseren Patriarchen Athenagoras, ihre Schritte zu jedem guten Werk zu lenken.
Der 1. Diakon:	Wir bitten noch für die Herrscher und Obrigkeiten und daß der Herr Gott ihren Herzen das Gute eingebe.
Der 2. Diakon:	Wir bitten noch um das gute Bestehen der heiligen Kirchen Gottes und um die Vereinigung aller.
Der 1. Diakon:	Wir bitten noch für die ganze Welt, ihr gutes Bestehen und ihren Frieden.
Der 2. Diakon:	Wir bitten noch, daß der Herr, unser Gott, die Stimme unseres Gebets erhöre und sich unser erbarme.
Der Patriarch:	
	Erhöre uns, Gott, unser Erlöser, die Hoffnung aller Enden der Welt und derjenigen, die sich weit weg auf dem Meer befinden, und sei unseren Sünden gnädig, gnädiger Gebieter und erbarme Dich unser. Denn Du bist barmherzig und menschenfreundlich, Gott, und wir verherrlichen Dich, den Vater, den Sohn und den Heiligen Geist, jetzt und immerdar und von Ewigkeit zu Ewigkeit.
Der Chor:	Amen.
Der 1. Diakon:	Laßt uns den Herrn bitten.

Seine Heiligkeit, der Papst, und Seine Heiligkeit, der Patriarch gemeinsam:

Vater unser im Himmel, geheiligt werde Dein Name, Dein Reich komme, Dein Wille geschehe wie im Himmel so auf Erden. Unser tägliches Brot gib uns heute und vergib uns unsere Schuld, wie auch wir vergeben unseren Schuldigern, und führe uns nicht in Versuchung, sondern erlöse uns von dem Bösen. Denn Dein ist das Reich und die Kraft und die Herrlichkeit, des Vaters und des Sohnes und des Heiligen Geistes, jetzt und immerdar und von Ewigkeit zu Ewigkeit. Amen.

Der Chor: Ehre sei Dir, o Herr, Ehre sei Dir.

Die Ansprachen Seiner Heiligkeit, des Papstes, und Seiner Heiligkeit, des Patriarchen (siehe Nr. 172, 173).

Im Anschluß daran segnet Seine Heiligkeit, der Papst, in lateinischer Sprache:

> Die Gnade unseres Herrn Jesus Christus, die Liebe Gottes, des Vaters, und die Gemeinschaft des Heiligen Geistes sei mit Euch allen.

Sodann segnet Seine Heiligkeit, der Patriarch und sagt:

> Der Segen des Herrn und sein Erbarmen komme über Euch durch Seine Gnade und Liebe zu den Menschen, allzeit, jetzt und immerdar und von Ewigkeit zu Ewigkeit. Amen.

Der Chor singt das Polychronion (Glückwunschgesang) Seiner Heiligkeit, des Papstes.

> Gott, der Herr, erhalte lange den heiligsten und seligsten Papst von Rom, Paul VI.: Herr bewahre ihn auf viele Jahre, auf viele Jahre, auf viele Jahre.

Und das Polychronion Seiner Heiligkeit, des Patriarchen.

	Der Herr Gott erhalte lange den heiligsten unseren Herrn und Gebieter, den Ökumenischen Patriarchen, Herrn Athenagoras I.: Herr, bewahre ihn auf viele Jahre, auf viele Jahre, auf viele Jahre.
Der Priester:	Durch die Fürbitte unserer heiligen Väter, Herr Jesus Christus, unser Gott, erbarme Dich unser.
Der Chor:	Amen.

Während Seine Heiligkeit, der Papst, und Seine Heiligkeit, der Patriarch, die Kirche verlassen, singt der Chor die am Anfang angeführten Psalmen.

C. Die Liturgie in der Heiliggeistkathedrale

Wortgottesdienst in der Heiliggeistkathedrale in Gegenwart des Papstes Paul VI. und des Patriarchen Athenagoras I.

Veni, Creator Spiritus,
Mentes tuorum visita:
Imple superna gratia
Quae tu creasti pectora.

Alle erheben sich und singen auf lateinisch

Qui diceris Paraclitus
Altissimi donum Dei,
Fons vivus, ignis, caritas,
Et spiritalis unctio.

Tu septiformis munere,
Digitus paternae dexterae,
Tu rite promissum Patris,
Sermone ditans guttura.
Accende lumen sensibus,
Infunde amorem cordibus,
Infirma nostri corporis
Virtute firmans perpeti.
Hostem repellas longius,
Pacemque dones protinus,
Ductore sic te praevio
Vitemus omne noxium.

Per te sciamus da Patrem,
Noscamus atque Filium:
Teque utriusque Spiritum
Credamus omni tempore.

Deo Patri sit gloria,
Et Filio qui a mortuis
Surrexit, ac Paraclito,
In saeculorum saecula. Amen.

Der Hl. Vater: Emitte Spiritum tuum et creabuntur.

Alle: Et renovabis faciem terrae.

Der Hl. Vater: Deus, qui corda fidelium Sancti Spiritus illustratione docuisti; da nobis in eodem Spiritu recta sapere, et de eius semper consolatione gaudere. Per Christum Dominum nostrum.

Alle: Amen.

Erste Lesung (Eph 3, 8–21)

Mir, dem Geringsten unter allen Heiligen, wurde diese Gnade geschenkt: Ich soll den Heiden den unergründlichen Reichtum Christi verkündigen und enthüllen, wie jenes Geheimnis Wirklichkeit geworden ist, das von Ewigkeit her in Gott, dem Schöpfer des Alls, verborgen war. So sollen jetzt die Fürsten und Gewalten des Himmels durch die Kirche Kenntnis erhalten von der vielfältigen Weisheit Gottes, nach dem ewigen Plan, den er durch Christus Jesus, unseren Herrn, ausgeführt hat. In ihm haben wir den freien Zugang durch das Vertrauen, das der Glaube uns schenkt. Deshalb bitte ich euch, nicht wegen der Leiden zu verzagen, die ich für euch ertrage, denn sie sind euer Ruhm.

Darum beuge ich meine Knie vor dem Vater, nach dessen Namen jedes Geschlecht im Himmel und auf Erden benannt wird, und bitte, daß er euch nach dem Reichtum seiner Herrlichkeit gebe, in eurem Innern durch seinen Geist an Kraft und Stärke zuzunehmen. Durch den Glauben wohne Christus in euren Herzen. In der Liebe verwurzelt und auf sie gegründet, sollt ihr zusammen mit allen Heiligen dazu fähig sein, die Länge und Breite, die Höhe und Tiefe zu ermessen und die Liebe Christi zu verstehen, die alles Erkennen übersteigt. So werdet ihr mehr und mehr von der ganzen Fülle Gottes erfüllt. Er aber, der durch die Macht, die in uns wirkt, viel mehr tun kann, als wir erbitten und uns ausdenken, er werde verherrlicht durch die Kirche und durch Christus Jesus in allen Generationen, für ewige Zeiten! Amen.

Gesang: „Ubi caritas et amor“ auf lateinisch:

Sänger: Ubi caritas et amor, Deus ibi est.

Alle: Ubi caritas et amor, Deus ibi est.

Sänger: Congregavit nos in unum Christi amor.
Exsultemus et in ipso iucundemur.
Timeamus et amemus Deum vivum.
Et ex corde diligamus nos sincero.

Alle: Ubi caritas et amor, Deus ibi est.

Sänger: Simul ergo cum in unum congregamur.
Ne nos mente dividamur, caveamus.
Cessent iurgia maligna, cessent lites.
Et in medio nostri sit Christus Deus.

Alle: Ubi caritas et amor, Deus ibi est.

Sänger: Simul quoque cum beatis videamus
Glorianter vultum tuum, Christe Deus:
Gaudium, quod est immensum atque probum.
Saecula per infinita saeculorum.

Alle: Amen.

Zweite Lesung (Joh 14, 23–30)

Wer mich liebt, wird mein Wort festhalten; mein Vater wird ihn lieben, und wir werden zu ihm kommen und bei ihm wohnen. Wer mich nicht liebt, hält meine Worte nicht fest. Und das Wort, das ihr hört, ist nicht mein Wort, sondern das des Vaters, der mich gesandt hat. Das habe ich zu euch gesprochen, während ich noch bei euch bin. Der Beistand aber, der Heilige Geist, den der

Vater in meinem Namen senden wird, er wird euch alles lehren und an alles erinnern, was ich euch gesagt habe. Frieden hinterlasse ich euch, meinen Frieden gebe ich euch; nicht wie die Welt ihn gibt, gebe ich ihn euch. Euer Herz ängstige sich nicht und verzage nicht. Ihr habt gehört, daß ich zu euch sagte: Ich gehe fort und komme wieder zu euch. Wenn ihr mich wirklich liebt, dann werdet ihr euch freuen, daß ich zum Vater gehe; denn der Vater ist größer als ich. Und ich habe es euch jetzt gesagt, bevor es geschieht, damit ihr glaubt, wenn es geschieht. Ich werde nicht mehr viel mit euch sprechen, denn es kommt der Herrscher der Welt. Über mich hat er keine Macht, aber die Welt soll erkennen, daß ich den Vater liebe und so handle, wie mir der Vater aufgetragen hat.

Litanei: Liebste Brüder, laßt uns zum Gott unserer Väter flehen, daß er in seiner Kirche die Wunder seiner Macht und Barmherzigkeit weiterdauern lasse und den Nationen und Menschen den Frieden in Liebe und Gerechtigkeit verleihe.
a) Lasset uns beten, daß alle, die an Christus glauben, vor allem Unheil bewahrt und in seiner Liebe vervollkommnet werden.

Resp.: Kyrie eleison.
b) Lasset uns beten, daß Seine Heiligkeit Papst Paul VI., Seine Heiligkeit der Ökumenische Patriarch Athenagoras I. und die Hirten aller christlichen Gemeinschaften treue Diener der Frohbotschaft Christi sind.

Resp.: Kyrie eleison.
c) Lasset uns beten, daß das Wort des Herrn in allen, die den Namen Christi tragen, in Erfüllung geht und damit ihre Einheit vollkommen wird.

Resp.: Kyrie eleison.
d) Lasset uns beten, daß wir, die hier versammelt sind, und die, die auf der ganzen Welt mit uns vereint beten, Werkleute des Friedens, der Liebe und der Gerechtigkeit sind.

Resp.: Kyrie eleison.
e) Lasset uns beten, daß alle, die in diesem Land regieren, und alle, die auf der Welt regieren und Autorität ausüben, in ihrer Arbeit gesegnet und erleuchtet werden, damit zwischen den Menschen, und den Nationen wahrer

Resp.: Friede und wahre Eintracht herrschen.
f) Lasset uns beten für jede geprüfte und bekümmerte Seele, für alle, die des Erbarmens Gottes und der Hilfe der Menschen ihrer Brüder, bedürfen, für alle, die nach dem Licht Christi suchen.

Resp.: Kyrie eleison.

Vom Heiligen Vater gesprochenes Schlußgebet

Erlöse uns, Herr, von allem Bösen, sei es vergangen, gegenwärtig oder zukünftig. Auf die Fürsprache Marias, der heiligen, glorreichen Gottesmutter, und der heiligen Apostel Petrus und Paulus, des heiligen Andreas und aller Heiligen, gewähre unserer Zeit den Frieden. Dein Erbarmen komme uns zu Hilfe, daß wir fortan von der Sünde befreit und vor jedem Unheil bewahrt bleiben.
Durch Jesus Christus, deinen Sohn, unseren Herrn, der mit dir in der Einheit des Heiligen Geistes lebt und herrscht als Gott von Ewigkeit zu Ewigkeit. Amen.

Hierauf wird das Breve „Anno Ineunte" (vgl. Nr. 176) vorgelesen.
Schlußanrufung:

Die Gnade des Herrn Jesus Christus, die Liebe Gottes und die Gemeinschaft des Heiligen Geistes seien mit euch allen.

Das Magnificat wird auf lateinisch gesungen

Magnificat anima mea Dominum.
Et exsultavit spiritus meus in Deo, salutari meo.

Quia respecit humilitatem ancillae suae: ecce enim ex hoc beatam me dicent omnes generationes.
Quia fecit mihi magna qui potens est: et sanctum nomen eius.
Et misericordia eius a progenie in progenies timentibus eum.
Fecit potentiam in brachio suo: dispersit superbos mente cordis sui.
Deposuit potentes de sede, et exaltavit humiles.
Esurientes implevit bonis: et divites dimisit inanes.
Suscepit Israel, puerum suum, recordatus misericordia suae.
Sicut locutus est ad patres nostros, Abraham, et semini eius in saecula.
Gloria Patri et Filio et Spiritui Sancto, sicut erat in principio et nunc et semper: et in saecula saeculorum. Amen.

D. Die Liturgie in Sankt Peter

Wortgottesdienst in der Patriarchalbasilika zum hl. Petrus anläßlich des Besuchs seiner Heiligkeit des Ökumenischen Patriarchen Athenagoras I. bei Seiner Heiligkeit Papst Paul VI.

1. Einzug

Der Patriarch wird im Atrium der Basilika vom Heiligen Vater empfangen. Der Zug bewegt sich durch die Sakramentskapelle hindurch und am Marienaltar vorbei zum Altar der Confessio. Währenddessen wird der Einzugspsalm gesungen.

Chor: Ein neues Gebot gebe ich euch: liebt einander, wie ich euch geliebt habe, spricht der Herr.

Alle: Ein neues Gebot gebe ich euch: liebt einander, wie ich euch geliebt habe, spricht der Herr.

Psalm 118

1 Wohl denen, deren Weg ohne Tadel ist,
die leben nach der Weisung des Herrn.

Ant.: Ein neues Gebot . . .

2 Ich will nachsinnen über deine Befehle
und auf deine Pfade schauen.

Ant.: Ein neues Gebot . . .

3 Ich eile voran den Weg deiner Gebote,
denn mein Herz machst du weit.

Ant.: Ein neues Gebot . . .

4 Nach deinen Befehlen habe ich Verlangen.
Gib mir neue Kraft durch deine Gerechtigkeit.

Ant.: Ein neues Gebot . . .

5 Dann schreite ich aus auf freier Bahn,
denn ich frage nach deinen Befehlen.

Ant.: Ein neues Gebot . . .

6 An deinen Geboten habe ich meine Freude,
ich liebe sie von Herzen.

Ant.: Ein neues Gebot . . .

7 Wie lieb ist mir deine Weisung;
ich sinne über sie den ganzen Tag.

Ant.: Ein neues Gebot . . .

8 Wie köstlich ist für meinen Gaumen deine Verheißung,
süßer als Honig für meinen Mund.

Ant.: Ein neues Gebot . . .
9 Dein Wort ist meinem Fuß eine Leuchte,
ein Licht für meine Pfade.
Ant.: Ein neues Gebot . . .
10 Deine Vorschriften sind der Bewunderung wert,
darum bewahrt sie mein Herz.
Ant.: Ein neues Gebot . . .
11 Ehre sei dem Vater und dem Sohn und dem Heiligen Geist,
wie es war im Anfang, so auch jetzt und in Ewigkeit. Amen.
Ant.: Ein neues Gebot . . .

2. Einleitungsgebet

Der Hl. Vater: Lasset uns beten.

Alle verharren einen Augenblick in stillem Gebet.

Gott, du hast verschiedene Nationen im Bekenntnis deines Namens geeint, gewähre uns, das zu verlangen und zu verwirklichen, was du gebietest, damit im Schoß des zur Ewigkeit berufenen Volkes die Geister im gleichen Glauben vereint und die Taten von der gleichen frommen Gesinnung beseelt sind. Durch Jesus Christus, deinen Sohn, unseren Herrn, der mit dir in der Einheit des Heiligen Geistes lebt und herrscht von Ewigkeit zu Ewigkeit.

Alle: Amen.

3. Lesungen

Nach der Oration setzt man sich, um die erste Lesung anzuhören.

Lesung aus dem Brief des heiligen Apostels Paulus an die Philipper (2, 1–11):

Wenn es eine Ermahnung in Christus gibt, einen Zuspruch aus Liebe, eine Gemeinschaft des Geistes, herzliche Zuneigung und Erbarmen, dann macht meine Freude dadurch vollkommen, daß ihr gleichen Sinn und gleiche Liebe habt, einmütig und einträchtig seid, nichts aus Streitsucht und nichts aus Prahlerei tut! Sondern in Demut schätze einer den anderen höher ein als sich selbst! Jeder achte nicht nur auf das eigene Wohl, sondern auch auf das der andern! Seid so gesinnt, wie es das Leben in Christus Jesus fordert: Er war wie Gott, hielt aber nicht daran fest, Gott gleich zu sein, sondern entäußerte sich, wurde wie ein Sklave und den Menschen gleich. Sein Leben war das eines Menschen; er erniedrigte sich und war gehorsam bis zum Tod, bis zum Tod am Kreuz. Darum hat ihn Gott über alle erhöht und ihm den Namen verliehen, der jeden Namen übertrifft, damit vor dem Namen Jesu alle Mächte im Himmel, auf der Erde und unter der Erde ihre Knie beugen, und jede Zunge bekennt: Herr ist Jesus Christus zur Ehre Gottes, des Vaters.

Responsorialgesang auf lateinisch.
Sänger: Wo Güte und Liebe, da wohnet Gott.
Alle: Wo Güte und Liebe, da wohnet Gott.
Sänger: Die Liebe zu Christus hat uns zur Einheit zusammengebracht.
Freuen wir uns und jubeln wir in dieser Liebe!
Seien wir von Ehrfurcht, von der Liebe zum lebendigen Gott beseelt und lieben wir einander aufrichtig von Herzen.
Alle: Wo Güte und Liebe, da wohnet Gott.
Sänger: Und da wir miteinander nur einen Leib bilden,
hüten wir uns davor, daß wir uns der Gesinnung nach spalten.

Fliehen soll böser Hader, fliehen Konflikt.
Christus, unser Gott, sei in unserer Mitte!

Alle: Wo Güte und Liebe, da wohnet Gott.

Sänger: Mögen wir mit den Heiligen zusammen schauen können
dein herrlichkeitumstrahltes Antlitz, Christus unser Gott!
Unsere Freude sei maßlos und ungetrübt
durch alle Ewigkeiten.

Alle: Amen.

Diakon: Weisheit! Laßt uns stehend das heilige Evangelium hören!

Der Patriarch: Friede sei mit euch allen.

Chor: Und mit deinem Geiste.

Diakon: Lesung des heiligen Evangeliums nach Johannes.

Chor: Ehre sei dir, o Herr, Ehre sei dir!

Diakon: Haben wir acht!

Aus dem heiligen Evangelium nach Johannes (13, 1–15)

Es war vor dem Paschafest. Jesus wußte, daß seine Stunde gekommen war, aus dieser Welt zum Vater zu gehen. Er liebte die Seinen in der Welt, und er liebte sie bis ans Ende. Sie hielten ein Mahl, und der Teufel hatte dem Judas Iskariot, dem Sohn Simons, schon ins Herz gegeben, ihn auszuliefern. Jesus aber wußte, daß ihm der Vater alles in die Hand gelegt hatte und daß er von Gott gekommen war und zu Gott zurückkehrt; da stand er vom Mahl auf, legte das Oberkleid ab und umgürtete sich mit einem Leinentuch. Dann goß er Wasser in eine Schüssel und begann, den Jüngern die Füße zu waschen und mit dem Leinentuch abzutrocknen, mit dem er umgürtet war.

Als er zu Simon Petrus kam, sagte dieser zu ihm: Herr, du willst mir die Füße waschen? Jesus antwortete ihm: Was ich tue, verstehst du jetzt nicht, du wirst es aber später erkennen. Petrus entgegnete ihm: Niemals sollst du mir die Füße waschen! Jesus erwiderte ihm: Wenn ich dich nicht wasche, hast du keine Gemeinschaft mit mir. Da sagte Simon Petrus zu ihm: Herr, nicht nur meine Füße, sondern auch die Hände und den Kopf! Jesus sprach zu ihm: Wer gebadet ist, braucht sich nicht mehr zu waschen, und er ist ganz rein. Auch ihr seid rein, aber nicht alle. Er kannte nämlich den, der ihn ausliefern sollte; darum sagte er: Ihr seid nicht alle rein.

Als er ihnen die Füße gewaschen, sein Oberkleid angelegt und sich wieder zu Tisch gesetzt hatte, sagte er zu ihnen: Begreift ihr, was ich an euch getan habe? Ihr nennt mich Meister und Herr, und ihr habt recht, denn ich bin es. Wenn ich, der Meister und Herr, euch die Füße gewaschen habe, müßt auch ihr einander die Füße waschen. Ein Beispiel habe ich euch gegeben, damit auch ihr tut, wie ich an euch getan habe.

Chor: Ehre sei dir, Herr, Ehre sei dir!

4. Fürbitten

Rufen wir insbrünstig das Erbarmen unseres Herrn Jesus Christus an, geliebte Brüder; so, wie er auf die Welt gekommen ist, um den Armen die frohe Botschaft zu bringen und die zerbrochenen Herzen zu heilen, so bietet er auch heute all denen das Heil an, die dessen bedürfen.

a) Lasset uns beten, daß alle, die an Christus glauben, vor allem Unheil bewahrt und in seiner Liebe vervollkommnet werden.

Resp.: Kyrie eleison, Kyrie eleison, Kyrie eleison.

b) Lasset uns beten, daß Seine Heiligkeit Papst Paul VI., Seine Heiligkeit der Ökumenische Patriarch Athenagoras I. und die Hirten aller christlichen Gemeinschaften treue Diener der Frohbotschaft Christi sind.

Resp.:	Kyrie eleison, Kyrie eleison, Kyrie eleison.
	c) Lasset uns beten, daß das Wort des Herrn an allen, die den Namen Christi tragen, in Erfüllung geht und damit ihre Einheit vollkommen wird.
Resp.:	Kyrie eleison, Kyrie eleison, Kyrie eleison.
	d) Lasset uns beten, daß wir, die hier versammelt sind, und die, die auf der ganzen Welt mit uns vereint beten, Werkleute des Friedens, der Liebe und der Gerechtigkeit sind.
Resp.:	Kyrie eleison, Kyrie eleison, Kyrie eleison.
	e) Lasset uns beten, daß alle, die auf der Welt regieren und Autorität ausüben, in ihrer Arbeit gesegnet und erleuchtet werden, damit zwischen den Menschen und den Nationen wahrer Friede und wahre Eintracht herrschen.
Resp.:	Kyrie eleison, Kyrie eleison, Kyrie eleison.
	f) Lasset uns beten für jede geprüfte und bekümmerte Seele, für alle, die des Erbarmens Gottes und der Hilfe der Menschen, ihrer Brüder, bedürfen, für alle, die nach dem Licht Christi suchen.
Resp.:	Kyrie eleison, Kyrie eleison, Kyrie eleison.
Der Hl. Vater:	Gott, du hast die vollkommene Erfüllung der Gebote in die Liebe gegen dich und den Nächsten gelegt, erhöre die Gebete, die wir in der Liebe zu deinem Namen dir für die Nöte der Welt vorgebracht haben. Durch Christus, unseren Herrn.
Alle:	Amen.

5. Danksagung

Der Hl. Vater:	Der Herr sei mit euch.
R.:	Und mit deinem Geiste.
V.:	Erhebet die Herzen.
R.:	Wir haben sie beim Herrn.
V.:	Lasset uns danken dem Herrn, unserm Gott.
R.:	Das ist würdig und recht.

Fürwahr, es ist würdig und recht,
dich zu preisen,
dir immer und überall zu danken,
dir, Herr, heiligster Vater,
allmächtiger ewiger Gott.
Denn du hast uns zur Erkenntnis
deiner Wahrheit geführt
durch deinen einzigen Sohn,
unsern Herrn Jesus Christus,
auf daß wir zu seinem einzigen Leibe werden
in nur einem Glauben und nur einer Taufe;
durch ihn hast du allen Nationen
deinen Heiligen Geist geschenkt,
der Wunder vollbringt
in seinen ganz verschiedenen Gaben,
seine verschiedenartigen Gaben spendet,
der den Zungen verleiht,
dein Wort zu verkünden,
und die Einheit bewirkt:
er weilt in allen Gläubigen,
erfüllt und lenkt die ganze Kirche.
Darum frohlockt die ganze Welt
vor Jubel außer sich

über die ganze Erde hin,
während die Mächte von oben
und alle Engel des Himmels
ohne Unterlaß
deinen Lobpreis singen.

Alle singen auf lateinisch

Heilig, heilig, heilig,
Gott, Herr aller Mächte und Gewalten.
Erfüllt sind Himmel und Erde von deiner Herrlichkeit.
Hosanna in der Höhe.
Hochgelobt sei, der da kommt im Namen des Herrn.
Hosanna in der Höhe.

Der Hl. Vater: Ja, du bist heilig,
du König der Jahrhunderte und Quell der Einheit,
du hast die verschiedenen Nationen vereint,
damit sie miteinander deinen Namen bekennen.
Heilig ist dein einziger Sohn,
unser Herr Jesus Christus,
der in der Nacht, da er verraten wurde,
darum betete, daß alle Gläubigen eins seien,
und seinen Aposteln
seinen Leib und sein Blut übergab
als Sakrament der Einheit.
Heilig ist auch dein Geist,
durch den du das Volk des Neuen Bundes
berufen und versammeln wolltest
zur Einheit des Glaubens,
der Hoffnung und der Liebe;
durch den du auch heute
in den Christen
mit dem Geist der Buße
den Willen geweckt hast, sich glühenden Herzens einzusetzen,
um die Einheit des Leibes Christi zu vervollkommnen.
Denn wir alle, die wir vereint sind
in der gleichen Verkündigung des Evangeliums
und der gleichen Taufe,
die an den gleichen Mysterien
und denselben Charismen teilhaben,
und miteinander behütet sind
von Maria, der heiligsten, stets jungfräulichen
Mutter Gottes,
und unterwiesen durch das Beispiel der Apostel und der Heiligen,
empfinden einen gewaltigen Schmerz darüber,
daß wir, seit Jahrhunderten
durch das Unheil der Trennung einander fern,
nicht eine vollständige und vorbildliche Gemeinschaft
miteinander haben können.
Blicke darum auf uns, deine Diener,
die durch die Gnade deines Geistes erleuchtet
und von Bruderliebe bewegt
die Sünden gegen die Einheit bereuen,
dich und unsere Brüder

demütig um Verzeihung bitten
und wie mit einer Stimme dich bitten,
die vollkommene Einheit all derer zu gewähren,
die an dich glauben.
Wir flehen dich also an, Herr:
du, der du die Menschen liebst,
gewähre uns heute eine neue,
noch reichere Fülle der Gnade deines Geistes;
mach, daß wir ein Leben führen,
das würdig ist des Rufes, den du an uns gerichtet hast;
mach, daß wir einander in Liebe ertragen
in aller Demut, Güte und Geduld,
darauf bedacht,
die Einheit des Geistes zu bewahren durch das Band des Friedens;
mach, daß wir die Zeichen der Zeit erkennen,
die einstigen Fehler wieder gut machen
durch unermüdliche Selbstverleugnung
und so verdienen, zu der so sehr ersehnten Stunde
der vollkommenen Gemeinschaft zu gelangen.
Erhöre uns also, Herr,
und erzeige über uns
in überreicher Fülle dein ständiges Erbarmen.
Setze durch das mächtige Walten deines Geistes
der Spaltung der Kirchen ein Ende,
gib der Braut deines Christus
eine neue Schönheit,
gieße in Überfülle deinen Frieden und deine Liebe aus,
damit die Kirche leuchtender erstrahle
als Zeichen, das für die Nationen aufgerichtet ist,
und damit die Welt, von deinem Geist erhellt,
zum Glauben gelange an Christus, den du gesandt hast.
Mach, daß wir alle
Söhne des Lichtes und des Friedens werden,
und gewähre uns schon jetzt als Vorspiel der Ewigkeit,
daß wir mit nur einem Mund und nur einem Herzen
deinen geheimnisvollen Namen loben können,
Vater, Sohn und Heiliger Geist,
jetzt und immer und in Ewigkeit.

Alle: Amen.

6. Gebet des Herrn

Die ganze Versammlung singt das Pater noster auf lateinisch

Der Hl. Vater: Lasset uns beten.
Dem Wort unseres Herrn und Erlösers gehorsam und getreu seiner göttlichen Weisung wagen wir zu sprechen:
Vater unser im Himmel, geheiligt werde dein Name. Dein Reich komme. Dein Wille geschehe wie im Himmel, so auf Erden. Unser tägliches Brot gib uns heute. Und vergib uns unsere Schuld, wie auch wir vergeben unsern Schuldigern. Und führe uns nicht in Versuchung, sondern erlöse uns von dem Bösen.

Der Hl. Vater: Erlöse uns, Herr, wir bitten dich, von allem Bösen, sei es vergangen, gegenwärtig oder zukünftig; und auf die Fürsprache der seligen, glorreichen, allzeit jungfräulichen Gottesmutter Maria, deiner heiligen Apostel Petrus, Paulus, Andreas und aller Heiligen, gib barmherzig Frieden in unseren Tagen. Komm uns zu Hilfe mit deinem Erbarmen, daß wir von Sünden fortan freibleiben und vor jedem Unheil bewahrt bleiben. Durch Jesus Christus, deinen Sohn, unseren Herrn, der mit dir in der Einheit des Heiligen Geistes lebt und herrscht als Gott von Ewigkeit zu Ewigkeit.

Alle: Amen.

Alle setzen sich.

7. Ansprache des Patriarchen (vgl. Nr. 189)

8. Ansprache des Heiligen Vaters (vgl. Nr. 190)

9. Friedenskuß

Der Heilige Vater und der Patriarch wechseln den Friedenskuß. Darauf wechselt der Heilige Vater den Friedenskuß mit den vier Metropoliten des Gefolges des Patriarchen, und der Patriarch desgleichen mit den drei Kardinälen seiner Eskorte und mit dem Kardinal-Erzpriester der Basilika. Der Kardinaldekan und der erste Metropolit bringen sodann den Friedenskuß den Mitgliedern der Bischofssynode und den Mitgliedern des Gefolges des Patriarchen.

10. Schlußgebet des Patriarchen

Der Patriarch: Barmherzigster Herr Jesus Christus, unser Herr und unser Gott, du, der du uns heute hier miteinander und eines Herzens beten läßt, du, der du versprochen hast, die Bitten von zwei oder drei, die sich in deinem Namen versammeln, zu erhören, erhöre jetzt die inständigen Bitten, die wir zum Wohl aller an dich richten; gib der Kirche und der Welt Frieden und gewähre uns, daß wir in der Erkenntnis deiner Wahrheit deinen heiligen Willen tun. Du bist ja der König des Friedens und der Erlöser unserer Seelen; dich preisen wir, den Vater, den Sohn und den Heiligen Geist, jetzt und immer und in Ewigkeit.

Alle: Amen.

11. Segen

Der Hl. Vater: Der Segen des allmächtigen Gottes, des Vaters, des Sohnes und des Heiligen Geistes steige auf euch herab und bleibe immer.

Alle: Amen.

Der Patriarch: Der Segen des Herrn und sein Erbarmen komme über euch durch seine Gnade und Menschenliebe, jederzeit, jetzt und immerdar und in Ewigkeit.

Alle: Amen.

Die Feier schließt mit dem Gesang des Psalmes 97, während dem der Heilige Vater und der Patriarch aus der Basilika ausziehen.

Chor: Singet dem Herrn ein neues Lied: sein Lob erhebt sich von den Enden der Erde. Alleluia.

Alle: Singet dem Herrn ein neues Lied: sein Lob erhebt sich von den Enden der Erde. Alleluia.

Psalm 97

1 Er hat mit seiner Rechten geholfen, mit seinem heiligen Arm.

Ant.: Singet dem Herrn.

2 Der Herr hat sein Heil bekannt gemacht und sein gerechtes Wirken enthüllt vor den Augen der Völker.

Ant.: Singet dem Herrn.

3 Er dachte an seine Huld und an seine Treue zum Hause Israel.

Ant.: Singet dem Herrn.

4 Alle Enden der Erde sahen das Heil unseres Gottes.

Ant.: Singet dem Herrn.

5 Jauchzt vor dem Herrn, alle Länder der Erde, freut euch, jubelt und singt.

Ant.: Singet dem Herrn.

6 Spielt dem Herrn auf der Harfe, besingt ihn zum Schall der Trompeten Hörner.

Ant.: Singet dem Herrn.

7 Jubelt vor dem König, dem Herrn. Es brause das Meer und was es erfüllt, der Erdkreis und seine Bewohner.

Ant.: Singet dem Herrn.

8 In die Hände klatschen sollen die Ströme, die Berge sollen jubeln im Chor vor dem Herrn, denn er kommt, die Erde zu richten.

Ant.: Singet dem Herrn.

9 Er richtet den Erdkreis gerecht, die Nationen so, wie es recht ist.

Ant.: Singet dem Herrn.

10 Ehre sei dem Vater und dem Sohn und dem Heiligen Geist, wie es war im Anfang, so auch jetzt und in Ewigkeit. Amen.

Ant.: Singet dem Herrn.

Das 10-Jahres-Jubiläum der Aufhebung der Anathemata in Rom und im Phanar (14. Dezember 1975)

285 14. Dezember 1975

Pressebericht des römischen Sekretariats für die Einheit der Christen anläßlich des 10jährigen Jubiläums der Aufhebung der Anathemata zwischen Rom und Konstantinopel

Sonntag, den 14. Dezember 1975, wird gleichzeitig in der Sixtinischen Kapelle in Rom und in der Kirche des Hl. Georg im Phanar der zehnte Jahrestag der Aufhebung der Anathemata zwischen Rom und Konstantinopel (7. Dezember 1965) gefeiert.
Den Vorsitz bei den beiden Feiern werden der Hl. Vater Paul VI. bzw. der Ökumenische Patriarch Demetrius I. haben. Wie es damals am 7. Dezember 1965 geschehen ist, hat sich eine katholische Delegation in das Ökumenische Patriarchat begeben, während eine orthodoxe Delegation nach Rom gekommen ist.
Die Delegation des Ökumenischen Patriarchats hat folgende Zusammensetzung:
- Der Metropolit Meliton von Chalkedon, Delegationsleiter
- Der Metropolit Damaskinos von Tranoupolis
- Der Metropolit Paulus von Schweden
- Der Archimandrit Vassilios Tsiopanas

Die Delegation überbrachte dem Hl. Vater eine Botschaft des Ökumenischen Patriarchen. Am Ende der Meßfeier kam es zu einem Austausch von Reden zwischen dem Leiter der orthodoxen Delegation und dem Hl. Vater. Im Gedenken an den brüderlichen Akt, mit welchem die Kirchen von Rom und von Konstantinopel vor zehn Jahren beschlossen haben, die alten Exkommunikationen aus dem Gedächtnis und dem Leben der Kirche zu streichen, wurde dem Herrn gedankt für die Fortschritte, die im letzten Dezennium in Richtung auf eine volle Gemeinschaft zwischen den beiden Kirchen erreicht worden sind.
Im besonderen ist bei dieser Gelegenheit die Schaffung neuer Instrumente des Dialogs angekündigt worden. Mit einstimmigem Beschluß aller orthodoxen Kirchen wurde eine panorthodoxe Kommission zur Vorbereitung des theologischen Dialogs mit der katholischen Kirche eingesetzt. Der Hl. Vater hat mit einem gleichen Akt geantwortet, d. h. eine katholische Kommission für den Dialog mit den orthodoxen Kirchen eingesetzt. Am Ende der Zeremonie hat sich der Hl. Vater beim Gruß für die orthodoxe Delegation niedergekniet und die Füße des Metropoliten Meliton geküßt.
Die Geste echt evangelischer Inspiration hat nicht nur die Anwesenden tief berührt, sondern unmittelbare Kommentare in der ganzen Welt ausgelöst. In der Kirche des Hl. Georg im Phanar hat eine ähnliche Feier unter dem Vorsitz des Ökumenischen Patriarchen unter Teilnahme des Hl. Synods stattgefunden. Es war eine entsprechende katholische Delegation in folgender Zusammensetzung anwesend:
- Kardinal Corrado Ursi, Erzbischof von Neapel, Delegationsleiter
- Bischof Pierre Dubois, Apostolischer Vikar von Istanbul
- Dom Rembert Weakland OSB, Abtprimas der Benediktiner
- Msgr. Eleuterio F. Fortino von der Ostabteilung des römischen Sekretariats für die Einheit der Christen

Die Delegation überbrachte eine Botschaft des Hl. Vaters an den Ökumenischen Patriarchen. Am Ende der Liturgie wurden Reden zwischen Kardinal Corrado Ursi und dem Patriarchen Demetrius I. ausgetauscht. Die Delegation wurde vom Patriarchen in Audienz empfangen. In den Tagen, die sie in der Türkei verbrachte, wurde sie auch zu einer Besichtigung der antiken

Stadt von Nicäa begleitet, wo das erste und das siebente Ökumenische Konzil stattfanden. Letzteres war das letzte Konzil, welches Katholiken und Orthodoxe gemeinsam abhielten. An dem Konzilsort wurde gemeinsam, auf Griechisch und Lateinisch, das nicänokonstantinopolitanische Glaubensbekenntnis gebetet. Die Pilgerfahrt hatte die Sinnbedeutung des gemeinsam zurückzulegenden Weges zu den Quellen des gemeinsamen Glaubensbekenntnisses.

Wie Papst Paul VI. und der Patriarch Athenagoras I. erklärt haben, sind die Beziehungen zwischen den beiden Kirchen mit der Gründung der beiden Kommissionen für die unmittelbare Vorbereitung des theologischen Dialogs zwischen der katholischen und der orthodoxen Kirche in ihrer Gesamtheit in eine vollkommen neue Phase eingetreten.

286 11. Dezember 1975

Brief des Hl. Vaters an den Patriarchen Demetrius I.

Seiner Heiligkeit Demetrios I.,
Erzbischof von Konstantinopel und Ökumenischer Patriarch

Zum Abschluß der Feierlichkeiten des Heiligen Jahres, in deren Verlauf die römisch-katholische Kirche von der göttlichen Vorsehung die Erneuerung und Versöhnung erbeten hat, danken wir tiefbewegt Gott, der „uns mit geistigen Segnungen aller Art gesegnet hat" (Eph 1, 3). Es ist der Herr, der uns vor zehn Jahren die Gnade eines großen kirchlichen Versöhnungsaktes geschenkt hat, eines Aktes, der bedauerliche gegenseitige Gesten von einst wiedergutgemacht hat und fruchtbare Ansätze bietet, um zwischen unseren Kirchen die „volle Gemeinschaft des Glaubens, der brüderlichen Eintracht und des sakramentalen Lebens" wiederzufinden und wiederherzustellen, „wie sie im Lauf des ersten Jahrtausends des Lebens der Kirche zwischen ihnen bestand" (Gemeinsame Erklärung vom 7. Dezember 1965 – Tomos Agapis Nr. 127). Wir haben die peinliche Erinnerung an die Bannsprüche, welche die Herzen in gegenseitiger Verärgerung und gegenseitigem Mißtrauen befangen sein ließen, für immer aus dem Gedächtnis und der Mitte der Kirche tilgen wollen.

Heute „drängt uns die Liebe Christi" (2 Kor 5, 14) noch mehr, nach allen Wegen zu suchen und auf die Einsprechungen des Heiligen Geistes immer aufmerksamer zu achten, um den Dialog der Wahrheit in der Liebe weiterzuführen: „Veritatem facientes in caritate" (Eph 4, 15). Wir müssen diesen Dialog weiterschreiten lassen auf dem Weg zur vollkommenen Einheit, für die Christus gebetet hat, gestorben und auferstanden ist. Darum freuen wir uns sehr über die Möglichkeit, neue Instrumente des theologischen Dialogs zu schaffen. So wird in der Liebe, in gegenseitigem Vertrauen, in wechselseitigem Respekt, einzig vom Verlangen beseelt, der einen, heiligen Kirche Christi zu dienen, alles, was in unseren Kirchen gemeinsam gelebt wird, in helleres Licht gerückt. Zudem wird man die Möglichkeit haben, brüderlich zu diskutieren und in Weisheit über die Schwierigkeiten hinwegzukommen, die uns noch daran hindern, die Eucharistie unseres Herrn gemeinsam zu feiern.

Gott gebe uns, jegliche Divergenz zu lösen, indem wir uns in der ganzen Wahrheit zusammenfinden (vgl. Joh 16, 18), damit wir wie aus einem Herzen und im Zusammenklang wenn auch verschiedener Stimmen seinen Namen preisen können, der in Ewigkeit gesegnet ist. So werden wir, „der Wahrheit entsprechend in Liebe lebend in allem dem entgegenwachsen, der das Haupt ist, Christus, dessen ganzer Leib Harmonie und Zusammenhalt erhält" (Eph 4, 15–16).

In diesen Gefühlen lebhafter Freude und glühender Hoffnung versichern wir zu dieser Zeit, da wir uns anschicken, die heilbringende Menschwerdung unseres Herrn Jesus Christus zu feiern, Ihre ehrwürdige Kirche und Sie selbst, geliebter Bruder, unserer Liebe im Herrn.

Vatikanstadt, 11. Dezember 1975
Paulus P. P. VI.

287 14. Dezember 1975

Brief des Patriarchen Demetrius I. an Papst Paul VI., den der Leiter der orthodoxen Delegation, Metropolit Meliton, in der feierlichen Zeremonie in der Sixtinischen Kapelle übergab.

Paul, dem seligsten und heiligsten Papst des Alten Rom, Gruß im Herrn.
Indem wir von Gott der Liebe ausgegangen sind, ihm allein dienen, seinen Weg der Liebe begehen bis zu den Eschata, das Vollkommene betrachten, nämlich die Einheit in der Liebe, das Bekenntnis des einen Glaubens an unseren Herrn Jesus Christus, und durch dieses Bekenntnis die vollkommene Gemeinschaft in der heiligen Eucharistie, sind wir mit Gottes Hilfe zu diesem Zeitpunkt gekommen, zehn Jahre nach der Aufhebung des tausendjährigen Bannspruches, nach Ratschlüssen, die der Herr kennt, dem heiligen Leben unserer Kirchen auferlegt waren.
Wie dieses heilige historische Ereignis übergeben wir auch dessen zehnten Jahrestag dem Gott-Logos der Liebe in tiefster Liebe zur heiligsten Kirche von Rom.
Indem wir vom Orient das Geheimnis des Leibes des Herrn leben und als der durch seine Barmherzigkeit gewählte geringste Bischof über die heilige Kirche und die in ihr existierende Welt wachen, wie es sich ziemt, sehen wir es an und sind wir der Überzeugung, daß in der Kirche die Stunde der Worte vorbei ist. Und wenn in der Welt die Worte noch eine Macht haben, bringen sie diese in Verwirrung. Obwohl wir aber in der Welt leben, sind wir nicht von der Welt.
Indem wir aus dieser bischöflichen Perspektive die Dinge der Kirche und der Welt betrachten, meinen wir aus dem Osten, daß sich zurzeit die Welt in einer Krise befindet. Wo ist aber die Kirche, Seligster Bruder? Befindet sie sich mitten im Zentrum dieser Krise oder außerhalb von ihr? Diese Frage stellen wir nicht an Eure geliebte Heiligkeit, sondern an uns selbst, und durch uns an die gesamte streitende Kirche Christi auf Erden.
Indem wir von hier aus die Angelegenheit der Kirche so beurteilen, sagen wir Eurer seligsten Heiligkeit beherzt, daß wir bis jetzt nicht ins Leere gelaufen sind, wenn wir das Zeugnis des Kreuzes des Herrn im heiligen Land des Ostens hoch tragen und daß jetzt die Stunde des unsere Worte übersteigenden Wortes Gottes geschlagen hat.
In ihm, diesem Wort Gottes, umarmt die heilige Kirche Christi von Konstantinopel den Bischof von Rom und die heilige Kirche von Rom im System der Pentarchie – die dem Herrn wie ein willkommener Weihrauch ist – der einen, heiligen, katholischen und apostolischen Kirche, in welcher Pentarchie der Bischof von Rom als der Vorsitzende der Liebe und der Ehre bestimmt ist, und sie erweist Eurer Heiligkeit alle Ehre, die dieser Bestimmung folgt. Indem unser heiliger, apostolischer Patriarchatsthron, nach synodaler Beratung und Auffassung dies so ausspricht, ist er der Überzeugung, daß er damit die Auffassung der alten Kirche zum Ausdruck bringt.
Heiligster Bruder,
Indem wir dies alles an Eure seligste Heiligkeit richten, erklären wir noch darüber hinaus, daß wir Orthodoxen aus dem Orient in aller Bescheidenheit, aber auch in strengster Ehrfurcht vor der alten Tradition der einen Kirche, jederzeit zur Förderung der christlichen Einheit, im Rahmen der immer von der einen, heiligen, katholischen und apostolischen Kirche gelebten Prinzipien bereit sind.
In dieser Bereitschaft haben wir synodal beschlossen, die heilige Angelegenheit der geheiligten Verbindungen mit Rom zu fördern und sie aus dem Dialog der Liebe in die Vorbereitung des theologischen Dialogs mit ihr übergehen zu lassen. Aus diesem Grunde und nach Konsultationen zwischen den Orthodoxen gelangen wir zu dem panorthodoxen Beschluß, eine spezielle gesamtorthodoxe technisch-theologische Kommission zur Vorbereitung dieses Dialogs von orthodoxer Seite aus aufzustellen.
Mit großer Freude kündigen wir es Eurer Heiligkeit an und teilen wir zugleich mit, daß unsere Delegation eine Namensliste derjenigen Personen, mit denen die besagte gesamtortho-

doxe technisch-theologische Kommission zusammengestellt wurde, dem zuständigen Einheitssekretariat übergeben wird.
Und weil unsere Kirche andererseits diesem theologischen Dialog größte Bedeutung beimißt, hat sie synodal beschlossen, dazu hier im Patriarchat eine eigene synodale Kommission zu errichten. Die Kommission setzt sich aus den Eminenzen Metropolit Meliton von Chalkedon als Vorsitzender, Metropolit Chrysostomos von Myra und Metropolit Bartholomaios von Philadelphia und dem Ersten Protonotar und Professor der Theologie, Herrn Emmanuel Photiadis, zusammen.
Wir teilen dies alles durch diese brüderlichen Briefe Eurer seligsten Heiligkeit und vertrauen, nach synodalem Beschluß, deren Überbringung den von uns eigens Gesandten an, den Eminenzen Metropolit Meliton von Chalkedon, Metropolit Damaskinos von Tranoupolis und Metropolit Paulus von Schweden, und den Ehrwürdigen Archimandriten Herrn Basilius Tsiopanas. Diese werden, wenn sie nach Rom kommen, uns und unsere heilige Kirche von Konstantinopel bei Eurer Heiligkeit und der heiligsten Kirche von Rom anläßlich des zehnten Jahrestages der Aufhebung der Anathemata vertreten.
Indem wir in diesen brüderlichen Gefühlen und förderlichen Ankündigungen mit Eurer Heiligkeit, dem Ersten in Rang und Ehre im gesamten Leib des Herrn in Verbindung treten, umarmen wir Sie mit dem heiligsten Kuß und verbleiben mit brüderlicher Liebe und besonderer Ehre.

Eurer geehrten Heiligkeit geliebter Bruder in Christus
Der Patriarch von Konstantinopel Demetrios
7. Dezember 1975

288 14. Dezember 1975

Rede Papst Pauls VI. bei der Zeremonie in der Sixtinischen Kapelle anläßlich des 10-Jahres-Jubiläums der Aufhebung der Anathemata zwischen Rom und Konstantinopel

„Groß und wunderbar sind Deine Werke, allmächtiger Herr. Gerecht und wahr sind Deine Wege, König der Nationen. Wer wird Dich nicht fürchten, Herr, und Deinen Namen nicht preisen? Denn Du allein bist heilig. Alle Völker werden kommen und vor Dir niederfallen, denn Deine Urteile sind offenbar geworden“ (Offb 15, 3–4). So lautet das Loblied des Lammes, das die Sieger über das Böse auf den göttlichen Harfen singen werden.
Seien Sie uns willkommen, liebste Brüder, die von der ehrwürdigen Kirche Konstantinopels entsandt worden sind, um mit uns dem allmächtigen Gott Ehre, Ruhm und Dank zu erweisen für die wunderbaren Großtaten, die er in unseren Tagen für seine Kirche vollbracht hat. Seien Sie uns willkommen, liebste Brüder, die zu uns gereist sind, um sich mit uns im Gebet zu vereinen und sich mit uns vor der Heiligkeit Gottes niederzuwerfen, der uns seine Urteile geoffenbart und seine gerechten, wahren Wege gezeigt hat.
Deshalb ist unser Herz heute voller Freude. Und wir sind auch glücklich darüber, daß eine von uns entsandte Delegation heute in der St.-Georgs-Kirche im Phanar mit dem Ökumenischen Patriarchen im Gebet vereint ist.
Noch immer steht uns lebhaft die herrliche Feier vor Augen, in deren Verlauf wir vor zehn Jahren in der Petersbasilika in Parallele zu dem, was in der St.-Georgs-Kirche im Phanar vor sich ging, den feierlichen heiligen Akt der Aufhebung der alten Bannsprüche vollzogen haben, durch den wir die Erinnerung an diese Vorkommnisse für immer aus dem Gedächtnis und dem Herzen der Kirche tilgen wollten.
Die fromme Begeisterung, mit der diese Tat von der im Petersdom zum Gebet vereinten Versammlung aufgenommen worden ist, hat uns klar gezeigt, daß dieses Ereignis wirklich vom Herrn gewollt war. Es waren ja dabei die Konzilsväter anwesend, die mit dem Segen

Gottes ihre Konzilsarbeiten abschlossen; auch waren die Ordensfamilien zugegen sowie eine gewaltige Menge von Laien aus verschiedenen Erdteilen.
Das Bewußtsein der Gläubigen der Kirche hat darin eine Wiedergutmachung der bedauerlichen gegenseitigen Gesten erblickt und die Äußerung des Willens, im Gehorsam gegenüber dem Herrn gemeinsam eine neue Ära der Brüderlichkeit aufzubauen, die die katholische und die orthodoxe Kirche dazu führen soll, „mit Hilfe Gottes um des größeren Heils der Seelen willen und zum Anbruch des Reiches Gottes von neuem in der vollen Gemeinschaft des Glaubens, der brüderlichen Eintracht und des sakramentalen Lebens zu leben, die im Lauf des ersten Jahrtausends des Lebens der Kirche zwischen ihnen bestand" (Gemeinsame Erklärung vom 7. Dezember 1965: Acta Apostolicae Sedis 58 [1966], S. 21; Tomos Agapis Nr. 127).
Zehn Jahre nach diesem Ereignis bringen wir dem Herrn von neuem unseren glühenden, demütigen Dank dar, der jetzt durch neue, noch gewichtigere Gründe bereichert wird. Diese Tat hat ja so viele Herzen befreit, die damals noch in Verärgerung befangen und von gegenseitigem Mißtrauen gefesselt waren. Die gegenseitige Liebe ist wieder erstarkt und tätig geworden. Wir alle haben im gleichen Augenblick die Stimme des Herrn vernommen, der einen jeden von uns fragte: „Wo ist denn dein Bruder?" (Gen 4, 9). Wir haben uns also auf die Suche nacheinander gemacht und sind uns als Brüder wiederbegegnet: zwei weitere Male mit dem verehrten Patriarchen Athenagoras seligen Angedenkens, den wir sosehr hochgeschätzt und geliebt haben, und viele weitere Male mit vielen würdigen Hirten der Kirchen des Ostens und Westens. Diese neuen Geisteshaltungen haben sich durch das Wirken des Heiligen Geistes im christlichen Volk immer mehr verbreitet. So bricht sich eine tiefdringende Läuterung des Gedächtnisses eine immer breitere Bahn. In dieser Sicht hatte das Zweite Vatikanische Konzil klar erklärt: „Aus dem Neuwerden des Geistes, aus der Selbstverleugnung und aus dem freien Strömen der Liebe erwächst und reift das Verlangen nach der Einheit" (Dekret „Unitatis Redintegratio", Nr. 7).

Der Heilige Geist hat unseren Verstand erleuchtet und uns klarer erkennen lassen, daß die katholische und die orthodoxe Kirche durch eine so tiefe Gemeinschaft vereint sind, daß nur wenio fehlt, um die Fülle zu erreichen, die eine gemeinsame Feier der Eucharistie des Herrn erlaubt, „welche die Einheit der Kirche bezeichnet und bewirkt" (ebd. Nr. 2). So ist die Tatsache erhellt worden, daß wir die gleichen Sakramente, die wirksamen Zeichen unserer Gemeinschaft mit Gott, gemeinsam besitzen, insbesondere das gleiche Priestertum, das dieselbe Eucharistie feiert, sowie das gleiche, in der apostolischen Sukzession empfangene Bischofsamt, um das Volk Gottes zu leiten; und auch die Tatsache, daß wir „jahrhundertelang gelebt und miteinander die ökumenischen Konzilien gefeiert" hatten, „die das Glaubensgut gegen jede Veränderung verteidigten" (Breve „Anno Ineunte": Acta Apostolicae Sedis 59 [1967], S. 853; Tomos Agapis Nr. 176).
Die Liebe hat uns ermöglicht, der Tiefe unserer Einheit besser bewußt zu werden. Im Lauf der letzten Jahre hat sich auch ein Gefühl gemeinsamer Verantwortung für die Verkündigung der Frohbotschaft an alle Menschen herausgebildet, der die Trennung, die noch zwischen den Christen besteht, schweren Schaden zufügt (vgl. Dekret „Unitatis Redintegratio", Nr. 1). Heute treten die Beziehungen zwischen unseren Kirchen in eine neue Etappe mit der Schaffung neuer Dialoginstrumente, die auf der Grundlage der großen Errungenschaften der letzten zehn Jahre die Gemeinschaft zwischen unseren beiden Kirchen zur Vollendung verhelfen sollen.
Liebste Brüder, Sie bringen uns die frohe Kunde, daß auf die Initiative des Ökumenischen Patriarchats hin die orthodoxen Kirchen beschlossen haben, eine panorthodoxe Kommission zu bestellen, um den theologischen Dialog mit der katholischen Kirche anzubahnen, und daß außerdem das Patriarchat von Konstantinopel eine eigene Kommission ins Leben gerufen hat, um mit der Kirche von Rom zu sprechen. Wir schätzen diese Initiative sehr und erklären Ihnen, daß wir ganz bereit sind, auf unserer Seite das gleiche zu tun, damit wir uns der vollen Gemeinschaft nähern können, indem wir miteinander auf „diesem unvergleichlich höheren Weg" (1 Kor 12, 31), auf dem der Liebe zueinander, voranschreiten.
Wir hoffen, daß diese neuen Instrumente Träger christlicher Brüderlichkeit und kirchlicher

Gemeinschaft sind und daß sie von echter Liebe zur totalen Wahrheit beseelt sind. Es kommt uns in den Sinn, was wir unserem liebsten Bruder Athenagoras ehrwürdigen Angedenkens schrieben: „Vor allem ist es notwendig, daß wir im Dienst an unserem heiligen Glauben brüderlich daran arbeiten und uns darum sorgen, daß wir die geeigneten weiterführenden Wege ausfindig machen, um im Leben unserer Kirchen die bereits bestehende, wenn auch noch unvollkommene Gemeinschaft zu fördern und in die Tat umzusetzen" (vgl. Breve „Anno Ineunte": Acta Apostolicae Sedis 59 [1967], S. 854; Tomos Agapis Nr. 176).

Mit unseren Herzen „in der Liebe verwurzelt und fest gegründet" (Eph 3, 17), im Bekenntnis zu den „Grunddogmen des christlichen Glaubens", so wie sie „auf den im Orient abgehaltenen ökumenischen Konzilien definiert worden sind" (vgl. Dekret „Unitatis Redintegratio" Nr. 14), aus den uns gemeinsamen Sakramenten lebend und im Geist der Glaubens- und Liebesgemeinschaft, die aus diesen Gottesgaben erfließt und durch sie verstärkt wird, durch seinen Geist mit Kraft gewappnet, auf daß der innere Mensch erstarke (vgl. Eph 3, 16), sollten wir imstande sein, bei der Ermittlung der Divergenzen und Schwierigkeiten, die unsere Kirchen noch trennen, gemeinsam voranzuschreiten und schließlich in einer gläubigen Reflexion und in Willfährigkeit gegenüber den Antrieben des Geistes über sie hinwegzukommen.

Möge uns Gott so gewähren, in der Respektierung einer legitimen Verschiedenheit in Liturgie, Spiritualität, Kirchenrecht und Theologie (vgl. Dekret „Unitatis Redintegratio", Nr. 14–17) die volle Einheit zwischen unseren Kirchen dauerhaft und sicher aufzubauen.

Schon bevor dieser Dialog sein Endziel erreicht, soll er sich auf das Leben unserer Kirchen auswirken, den gemeinsamen Glauben von neuem zu beleben, die gegenseitige Liebe zu steigern, die Bande der Gemeinschaft enger zu knüpfen und ein gemeinsames Zeugnis dafür abzulegen, daß Jesus Christus Herr ist und daß „den Menschen kein anderer Name unter dem Himmel gegeben ist, durch den wir gerettet werden sollen" (Apg 4, 12).

Der Geist Gottes selbst verlangt von uns, diese Aufgabe zu leisten. Und erheischt nicht auch der Unglaube, der sich in der Welt zu verbreiten und selbst die Gläubigen unserer Kirche zu versuchen scheint, daß wir ein immer besseres Glaubens- und Einheitszeugnis geben? Muß diese Situation uns nicht dazu antreiben, alles zu tun, was in unseren Kräften steht, um möglichst rasch zu dieser Einheit zu gelangen, die Christus von seinem Vater für die, die an ihn glauben, erbeten hat, damit die Welt glaube (vgl. Joh 17, 21)?

Wir sind somit berufen, den anderen die Hoffnung zu übermitteln, die in uns ist, und von ihr Rechenschaft zu geben (vgl. 1 Petr 3, 15).

Liebste Brüder, wir heißen Sie noch einmal zu diesem gemeinsamen Gebet mit uns willkommen und danken Ihnen aufs neue herzlich für die uns im Namen des Herrn überbrachten guten Botschaften.

Beim Abschluß der Feiern des Heiligen Jahres, in dessen Verlauf die katholische Kirche den Herrn Tag für Tag um die Erneuerung und Versöhnung gebeten hat, sagen wir dem Herrn Dank für diesen neuen Akt der Brüderlichkeit zwischen unseren Kirchen und für unser Engagement, miteinander das gemeinsame Suchen nach der Fülle der Einheit fortzusetzen.

„Dem Herrn sei die Ehre in der Kirche und in Jesus Christus in allen Generationen, für ewige Zeiten. Amen" (vgl. Eph 3, 31).

289 14. Dezember 1975

Rede des Metropoliten Meliton von Chalkedon, des Leiters der Delegation des Ökumenischen Patriarchats, anläßlich der Aufhebung der Anathemata in der Sixtinischen Kapelle

Eure Heiligkeit,

Die Erinnerung und das Vergessen weben die Geschichte; die göttliche Vorsehung und Heilsökonomie lenken und rekapitulieren sie.

Ich erinnere mich noch gut, wie am 7. Dezember 1965 nach der denkwürdigen Zeremonie der Aufhebung der Bannsprüche zwischen Rom und Konstantinopel im Petersdom Eure Heiligkeit im Lauf der offiziellen Audienz, die Sie der Delegation des Ökumenischen Patriarchats im „Paramenten-Saal" gewährten, in Beantwortung der Ansprache, die ich an Sie gerichtet hatte, an die folgende Anekdote anspielte: „Ein Mann hatte sich an einen Weisen des griechischen Altertums gewandt und ihm eine große Belohnung in Aussicht gestellt, wenn er ihm die Kunst des Sich-Erinnerns beibringe. Der Weise aber sagte zu ihm, er sei bereit, ihm das Doppelte zu geben, wenn er ihm dafür die Kunst des Vergessens beibringen werde." Und Eure Heiligkeit fügte hinzu: „Eben vor ein paar Minuten haben wir im Petersdom den Akt des Vergessens eines betrüblichen Vorkommnisses der Vergangenheit gefeiert."

Heute aber, Eure Heiligkeit, kommen wir zurück, um diesmal einen Akt der Erinnerung zu feiern: der Erinnerung an das Vergessen der Vergangenheit. Nicht der ganzen Vergangenheit, sondern einzig des Teils der Vergangenheit, die bloß Vergangenheit bleiben soll.

Wenn wir heute den zehnten Jahrestag der Aufhebung der Bannsprüche feiern, sind die Kirchen von Rom und Konstantinopel einerseits aufgerufen, all das wiederaufleben zu lassen, was sie von der Vergangenheit gemeinsam haben, alles, was der einen, heiligen Kirche Christi gemeinsam ist, und andererseits alles, was trennt, zurückzuweisen und, indem sie so die Vergangenheit beurteilen, die Gegenwart aufzubauen, um die Zukunft in die Einheit einzubringen.

Darum erhält die heutige Feier für unsere beiden Kirchen und über sie hinaus und durch sie für die ganze Kirche Christi auf Erden den Sinn einer neuen ökumenischen Bewegung, die diesmal auf einer ekklesiologischen Basis gründet. Sie geht auf dem Weg der einen und einigenden Tradition von der Vergangenheit aus; sie bildet sich in der Gegenwart und sie geht dem „Morgen Christi", der einen, heiligen, katholischen, apostolischen, auf Erden sichtbaren Kirche entgegen.

Und wenn wir heute aus dem Osten in den Westen kommen, so ist dies die heilige Vision, die wir haben, der Gehorsam, den wir der göttlichen Vorsehung erzeigen, die Art und Weise, wie wir die christliche Wirklichkeit um uns herum und auch die Wirklichkeit der ganzen Welt beurteilen.

Wir, die schlichten Abgesandten der Kirche von Konstantinopel, haben somit das heilige Vorrecht, Eurer ehrwürdigen Heiligkeit den heiligen Kuß unseres verehrten Patriarchen Demetrios I. zu überbringen und in Ihre Hände die kostbaren brüderlichen Briefe zu legen, worin zwei konkrete Ereignisse angekündigt werden: die einem panorthodoxen Beschluß gemäß erfolgende Bildung einer interorthodoxen Sonderkommission, die zum Ziele haben wird, den theologischen Dialog mit der heiligen römisch-katholischen Kirche auf orthodoxer Seite vorzubereiten, sowie innerhalb des Ökumenischen Patriarchats die Bestellung einer synodalen Sonderkommission für den theologischen Dialog mit Rom. Wir sind glücklich, daß wir, nach Ablauf eines Jahrzehnts seit der Aufhebung der Bannsprüche und in dem Moment, da wir dieses historische Ereignis feiern, durch einen positiven Fortschritt zu Wortführern des Willens des christlichen Ostens geworden sind, zusammen mit dem christlichen Westen der Welt das gemeinsame Zeugnis eines einzigen Herrn, eines einzigen Glaubens, einer einzigen Taufe, einer einzigen Kirche und in ihr einer einzigen Welt Gottes zu geben.

Gestatten Sie mir, Eure Heiligkeit, mit fast den gleichen Worten zu schließen, die ich vor zehn Jahren an Sie gerichtet habe: Nun schicken sich alle Christen der Erde an, Weihnachten zu feiern. Ermessen wir die Größe der Menschenliebe des Gottes, der Mensch geworden ist, damit auf Erden seine Kirche existiere. Ermessen wir unsere Verantwortung dafür, daß der Engelsgesang von Weihnachten nicht mehr eine idyllische Flucht aus der Wirklichkeit ist, sondern im Gegenteil die Wirklichkeit selbst, das heißt, daß Gott von der Erde bis zum höchsten Himmel wirklich die Ehre gegeben wird, daß der Friede auf Erden sich wirklich festigt; daß unter den Menschen wirklich Gottes Wohlgefallen sichtbar wird in der einen Kirche, seinem Reich auf Erden, und daß sein Reich komme. Amen.

Und gestatten Sie mir jetzt, Eure Heiligkeit, die Bruderbriefe des Ökumenischen Patriarchen in Ihre verehrten Hände zu legen.

290 14. Dezember 1975

Rede des Patriarchen Demetrius I. beim Empfang der offiziellen Delegation der römisch-katholischen Kirche in der St.-Georgs-Kirche im Phanar aus Anlaß des zehnjährigen Jubiläums der Aufhebung der Anathemata

Eminenz, Herr Kardinal Corrado Ursi, Erzbischof von Neapel in Italien, Vertreter Seiner Heiligkeit, Papst Pauls VI., und liebe Mitglieder der ehrwürdigen Delegation der Kirche des Alten Rom.

Wir lobpreisen Gott, der unsere Kirchen des Alten und Neuen Rom gewürdigt hat, um gemeinsam und in parallelen Feiern, dort und hier den geheiligten und glücklichen zehnten Jahrestag nach der Beseitigung der Anathemata zu feiern, die, wie bekannt, ihre Vergangenheit seit der Mitte des 11. Jahrhunderts bis zu jenem gesegneten Tag des 7. Dezember 1965 verdunkelt hatten.

Wir begrüßen, Brüder, mit Ehre und Freude Ihre Anwesenheit in unserer Mitte. Wir anerkennen in Ihren Personen die ehrenhaften Ankünder der Freude aus Rom, anläßlich dieses großen Jubiläums, genauso wie unsere Vertreter Überbringer der Freude von uns und unserer Kirche an unseren älteren Bruder in Rom und seine Kirche sein werden. Wir betrachten Sie in diesem Augenblick als die lebendige und am besten bezeugende Entfaltung des Geistes jenes historischen und großen Aktes, der auch die Jahrhunderte überdauern wird.

Wir danken Ihnen, Brüder, für all die guten Worte, die Sie in Ihrer Ansprache als Vertreter von Rom, aber auch aus der Tiefe Ihrer Herzen uns gegenüber ausgesprochen haben. Wir erwidern Ihnen all dies, in brüderlicher Gegengabe der Liebe und der Ehre, von dieser Stelle aus und während dieses offiziellen Augenblickes.

Der Name des Herrn sei gepriesen.

Jetzt, nach dem Verlauf eines ganzen Jahrzehnts nach jenem kirchlichen Akt, sind wir sicher aufgefordert, seine vielfältigen Dimensionen einzuschätzen und auszuwerten.

Indem unsere zwei Kirchen, obwohl sie mit unterschiedlichen Ekklesiologien begonnen haben, und trotz der inzwischen stattgefundenen negativen Ereignisse, doch vom Parakleten sicher gelenkt werden und sich ihrer Verantwortung voll bewußt sind wegen der unannehmbaren Fehler der Vergangenheit – der fernen wie auch der jüngsten Vergangenheit ihres Lebens –, stimmten sie in der von beiden Seiten positiven Absicht überein, daß es im Namen des Herrn, „In nomine Domini", zu konkreten Handlungen kommen soll, zur kirchlichen Wiedergutmachung all jener negativen Taten, die von ihnen in der Vergangenheit, nach Ratschlüssen, die der Herr kennt, begangen wurden.

Jene Ereignisse vor zehn Jahren sind bekannt, zu denen im Laufe der Zeit ihre Theologen gedrängt haben und die dann schließlich die zwei Hauptschöpfer der Versöhnung, nämlich aus dem Alten Rom unser älterer, geliebter Bruder, Papst Paul VI., und unser seliger Vorgänger, Patriarch Athenagoras I., die „aus dem Gedächtnis und aus der Mitte der Kirche" die beiderseitig vorhandenen Anathemata aufgehoben haben, wodurch sie eine kirchliche Tat gesetzt haben, die eine vorbildliche Handlung ist für eine neue kirchlich-theologische Vorgangsweise zur Überwindung des Problems der Einheit der Kirchen. So waren jene Ereignisse.

Indem wir „uns nach dem, was vor uns liegt, ausstrecken" (Phil 3, 13), stellen wir mit Freude fest, daß der vor zehn Jahren vollzogene Akt und die anschließend erfolgten, in Ausstrahlung und Inhalt reichen Ereignisse der Liebe und des Wachstums der vorhandenen gegenseitigen guten Verbindungen schon zu neuen und positiveren Entwicklungen fortgesetzt werden, diesmal im konkreteren Bereich des theologischen Dialogs zwischen den Kirchen. Diesen theologischen Dialog beabsichtigen unsere Kirchen entschieden, aber auch systematisch und unter dem Licht der aus der Geschichte und der Tradition gewonnenen Erfahrungen aufzunehmen. Die Taten folgen also den Worten und den Gesten der Liebe. Dies alles ist die Feststellung aller interessierten Teile.

Seit dem Augenblick, in dem wir durch die Gnade Gottes, das Hirtenamt auf diesem Ökumenischen Thron übernommen haben, haben wir nicht einen Augenblick aufgehört, uns unserer Verantwortung bewußt zu sein, als der Bischof des ersten Throns im orthodoxen Osten und als Nachfolger unseres unvergeßlichen Vorgängers, der noch die versöhnlichen Fühler der ökumenischen Bereitschaft und Hoffnung ausgestreckt hat, und der ein Jahr nach der Aufhebung der Anathemata offiziell ankündigte, daß die Kirche von Konstantinopel bereit ist, „durch eine Reihe von neuen kirchlichen Akten der Liebe das Werk fortzusetzen" und daß „der Kraft und der Wirkung des Heiligen Geistes mehr Raum gegeben wird" (Tomos Agapis, S. 320).

Und siehe, wir befinden uns jetzt in der erfreulichen Lage der Schwesterkirche von Rom und ihrem ehrwürdigen Vorsitzenden mitzuteilen, daß die orthodoxen Kirchen gemeinsam zu dem Beschluß gelangt sind, eine eigene gesamtorthodoxe technische, aus Theologen zusammengesetzte Kommission aufzustellen. Diese Kommission wird die Verantwortung der Untersuchung und Vorbereitung aller Einzelheiten des theologischen Dialogs mit Rom für den gesamtorthodoxen Raum übernehmen.

Wir sind auch der Überzeugung, daß unser Bruder aus dem Alten Rom einen ähnlichen Beschluß für die Errichtung einer entsprechenden Kommission rechtzeitig ankündigen wird, damit mit parallelen und koordinierten Handlungen der Dialog in Angriff genommen wird.

Wir haben schon vor geraumer Zeit mit Hilfe des Parakleten die Initiative in dieser Richtung unternommen. In unserer Verantwortung als die Kirche des Ersten Throns haben wir den bekannten Handlungsmechanismus in Bewegung gesetzt zur einstimmigen Beschlußfassung aller orthodoxen Schwesterkirchen. Und wir freuen uns aufrichtig über den erfolgten einstimmigen Beschluß der Orthodoxie. Wir freuen uns aber auch darüber, denn Gott hat es zugelassen und uns persönlich darin bestätigt, was wir vor ungefähr zwei Jahren in einer ähnlichen Angelegenheit gesagt haben, nämlich, daß alles, was im Rahmen der Beziehungen und des Dialogs mit Rom geschehen muß, nach gesamtorthodoxen Beschluß durchgeführt wird, denn dies ist ein Erfordernis der orthodoxen Ekklesiologie bezüglich der kollegialen Mitverantwortung aller Hirten der Kirche.

Was wird im Laufe dieses theologischen Dialogs geschehen? Dies liegt in den Händen Gottes. Jedenfalls werden die gute Absicht, die systematische theologische Untersuchung und Forschung und die Auseinandersetzung mit den Themen des Dialogs in Liebe, in Ehrlichkeit und Objektivität in diesem Dialog für beide beteiligten Seiten nicht fehlen. Wir wissen, daß die Aufhebung der Anathemata nicht die Differenzen oder der Schisma aus dem Leibe der Kirche aufgehoben hat. Die Unterschiede in Dogma, in der Lehre, in der kanonischen Ordnung und der göttlichen Liturgie bestehen immer noch. Die ekklesiologischen Unterschiede existieren auf beiden Seiten. Die sakramentale Gemeinschaft wird zwischen den beiden Kirchen noch nicht verwirklicht, die auch die Krönung der endgültigen Einigung sein wird. Deshalb soll sich der theologische Dialog über alle diese Bereiche erstrecken.

Andererseits meinen wir aber nicht, es sei möglich, daß dieser Dialog auch den größeren Problemen des Menschen von heute nicht entsprechen wird, über die jetzt mehr denn je ein intensives und gemeinsames Zeugnis und Dienst seitens unserer dem einen Herrn dienenden und den einen Herrn bezeugenden zwei verwandten Kirchen, erforderlich ist.

Die Einigung unserer Kirchen erstreckt sich über alle einzelnen theologischen, kanonischen, geschichtlichen und anderen Differenzen, die wegen der geoffenbarten Wahrheit beseitigt werden müssen. Dieser Wahrheit muß der Dialog dienen. Indem wir der Wahrheit dienen, dienen wir der Einheit. Dies ist unbezweifelbar. Aber wenn wir der Wahrheit und der Einheit dienen, können wir keinesfalls den Menschen ignorieren, als ob wir quasi die zwei Wirklichkeiten absolut trennten: die Kirche von den Gliedern, die sie ausmachen. Ebensowenig können wir uns vorstellen, daß es irgendwie möglich wäre, über die Einheit unserer Kirchen zu diskutieren in Unkenntnis und Abwesenheit unserer Gläubigen, die unter der Angst der Trennung und der Zwietracht leiden, wie auch unter der vorhandenen Gefahr der Verminderung und der Zerstörung der Kirche innerhalb einer Welt, die sich rapid entchristlicht und säkularisiert wird mit einer Tendenz zu umstürzlerischen und für die Menschheit zerstörerischen Ideologien.

Mit dem, was wir hier sagen, stecken wir weder im voraus den Rahmen ab noch bestimmen wir die Thematik dieses theologischen Dialogs. Wir bringen einfach unsere Überlegungen zum Ausdruck, indem wir nicht nur die theologische Struktur dieses Dialogs, sondern auch seine anthropologischen Dimensionen in Betracht ziehen.

Indem wir als Kirchen miteinander in den Dialog treten wollen, müssen wir besonders folgendes ins Bewußtsein bringen, daß unsere Gläubigen, jetzt intensiver denn je, den einen und wahren Herrn in seiner einen und ungeteilten Kirche, an die sie glauben und die sie bekennen, sehen und anerkennen möchten. Konsequenterweise ist Christus entweder in unserer Mitte, und wir werden mit jedem Mittel in ihm unsere Einheit sichern, oder er ist ferne von uns, und siehe, wir sind geworden wie „die Rebzweige ohne Früchte, die man zusammenträgt und ins Feuer wirft, und sie verbrennen" (Joh 15, 6). Aber „unter uns ist es nicht so" (Mk 10, 43). Wir werden in Christus bleiben. Und wir werden miteinander in ihm und in seinem Namen den Dialog durchführen. Und von ihm wird in unseren Kirchen die Gnade und die Versöhnung, der Friede und die Einheit in der Ewigkeit sein.
Verehrte Vertreter, dies alles wurde von uns heute zu diesem glückverheißenden Tag gesagt.
Dies alles überbringen Sie in großer Liebe unserem seligsten Bruder des Alten Rom.
Dies alles gilt, gemeinsam mit unserer Umarmung, auch Ihnen, verehrte und geliebte Brüder.
„Er aber, der Herr des Friedens, gebe uns den Frieden für immer und auf jede Weise" (2 Thess 3, 16).

291 14. Dezember 1975

Rede des Leiters der offiziellen römisch-katholischen Delegation, Kardinal Corrado Ursi, Erzbischof von Neapel, bei der Feier anläßlich des zehnjährigen Jubiläums der Aufhebung der Anathemata, in der St.-Georgs-Kirche

Eure Heiligkeit,
Zehn Jahre sind seit dem Tag vergangen, an dem die im Jahre 1054 von Kardinal Humbert gegen den Patriarchen Michael Kerularius von Konstantinopel und von diesem Patriarchen und seinem Synod gegen den römischen Legaten ausgesprochenen Exkommunikationen aufgehoben worden sind.
An sich betrafen diese Exkommunikationen nur die Personen und nicht die Kirchen. Die Tatsache bleibt aber bestehen, daß der Spannungszustand zwischen der Kirche des Alten Rom und der des Neuen Rom auf die Spitze getrieben wurde, der die sichtbare Gemeinschaft schädigte, welche die beiden Kirchen während Jahrhunderten geeint hatte. Als am 7. Dezember 1965 die gemeinsame Deklaration Seiner Heiligkeit, Papst Pauls VI., und Seiner Heiligkeit, des Ökumenischen Patriarchen Athenagoras I., verkündet wurde, durch welche die Aufhebung der Exkommunikationen ausgesprochen wurde und wodurch sich selbst ihr unglückliches Gedächtnis ausgelöscht fand, schien es, daß ein Sonnenstrahl die dichten Wolken, welche den Horizont der Kirche Christi verdunkelten, erleuchtete und daß die Sonne der göttlichen Liebe sich anschicke, West und Ost in der Klarheit der Wahrheit und in der Glut der Liebe umfaßte. Die römisch-katholische Kirche, die sich während des Zweiten Vatikanischen Konzils dem Hören auf den Hl. Geist verschrieben hatte, hat mit brüderlicher Bemühung auf die Anregung der Kirche von Konstantinopel geantwortet.
Es war das ein Sieg Christi, der gestorben ist und wieder auferstanden ist, „um die zerstreuten Kinder Gottes zur Einheit zusammenzuführen" (Joh 11, 52).
Die Erinnerung an diesen glücklichen Tag während dieser Feier ist eine gute Gelegenheit für uns, nicht nur den Herrn zu loben und ihm zu danken, sondern auch, unbefangenerweise und mit Verantwortlichkeitsbewußtsein nachzudenken, da wir uns verpflichteten, dem Weg zu folgen, der zur Einheit der heiligen Kirchen von Rom und von Konstantinopel, darüber hinaus der Schwesterkirchen des Westens und des Ostens und im weitesten Sinne aller christlichen Konfessionen führt, im Gehorsam gegen das Gebot des Herrn: „Daran werden alle erkennen, daß ihr meine Jünger seid, wenn ihr Liebe zueinander habt" (Joh 13, 35); „Liebet einander; wie ich euch geliebt habe, so sollt auch ihr einander lieben" (Joh 13, 34; „Daß alle eins seien . . ., damit die Welt glaube, daß du mich gesandt hast" (Joh 17, 21). Bei dieser so günstigen Gelegenheit habe ich die Ehre und die Freude, Eurer Heiligkeit die Grüße Seiner Heiligkeit, Pauls VI., zu übermitteln und im Namen der ganzen katholischen Gemeinschaft die lebhaftesten Gefühle der Verehrung, der Achtung und der Liebe für die Person Eurer Heiligkeit und für die ganze

Kirche von Konstantinopel, für die ganze Orthodoxie, deren oberster Repräsentant Eure Heiligkeit ist, zum Ausdruck zu bringen und den glühenden Wunsch aller unserer Gläubigen zu verkünden, daß die Beziehungen zwischen unseren Kirchen immer enger werden, damit wir, so schnell als möglich, gemeinsam die Eucharistie feiern und wir gemeinsam in der Freude die Rückkehr des Herrn erwarten.

Wir sind überzeugt, daß die vollkommene Einheit der Kirchen nicht hergestellt werden könnte, ohne einen großen Beitrag zur Erreichung des Friedens und für die Beziehungen zwischen den Völkern zu leisten. Wenn der Geist des Auferstandenen, die göttliche Liebe, alle Christen aufnahmebereit für die volle kirchliche Einheit fände, so würde sich die Verbindung zwischen ihnen sowie die Solidarität und die Zusammenarbeit zwischen den verschiedenen sozialen Gruppen und zwischen den verschiedenen Nationen selbst in der Ordnung der weltlichen Wirklichkeiten auswirken.

Es ist also unser Wunsch, ernstlich dahin zu arbeiten, den Weg des Herrn inmitten der Wüste unseres Unverständnisses und unserer Schwächen zu öffnen, jenes Herrn, der uns unaufhörlich aus der Zerstreuung in Babylon heimführt zur Wiederinbesitznahme des verheißenen Landes, der vollkommenen Gemeinschaft des Lebens mit Gott und in Gott. Erfüllen wir, was der Prophet Isaias fordert: „Jedes Tal wird ausgefüllt werden, jeder Berg und jeder Hügel wird abgetragen werden, gewundene Wege werden gerade, die steinigen Wege eben, und alle werden das Heil Gottes schauen – so wie ein Hirte seine Herde weidet, wie er die Schafe in seinem Arme sammelt" (Isaias 40, 3–5. 11).

Deswegen wenden wir uns vor allem dem Hören des Wortes Gottes zu. Alle unsere Bemühungen um die volle Gemeinschaft, die wiederzufinden ist, besteht darin, uns in die Gegenwart Christi zu setzen und zu versuchen, im Konkreten seinen Willen kennenzulernen, seinen ursprünglichen Plan für die Kirche zu verwirklichen, welche die seine ist und nur die seine.

Die unvergeßlichen Treffen zwischen Seiner Heiligkeit Paul VI. und Seiner Heiligkeit, dem Patriarchen Athenagoras seligen Angedenkens, waren Teffen im Gebet und in der brüderlichen und kirchlichen Liebe. Sie haben eine neue Etappe des theologischen Dialogs vorbereitet und möglich gemacht.

Wenn wir dem nun eröffneten Weg folgen, bemühen wir uns in Übereinstimmung mit Maria, der Mutter Jesu, wie es die Apostel und die Jünger im Abendmahlssaal taten, in der Erwartung des Pfingstfestes. Setzen wir unseren Marsch auf dem Wege fort, welchen in diesen Tagen der Hl. Geist immer furchtbarer für den Dialog in der Lehre und für die Zusammenarbeit im Auftrag der Wahrheit und der Liebe, der Vergeistigung und des Friedens macht, den die Kirche Christi berufen ist, zu entwickeln.

Große Schritte sind glücklicherweise schon getan worden. Man hat ein viel klareres Bewußtsein erreicht, daß zwischen der katholischen Kirche und der orthodoxen Kirche eine, wenn auch noch unvollkommene, so doch fast totale Gemeinschaft gesteht, wie es der Hl. Vater Paul VI. unter Verwendung einer glücklichen Formel ausgedrückt hat. Diese Gemeinschaft hat ihren Ursprung in der Identität der gleichen christlichen Berufung, sie ist genährt von den gleichen Sakramenten, im besonderen vom gleichen Priestertum, welches die gleiche Eucharistie, das einzige Opfer des Herrn, feiert, und vom gleichen Bischofsamt, welches von den Aposteln empfangen wurde, damit sie die gute Botschaft aller Schöpfung verkünden. Seit dem Zweiten Vatikanischen Konzil haben wir mit gereinigtem Herzen und mit klarerem Geist wiederentdeckt, daß während eines Jahrtausends die Kirchen des Ostens und des Westens das Leben von Schwesterkirchen geführt haben „vereint durch die brüderliche Gemeinschaft im Glauben und im sakramentalen Leben", obwohl „jede während mehrerer Jahrhunderte ihrem eigenen Weg folgte" (Unitatis Redintegratio, n. 14), im geistlichen Leben, in der kirchlichen Disziplin, in der Liturgie und in den theologischen Formulierungen (Unitatis redintegratio, nn. 14–17). Es ist diese lebendige Übereinstimmung, die wir von neuem wiederherstellen und im Rahmen einer vollen Gemeinschaft entwickeln wollen.

Wir sind heute glücklich, unterstreichen zu können, daß sich eine neue Epoche stärker strukturierter Beziehungen öffnet, welche sicher die Möglichkeit entscheidender Schritte zur Überwindung der Unterschiede und Schwierigkeiten, die sich noch der Erreichung der vollen Gemeinschaft zwischen unseren Kirchen entgegenstellt, bringen werden. Der Vorschlag, neue Instrumente des Dialogs zu bilden, ist von der katholischen Kirche, die bereit ist, ihrerseits darauf einzugehen, mit Freude aufgenommen worden. Wir sind tatsächlich zutiefst überzeugt, daß ein aufrichtiger und brüderlicher Dialog es uns ermöglichen wird, in solider und gesicherter Weise die volle Einheit zwischen unseren Kirchen aufzubauen.

Die Feier der Geburt des Herrn, welche diesmal das Heilige Jahr abschließen wird, eines Jahres der Bekehrung und der Versöhnung durch die Ausbreitung der Liebe, eröffnet eine neue Epoche der Begegnung der Menschen mit Gott und der Christen untereinander sowie der Kirchen mit der Welt.

Dieses Jahr gibt das heilige Weihnachtsfest unserer Hoffnung eine besondere Bedeutung.

In diesem Geiste bitte ich Eure Heiligkeit, den Heiligen Synod, die Bischöfe, den Klerus und die gläubigen Laien dieser heiligen Kirche von Konstantinopel unsere Weihnachtswünsche, die ich im Namen Seiner Heiligkeit des Papstes von Rom, Paul VI., und der ganzen katholischen Kirche darbiete, entgegennehmen zu wollen. Ich biete sie auch in meinem Namen und im Namen meiner Kirche von Neapel, einer Stadt griechischen Ursprungs dar, die reich an zahlreichen Heiligen ist und während vieler Jahrhunderte in lebendiger Beziehung mit dem Osten stand, und welche heute die enge und brüderliche Zusammenarbeit der katholischen und der griechisch-orthodoxen Gemeinschaften kennt.

Ich habe die Ehre, Eurer Heiligkeit die Botschaft, welche mir der Hl. Vater für Sie anvertraut hat, zu übergeben.

14. Dezember 1975

Die Ökumenische Akademie von Graz (24. und 25. Jänner 1976)

292 25. Jänner 1976

Brief des Ökumenischen Patriarchen Demetrius I. an den Metropoliten von Austria, Dr. Chrysostomos Tsiter, zur Ökumenischen Akademie, welche aus Anlaß des zehnjährigen Jubiläums der Aufhebung der Anathemata an der Universität Graz abgehalten wurde

Demetrios von Gottes Gnade Erzbischof von Konstantinopel, des Neuen Rom, und Ökumenischer Patriarch

Hochwürdigster Metropolit von Austria und Exarch von Italien, der Schweiz und Ungarn, im Heiligen Geiste geliebter Bruder und Konzelebrant, Herr Chrysostomos, die Gnade und der Friede Gottes sei mit Ihnen.

Anläßlich der heute in Graz stattfindenden Feierlichkeiten zur Betonung, auch auf lokaler Ebene des zehnjährigen Jubiläums der Aufhebung der Anathemata zwischen den Kirchen von Rom und Konstantinopel, welche durch besondere Feierlichkeiten vor kurzem im Vatikan und im Patriarchat dieses Jubiläum geehrt haben und mit der gleichen Freude und seelischer Genugtuung, die wir gefühlt haben und die in uns noch immer herrscht, wollen wir unseren väterlichen Gruß an diese Ihre fromme Versammlung richten und Ihnen allen die reiche Gnade der wesensgleichen Dreifaltigkeit und die unendliche Barmherzigkeit des zu Bethlehem geborenen und im Jordan offenbarten, unseres Heilandes Christi und seinen Trost und seine Stärkung in allem wünschen.

Der historische Teil dieses Jubiläums ist in die Geschichte eingegangen und hat über jeden Wunsch und jede Erwartung seine Bedeutung seitens unserer Kirchen in deren beiden Thronsitzen betont. Wir haben heute zusammen mit unseren heiligen Brüdern in Rom und hier mit Ihnen allen die großen und historischen Momente stark erlebt und in tiefer Bescheidenheit den Herrn gelobt und mit Vertrauen auf ihn gesehen, zur Fortsetzung und Förderung dieses begonnenen heiligen Werkes und zur Beseitigung der vorstehenden Hindernisse auf dem Wege zur raschen und vollkommenen Einigung unserer Kirchen. Wir gratulieren Ihnen allen aus ganzem Herzen für die Organisation dieser Festakademie und wünschen viel Erfolg und daß es, durch das Studium, die Vorbereitung, die notwendige völlige Programmierung und die enge Zusammenarbeit und besonders durch die Liebe in Christo zur „Einigung aller" komme.

Indem wir all dies mit väterlicher Liebe an Sie richten, erflehen wir den Segen des Dreieinigen Gottes, dessen Gnade und unendliche Barmherzigkeit mit Ihnen allen sei.

Der Patriarch von Konstantinopel Demetrios
geliebter Bruder in Christo
25. Jänner 1976

293 25. Jänner 1976

Brief Kardinal Willebrands' an den Bischof von Graz-Seckau, Johann Weber, zur Ökumenischen Akademie, welche aus Anlaß des zehnjährigen Jubiläums der Aufhebung der Anathemata an der Universität Graz abgehalten wurde

Seiner Exzellenz Dr. Johannes Weber
Bischof von Graz-Seckau

Exzellenz, mit Freude habe ich vernommen, daß zum Gedächtnis der Aufhebung der Anathemata zwischen Rom und Konstantinopel vor zehn Jahren in der Weltgebetswoche 1976 unter dem gemeinsamen Patronat der Theologischen Fakultät der Universität Graz, von Pro Oriente

und dem Ökumenischen Arbeitskreis in der Steiermark, eine Ökumenische Akademie in Graz stattfinden wird.
Im Namen des Heiligen Vaters möchte ich Ihnen unsere Wertschätzung für diese Initiative ausdrücken.
Durch den feierlichen Akt, der vor zehn Jahren stattfand, wünschten die Kirchen von Rom und Konstantinopel für immer die Erinnerung an die unglücklichen Ereignisse des Jahres 1054 aus dem Gedächtnis und dem kirchlichen Leben zu tilgen. Die Gläubigen sehen in diesem Akt ein Zeichen der Sühne für die bedauernswerten Ereignisse der Vergangenheit und ein deutliches Anzeichen für die Entschlossenheit unserer beiden Kirchen, die Gemeinschaft im Glauben und in der Liebe erneut herzustellen. In der Tat war dies ein Akt der Befreiung für so viele Herzen, die bislang von Bitterkeit und Mißtrauen befangen waren. Gegenseitige Liebe gibt neue Kraft und schafft eine neue Wirklichkeit, so daß wir uns seit den letzten zehn Jahren immer mehr bewußt werden, wie tief die Einheit ist, die zwischen uns schon besteht und wie groß die Möglichkeit ist, die uns schon jetzt gegeben ist, für Christus, unseren Erlöser, gemeinsam Zeugnis zu geben vor der Welt.
Eingehende Studien haben den feierlichen Akt am 7. Dezember 1965 vorbereitet, und er kam zustande in einer Atmosphäre des Gebetes und des gemeinsamen Flehens zu Gott. Diese beiden wesentlichen Elemente sind daher mit Recht auch Bestandteil der Gedächtnisfeier, die am Ende der Weltgebetswoche dieses Jahres in Graz stattfinden wird; ernste wissenschaftliche Überlegungen und eifriges Gebet zu Gott, damit er das Werk, das er in uns begonnen hat, auch zu einem glücklichen Abschluß führen möge. In diesem Sinne möchte ich Ihnen, lieber Bruder im Bischofsamt, die Grüße des Heiligen Vaters übersenden, zusammen mit seinem Apostolischen Segen für alle, welche die Ökumenische Akademie vorbereitet haben und an ihr teilnehmen. Daran schließe ich auch meine persönlichen Grüße und meine besten Segenswünsche ein.
Ihr im Herrn ergebener Johannes Kardinal Willebrands,

Präsident des Sekretariats für die Einheit der Christen

294 24. Jänner 1976

Predigt des Metropoliten Dr. Chrysostomus Tsiter von Austria, während eines aus Anlaß des zehnjährigen Jubiläums der Aufhebung der Anathemata abgehaltenen und von Bischof Johann Weber von Graz-Seckau zelebrierten Hochamtes im Dom zu Graz

Exzellenz, Hochwürdigster Herr Apostolischer Nuntius,
Hochwürdigster Herr Diözesanbischof, verehrte Vertreter der Schwesterkirchen, Exzellenzen, liebe Brüder und Schwestern in Christo!
In dieser Stunde des konkreten Ereignisses der Begegnung im Dom von Graz, während der heiligen Eucharistie, ist kein Kommentar und keine Ansprache imstande, die Gefühle und die Wirklichkeit voll und ganz zum Ausdruck zu bringen. Die Taten sprechen für sich. Sie schaffen ein neues Leben und eine neue Wirklichkeit.
Ich freue mich, daß wir heute, hier in Graz, zehn Jahre nach der Aufhebung der gegenseitigen Bannflüche, dieses Ereignisses gemeinsam gedenken. Wir freuen uns, daß ein großes Hindernis für die Verbesserung der Beziehungen der zwei Schwesterkirchen, der orthodoxen und der katholischen, und somit der Zustand der formalen Spaltung unserer Kirchen von Seiner Heiligkeit, Papst Paul VI., und Seiner Heiligkeit, dem seligen Patriarchen Athenagoras I., beseitigt wurden. Wir freuen uns, daß das Klima und die Gesinnung der zwei Schwesterkirchen zueinander geändert wurden, von der Polemik zum Dialog, vom Auseinanderleben zum Zueinanderkommen und zum Verständnis. Der Weg zu unserem gemeinsamen Herr ist eröffnet, und niemand vermag ihn abzubrechen.

Aber wir wollen nicht, daß diese Bemühungen und Handlungen auf halbem Weg stehenbleiben. Wir wollen neue Taten setzen und weiterkommen.
Manche haben gemeint, daß die Ökumenische Bewegung stagniere oder daß sie in eine Sackgasse geraten wäre. Aber gerade das Gegenteil haben Papst Paul VI. und der Ökumenische Patriarch Demetrios I. am 14. Dezember 1975 in Rom und Konstantinopel bewiesen, als sie den zehnten Jahrestag der Aufhebung der Exkommunikationen feierten. Sie haben mit Entschlossenheit und Liebe und beispielloser Demut neue Impulse gegeben. Die Vorbereitungszeit des Dialogs der Liebe wurde als abgeschlossen betrachtet und der Beginn des theologischen Dialogs angekündigt. Die günstigen Voraussetzungen und das feste Fundament dieses Dialogs wurden eben an diesem Tag, dem 14. Dezember 1975, am besten manifestiert.
Im Geiste der Liebe und der großen Verantwortung müssen nun die Wege und Mittel gefunden werden, die zum ersehnten Ziel führen, zur vollen Einheit. Unser gemeinsamer Herr erlaubt uns nicht, noch länger auf die konkreten Schritte zu warten. Die vielen Gemeinsamkeiten, die uns so sehr verbinden, müssen in den Vordergrund gestellt und allen unseren Gläubigen im Osten und Westen stärker vertraut werden, damit sie alle von diesem großen gemeinsamen Schatz des Glaubens überzeugt und zugleich psychologisch vorbereitet werden.
Gemeinsam im Mysterium Christi, gemeinsam in den sieben Sakramenten, gemeinsam in den ersten sieben Ökumenischen Konzilien, gemeinsam im Sakrament des Priestertums, gemeinsam in der Verehrung unserer heiligen und makellosen Mutter Gottes, Maria, gemeinsam in der Verehrung sehr vieler Heiligen und Väter des Ostens und des Westens, gemeinsam in der Hoffnung auf das ewige und himmlische Leben usw.

Und wenn wir gemeinsam unsere Dankbarkeit unserem Herrn gegenüber für diese enge Verbindung entbieten, können wir die vielen Mißverständnisse und die restlichen Vorurteile abbauen und beseitigen, damit wir dann auch die wenigen, im Laufe der Zeit und der Geschichte entstandenen Schwierigkeiten, die heute noch als trennende Elemente gelten, klären und beseitigen können.
Ich bin fest davon überzeugt, daß die Erreichung dieses Zieles möglich ist. Und wenn es der unüberhörbare Wille des Herrn ist, daß „alle eins seien", wird dieser Wille früher oder später in der einen, heiligen Kirche, in dem einen Christentum, verwirklicht werden. Beten wir alle gemeinsam, daß wir uns vor dem Herrn nicht mehr schuldig machen, damit wir den großen Tag der Versöhnung und der vollen Einheit aller seiner Kirchen bald mitgestalten und mitfeiern.

Am Ende dieser Ausführungen gilt mein innigster Dank: erstens Seiner Spektabilität, Herrn Univ.-Prof. Dr. Anton Kolb, Dekan der römisch-katholischen Theologischen Fakultät der Universität Graz, und der ganzen Fakultät, die aus der Theorie zur Praxis gekommen ist und die Seelen der Menschen der Zeit gemäß anspricht und durch ihre überragende Stellung in der Kirche die Herzen beeinflussen und überzeugen kann.

Ferner gilt mein Dank der Stiftung Pro Oriente, die, seit ihrer Entstehung, unter dem Vorsitz von Seiner Eminenz, dem Erzbischof von Wien, Kardinal Franz König, unaufhörlich für die Ziele, die Papst Johannes XXIII., Papst Paul VI. und Patriarch Athenagoras I. gesetzt haben, arbeitet: eine Arbeit, die sich jetzt nicht mehr nur auf Konstantinopel und Rom beschränkt, sondern in ihrem Kreis den ganzen christlichen Orient mit ausgezeichnetem Erfolg einbezogen hat. Namentlich erwähne ich Seine Exzellenz, den Herrn Bundesminister a. D. Dr. Theodor Piffl-Perčević, der durch seine Liebe zur Kirche, durch die christlichen Ideale und seine große Tradition und persönlichen Eigenschaften Ungewöhnliches geleistet hat.

Danken möchte ich auch allen Mitgliedern des Ökumenischen Arbeitskreises in der Steiermark für den Enthusiasmus, mit welchem sie den ökumenischen Geist fördern.

Mit Ehrfurcht und tief bewegt von den Ehrungen, die mir zuteil wurden, bringe ich an dieser Stelle meine Gefühle der Dankbarkeit zum Ausdruck, an Seine Exzellenz, den Hochwürdigsten Herrn Bischof Johann Weber von Graz-Seckau, der, als Hirt dieser Diözese erlaubt hat, daß im historischen Dom von Graz dieser Tag gefeiert wird, wodurch seine innerste Einstellung zum Ausdruck kommt. Wir beten, daß sein Segen uns alle stärken und ermutigen soll, zur Erfüllung des Gebetes des Herrn, „daß alle eins seien".

Verzeichnis der wichtigsten Ereignisse

Die angegebenen Zahlen beziehen sich auf die Ordnungsnummern der Dokumente

Treffen von Jerusalem:
36, 37, 38, 41, 44, 45, 46, 47, 48, 49, 50, 51, 171, 172

Aufhebung der Exkommunikationen:
119, 121, 122, 123, 124, 127, 128, 129, 130, 131, 132, 141, 142, 143, 173, 200, 201, 236, 237, 277, 279

Festveranstaltungen aus Anlaß der 1900-Jahr-Feier des Martyriums der Apostel Petrus und Paulus:
148, 155, 160, 162, 167, 168, 169, 170, 176

Treffen im Phanar:
171, 172, 173, 174, 178, 179, 180, 186, 189, 212, 223, 224, 225

Treffen in Rom:
180, 186, 187, 189, 190, 191, 192, 193, 194, 195, 196, 197, 203, 208, 211, 212, 231, 232, 235, 270, 272

Zum Anhang der Pro-Oriente-Ausgabe:
10-Jahres-Jubiläum der Aufhebung der Anathemata in Rom und im Phanar: 285, 286, 287, 288, 289, 290, 291
10-Jahres-Jubiläum der Aufhebung der Anathemata in Graz: 292, 293, 294

Chronologisches Verzeichnis der Dokumente

1958:

1	7. Oktober 1958	Deklaration des Patriarchen Athenagoras anläßlich der Krankheit Papst Pius' XII.
2	10. Oktober 1958	Deklaration des Patriarchen Athenagoras anläßlich des Todes Papst Pius' XII.
3	30. Oktober 1958	Deklaration des Patriarchen Athenagoras anläßlich der Wahl Papst Johannes' XXIII.
4	Weihnachten 1958	Auszug aus der Weihnachtsbotschaft Papst Johannes' XXIII. über die Einheit und den Frieden

1959:

5	5. Jänner 1959	Botschaft Seiner Heiligkeit, des Ökumenischen Patriarchen Athenagoras I. zum Neujahrstag 1959 als Antwort auf einen Einheitsappell Papst Johannes' XXIII.

1961:

6	6. Dezember 1961	Brief Kardinal Beas, worin er dem Patriarchen Athenagoras für ein Geschenk an den Papst dankt und ihm drei Medaillen schickt, die anläßlich des achtzigsten Geburtstages Johannes' XXIII. geprägt worden waren
7	21. Dezember 1961	Dankbrief des Metropoliten Maximos von Sardes an Kardinal Bea

1962:

8	27. Februar 1962	Dankbrief Bischof Jan Willebrands' an den Patriarchen Athenagoras nach seinem ersten Besuch im Phanar
9	28. Februar 1962	Brief Kardinal Beas an den Patriarchen Athenagoras, um ihm für den Bischof Willebrands bereiteten Empfang zu danken
10	12. April 1962	Antwort des Patriarchen Athenagoras an Kardinal Bea
11	12. April 1962	Antwort des Patriarchen Athenagoras an Bischof Willebrands
12	18. April 1962	Brief Bischof Willebrands' an den Patriarchen Athenagoras über die Kontakte, die in der christlichen Welt aufgenommen wurden, um die Möglichkeit zu prüfen, an das Zweite Vatikanische Konzil Beobachter zu entsenden
13	21. April 1962	Telegramm an Kardinal Bea vom Metropoliten von Sardes, Maximos, worin er ihn einlädt, dem Papst die Osterwünsche des Patriarchen zu übermitteln
14	5. Mai 1962	Telegramm Kardinal Beas an den Metropoliten Maximos von Sardes, um ihm den Dank und die Wünsche des Papstes Johannes an den Patriarchen Athenagoras zu übermitteln
15	18. Juni 1962	Brief Kardinal Beas an den Patriarchen Athenagoras, um ihm für den Bischof Willebrands' bereiteten Empfang zu danken
16	29. Juni 1962	Antwortschreiben des Patriarchen Athenagoras an Kardinal Bea
17	3. Juli 1962	Brief Bischof Willebrands' an den Patriarchen Athenagoras die Einladung betreffend, delegierte Beobachter zum Zweiten Vatikanischen Konzil zu senden
18	24. Juli 1962	Brief Kardinal Beas an den Patriarchen Athenagoras, worin er ihn im Namen des Papstes Johannes XXIII. einlädt, delegierte Beobachter zum Zweiten Vatikanischen Konzil zu entsenden

19	24. Juli 1962	Brief Kardinal Beas an den Patriarchen Athenagoras zu der vorhergehenden Einladung
20	30. August 1962	Brief an Bischof J. Willebrands vom Ersten Sekretär des Heiligen Synods, der ihm im Namen des Patriarchen für einen Brief vom 3. Juli dankt
21	10. Oktober 1962	Botschaft Kardinal Beas an den Patriarchen Athenagoras als Antwort auf die von Bischof Emilianos Timiadis mündlich überbrachte Mitteilung, daß es unmöglich sei, zum Zweiten Vatikanischen Konzil Beobachter zu entsenden
22	10. Oktober 1962	Kommuniqué des Ökumenischen Patriarchats anläßlich des Beginns der Arbeiten des Zweiten Vatikanischen Konzils
23	8. Dezember 1962	Brief Kardinal Beas an den Patriarchen Athenagoras, um den von ihm entsandten P. Pierre Duprey vorzustellen, der den Auftrag hat, dem Patriarchen Informationen über die erste Session des Zweiten Vatikanischen Konzils zu geben

1963:

24	30. Mai 1963	Telegramm des Patriarchen Athenagoras an den Papst Johannes XXIII., wodurch er seine Sympathie und seine Wünsche für die Besserung seiner Gesundheit zum Ausdruck bringt
25	1. Juni 1963	Telegramm des Kardinalstaatssekretärs Cicognani an den Patriarchen Athenagoras, um ihm im Namen des Papstes zu danken
26	4. Juni 1963	Erklärung des Patriarchen Athenagoras während der Sitzung der heiligen Synode anläßlich des Todes des Papstes Johannes XXIII.
27	5. Juni 1963	Telegramm des Ersten Sekretärs des Heiligen Synods, Archimandrit Symeon, an Kardinal Cicognani, wodurch er das Beileid des Patriarchen und des Synods anläßlich des Todes des Papstes Johannes XXIII. zum Ausdruck bringt
28	7. Juni 1963	Telegramm des Kardinals Aloisi Masella, Camerlengo, an den Archimandriten Symeon, Sekretär des Heiligen Synods, um dem Patriarchen und dem Heiligen Synod für deren Mitgefühl und Gebet zu danken
29	25. Juni 1963	Brief Kardinal Beas an den Patriarchen Athenagoras, worin er ihm die Wahl des Papstes Paul VI. mitteilt
30	8. Juli 1963	Brief Kardinal Beas an den Patriarchen Athenagoras, worin er ihm die Einladung Papst Pauls VI. übermittelt, zur zweiten Konzilssession Beobachter zu entsenden
31	22. August 1963	Brief des Patriarchen Athenagoras an Kardinal Bea, worin er informiert wird, daß der Patriarch seinen letzten Brief erhalten hat
32	9. September 1963	Brief des Metropoliten von Sardes, Maximos, an Papst Paul VI., worin er die Gratulation des Patriarchen anläßlich seiner Wahl für den Thron von Rom übermittelt
33	20. September 1963	Erster, handgeschriebener Brief Papst Pauls VI. an den Patriarchen Athenagoras, worin er ihm seinen Willen äußert, alles in seiner Macht stehende zu tun, um die vollkommene Eintracht unter den Christen wiederherzustellen
34	25. Oktober 1963	Brief des Patriarchen Athenagoras an Kardinal Bea, wodurch er ihm für die Zusendung des Briefes des Papstes dankt und seine spätere Antwort ankündigt
35	22. November 1963	Der erste Brief des Patriarchen Athenagoras, das Antwortschreiben auf den Brief des Papstes vom 20. September 1963
36	6. Dezember 1963	Kommuniqué des Ökumenischen Patriarchats nach der Ankündigung der Reise des Papstes ins Heilige Land
37	9. Dezember 1963	Brief Kardinal Beas an den Patriarchen Athenagoras, worin er den

		von ihm entsandten P. Duprey vorstellt, der beauftragt ist, ihm Informationen über die Reise des Heiligen Vaters ins Heilige Land und die zweite Konzilssession zu geben
38	11. Dezember 1963	Kommuniqué des Ökumenischen Patriarchats anläßlich der Reise des Papstes ins Heilige Land
39	20. Dezember 1963	Brief Kardinal Beas an den Patriarchen Athenagoras, worin er ihm seine Weihnachts- und Neujahrswünsche entbietet
40	24. Dezember 1963	Telegramm des Patriarchen Athenagoras an Papst Paul VI., worin er ihm Weihnachtswünsche übermittelt
41	26. Dezember 1963	Brief des Patriarchen Athenagoras an Papst Paul VI., worin er ihm die Entsendung seiner Vertreter, der Metropoliten Meliton von Helioupolis und Theira und Athenagoras von Thyateira nach Rom mitteilt, die dem Papst seine Meinung bezüglich der gewünschten Begegnung in Jerusalem darlegen
42	27. Dezember 1963	Telegramm Papst Pauls VI. an den Patriarchen Athenagoras, worin er ihm seine Wünsche zum Weihnachtsfest entbietet
43	28. Dezember 1963	Telegramm Kardinal Beas an den Patriarchen Athenagoras, worin er dem Patriarchen seine Wünsche übermittelt
44	28. Dezember 1963	Ansprache des Metropoliten Athenagoras von Thyateira anläßlich seines Besuches bei Papst Paul VI. (Der Metropolit Meliton von Heliopolis und Theira ist im letzten Moment verhindert, nach Rom zu reisen
45	30. Dezember 1963	Brief Papst Pauls VI. an den Patriarchen Athenagoras, worin er ihm für die Entsendung des Metropoliten Athenagoras von Thyateira dankt und ihm seine Freude über die bevorstehende Begegnung ausdrückt
46	30. Dezember 1963	Vom Metropoliten Athenagoras von Thyateira und von Erzbischof Angelo Dell'Acqua, Substitut des Staatssekretariats, unterzeichnetes Protokoll über die Begegnung ziwschen dem Papst und dem Patriarchen zu Jerusalem (s. Anhang I)
47	30. Dezember 1963	Telegramm des Papstes Paul VI. an den Patriarchen Athenagoras, worin er ihm seine Freude über die bevorstehende Begegnung ausdrückt

1964:

48	5. Jänner 1964	Ansprache des Patriarchen Athenagoras an Papst Paul VI. in dem auf dem Ölberg befindlichen Sitz der apostolischen Delegation in Jerusalem
49	6. Jänner 1964	Ansprache Papst Pauls VI. an den Patriarchen Athenagoras in der Patriarchenresidenz auf dem Ölberg zu Jerusalem
50	6. Jänner 1964	Gemeinsames Kommuniqué des Papstes und des Patriarchen, das nach ihrer Begegnung veröffentlicht wurde
51	6. Jänner 1964	Worte Papst Pauls VI. über seine Begegnung mit dem Patriarchen Athenagoras in seiner Ansprache an das gläubige Volk, das auf dem Petersplatz versammelt war, um den Papst bei seiner Rückkehr zu empfangen
52	8. Jänner 1964	Telegramm des Papstes an den Patriarchen Athenagoras über den tiefen Eindruck, den er von seiner Begegnung mit ihm bewahrte
53	10. Jänner 1964	Telegramm des Patriarchen Athenagoras an Papst Paul VI., wodurch er seine Freude über ihre jüngst stattgefundene Begegnung zum Ausdruck bringt
54	15. Jänner 1964	Telegramm des Patriarchen Athenagoras an Papst Paul VI. als Antwort auf sein Telegramm vom 8. Jänner

55	16. Jänner 1964	Brief Papst Pauls VI. an den Patriarchen Athenagoras, um ihm für den Besuch des Metropoliten Athenagoras von Thyateira zu danken
56	10. Februar 1964	Antwortschreiben des Patriarchen Athenagoras an Papst Paul VI.
57	2. März 1964	Telegramm Papst Pauls VI. an den Patriarchen Athenagoras, um ihm die Wiederherstellung seiner Gesundheit zu wünschen.
58	27. März 1964	Glückwunschtelegramm des Patriarchen Athenagoras an Papst Paul VI. zum Osterfest
59	30. März 1964	Telegramm Papst Pauls VI. an den Patriarchen Athenagoras, um ihm zu danken und seine guten Wünsche zu übermitteln
60	10. April 1964	Brief Kardinal Beas an den Patriarchen Athenagoras, um ihm die Ankunft der päpstlichen Mission mit dem Erzbischof Joseph Marie Martin von Rouen an der Spitze zu melden
61	18. April 1964	Brief Papst Pauls VI. an den Patriarchen Athenagoras, um ihm die von Erzbischof Joseph Marie Martin von Rouen geleitete päpstliche Mission vorzustellen
62	19. April 1964	Telegramm des Patriarchen Athenagoras an Papst Paul VI., um ihm für sein Telegramm vom 2. März zu danken
63	23. April 1964	Telegramm des Patriarchen Athenagoras an Kardinal Bea, um ihm für die Ankunft der päpstlichen Mission zu danken
64	29. April 1964	Brief Kardinal Beas an den Patriarchen Athenagoras, um ihm für den der päpstlichen Mission bereiteten Empfang zu danken
65	19. Mai 1964	Brief des Patriarchen Athenagoras an Papst Paul VI., worin er ihm für die päpstliche Delegation und für seinen durch den Erzbischof von Rouen überbrachten Brief dankt
66	20. Juni 1964	Brief Kardinal Beas an den Patriarchen Athenagoras, worin er ihm den Entschluß des Heiligen Vaters mitteilt, das Haupt des heiligen Andreas der Kirche von Patras zurückzugeben
67	27. Juni 1964	Telegramm des Patriarchen Athenagoras an Papst Paul VI., um ihm für die Übertragung der Reliquie des heiligen Andreas zu danken
68	27. Juni 1964	Telegramm des Patriarchen Athenagoras an Bischof Willebrands anläßlich seiner Bischofsweihe
69	28. Juni 1964	Telegramm des Patriarchen Athenagoras an Papst Paul VI. anläßlich seines Namensfestes
70	29. Juni 1964	Telegramm Papst Pauls VI. an den Patriarchen Athenagoras, um ihm für die beiden übersandten Telegramme zu danken
71	3. Juli 1964	Brief Kardinal Beas an den Patriarchen Athenagoras; er sendet ihm die Kopie des Briefes an die Häupter der orthodoxen Kirchen, worin er sie einlädt, an die dritte Session des Vatikanischen Konzils zu senden
72	8. September 1964	Telegramm des Patriarchen Athenagoras an Kardinal Bea, worin er ihm den Beschluß des Heiligen Synods mitteilt, drei Beobachter zur dritten Konzilssession zu entsenden
73	10. September 1964	Telegramm des Patriarchen Athenagoras an Kardinal Bea, worin er ihm die Namen von zwei der ernannten Beobachter am Konzil mitteilt
74	11. September 1964	Telegramm Kardinal Beas an den Patriarchen Athenagoras, worin er ihm für die Entsendung von Beobachtern dankt
75	24. Oktober 1964	Telegramm des Patriarchen Athenagoras an Kardinal Bea, worin er ihm den Namen eines dritten Beobachters mitteilt
76	29. Oktober 1964	Botschaft Papst Pauls VI. an die Dritte Panorthodoxe Konferenz von Rhodos. Der Text war von Übersetzungen ins Griechische, Arabische und Russische begleitet, die ebenfalls vom Papst unterzeichnet waren
77	5. November 1964	Telegramm des Metropoliten Meliton von Helioupolis und Theira,

		des Präsidenten der Dritten Panorthodoxen Konferenz an Papst Paul VI., um ihm für seine Botschaft zu danken
78	19. November 1964	Brief Papst Pauls VI. an den Patriarchen Athenagoras, womit er ihm einen Bischofsring, der Papst Johannes XXIII. gehört hatte, übersendet
79	28. November 1964	Telegramm des Patriarchen Athenagoras an Papst Paul VI. anläßlich dessen Reise nach Bombay
80	1. Dezember 1964	Dankteleg ramm Papst Pauls VI. an den Patriarchen Athenagoras
81	21. Dezember 1964	Telegramm Papst Pauls VI. an den Patriarchen Athenagoras, worin er ihm seine Wünsche für das Weihnachts- und Neujahrsfest entbietet
82	23. Dezember 1964	Telegramm des Patriarchen Athenagoras an Papst Paul VI., worin er dankt und dessen Wünsche erwidert
83	24. Dezember 1964	Telegramm des Patriarchen Athenagoras an Papst Paul VI., worin er ihm für seinen Brief vom 19. November dankt

1965:

84	2. Jänner 1965	Telegramm des Patriarchen Athenagoras an Papst Paul VI. anläßlich des ersten Jahrestages der Begegnung zu Jerusalem
85	5. Jänner 1965	Telegramm Papst Pauls VI. an den Patriarchen Athenagoras
86	25. Jänner 1965	Brief des Patriarchen Athenagoras an Papst Paul VI., worin er die Entsendung einer patriarchalischen Delegation ankündigt mit dem Auftrag, die Beschlüsse der Dritten Panorthodoxen Konferenz auf Rhodos mitzuteilen
87	16. Februar 1965	Ansprache des Metropoliten Meliton von Helioupolis und Theira an Papst Paul VI. während seines Besuches bei ihm
88	16. Februar 1965	Ansprache Papst Pauls VI. beim Empfang der Metropoliten Meliton von Helioupolis und Theira und Chrysostomos von Myra
89	23. Februar 1965	Brief Kardinal Beas an den Patriarchen Athenagoras, um ihm für die Ankunft der patriarchalischen Mission und die Informationen zu danken, die sie dem Sekretariat für die Einheit der Christen gegeben hat
90	8. März 1965	Brief des Patriarchen Athenagoras an Kardinal Bea, worin er ihm für seinen Brief vom 23. Februar dankt
91	11. März 1965	Telegramm des Patriarchen Athenagoras an Papst Paul VI., um ihm für den der patriarchalischen Mission bereiteten Empfang zu danken
92	31. März 1965	Brief Papst Pauls VI. an den Patriarchen Athenagoras, worin er ihm die Ankunft einer von Kardinal Bea geleiteten päpstlichen Mission ankündigt und die Harmonie betont, die zwischen den Beschlüssen der Dritten Panorthodoxen Konferenz und dem Konzilsdekret Unitatis Redintegration besteht
93	3. April 1965	Ansprache Kardinal Beas anläßlich seines Besuches beim Patriarchen Athenagoras
94	3. April 1965	Antwortansprache des Patriarchen Athenagoras anläßlich des Empfanges Kardinal Beas
95	4. April 1965	Ansprache des Bischofs Andreas von Klaudioupolis, der im Namen des Rektors Kardinal Bea in der Theologischen Hochschule von Chalki empfangen hat
96	4. April 1965	Ansprache Kardinal Beas in der Theologischen Schule von Chalki
97	10. April 1965	Brief Kardinal Beas an den Patriarchen Athenagoras, um ihm für den ihm bereiteten Empfang zu danken
98	15. April 1965	Telegramm des Patriarchen Athenagoras an Papst Paul VI., worin er ihm seine Wünsche zum Osterfest entbietet

99	18. April 1965	Telegramm Papst Pauls VI. an den Patriarchen Athenagoras, um ihm zu danken und seine Wünsche zu entbieten
100	31. Mai 1965	Brief Kardinal Beas an den Patriarchen Athenagoras, worin er ihn einlädt, zur vierten Konzilssession Beobachter zu entsenden
101	10. Juni 1965	Brief des Patriarchen Athenagoras an Kardinal Bea, worin er ihm für seinen letzten Brief dankt und ihm versichert, daß die Namen der Beobachter später bekanntgegeben werden
102	13. Juni 1965	Antwortschreiben des Patriarchen Athenagoras an Papst Paul VI. auf seinen Brief vom 31. März, der aus Rom vom Metropoliten Meliton von Helioupolis und Theira mitgebracht wurde
103	18. Juni 1965	Telegramm des Patriarchen Athenagoras an Papst Paul VI. zum zweiten Jahrestag seiner Wahl auf den Stuhl von Rom
104	2. Juni 1965	Telegramm Papst Pauls VI. an den Patriarchen Athenagoras, um ihm für seine Wünsche zu danken
105	23. Juni 1965	Telegramm des Patriarchen Athenagoras an Papst Paul VI. zu seinem Namensfest
106	27. Juni 1965	Telegramm Papst Pauls VI. an den Patriarchen Athenagoras, um ihm für seine Wünsche zu danken
107	9. Juli 1965	Brief Kardinal Beas an den Patriarchen Athenagoras, um dessen Brief vom 10. Juni zu beantworten
108	10. Juli 1965	Brief Papst Pauls VI. an den Patriarchen Athenagoras, um ihm zu danken für das Kommen des Metropoliten Meliton von Helioupolis und Theira nach Rom und für das Geschenk der Ikone der beiden heiligen Apostel, des Apostelfürsten Petrus und des Erstberufenen Andreas
109	26. Juli 1965	Brief des Patriarchen Athenagoras an Kardinal Bea als Antwort auf seinen Brief vom 9. Juli, worin er ihm für den Besuch des Bischofs Willebrands, Titularbischof von Mauriana und Sekretär des Einheitssekretariats, dankt
110	19. August 1965	Brief Papst Pauls VI. an den Patriarchen Athenagoras, um ihm für ein Geschenk zu danken
111	25. August 1965	Brief des Patriarchen Athenagoras an Kardinal Bea, worin er ihm die Namen der Beobachter für die vierte Session des Konzils mitteilt
112	26. August 1965	Gratulationsbrief des Patriarchen Athenagoras an Kardinal Bea anläßlich seiner Ernennung zum Mitglied der Akademie von Athen
113	11. September 1965	Telegramm des Patriarchen Athenagoras an Papst Paul VI. zur Eröffnung der vierten Session des Zweiten Vatikanischen Konzils
114	14. September 1965	Telegramm Papst Pauls VI. an den Patriarchen Athenagoras, um ihm für seine Wünsche zur vierten Konzilssession zu danken
115	22. September 1965	Brief Kardinal Beas an den Patriarchen Athenagoras, um dessen Brief vom 26. August zu beantworten
116	23. September 1965	Brief Kardinal Beas an den Patriarchen Athenagoras, um ihm für die Gegenwart der Beobachter am Konzil zu danken
117	29. September 1965	Telegramm des Patriarchen Athenagoras an Papst Paul VI. anläßlich seiner Reise zu den Vereinten Nationen
118	2. Oktober 1965	Telegramm Papst Pauls VI. an den Patriarchen Athenagoras, um ihm für seine Wünsche anläßlich seiner letzten Reise zu danken
119	18. Oktober 1965	Brief Kardinal Beas an den Patriarchen Athenagoras betreffend die Bannsprüche von 1054
120	12. November 1965	Brief Papst Pauls VI. an den Patriarchen Athenagoras, um ihm für sein Gebet um den Erfolg des Konzils zu danken
121	16. November 1965	Brief Kardinal Beas an den Patriarchen Athenagoras, worin er ihm die Namen der katholischen Mitglieder der gemischten Kommission mitteilt, die die Frage der Bannsprüche von 1054 studieren soll

122	22. November 1965	Ansprache des Metropoliten Meliton von Helioupolis und Theira, des Ko-Präsidenten der gemischten Kommission, am Anfang ihrer Arbeit
123	22. November 1965	Ansprache Bischof Jan Willebrands', Ko-Präsident der gemischten Kommission, in Beantwortung der Ansprache des Metropoliten Meliton (Zusammenfassung nach den Aufzeichnungen während der Rede)
124	23. November 1965	Protokoll der Verhandlungen der gemischten Kommission
125	2. Dezember 1965	Brief des Patriarchen Athenagoras an Papst Paul VI. auf seinen Brief vom 12. November
126	2. Dezember 1965	Brief des Patriarchen Athenagoras an Kardinal Bea zu den Arbeiten der gemischten Kommission
127	7. Dezember 1965	Gemeinsame Erklärung Papst Pauls VI. und des Patriarchen Athenagoras, worin sie ihren Beschluß mitteilen, die Exkommunikationssentenzen des Jahres 1054 aus dem Gedächtnis und der Mitte der Kirche zu tilgen. Diese gemeinsame Erklärung wurde in der feierlichen Sitzung des Zweiten Vatikanischen Konzils von Bischof Jan Willebrands verlesen. Gleichzeitig wurde sie vom Sekretär des Heiligen Synods in der Kathedrale des Phanar verlesen
128	7. Dezember 1965	Breve „Ambulate in dilectione" Papst Pauls VI., worin er die Exkommunikationssentenzen von 1054 aus dem Gedächtnis der Kirche tilgt. Dieses Breve wurde in der feierlichen Session des Zweiten Vatikanischen Konzils von Kardinal Bea, dem Präsidenten des Sekretariats für die Einheit der Christen, verlesen
129	7. Dezember 1965	Patriarchalischer Tomos, wodurch Patriarch und der Synod des Patriarchats das Anathem des Jahres 1054 aus dem Gedächtnis und aus der Mitte der Kirche beseitigen. Dieser Tomos wurde vom ökumenischen Patriarchen Athenagoras in der Patriarchalkirche im Phanar gelesen
130	7. Dezember 1965	Ansprache des Metropoliten Meliton von Helioupolis und Theira während seiner Begegnung mit dem Papst nach der Zeremonie in der Basilika St. Peter
131	20. Dezember 1965	Brief Papst Pauls VI. an den Patriarchen Athenagoras über die Zeremonie vom 7. Dezember und mit seinen Segenswünschen zu den Weihnachtsfesten
132	Weihnachten 1965	Glückwunschbrief des Patriarchen Athenagoras an Papst Paul VI. zu Weihnachten

1966:

133	31. März 1966	Brief Papst Pauls VI. an den Patriarchen Athenagoras zum Osterfest
134	Ostern 1966	Brief des Patriarchen Athenagoras an Papst Paul VI. anläßlich des Osterfestes
135	8. April 1966	Telegramm des Patriarchen Athenagoras an Papst Paul VI. als Antwort auf den Brief vom 31. März
136	23. Juni 1966	Telegramm des Patriarchen Athenagoras an Papst Paul VI. zu seinem Namensfest
137	25. Juni 1966	Antworttelegramm des Papstes an den Patriarchen Athenagoras
138	29. Juni 1966	Telegramm des Patriarchen Athenagoras an Papst Paul VI. anläßlich des Festes des heiligen Paulus
139	2. Juli 1966	Antworttelegramm Papst Pauls VI. an den Patriarchen Athenagoras
140	28. Juli 1966	Telegramm Papst Pauls VI. an den Patriarchen Athenagoras, um ihm für den Empfang seines Bruders zu danken
141	7. Dezember 1966	Telegramm des Patriarchen Athenagoras an Papst Paul VI. zum ersten Jahrestag der gegenseitigen Aufhebung der Bannsprüche

142	7. Dezember 1966	Deklaration des Patriarchen Athenagoras anläßlich des ersten Jahrestages der gegenseitigen Aufhebung der Anathemata
143	10. Dezember 1966	Antworttelegramm Papst Pauls VI. an den Patriarchen Athenagoras
144	14. Dezember 1966	Brief Bischof Willebrands' an den Patriarchen Athenagoras, um ihm für den bei seinem jüngsten Besuch im Phanar bereiteten Empfang zu danken

1967:

145	20. Februar 1967	Telegramm des Patriarchen Athenagoras an Papst Paul VI., worin er ihn zu seinen Bemühungen um den Frieden beglückwünscht
146	22. Februar 1967	Brief Kardinal Beas an den Patriarchen Athenagoras I., worin er ihm mitteilt, der Papst werde demnächst ein Dekret über die Ehe zwischen Katholiken und Orthodoxen veröffentlichen
147	28. Februar 1967	Brief des Patriarchen Athenagoras an Kardinal Bea, worin er ihm den Besuch des Erzbischofs von Kreta in Rom ankündigt
148	18. März 1967	Brief Papst Pauls VI. an den Patriarchen Athenagoras zum Osterfest und zur Ankündigung der 1900-Jahr-Feier des Martyriums der heiligen Apostel Petrus und Paulus
149	24. März 1967	Telegramm des Patriarchen Athenagoras an Papst Paul VI. zum Osterfest
150	7. April 1967	Brief Kardinal Beas an den Patriarchen Athenagoras betreffend den Besuch des Erzbischofs von Kreta in Rom
151	11. April 1967	Telegramm des Patriarchen Athenagoras an Papst Paul VI. zur Veröffentlichung des Rundschreibens „Populorum progressio“
152	13. April 1967	Antworttelegramm Papst Pauls VI. an den Patriarchen Athenagoras
153	29. April 1967	Telegramm des Patriarchen Athenagoras als Antwort auf den Brief Papst Pauls VI. vom 18. März
154	2. Mai 1967	Brief Kardinal Beas an den Patriarchen Athenagoras, worin er ihm den Besuch P. Dupreys ankündigt, der beauftragt ist, ihm Informationen über die Tätigkeit des Sekretariates zu geben
155	15. Mai 1967	Brief des Patriarchen Athenagoras an Papst Paul VI. als Antwort auf dessen Brief vom 18. März
156	23. Mai 1967	Ansprache des Erzbischofs von Kreta, Eugenius, während seiner Begegnung mit Papst Paul VI.
157	24. Mai 1967	Telegramm des Patriarchen Athenagoras an Papst Paul VI., um ihm für den dem Erzbischof von Kreta bereiteten Empfang zu danken
158	28. Mai 1967	Antworttelegramm Papst Pauls VI. an den Patriarchen Athenagoras
159	2. Juni 1967	Brief Kardinal Beas an den Patriarchen Athenagoras anläßlich der Übersendung des Ökumenischen Direktoriums
160	7. Juni 1967	Brief des Patriarchen Athenagoras an Papst Paul VI., worin er diesem mitteilt, daß eine patriarchalische Delegation zu den Feierlichkeiten des neunzehnhundertsten Jahrestages des Martyriums der Apostel Petrus und Paulus in Rom kommen wird
161	14. Juni 1967	Dankesbrief des Patriarchen Athenagoras an Kardinal Bea für die Zusendung des Textes des Ökumenischen Direktoriums
162	20. Juni 1967	Brief Kardinal Beas an den Patriarchen Athenagoras zur bevorstehenden Romreise der patriarchalischen Mission
163	21. Juni 1967	Glückwunschtelegramm des Patriarchen Athenagoras an Papst Paul VI. zum Jahrestag seiner Thronbesteigung
164	22. Juni 1967	Telegramm Papst Pauls VI. an den Patriarchen Athenagoras, um ihm für die Entsendung einer Delegation zu den Feiern der Neunzehnhundert-Jahr-Feier des Martyriums der heiligen Apostel Petrus und Paulus zu danken

165	23. Juni 1967	Glückwunschtelegramm des Patriarchen Athenagoras an Papst Paul VI. zu dessen Namensfest
166	23. Juni 1967	Telegramm Papst Pauls VI. an den Patriarchen Athenagoras, um ihm für seine Glückwünsche zu danken
167	28. Juni 1967	Telegramm des Patriarchen Athenagoras an Papst Paul VI., worin er sich der Neunzehnhundert-Jahr-Feier des Martyriums der großen und glorreichen gemeinsamen heiligen Apostel Petrus und Paulus anschließt
168	29. Juni 1967	Dankteiegramm Papst Pauls VI. an den Patriarchen Athenagoras
169	29. Juni 1967	Brief des Patriarchen Athenagoras an Kardinal Bea, worin er diesem für die Information anläßlich der Feier des neunzehnhundertsten Jahrestages der heiligen Apostel Petrus und Paulus dankt
170	4. Juli 1967	Telegramm Papst Pauls VI. an den Patriarchen Athenagoras, um ihm für die Anwesenheit seiner Delegation an der Neunzehnhundert-Jahr-Feier der heiligen Apostel Petrus und Paulus zu danken
171	13. Juli 1967	Botschaft, die Papst Paul VI. dem Patriarchen Athenagoras überbringen ließ, um ihm seine Absicht anzukündigen, ihn im Phanar zu besuchen
172	25. Juli 1967	Ansprache Papst Pauls VI. in der Kathedrale des Phanars anläßlich seines Besuches beim Patriarchen Athenagoras
173	25. Juli 1967	Ansprache des Patriarchen Athenagoras in der Patriarchalkirche im Phanar, in der er Papst Paul VI. empfing
174	25. Juli 1967	Programm der Gebetszeremonie, die in der Patriarchalkathedrale anläßlich des Besuches Papst Pauls VI. bei Patriarch Athenagoras stattfand (siehe Anhang II)
175	25. Juli 1967	Notiz, die Papst Paul VI. dem Patriarchen Athenagoras im Hinblick auf dessen nächsten Besuch bei den orthodoxen Patriarchen übergab
176	25. Juli 1967	Breve „Anno ineunte", das Papst Paul VI. dem Patriarchen Athenagoras übergab, nachdem Bischof Willebrands es in der lateinischen Heiliggeistkathedrale vorgelesen hatte
177	25. Juli 1967	Wortgottesdienst in der Heiliggeistkathedrale in Gegenwart Papst Pauls VI. und des Patriarchen Athenagoras I. (vgl. Anhang III)
178	8. August 1967	Brief Bischof Willebrands' an den Patriarchen Athenagoras nach dem Besuch Papst Pauls VI. beim Patriarchen
179	14. August 1967	Brief Kardinal Beas an den Patriarchen Athenagoras, worin er ihm den Besuch von Angehörigen des Sekretariats im Phanar ankündigt
180	23. August 1967	Brief des Patriarchen Athenagoras an Seine Exzellenz Jan Willebrands, worin er ihm für seinen Brief vom 8. August dankt
181	6. September 1967	Telegramm des Patriarchen Athenagoras an Papst Paul VI., um ihm gute Besserung zu wünschen
182	13. September 1967	Telegramm Papst Pauls VI. an den Patriarchen Athenagoras, um ihm für sein Mitgefühl zu danken
183	25. September 1967	Telegramm des Patriarchen Athenagoras an Papst Paul VI. zu dessen siebzigsten Geburtstag
184	27. September 1967	Antworttelegramm Papst Pauls VI. an den Patriarchen Athenagoras
185	29. September 1967	Telegramm des Patriarchen Athenagoras an Papst Paul VI. anläßlich des Beginns der Arbeiten der Bischofssynode
186	6. Oktober 1967	Brief des Patriarchen Athenagoras an Papst Paul VI. über seinen beabsichtigten Besuch in Rom
187	9. Oktober 1967	Telegramm Papst Pauls VI. an den Patriarchen Athenagoras, um ihm in seinem Namen und im Namen der Synode für sein Glückwunschtelegramm zu danken
188	17. Oktober 1967	Telegramm des Papstes an den in Bukarest weilenden Patriarchen Athenagoras als Antwort auf dessen Brief vom 6. Oktober

189	26. Oktober 1967	Ansprache des Patriarchen Athenagoras in der St.-Peter-Basilika in Rom während seines Besuches bei Papst Paul VI.
190	26. Oktober 1967	Ansprache Papst Pauls VI. in der St.-Peter-Basilika zu Rom beim beim Empfang des Patriarchen Athenagoras
191	26. Oktober 1967	Wortgottesdienst in der St.-Peter-Basilika anläßlich des Besuches des Patriarchen Athenagoras bei Papst Paul VI. (vgl. Anhang IV)
192	26. Oktober 1967	Ansprache Kardinal Beas in Gegenwart der Mitglieder der Bischofssynode und der Persönlichkeiten der römischen Kurie beim Empfang des Patriarchen Athenagoras
193	26. Oktober 1967	Ansprache des Patriarchen Athenagoras an die Kardinäle und die Mitglieder der Bischofssynode
194	28. Oktober 1967	Ansprache Papst Pauls VI. zum Abschluß des Besuches des Patriarchen Athenagoras
195	28. Oktober 1967	Gemeinsame Erklärung Papst Pauls VI. und des Patriarchen Athenagoras zum Abschluß des Besuches des Patriarchen in Rom
196	30. Oktober 1967	Telegramm des Patriarchen Athenagoras an Papst Paul VI., um ihm für die liebevolle Aufnahme und die brüderliche Aufmerksamkeit zu danken, die ihm zu Rom zuteilgeworden sind
197	30. Oktober 1967	Antworttelegramm Papst Pauls VI. an den Patriarchen Athenagoras
198	20. November 1967	Telegramm des Patriarchen Athenagoras an Papst Paul VI., um ihm die Wiederherstellung seiner Gesundheit zu wünschen
199	24. November 1967	Telegramm Papst Pauls VI. an den Patriarchen Athenagoras, um ihm für sein Mitgefühl zu danken
200	7. Dezember 1967	Telegramm des Patriarchen Athenagoras an Papst Paul VI. zum Jahrestag der Aufhebung der Bannsprüche
201	9. Dezember 1967	Antworttelegramm Papst Pauls VI. an den Patriarchen Athenagoras
202	9. Dezember 1967	Brief Kardinal Beas an den Patriarchen Athenagoras, worin er die Veröffentlichung einer Botschaft Papst Pauls VI. ankündigt, in der dieser den 1. Januar zum Tag des Friedens bestimmt
203	Weihnachten 1967	Glückwunschbrief des Patriarchen Athenagoras an Papst Paul VI.
204	28. Dezember 1967	Dankesbrief des Patriarchen Athenagoras an Kardinal Bea für seinen Brief vom 9. Dezember
205	30. Dezember 1967	Telegramm des Patriarchen Athenagoras an Papst Paul VI. zum Tag des Friedens

1968:

206	1. Jänner 1968	Brief des Patriarchen Athenagoras an Papst Paul VI. anläßlich des Tages des Friedens
207	5. Jänner 1968	Telegramm Papst Pauls VI. an den Patriarchen Athenagoras, um ihm für seine Beteiligung am Friedenstag zu danken
208	12. Jänner 1968	Brief Papst Pauls VI. an den Patriarchen Athenagoras, um ihm für seinen Glückwunschbrief zum Weihnachtsfest zu danken
209	16. Jänner 1968	Telegramm des Patriarchen Athenagoras an Papst Paul VI. anläßlich des Erdbebens in Sizilien
210	21. Jänner 1968	Antworttelegramm Papst Pauls VI. an den Patriarchen Athenagoras
211	23. Jänner 1968	Brief des Patriarchen Athenagoras an Papst Paul VI. über seinen vor kurzem stattgefundenen Besuch des Patriarchen beim Papst
212	13. März 1968	Brief Papst Pauls VI. an den Patriarchen Athenagoras; er benutzte den Besuch des Metropoliten Meliton von Chalkedon, um auf den vorhergehenden Brief des Patriarchen zu antworten
213	19. März 1968	Telegramm des Patriarchen Athenagoras an Papst Paul VI., um ihm für den Besuch des Kardinals Maximilian von Fürstenberg im Phanar zu danken

214	25. März 1968	Glückwunschtelegramm Papst Pauls VI. zum Geburtstag des Patriarchen Athenagoras
215	8. April 1968	Brief Papst Pauls VI. an den Patriarchen Athenagoras zum Osterfest
216	Ostern 1968	Brief des Patriarchen Athenagoras an Papst Paul VI. anläßlich des Osterfestes
217	13. April 1968	Telegramm des Patriarchen Athenagoras an Papst Paul VI., um ihm für seinen Brief vom 8. April zu danken
218	30. Mai 1968	Brief Kardinal Beas an den Patriarchen Athenagoras über das Osterdatum
219	12. Juni 1968	Brief des Patriarchen Athenagoras an Kardinal Bea zum Thema des Osterdatums
220	23. Juni 1968	Glückwunschtelegramm des Patriarchen Athenagoras an Papst Paul VI. zum Jahrestag seiner Thronbesteigung
221	24. Juni 1968	Telegramm des Patriarchen Athenagoras an Papst Paul VI. zum Namensfest
222	30. Juni 1968	Telegramm Papst Pauls VI. an den Patriarchen Athenagoras, um ihm für seine Segenswünsche zu danken
223	25. Juli 1968	Telegramm Papst Pauls VI. an den Patriarchen Athenagoras zum Jahrestag seines Besuches im Phanar
224	25. Juli 1968	Telegramm des Patriarchen Athenagoras an Papst Paul VI. zum Jahrestag seines Besuches im Phanar
225	9. August 1968	Telegramm des Patriarchen Athenagoras an Papst Paul VI., um ihm seine Genugtuung über die Veröffentlichung des Rundschreibens „Humane Vitae" auszudrücken
226	21. August 1968	Danktelegramm Papst Pauls VI. an den Patriarchen Athenagoras
227	21. August 1968	Telegramm des Patriarchen Athenagoras an Papst Paul VI. anläßlich dessen Reise nach Bogota
228	24. August 1968	Telegramm Papst Pauls VI. an den Patriarchen Athenagoras, um ihm für sein Telegramm zu danken
229	24. September 1968	Glückwunschtelegramm des Patrirachen Athenagoras zum Geburtstag Papst Pauls VI.
230	3. Oktober 1968	Telegramm Papst Pauls VI. an den Patriarchen Athenagoras, um ihm für seine Segenswünsche zu danken
231	25. Oktober 1968	Telegramm des Patriarchen Athenagoras an Papst Paul VI. zum Jahrestag seines Besuches in Rom
232	27. Oktober 1968	Telegramm Papst Pauls VI. an den Patriarchen Athenagoras zum Jahrestag seines Besuches in Rom
233	16. November 1968	Telegramm des Patriarchen Athenagoras an Papst Paul VI., um ihm zum Tod des Kardinals Bea sein Beileid zu entbieten
234	16. November 1968	Antworttelegramm Papst Pauls VI. auf das Beileidstelegramm des Patriarchen Athenagoras
235	26. November 1968	Brief Bischof Willebrands' an den Patriarchen Athenagoras, um ihm seinen Besuch im Phanar anzukündigen
236	6. Dezember 1968	Telegramm des Patriarchen Athenagoras an Papst Paul VI. zum Jahrestag der Aufhebung der Bannsprüche
237	10. Dezember 1968	Antworttelegramm Papst Pauls VI. an den Patriarchen Athenagoras
238	14. Dezember 1968	Brief Bischof Willebrands' an den Patriarchen Athenagoras, um ihm für den im Phanar erhaltenen Empfang zu danken
239	16. Dezember 1968	Brief Bischof Willebrands' an den Patriarchen Athenagoras, um ihm für sein Beileid zum Tod des Kardinals Bea zu danken
240	23. Dezember 1968	Glückwunschtelegramm des Patriarchen Athenagoras an Papst Paul VI. anläßlich des Weihnachtsfestes
241	24. Dezember 1968	Telegramm Papst Pauls VI. an den Patriarchen Athenagoras, um ihm seine Wünsche zum Weihnachtsfest zu entbieten

242 Weihnachten 1968 Glückwunschtelegramm des Patriarchen Athenagoras an Papst Paul VI. zum Weihnachtsfest

1969:

243 7. Jänner 1969 Brief Papst Pauls VI. an den Patriarchen Athenagoras, um ihm für seine Wünsche zu danken
244 10. Jänner 1969 Brief Papst Pauls VI. an den Patriarchen Athenagoras über die Entfaltung der Beziehungen zwischen den Kirchen von Rom und Konstantinopel
245 19. Jänner 1969 Brief Bischof Willebrands' über die Gespräche, die er bei seinem letzten Besuch im Phanar hatte
246 24. Jänner 1968 Telegramm Papst Pauls VI. an den Patriarchen Athenagoras zum zwanzigsten Jahrestag seiner Inthronisation
247 13. Februar 1968 Dankesbrief des Patriarchen Athenagoras an Bischof Willebrands für das am 16. Dezember geschickte Andenken an Kardinal Bea
248 1. April 1968 Brief Papst Pauls VI. an den Patriarchen Athenagoras zum Osterfest
249 4. April 1969 Telegramm des Patriarchen Athenagoras an Papst Paul VI. zum Osterfest
250 22. April 1969 Telegramm des Patriarchen Athenagoras an Kardinal Willebrands, um ihn zu seiner Ernennung zu beglückwünschen
251 26. April 1969 Telegramm Kardinal Willebrands an den Patriarchen Athenagoras, um ihm für seine Glückwünsche zu danken
252 6. Mai 1968 Telegramm des Patriarchen Athenagoras an Papst Paul VI. zur Ernennung von 35 neuen Kardinälen
253 12. Mai 1969 Danktelegramm Papst Pauls VI. an den Patriarchen Athenagoras
254 12. Juni 1969 Telegramm des Patriarchen Athenagoras an Papst Paul VI. zu dessen Reise nach Genf
255 21. Juni 1969 Danktelegramm Papst Pauls VI. an den Patriarchen Athenagoras
256 20. Juni 1969 Glückwunschtelegramm des Patriarchen Athenagoras an Papst Paul VI. zum Jahrestag seiner Erwählung auf den Sitz von Rom
257 24. Juni 1969 Telegramm des Patriarchen Athenagoras an Papst Paul VI. zu dessen Namensfest
258 8. Juli 1969 Telegramm Papst Pauls VI. an den Patriarchen Athenagoras, um ihm für seine Glückwünsche zu danken
259 8. Juli 1969 Brief des Patriarchen Athenagoras an Kardinal Willebrands, Präsident des Einheitssekretariats, über die Ernennung einer gemischten Kommission für die Ausgabe der zwischen den Kirchen von Rom und Konstantinopel ausgetauschten Texte
260 12. Juli 1969 Brief Kardinal Willebrands' an den Patriarchen Athenagoras, worin er ihm das neue römische liturgische Kalendarium mit einem Kommentar sendet
261 19. Juli 1969 Brief Kardinal Willebrands' an den Patriarchen Athenagoras, um dessen Brief vom 8. Juli zu beantworten
262 23. Juli 1969 Antwortbrief des Patriarchen Athenagoras an Kardinal Willebrands auf dessen Brief vom 12. Juli
263 29. Juli 1969 Telegramm des Patriarchen Athenagoras an Papst Paul VI. anläßlich dessen Afrikareise
264 12. August 1969 Danktelegramm Papst Pauls VI. an den Patriarchen Athenagoras
265 26. September 1969 Telegramm des Patriarchen Athenagoras an Papst Paul VI. zu dessen Geburtstag
266 1. Oktober 1969 Danktelegramm Papst Pauls VI. an den Patriarchen Athenagoras
267 13. Oktober 1969 Telegramm des Patriarchen Athenagoras an Papst Paul VI. anläßlich der Eröffnung der Arbeiten der außerordentlichen Bischofssynode
268 15. Oktober 1969 Brief Kardinal Willebrands' an den Patriarchen Athenagoras, um

		diesem seine Absicht zu äußern, zum Fest des heiligen Andreas den Phanar zu besuchen
269	17. Oktober 1969	Telegramm Papst Pauls VI. an den Patriarchen Athenagoras, um ihm in seinem persönlichen Namen und im Namen der Synode für seine Wünsche zu danken
270	25. Oktober 1969	Telegramm des Patriarchen Athenagoras an Papst Paul VI. zum Jahrestag seines Besuches in Rom
271	31. Oktober 1969	Brief P. Jérôme Hamers, Sekretär des Sekretariats für die Einheit der Christen, an den Patriarchen Athenagoras über den bevorstehenden Besuch Kardinal Willebrands' im Phanar
272	2. November 1969	Telegramm Papst Pauls VI. an den Patriarchen Athenagoras zum Jahrestag des Besuches des Patriarchen in Rom
273	21. November 1969	Brief Papst Pauls VI. an den Patriarchen Athenagoras zum Fest des heiligen Andreas und zum Besuch Kardinal Willebrands' im Phanar
274	30. November 1969	Ansprache des Patriarchen Athenagoras, als er den Kardinal Willebrands am Ende der hl. Messe in der heiligen Patriarchalkirche empfing
275	30. November 1969	Ansprache Kardinal Willebrands' in Beantwortung der Rede des Patriarchen Athenagoras
276	1. Dezember 1969	Telegramm des Patriarchen Athenagoras an Papst Paul VI., um ihm für das Kommen des Kardinal Willebrands zu danken
277	7. Dezember 1969	Telegramm des Patriarchen Athenagoras an Papst Paul anläßlich des Jahrestages der Aufhebung der Anathemata
278	11. Dezember 1969	Brief Kardinal Willebrands an den Patriarchen Athenagoras, um ihm für den im Phanar bereiteten Empfang zu danken
279	22. Dezember 1969	Telegramm Papst Pauls VI. an den Patriarchen Athenagoras zum Jahrestag der Aufhebung der Bannsprüche
280	24. Dezember 1969	Telegramm des Patriarchen Athenagoras an Papst Paul VI., um ihm seine Weihnachtswünsche zu entbieten
281	Weihnachten 1969	Glückwunschtelegramm des Patriarchen Athenagoras an Papst Paul VI. zu Weihnachten

1970:

282	13. Jänner 1970	Brief Papst Pauls VI. an den Patriarchen Athenagoras, um ihm für seine Wünsche zu danken

1971:

283	8. Februar 1971	Brief Papst Pauls VI. an den Patriarchen Athenagoras über die Entwicklung der Beziehungen zwischen den beiden Kirchen
284	21. März 1971	Antwort des Patriarchen Athenagoras auf den Brief Papst Pauls VI.

1975:

	14. Dezember 1975	Pressebericht des römischen Sekretariats für die Einheit der Christen anläßlich des 10jährigen Jubiläums der Aufhebung der Anathemata zwischen Rom und Konstantinopel
	11. Dezember 1975	Brief Papst Pauls VI. an den Patriarchen Demetrius I. aus Anlaß des 10jährigen Jubiläums der Aufhebung der Anathemata zwischen Rom und Konstantinopel
	7. Dezember 1975	Brief des Patriarchen Demetrius I. an Papst Paul VI., den der Leiter der orthodoxen Delegation, Metropolit Meliton, in der feierlichen Zeremonie in der Sixtinischen Kapelle übergab

14. Dezember 1975	Rede Papst Pauls VI. bei der Zeremonie in der Sixtinischen Kapelle anläßlich des 10jährigen Jubiläums der Aufhebung der Anathemata zwischen Rom und Konstantinopel
14. Dezember 1975	Rede des Metropoliten Meliton von Chalkedon, des Leiters der Delegation des Ökumenischen Patriarchats, anläßlich des zehnjährigen Jubiläums der Aufhebung der Anathemata in der Sixtinischen Kapelle
14. Dezember 1975	Rede des Patriarchen Demetrius I. beim Empfang der offiziellen Delegation der römisch-katholischen Kirche in der St.-Georgs-Kirche im Phanar aus Anlaß des zehnjährigen Jubiläums der Aufhebung der Anathemata
14. Dezember 1975	Rede des Leiters der offiziellen römisch-katholischen Delegation, Kardinal Corrado Ursi, Erzbischof von Neapel, bei der Feier anläßlich des zehnjährigen Jubiläums der Aufhebung der Anathemata, in der St.-Georgs-Kirche im Phanar.

1976:

24. Jänner 1976	Predigt des Metropoliten Dr. Chrysostomos Tsiter von Austria, während eines aus Anlaß des zehnjährigen Jubiläums der Aufhebung der Anathemata abgehaltenen und von Bischof Johann Weber von Graz-Seckau zelebrierten Hochamtes im Dom zu Graz
25. Jänner 1976	Brief des Ökumenischen Patriarchen Demetrius I. an den Metropoliten von Austria, Dr. Chrysostomos Tsiter, zur Ökumenischen Akademie, welche aus Anlaß des zehnjährigen Jubiläums der Aufhebung der Anathemata in der Universität Graz abgehalten wurde
25. Jänner 1976	Brief Kardinal Willebrands' an den Bischof von Graz-Seckau, Johann Weber, zur Ökumenischen Akademie, welche aus Anlaß des zehnjährigen Jubiläums der Aufhebung der Anathemata an der Universität Graz abgehalten wurde